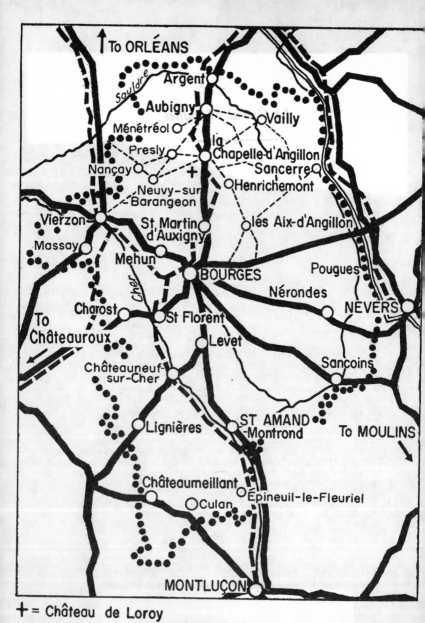

+ = Château de Loroy

DÉPARTEMENT DU CHER

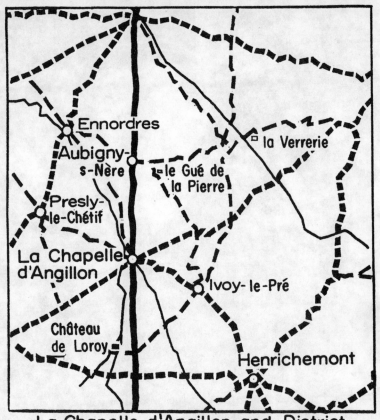

La Chapelle-d'Angillon and District

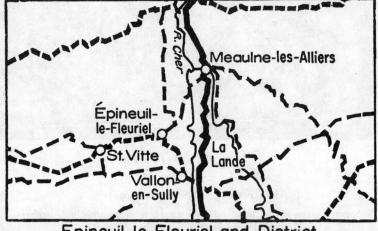

Epineuil-le-Fleuriel and District

Henri Fournier

Alain-Fournier in September 1905

(Photograph taken at La Chapelle-d'Angillon. He is wearing his lycée uniform,
and it was dressed like this that he met Yvonne)

LE GRAND MEAULNES

Alain-Fournier

With Introduction and Notes by

ROBERT GIBSON, PH.D.

Professor of French
University of Kent at Canterbury

UNABRIDGED TEXT

MODERN WORLD LITERATURE SERIES

Nelson

Thomas Nelson and Sons Ltd
Nelson House   Mayfield Road
Walton-on-Thames   Surrey
KT12 5PL   UK

51 York Place
Edinburgh
EH1 3JD   UK

Thomas Nelson (Hong Kong) Ltd
Toppan Building 10/F
22A Westlands Road
Quarry Bay   Hong Kong

Distributed in Australia by

Thomas Nelson Australia
480 La Trobe Street
Melbourne   Victoria 3000
and in Sydney, Brisbane, Adelaide and Perth

FOREWORD

Twice so far in this century, *Le Grand Meaulnes* has been rejected by distinguished literary-prize committees: in 1913 it failed to win the *Prix Goncourt* and in 1950 it was not selected as one of the twelve *Meilleurs romans du demi-siècle*.[1] By all other counts its record of success has been spectacular: edition after edition has been sold in France, often in the most lavish of formats; it has been translated into Swedish, Dutch, German and twice into English[2]; it has been the subject of theses for higher degrees in such diverse universities as Montpellier, Neuchâtel, Brussels, Hamburg, Paris, London, Cambridge and Indiana; it has inspired a whole spate of other studies, meritorious and meretricious; it has been adapted as a ballet now in the repertoire of the Royal Ballet Company of Sadler's Wells[3]; it has been adapted as a radio play for the BBC and several times re-broadcast[4]; it has been made into a film.[5]

Honours have been showered posthumously upon Alain-Fournier himself. In 1930 the *Nouvelle Revue Française* dedicated a special volume of homage to him, an honour reserved for figures of outstanding note (other artists so honoured in the 1920's included Mallarmé, Proust, Joseph Conrad and Jacques Rivière, the review's

[1] In the view of the selection committee, the twelve best French novels to appear in the period 1900–1950 were: Maurice Barrès: *La Colline inspirée*; Georges Bernanos: *Journal d'un curé de campagne*; Georges Duhamel: *Confession de Minuit*; Anatole France: *Les Dieux ont soif*; André Gide: *Les Faux-Monnayeurs*; Jacques de Lacretelle: *Silbermann*; Valery Larbaud: *Fermina Marquez*; André Malraux: *La Condition humaine*; François Mauriac: *Thérèse Desqueyroux*; Marcel Proust: *Un Amour de Swann*; Jules Romains: *La Douceur de la Vie*; Jean-Paul Sartre: *La Nausée*.

[2] In 1928, by Françoise Delisle, under the title *The Wanderer*, and in 1959, by Frank Davison, under the title *The Lost Domain*. The latter, available as a hardback in the Oxford University Press "World Classics" series or as a paper-back in Penguins, is immeasurably superior.

[3] First choreographed in 1940 by Miss Andrée Howard to music by Fauré, with décor by Sophie Federovich.

[4] Under the title *The Milk of Paradise*, adaptation by Miss Barbara Bray. First broadcast January 1956.

[5] Directed by Jean-Gabriel Albicocco. Première, Bourges, October 1967.

most brilliant editor and Alain-Fournier's best friend). On February 11th, 1937, the lycée of Bourges was renamed "Lycée Alain-Fournier"[1]; a plaque was unveiled in his honour at Mirande, on the wall of the house where he once lodged; a road is named after him at Bourges where there is a bookshop "*Au Grand Meaulnes*" opposite the lycée, and there is another of the same name in Paris. His name is inscribed with France's illustrious dead in the Panthéon.

The explanations of this phenomenon are doubtless partly commercial and partly sociological, having something to do with the fact that Alain-Fournier was killed at twenty-eight in the first weeks of the First World War and also with the fact that the French make a special point of publicly honouring their dead men of letters. But the root cause is essentially literary. Alain-Fournier has won fame not as the symbol of youth vainly squandered in war but as the author of *Le Grand Meaulnes*, and *Le Grand Meaulnes* has made its impact both because of its intrinsic merits and because it has very evidently touched a chord which has widespread and enduring appeal.

In the study which follows, I hope to identify the particular nature of that appeal and to assess the novel's merits. I hope, in addition, to demonstrate just how much of Alain-Fournier himself went into *Le Grand Meaulnes* because successful though it has proved to be as a work of fiction, it is, to a quite remarkable degree, disguised autobiography. I propose, in short, to examine the finished work, the blueprints and the craftsman himself.

[1] At this lycée on May 23rd, 1937, a memorial plaque to Alain-Fournier was unveiled. Jean Giraudoux, who was invited to the ceremony but was unable to attend, wrote a characteristically whimsical letter which concluded with the words "j'ai été un petit Meaulnes". The inscription on the plaque, a quotation from one of Alain-Fournier's many letters, is also characteristic: "J'ai aimé ceux qui étaient si forts et si illuminés qu'ils paraissaient autour d'eux créer comme un monde inconnu."

CONTENTS

ILLUSTRATIONS

INTRODUCTION

I. THE MAKING OF THE WRITER

The chief events in the short life of Henri Alban Fournier can fairly quickly be summarized. He was born on October 3rd, 1886, at La Chapelle-d'Angillon in the Cher *département*, some thirty miles north of the cathedral city of Bourges. His parents were school-teachers, and the first twelve years of his life were never spent far from their company, in the peaceful rural centre of France. From 1898 onwards he was educated at a number of schools, at the lycée Voltaire in Paris (1898–1901), at the lycée de Brest (October 1901–December 1902), at the lycée de Bourges (January–July 1903), as a boarder at the lycée de Lakanal (October 1903–July 1906), and at the lycée Louis-le-Grand (October 1906–July 1907). To perfect his English, he spent the summer of 1905 working with a wallpaper firm in London. In the summer of 1906 he failed the competitive entrance examination to the École Normale Supérieure, and he failed again a year later. From October 1907 until September 1909 he was on National Service, for the most part in the infantry. He was commissioned as a second lieutenant in April 1909. In July 1909 he failed the *licence d'anglais* examination. From May 1910 until April 1912 he worked as a literary columnist for *Paris-Journal*. In May 1912 he became private secretary to Claude Casimir-Périer and helped him complete his study, *Brest, port trans-atlantique*, finally published by Hachette in April 1914. On August 2nd, 1914, he was called up and posted, with the rank of lieutenant, to the 288th Infantry Regiment. He left for the Front on 12th August. On September 22nd, 1914, he was ambushed at the head of an infantry squad in Saint-Rémy wood, in the Éparges region, to the north-east of Vaux-les-Palameix. His body was never recovered and, after intensive investigations, he was posted as "missing, presumed killed".

His closest friends were his sister, Isabelle, to whom he dedicated *Le Grand Meaulnes*, and Jacques Rivière, whom he met at the lycée Lakanal in October 1903 and with whom he conducted a voluminous and extremely revealing correspondence. Isabelle Fournier and

Jacques Rivière were married in August 1909. He was acquainted with a number of leading writers—Claudel, Gide, Saint-John Perse, and Péguy who became a particular friend of his. During 1911 he worked for several months as private French tutor to T. S. Eliot.

His first published work was the essay '*Le Corps de la Femme*' which appeared in *La Grande Revue* on December 25th, 1907. Because there were, at this time, two well-known Frenchmen called 'Henri Fournier', one an admiral and the other a racing cyclist, he signed the essay 'Alain-Fournier' and adopted this pseudonym for the remainder of his writing career. The other works published in his lifetime, apart from the gossip columns and book reviews for *Paris-Journal*, were short stories and sketches: '*L'amour cherche les lieux abandonnés*', in *L'Occident*, January 1910; '*Le miracle des trois dames de village*', in *La Grande Revue*, August 1910; '*Le miracle de la fermière*', in *La Grande Revue*, March 1911; and '*Portrait*', in *La Nouvelle Revue Française*, September 1911. These were all published posthumously with a penetrating introduction by Jacques Rivière in 1924. *Le Grand Meaulnes*, which took virtually eight years to complete, first appeared in serial form in successive issues of *La Nouvelle Revue Française* (July–November 1913) and in book form, published by Émile-Paul, in October 1913.

After completing *Le Grand Meaulnes* Alain-Fournier embarked on two further literary projects—another novel, *Colombe Blanchet*, and a play, *La Maison dans la forêt*. A version of one chapter of this second novel was published by *La Nouvelle Revue Française* in December 1922 but neither work advanced beyond the detailed planning stage.[1] His literary reputation rests and will continue to rest on *Le Grand Meaulnes*, his one completed work of stature and his spiritual testament.

But a factual *curriculum vitæ* of this nature is really quite inadequate to reveal the experiences which shaped *Le Grand Meaulnes*, just as a detailed synopsis can never do full justice to its contents. It is often described as a work of fantasy or as a tale of chivalry in modern dress but it is in fact one of the most autobiographical of all novels. To account for its slow and painful genesis, and to appreciate the ex-

[1] The most detailed account of these two projects will be found in Madame Rivière's *Vie et Passion d'Alain-Fournier*, Monaco, 1963, pp. 295–307 and pp. 337–357.

periences which shaped it, it is essential to probe more deeply than is necessary with most works into the author's character.

His chief preoccupations in both his life and his art were childhood, love and religion. Of these, by far the most important, the very main-spring of all his activities, was his attachment to his childhood.

(a) CHILDHOOD

Tout est joué avant que nous ayons douze ans.
—CHARLES PÉGUY

His father, Sylvain Baptiste Augustin Fournier, was born on February 11th, 1861, in the village of Nançay, situated to the west of La Chapelle in the Sologne country, a lonely barren region of rolling heather wastes and fir forests, rich only in game and, for that reason, dotted with solitary châteaux or hunting-lodges, used by wealthy visitors in the shooting season and sometimes left empty for the rest of the year. The Fourniers were an industrious family, certainly not rich but not especially poor: the father, a hard-working journeyman, worked at a variety of agricultural jobs which changed with the seasons; the mother kept a small grocer's shop; the six children were soon schooled in the arts of shooting and fishing, and kept the larder stocked from the abundant supplies to be found on the surrounding heath.

Nothing more is known of Augustin Fournier's ancestry or en-vironment, so it is not easy to explain why he should have conceived, and why he always cherished, the ambition to be a soldier and travel to distant lands. Certainly these adventurous dreams did not come from his mother, nor were they encouraged by her, for when he was sixteen she sent him to the teacher training college at Bourges. This effectively put an end to his military aspirations, for schoolmasters, like priests, were exempt from all forms of military service. Although, later in his career, he more than once hoped to relieve his frustration by seeking a transfer to a teaching post in Africa, he was obliged for nearly the whole of his life to travel only in his imagination. On October 1st, 1884, he started his teaching career in the little village of Gué de la Pierre only a few miles from La Chapelle and it was while teaching there that he met, courted and married a girl from La Chapelle, Albanie Barthe.

Born on April 24th, 1864, Albanie Barthe was an only child. Her father, Matthieu Barthe, had come from Albi after serving for seven years in the army of Napoleon III. Her mother, née Adeline Blondeau, had been brought up on her father's farm of Laurents at Sury-en-Vaux, Cher, and had been sought after in her youth as the village beauty. In later life she was often sentimentally reminiscent about these salad days of youthful romance, and as a grandmother took great pleasure in talking of the balls and courtships of the past to the especial fascination of her grandson, Henri, who, even when a grown man, never tired of listening to her.[1]

Albanie Barthe inherited her mother's looks and manner, her blonde hair, love of elegance, gentleness, devotion to the family, sentimental fondness for the past. Like her husband she was a qualified teacher, but she did not begin to teach until after some years of married life, after the birth of her two children, Henri and Isabelle who was born on July 16th, 1889. In 1891 the family moved to Épineuil-le-Fleuriel, in the extreme south of the *département*,[2] and it was here that Henri spent all the years of his childhood where were inscribed in his memory impressions that proved quite indelible.

In the village school-house at Épineuil the Fournier children lived in a world twice removed from the contact of industrial life. They were in the heart of the country, hidden away from the uglier manifestations of the machine age. And even in their own placid little rural community, they lived somewhat apart from the other village children since their parents had a special position as the village teachers, and Madame

---

[1] Cf. letter from Fournier to Jacques Rivière, January 10th, 1906: "J'ai beaucoup fait causer ma grand-mère sur ce que j'étais vers 1850. J'entends pour la quinzième fois: *la veillée aux Laurents* ou *l'Assemblée du Beau Marché*. C'est chaque fois plus beau; chaque fois je guette le mot ou le ton évocatoire d'autre chose — puisque c'est quelqu'un qui y fut." *Fournier-Rivière Correspondence*, Vol. I, p. 128.

[2] In his *Inconscient et Imaginaire dans 'Le Grand Meaulnes'*, Corti, 1964, a stimulating but sometimes barely credible analysis, Michel Guiomar argues that this change of homes was the most traumatic event in Alain-Fournier's life. He shows its reverberations throughout the novel and goes so far as to claim that it predetermined the pattern of his love-life: "L'inspiration romanesque d'Alain-Fournier n'est pas venue de Celle qu'il a nommée Yvonne de Galais. C'est au contraire un roman, encore occulte et ignoré mais *très exactement préconçu* qui a provoqué la Rencontre du Cours-la-Reine, en lui assurant dès le premier regard une signification déjà orientée par les tendances profondes d'Alain-Fournier." *Op. cit*, p. 20. Editor's italics.

Fournier had decided views on what was and was not respectable.[1] Since they were not free to roam where and with whom they pleased, the Fournier children became especially devoted to each other and, according to Madame Rivière's detailed recollections, often seem to have exchanged natures, Henri being quiet, sensitive and easily moved to tears, Isabelle, despite the handicap of a hip affliction later cured by operation, being mercurial and boisterous like her father.

This is not to say that Henri was morbidly or abnormally sensitive, though he seems to have been quick to respond to atmosphere, scene and incident from early boyhood. He was able to indulge in the normal pleasures of robust and active boyhood, the boisterous playground games in which he showed himself a leader and creator, explorations of the meadows and woods, and excursions to the banks of the nearby canal du Berry or the winding Cher. The heritage of this healthy rural childhood in later life was to be a physical resilience which enabled him to endure even the most painful of his spiritual and moral crises, and a hard core of peasant common-sense which was more than once to be at odds with his artistic sensitivity.

Though Madame Fournier's rule conformed to her own strict code of conventions, it was never harsh, and the children were at all times assured of affectionate attention. Their mother, very much the family legislator, they always looked upon with fond respect, and to judge by the tone of all her son's letters to her in later life, and of the many references to her in her daughter's volumes of reminiscences, this attitude never altered. Their father, with his passion for fishing, his boyish credulity and enthusiasms, and his frequent displays of playfulness, they regarded as a comrade-in-arms who asserted his authority but rarely, and was really one of themselves. Madame Rivière records in her invaluable *Vie et Passion d'Alain-Fournier* that her parents "exerçaient une profession qu'ils aimaient, où elle, adjointe de papa, était par là déchargée de toutes responsabilités et difficultés (et) n'avait connu que la moyenne des soucis dont aucune vie n'est exempte, fût-ce la plus

---

[1] See Isabelle Rivière: *Images d'Alain-Fournier*, Émile-Paul, 1938, pp. 27–30. Madame Rivière, describing an incident when she and her brother were scolded for playing with some village children, comments: "Je ne sais comment il se fait qu'il y a cet après-midi deux ou trois gamins de l'école avec nous, car, assez étrangement, ce n'est guère qu'à moi qu'on permettra plus tard d'accueillir, les jours de congé, des compagnons de jeux."

paisible. Sans doute notre père n'était-il pas toujours facile à vivre: prompt à s'emporter pour des riens; habité de rêves romanesques dont maman se tourmentait beaucoup trop, car s'ils se cristallisèrent deux ou trois fois autour d'une nouvelle institutrice, cela ne sortit jamais du domaine de l'imagination; un peu trop fantaisiste pour elle qui aimait exagérément l'ordre, et même le décorum, il n'avait en somme que les défauts d'un enfant. Mais il en avait le charme, et sobre, large mais non dépensier, laissant à maman le gouvernement des finances et du ménage, grand travailleur, fort intelligent, avide comme elle de lecture et de culture, s'émerveillant avec elle des moindres beautés de la campagne et du jardin, lequel occupait tous les loisirs qu'il ne donnait pas à la pêche, ou aux grandes promenades qui, à Épineuil comme à La Chapelle, souvent nous réunissaient tous les quatre (moi toujours perchée sur ses épaules quand j'étais petite), il a fait en somme, pour maman comme pour nous, de tout le temps où ils furent instituteurs à la campagne (c'est-à-dire jusqu'en 1908) une vie paisible, où beaucoup de petites joies, qui étaient grandes à nos yeux, rencontrèrent de temps en temps quelques épines, qui n'écorchaient pas bien profond: combien d'instants de notre enfance je me rappelle où nous avons eu le sentiment d'être une famille heureuse!"[1]

The children were brought up in complete innocence of the moral dilemmas of life, even being screened from such innocuous dangers as *La Petite Fadette* and the second part of *David Copperfield*.[2] They accepted their mother's anxious loving care as a matter of course and her rules of life were unquestionable: devotion to the sacraments of the Roman Catholic Church, fidelity to one's bond, with happiness the inevitable reward for honesty and right conduct. Nothing was allowed to challenge the view that the world was anything other than flawless, and the way was inevitably being prepared for Henri's subsequent disillusionment, bitterness and ineradicable sense of guilt.

The world beyond Épineuil's horizons was revealed to Henri only by stray intimations and chance glimpses, and because it remained hidden for so long it was lovelier and more exciting in his imagination than it was ever to prove in reality. It seemed more romantic than it would ever be not only because of its very remoteness but because the ways in which it revealed itself to him were themselves exciting and

[1] *Op. cit.*, p. 505.
[2] See Isabelle Rivière: *Images*, pp. 43–45.

colourful: the exotic curios brought back from the Far East by an uncle, and kept in the 'best' room of the house where the children were very rarely admitted; Monsieur Fournier's insatiable urge to travel and his own romanticized knowledge of Algeria and the Sudan; the lands of adventure pictured in the children's story books, the strolling players who came with their caravans in late spring or high summer, the barges passing down the canal du Berry, the consternation in the village when marauding gipsies passed through—all of these were mere glimpses of the outside world Henri would one day have to enter, isolated details of a vast, rich canvas filled in by his own colourful imagination. Once again, though in a different way, he was being prepared for disillusionment.

The village school at Épineuil-le-Fleuriel is now no longer the same as it was when the Fourniers were the teachers there. On the ground floor, the two classrooms stood together in the centre of the long, low building, with the Mayor's secretary's office and weighing-machine at one end, and the family living quarters at the other: the parents' bedroom, 'la Chambre rouge', so called because of the colour of the upholstery, furnished with a piano at which Madame Fournier liked sometimes to sit alone, singing the songs of her childhood and youth, while Henri and Isabelle sat outside listening on the stone steps leading down to the vegetable garden. Between the living-room and the class-rooms lay the tiny kitchen, with a narrow wooden stairway leading upstairs to the attics.

These attics proved an ideal playground for the children, because they were dark and always inviting exploration. Madame Rivière recalls how just occasionally they would come across an old book behind a box of lumber or be quick enough to see one of the birds which nested up in the eaves.[1] The largest of the three attics was used as a drying-room for washing; the smallest as a bedroom for Henri, and

[1] See 'Images', pp. 19–24. In Le Grand Meaulnes, Seurel and Meaulnes sleep in the attics of the schoolhouse at Sainte-Agathe and it is there that Meaulnes first tells Seurel the full story of his great adventure. In a discarded version of Meaulnes' brief stay at le domaine mystérieux, Alain-Fournier originally planned for him to wander into "un immense grenier plat et bas qui devait couvrir toute la surface de l'immense maison et où par endroits les lucarnes laissaient tomber en taches vives la blanche lumière de janvier.

Il faut avoir été enfant puis adolescent dans une province de France pour

while the rest of the family slept downstairs in security, he was left upstairs to brave the night alone, where he could hear every sound that disturbed the almost tangible stillness, from the howling of the dog from a distant farm to the rustling of the wind past the attic's one small fanlight. The wind's whole range of voices, from plaintive to majestic, was later to be expressed, sometimes indeed as a Chorus, throughout *Le Grand Meaulnes*.

But the attics were more than a realm of mystery where the children could play their games; they were the sanctum to which they withdrew when they wished to read undisturbed. There was an unending dispute between the children and their mother over this because while they could never find enough to read, she was anxious lest their sight should be permanently impaired and took the country person's normal view that excessive reading is a poor substitute for vigorous outdoor activity. In his later years, Henri attributed his preference for life to literature to "l'éducation sévère et sérieuse de (son) enfance, où l'art passait après la vie, où l'on se cachait pour lire les livres de prix".[1]

These *livres de prix* were his earliest reading-matter. They used to arrive towards the end of each school year, eighty or so in one large crate, and the Fournier children raced through them before they were distributed. There were three main types: books for the eldest children such as *Les deux Gosses* or the famous *Sans famille*, more often than not, tales of adventure with virtue triumphant; smaller books, usually set in some romantic castle or a shepherd's hut visited by enchanted royalty in disguise, with good characters finding happiness in the ever-after; the smallest books of all were simply cautionary tales showing the evils of bad habits—*Adolphe — ou la gourmandise punie; Julie: la petite querelleuse*—and these were read with as much attention as the rest.[2]

savoir ce que peuvent représenter de richesses, de trésors à découvrir, une pièce de débarras, et d'immenses greniers découverts dans un château le matin d'un grand jour de vacances. Je crois bien que Meaulnes fut plus sensible à tout cela qu'à la fête somptueuse du soir précédent..." (Unpublished papers.)

[1] Unpublished letter to André Lhote, July 7th, 1910.

[2] See 'Images', pp. 40–43. Cf. the moment at *la fête étrange* when Meaulnes, dressed as a young dandy of the 1830's, catches sight of his reflection in an icy pool: "Il s'aperçut lui-même reflété dans l'eau, comme incliné sur le ciel, dans son costume d'étudiant romantique. Et il crut voir un autre Meaulnes; non plus l'écolier qui s'était évadé dans une carriole de paysan, mais un être charmant et romanesque, au milieu d'un beaulivre de prix..." (pp. 47–48).

Nothing in them disturbed the reassuring view that all was for the best in the most virtuous of all possible worlds.

Yet the most treasured of Henri's pleasures at Épineuil were neither the books he read nor the games he played, but the visits he used to make with his mother to other houses in the village. These visits, usually on occasions when his mother was paying a call on a friend, gave him temporary access to another world, grander than the drab school kitchen or dusty attic. Though the Fourniers were not poor nor the village ladies especially wealthy, their houses, simply through being larger and unfamiliar, seemed in comparison regal and romantic. One of the most eagerly awaited visits was to the house of a Madame Benoist which stood a short distance beyond the village outskirts and was set apart behind its high iron railings and gate, and was distinguished by a sanded drive leading up to the front door. Henri sometimes sat in the shaded drawing-room while his mother and Madame Benoist discussed village news, and sometimes he played in the large garden with Alfred, Madame Benoist's son, a couple of years his junior. In this garden, always full of flowers in spring and summer, there was a green seat under a chestnut tree and close by, hidden by the leaves, an old dovecot, still tenanted. Memories of these afternoons remained vivid in Henri's mind for ever afterwards and frequently recur in his letters and work, either as simple memories of the past or as his conception of the ideal setting for future happiness.[1]

The other great delights of his Épineuil childhood were the festival days, either those on which processions passed through the flower-strewn village streets to celebrate the feast of some Church saint, or national celebrations like July 14th when grown-ups played games like children. Years later he was to write:

Lorsque j'étais enfant et que je faisais le compte de mes joies; lorsque je supputais puérilement toutes mes raisons d'être heureux, je n'avais

[1] Madame Benoist's house and garden are evoked in Fournier's most quoted early poem *A travers les étés...*, which he wrote in the summer of 1905 and dedicated to "une jeune fille, une maison" and "Francis Jammes". In an early note for *Le Grand Meaulnes*, impossible to date with precision but probably early 1910, he planned to write about "Deux frères ou deux amis dont l'un chaque soir parle d'une femme qu'il a connue. Je suppose Suc me parlait chaque soir de la femme dont il se meurt. Les situer dans un endroit très précis — chez Mme Benoist par ex. — Alfred." (Unpublished papers.) Suc was the name of a former assistant teacher at Épineuil. He was replaced by Madame Fournier.

garde d'omettre dans l'addition les fêtes publiques. Car les enfants ont gardé ce don merveilleux et primitif de participer spontanément au malheur ou au bonheur qui les environne. La veille de mardi-gras, tandis que je rentrais à la tombée de la nuit par les chemins du village, une grande joie mêlée de terreur m'envahissait: je m'imaginais, ce soir-là, tous les enfants et tous les hommes occupés du même jeu exquis et angoissant; cachés derrière les haies ou dans l'encoignure des portes, ils allaient surgir avec des masques épouvantables et d'absurdes petites voix déguisées! — Vers la fin de mai, lorsque pour la première fois on parlait de la fête du pays; au début de septembre, quand les menuisiers clouaient à l'entrée du bourg, les arcs de triomphe du comice agricole, je sentais monter en moi une ivresse que je n'ai jamais retrouvée. Le 14 juillet, le 15 août, « les Prix » étaient des stations admirables sur les chemins des mois d'été; je me redisais ces dates, tout bas, dans mes chagrins, comme un enfant qui compte, silencieusement, la main dans la poche, les billes qu'il a gagnées.

J'ai su que mon enfance était passée lorsque ces joies ont cessé de compter pour moi; et j'en ai eu grand regret...[1]

Every summer, at the end of the school year in July, the Fournier family used to return to La Chapelle-d'Angillon to spend the holidays with the maternal grandparents, the Barthes. Henri's chief pleasures during these holidays at La Chapelle were listening to his grandmother telling tales of her youth, playing in the disused sandpit beside a small hamlet, les Sablonnières, just across the stream to the north of the village, or exploring the vicinity of two of the châteaux around La Chapelle. One of these is on the outskirts of the village, the deserted château de Béthune, designed by Sully, with grey-capped towers and empty moat overgrown with wild roses. The other, five miles or so to the south, hidden in the Forêt de St-Palais which skirts Route Nationale 140, is the old country house of Loroy. It is occupied again today but in Henri's time, when the family used to picnic on the edge of the grounds, it was quite deserted save for the birds that haunted its reed-fringed lake, its windows gaping, its chapel spire rising above the

[1] From an unpublished, undated essay *Les Fêtes publiques*, written in 1908. Cf. Meaulnes' inexplicable sense of ineffable happiness as he approaches *le domaine mystérieux* for the first time: "C'est ainsi que, jadis, la veille des grandes fêtes d'été, il se sentait défaillir, lorsqu'à la tombée de la nuit on plantait des sapins dans les rues du bourg et que la fenêtre de sa chambre était obstruée par les branches" (pp. 35–36).

background of fir-trees and at the back, overgrown with ivy, the ruined arches of an ancient abbey.[1]

The best days of the holidays were reserved for the end, when the family were driven by pony and trap along the lanes from the comfortable lands of the Berry country, through the lonely Sologne wastes to Nançay, where Monsieur Fournier's brother-in-law kept a huge general store. Nançay, and recollections of the happy holidays there, remained vivid in Henri's memory for the rest of his life. He wrote from London in the summer of 1905:

> Un autre pays qui est celui de mes rêves, où je passe toujours, depuis huit ans, quinze jours au moment des chasses, c'est Nançay. En ce moment, je ne désire rien d'autre que d'aller passer mes huit derniers jours de vacances à Nançay. Ça et y être enterré. Je n'avais connu jusqu'ici que le bonheur muet d'y vivre. Il me remonte maintenant toute la poésie, immense, je n'exagère rien, de ma vie, de la vie là-bas.[2]

Uncle Florent's shop supplied every manner of provision to the surrounding countryside for miles around—food, powder and shot, hats and umbrellas—and the children were free to range through the complicated system of counters and alcoves, each with its own unique

[1] It is clear from a number of references throughout his correspondence, as well as from the intense emotion with which the terms are charged in *Le Grand Meaulnes*, that the words *fête*, *château* and *domaine* were full of deep private significance for Alain-Fournier. When they occur in his writing, they must be considered as incantations, ever able to conjure up what he found to be most precious and most elusive in his past. For example, on August 10th, 1908, on leave from Army service, he wrote to his friend René Bichet complaining that his powers of imagination were waning (yet giving the lie to this in the very act of writing):

"Pour l'instant, je suis terriblement anéanti. Je me sens ici de passage, sans le temps, seulement, de m'accouder à la petite barrière blanche et de réfléchir. Pour la première fois de ma vie, en venant de Paris, et les deux premiers jours, je me suis senti distrait et morne, incapable de « comprendre » une fois de plus ma campagne, incapable d'y imaginer les chères âmes dont je la peuple, et les délicieuses histoires qui s'y passent, de l'autre côté des marronniers. A deux heures, début de la soirée, tout fait la sieste dans les champs; sur les routes vibrantes de soleil et lourdes d'ombrages, je passe comme le roi du domaine que j'ai créé, et j'ai découvert pour les jeunes âmes cachées, aboutissant à un coin de route: *un Chemin de domaine interdit aux automobiles.*" (Alain-Fournier: *Lettres au petit B.*, Émile-Paul, 1948, p. 126.)

[2] Letter to Jacques Rivière, August 13th, 1905. *Fournier-Rivière Correspondence*, Vol. I, p. 36.

and unforgettable smell. The whole setting was ideal for a children's holiday: there was Uncle Florent himself, a 'good' uncle, jolly and high-spirited; his wife Julie, eager to lavish hospitality on her guests, and a large family of nine girls and a boy. There would be whole days spent out shooting on the Sologne heath, visits to see friendly game-keepers in their solitary forest lodges, huge suppers in the evenings, and then the gaiety and sentimental reminiscing of the family *veillée*.[1]

What Henri delighted in more than anything else about the holiday was the sense of mystery and of the vastness of space and time: other aunts and uncles would arrive in the dark, as though from the ends of the earth; old photographs would be passed round, of the times when his father was a child, and there would be endless talk of the days that had gone. "Au-dessus de ma vie enfantine de délicieuses choses inconnues passaient",[2] he was later to say, and he was aware of this at Nançay more than anywhere else, for everything there was delightful and strange, a richer, freer and gayer world than that of home, when his mother was much less anxious and laughed as happily as the rest of the company:

> Quand j'étais autrefois à Nançay, dans un pays que je désirais mer-veilleux, inconnu et unique, je n'aimais pas voir des gens connus ou qui venaient de pays connus. Je me rappelle avoir attendu des parents qui venaient dans des voitures de villages très éloignés. C'était une déception et un dégoût quand la tante, en descendant de voiture, tenait des propos mille fois entendus et jetait sur le monde un regard assuré. On sentait en elle la certitude qu'elle n'avait plus rien à apprendre sur le monde et sur la vie; qu'elle n'était rien de nouveau, qu'elle avait appris depuis longtemps, comme tout un chacun, la vérité sur tout.
>
> Qu'il y a des femmes ainsi qui portent avec elles sur leur visage et dans tous leurs gestes, l'assurance misérable de celle-là. Et combien nous est chère et désirable, par contre, celle qui, au soir, à la descente de la voiture, nous apparaît ah! toute songeuse encore, toute mystérieuse

---

[1] This is nostalgically evoked in some detail in Alain-Fournier's long letter to Jacques Rivière of August 13th, 1905, *op. cit.*, pp. 36–38. The real-life general store at Nançay, run by Uncle Florent, Aunt Julie and their ten children, is clearly the model for the general store at Vieux-Nançay in *Le Grand Meaulnes*, run by Uncle Florentin, Aunt Julie, their eight daughters and their solitary son, Firmin.

[2] Letter to Jacques Rivière, January 26th, 1906. *Fournier-Rivière Corres-pondence*, Vol. I, p. 432.

comme le pays d'où elle vient, et les yeux inquiets et éblouis devant le monde nouveau...[1]

The end of the annual Nançay holiday was always a particularly sad time for Henri. Each September, as the pony and trap carried the Fournier family back eastwards, he used to hope for a minor accident on the journey so that they could stop and turn back to the life they were leaving behind. Years after the last Nançay holiday of all, he could still recapture his sadness as he left the beloved village-shop and Sologne heath behind him:

Lorsque je revenais de chez mes oncles, de Nançay — je songeais si désespérément au beau pays de mes vacances finies que mes cousines disaient: On ne sait pas ce qu'il a. Il est tout mousse...[2]

As a young man growing up, Fournier was to look back to his childhood in the same way as, when a child, he had looked back to the holidays at Nançay. He wrote to Rivière in August 1907, just before he was to introduce him to his parents for the first time:

Je n'aurais pu me décider à t'emmener à Épineuil. Je ne sais pas si moi-même j'y retournerais jamais. Quand je dis les stations de Bourges à La Chapelle, c'est une douceur infinie. Mais quel bouleversement, quelle angoisse si j'essaie de me rappeler les hameaux autour de l'ancien chez moi! Pendant longtemps, mes parents ont considéré mon amour d'Épineuil — comme mon amour pour Nançay — (bien qu'ils fussent cachés) comme aussi immoraux et déraisonnables qu'un amour de femme. On n'en a parlé que pour se réjouir que « ce soit passé ».[3]

Nearly two years later, Rivière, always the most perspicacious of all his critics, could still write to him:

Tu as eu une enfance si belle, si lourde d'imaginations et de paradis, qu'en la quittant la maigreur de la vie t'a découragé. Ç'a été comme si déjà tu avais vécu ta vie, comme si tu n'avais plus qu'à la répéter en mémoire, qu'à te la raconter interminablement à toi-même. C'est terrible. Mais il ne faut pas accepter cela...[4]

[1] Letter to Rivière, September 27th, 1908, *Fournier-Rivière Correspondence*, Vol. II, p. 253.

[2] Unpublished letter to André Lhote, July 3rd, 1910.

[3] Letter to Rivière, August 29th, 1907, *Fournier-Rivière Correspondence*, Vol. II, p. 154.

[4] Letter to Fournier, March 30th, 1909, *ibid.*, p. 335.

Fournier readily accepted Rivière's diagnosis and declared that he was determined to effect a cure. His tragedy was that he never did. Protest and struggle though he might, he remained till the end quite irreconcilable to the loss of childhood.

What Fournier came to prize most in childhood was not so much like Barrie's Peter Pan the irresponsibility of boyhood games, not merely, like Proust's Marcel, the all-forgiving love of his mother, nor simply like Baudelaire a sense of innocence before the Fall.[1] He mourned most of all for the waning of his sense of wonder, the fading of that visionary gleam with which, in retrospect, even the simplest sights and sounds of his outwardly ordinary childhood seemed to have been invested. There are frequent expressions of his sense of loss in his letters, especially those written during his period of Army service. One of the most poignant of these is one written to Rivière while on manœuvres in the Spring of 1908:

> Je te dirai que j'ai beaucoup souffert pendant ces 24 heures passées dans le village de Brulon, chez un boulanger.
>
> J'ai eu beau me faire très simple et très petit enfant, j'ai bien vu que l'émerveillement de telles aventures était maintenant fini pour moi.
>
> Je le savais, que nos voyages, notre expérience… et nos topographies nous empêchaient maintenant de partir à la découverte, et que jamais plus rien ne serait nouveau pour nous.
>
> Je savais qu'on ne peut plus entrer maintenant dans un village ou dans une boutique, avec l'ignorance merveilleuse de ce qu'on va y trouver. Je savais que monter dans les chambres du haut, pour coucher dans la grande maison inconnue, ne me serait plus, comme autrefois, tant de douceur et de mystère. Je savais bien que maintenant nous connaissons tout et que tout est prévu, mais le délice de cette

[1] Cf.
Mais le vert paradis des amours enfantines,
Les courses, les chansons, les baisers, les bouquets,
Les violons vibrant derrière les collines,
Avec les brocs de vin, le soir, dans les bosquets,
— Mais le vert paradis des amours enfantines.

L'innocent paradis, plein de plaisirs furtifs,
Est-il déjà plus loin que l'Inde et que la Chine?
Peut-on le rappeler avec des cris plaintifs,
Et l'animer encor d'une voix argentine,
L'innocent paradis plein de plaisirs furtifs?

Mœsta et errabunda

maison où l'on m'avait fait venir a rendu mon mal d'indifférence plus douloureux encore...[1]

The passage from childhood to manhood was to prove particularly painful for Fournier not only because of his regret for lost enchantment but because his nature was riven by powerful conflicting forces. His problem can be regarded as a struggle between the male and female elements of his character, a struggle symbolized in those family discussions which sometimes disturbed the Fournier home during his childhood, when his father, with desire for change and movement never adequately satisfied, talked of moving to Africa while his mother, ever faithful to the past, resolutely preferred to remain at home in the familiar countryside. Together with that love of physical action derived from his father and grandfather Barthe, Fournier inherited his mother's and grandmother's love of home and their sentimental attachment to the past. His dilemma was to effect a compromise between his need for adventure and his love of domesticity, between setting out for the unknown and clinging to the old established order, between taking his place in the world of men and remaining a child. Nearly all his efforts to take a decisive action, his attempt to become a naval officer, his dream of travelling to the Far East, his thought of becoming a monk or a missionary, of finding happiness in love, even his long and painful struggle to complete his novel—since to write of his past meant essentially to exorcize it—each of these is the same conflict in a different guise, a conflict that was never finally resolved.[2]

---

[1] Letter to Rivière, March 3rd, 1909. *Fournier-Rivière Correspondence*, Vol. III, p. 259. See also letter to Jeanne Bruneau, p. xxxvi. It is precisely this loss of wonderment which Wordsworth mourns in his *Ode on the Intimations of Immortality from Recollections of Early Childhood*—cf.:

> There was a time when meadow, grove and stream,
> The earth, and every common sight,
>   To me did seem
>   Apparelled in celestial light,
> The glory and the freshness of a dream.
> It is not now as it hath been of yore;—
>   Turn wheresoe'er I may,
>   By night or day,
> The things which I have seen I now can see no more.

[2] Cf. "Ah! Si je voulais, de quoi ne serais-je pas capable, si je renonçais à tout, qu'est-ce que je ne surmonterais pas, si je guérissais de ma délicieuse, ma merveil-

The first real testing-time came between September 1901 and December 1902, when Fournier was a boarder at the lycée of Brest, ostensibly studying for a naval cadetship leading to a regular commission. This was his first real encounter with the harshness of the world beyond the close family circle, for though his progressive disillusionment with the life could in fact be dated from September 1898, when he left home for the first time and began to study at the lycée Voltaire in Paris, he had lodged in a private home and attended school as a day-boy. His lodgings were cheerless but he was spared too violent an introduction to the problems of independence and puberty.

Brest, on the other hand, was by all accounts a rough and undisciplined lycée, and he had forcibly to revise his views of life. "Brest m'a blessé rudement", he wrote to Rivière in 1906, "sans défense et non prévenu comme je l'étais." [1] He had set out with the highest hopes, his naval ambitions encouraged and applauded by his father, but all too soon his eyes were averted from the future and directed back towards the past, away from the intolerable present and inwards to his consoling store of memories.

He wrote brave letters home—indeed he revealed and spoke of his misery at Brest only years later—but in the end the backward-calling forces proved too strong for him. In December 1902 he returned home suddenly and quite unexpectedly and announced that he no longer wanted to become a naval officer. His first attempt to break with his past had ended in signal failure. His next, both ambitious and ambivalent, was through Love.

leuse faiblesse. Je partirais pour la Chine, si j'étais sûr d'y trouver la fortune." Letter to Rivière, August 1st, 1909. *Fournier-Rivière Correspondence*, Vol. II, p. 314.

In *Vie et Passion d'Alain-Fournier*, Madame Rivière reveals how sadly the conflict of outlook between her parents manifested itself in their later life. The Fournier parents moved to Paris in 1908 to be closer to their children who had both expressed the intention of settling there. Monsieur Fournier quickly grew to detest having to journey to work each day and to take orders from the *directeur* of his *école*. "Fatigué, agacé, détestant l'agitation de Paris, [il] devenait plus nerveux, s'irritait plus souvent, ne parlait que de partir, de tout quitter!" *op. cit.*, p. 505. Inconsolable after his son was killed in action, he left home in 1921 and disappeared on his travels until 1928 by which time his wife and Jacques Rivière were both dead. He died early in 1930 after a short illness.

[1] Letter to Rivière, June 24th, 1906. *Fournier-Rivière Correspondence*, Vol. I, p. 294.

(b) LOVE

> Je ne me soucie pas d'une maîtresse, je cherche l'amour.
> L'amour comme un vertige, comme un sacrifice et comme le
> dernier mot sur tout. La chose après quoi plus rien n'existe.
> Le départ, après avoir mis le feu aux quatre coins du pays.
>   —ALAIN-FOURNIER: letter.[1]

For the first eighteen years of his life, Fournier, like most schoolboys of nostalgic and literary disposition, loved girls and women in the same way as he adventured and travelled—in his imagination only. In one of his early poems, *Conte du soleil et de la route*,[2] he tells the story of his boyhood devotion to a little girl of Épineuil, devotion which, characteristically, is pathetically unrequited. In the first volume of reminiscences of her brother, Madame Rivière describes an innocent schoolboy-schoolgirl affair of his first year at Lakanal which was abruptly terminated by the melodramatic intervention of his mother.[3] These early faltering experiences left quite unsatisfied his adolescent wish to love nobly in the grand manner of his current literary heroes, Cyrano de Bergerac,[4] whom he first encountered while at the lycée Voltaire, Dominique, whose love-story first began to haunt him at Brest, and Pelléas, whose romantic dream-world provided a welcome escape from the school routine of Lakanal. His imagination was also

[1] To Rivière, September 28th, 1910. *Fournier-Rivière Correspondence*, Vol. II, p. 373.

[2] See *Miracles*, pp. 95–97.

[3] See *Rien de sérieux* and *Drame* in *Images d'Alain-Fournier*.

[4] Rostand's play, which took Paris by storm, was first staged in 1897. Fromentin's *Dominique* (1863), whose effect on Fournier is described in his short story *Portrait*, is at last being recognized as one of the most accomplished of French *romans personnels*. *Pelléas et Mélisande*, Debussy's opera (1902) based on Maeterlinck's Symbolist drama about two ill-starred lovers (1892), was described by Rivière as "un monde merveilleux, un très cher paradis où nous nous échappons de tous nos ennuis... la consolation de nos emprisonnements... un royaume ravissant", *Études*, p. 127. Henri de Régnier's poetry, shared admiration for which brought Rivière and Fournier together, likewise provided escape into a delectable dream-world: "Toutes ces images, et ces allégories, qui pendent aujourd'hui, pour la plupart flasques et défraîchies, elles nous parlaient, nous entouraient, nous assistaient ineffablement." J. Rivière, Introduction to *Miracles*, p. 18.

coloured by the poetry of the minor Symbolist Henri de Régnier, with its unicorn-haunted woods, ruined castles and allegorical ladies brooding on their reflections beside dark streams. It was with his aspirations nourished on such an essentially Romantic diet that he approached what was to prove one of the most decisive encounters of his life.

On Ascension Thursday June 1st, 1905, he went to an art exhibition, le Salon de la Nationale, in the Grand Palais. As he was coming out in the late afternoon, he saw descending the stone steps in front of him an old lady and a slim, very elegant girl, with striking blonde hair, and a brown cloak flung loosely about her shoulders. Fournier followed them along the Cours-La-Reine and on to a *bateau-mouche*. That same evening, back in his study-bedroom at Lakanal, he tried to recapture his impressions of that boat-trip, writing feverishly on the squared pages of a school exercise book, scarcely pausing to punctuate or polish:

> Il y a du silence sur les berges et comme de la solitude. Le bateau file avec un bruit calme de machine et d'eau dans ce soleil blanc d'après-midi trop calme. Il me semble qu'on va atterrir quelque part qu'elle descendra disparaîtra avec la vieille dame et que la maison est dans un quartier excessivement tranquille — peut-être dans la banlieue, peut-être la campagne, une maison comme une que je connais, avec un espace devant assombri par des marronniers entouré de murs où des roses à quatre pétales jaunes et rouge vif s'effeuillent et sentent un parfum [trop fait] trop chaud et triste. Je songe au pigeonnier dans un coin de cette cour jardin le plus sombre. Toute la soirée les colombes ou les pigeons roucoulent, elle doit venir lire [à l'ombre] à côté du pigeonnier à cause de l'ombre, mais pas longtemps, parce que des pigeons qui ont l'air de roucouler chaque minute de l'après-midi chaude [et grise] et longue sont tristes! Le couloir où les dames qui viennent en visite passent et laissent leurs ombrelles, et la conversation qui va se prolonger jusqu'à 4 ou 5 heures quand les allées ont fraîchi et que les enfants y jouent et que les dames passent pour aller [aux provisions] au dîner.[1]

This passage is rich in interest and significance. It is, in essence, the first section he ever wrote of *Le Grand Meaulnes*.[2] Even more important, it reveals that his very first thoughts in this love, which was to last nearly all his life, were of his childhood, of the Sunday visits to

[1] Published (in part) in *Vie et Passion d'Alain-Fournier*, p. 13.
[2] Cp. p. 49. It was also worked up into the most successful of his poems, *A travers les étés…*; see pp. 185–188.

the country house and dove-haunted garden of Madame Benoist at Épineuil.[1]

Fournier followed the couple from the boat until they entered a house in the fashionable boulevard Saint-Germain. On several occasions soon afterwards, whenever he could escape from his boarding-school on the southern outskirts of Paris, he hurried up to town to keep watch on her front door. On the morning of Whit Sunday June 11th, his vigilance was at last rewarded. Suddenly, he caught sight of her walking along the pavement and that evening, once again he recorded his impressions in his exercise book:

> ...comme une seconde d'hésitation — un détour — elle disparaît derrière un groupe, un omnibus, des conducteurs, puis soudain la voilà sur mon trottoir, sur le trottoir où je vais, assez lent, droit sur elle qui va vite maintenant. Trois, quatre personnes autour de nous qui passent — et me voilà comme dans le nuage de ses dentelles, de son boa, de sa robe, et je lui dis au passage, très près, d'une voix que je ne retrouverai plus, si près qu'elle entend, si vite qu'elle passe, et sans avoir réfléchi:
> « Vous êtes belle.»[2]

He followed her when she boarded a tram, alighted when she did and accosted her again, this time to apologize for his earlier remark. A haughty "Mais, monsieur, je vous en prie" was his only reward. He continued to follow at a discreet distance, into the church of Saint-Germain-des-Prés, kept her in sight during the Whit Sunday Mass and was close behind her once more when she walked out. Once again he spoke to her, asking her forgiveness and this time, somewhat surprisingly in an age when respectable young ladies were not expected to speak to unknown young men without the presence of a *chaperone*, she at last allowed herself to become engaged in conversation.[3] She revealed

---

[1] See p. lxix.

[2] Cf. *Le Grand Meaulnes*, p. 50.

[3] Madame Rivière, recording her brother's account of this conversation in her *Images d'Alain-Fournier*, states that at this point he sought to link her with his beloved *Pelléas et Mélisande*:

> J'ai reçu ce nom dans mon cœur; mais je ne sais pourquoi j'ai repris:
> « — Le nom que je vous donnais était plus beau...
> Surprise, elle a levé des yeux interrogateurs:
> — Comment? Quel nom?
> Je n'ai pas répondu. Elle n'a pas compris.
> C'est Mélisande que je voulais dire. Mais peut-être ne connaissait-elle pas Mélisande... » —*op. cit.*, p. 252.

Cf. also *Le Grand Meaulnes*, p. 51.

that her name was Yvonne de Quièvrecourt, that she came of a naval family in the south of France, and that she was leaving Paris to rejoin them the following day. He outlined his literary ambitions, described the poems he was writing and where he planned to publish them. Persistently, in response to his hopes for the future, she replied "A quoi bon? A quoi bon?" Soon after their long conversation, which took place as they walked beside the Seine, he sought to recall her expression as she spoke to him:

> Elle prononce cela d'un petit ton uniforme et immuable, en appuyant sur chaque mot en disant le dernier plus doucement, plus longuement (plus imm) [*sic*] encore, en détachant un peu le b — à quoi b-bon? Sans bouger sa tête ni ses yeux et reprenant après son visage encore plus immobile avec sa bouche qui se tient un peu mordue et ses yeux, ses yeux bleus qui regardent devant eux, immuables, immobiles, bleus. Je l'entends encore cette voix, je viens de me le redire ce « à quoi bon », je viens de prendre pour la centième fois sa pose, immobile, enfantine, immuable et bleue, de redire en levant un petit peu ma tête sur ce « b-b-bon » et je la revois, je l'entends et j'ai des envies de me mordre les mains, de ne pas pouvoir le dire…[1]

During the long years that were to follow before he saw her again, the words '*à quoi bon?*' were to re-echo in his mind like a knell to all his hopes of happiness.

When at length they reached the Pont des Invalides, she took her leave of him saying "Nous sommes deux enfants, nous avons fait une folie"[2] and expressly forbidding him to follow her. More than three years later, in a letter written to a friend while on leave from Army service, Fournier described his feelings as he watched her depart:

> Quand nous nous quittâmes (souliers noirs à nœuds de rubans, très découverts; chevilles si fines qu'on craignait toujours de les voir plier sous son corps) elle venait de me demander de ne pas l'accompagner plus loin. Appuyé au pilastre d'un pont, je la regardais partir. Pour la première fois depuis que je la connaissais, elle se détourna pour me regarder. Je fis quelques pas jusqu'au pilastre suivant, mourant du désir de la rejoindre. Alors, beaucoup plus loin, elle se tourna une seconde fois, complètement, immobile, et regarda vers moi, avant de disparaître

[1] Quoted in *Vie et Passion d'Alain-Fournier*, p. 17. Cf. *Le Grand Meaulnes* p. 49.

[2] See *Vie et Passion d'Alain-Fournier*, p. 18. Cf. *Le Grand Meaulnes*, p. 51.

pour toujours. Était-ce pour, de loin, silencieusement, m'enjoindre l'ordre de ne pas aller plus avant; était-ce pour que, encore une fois, face à face, je pusse la regarder — je ne l'ai jamais su.[1]

During the months which followed that crucial encounter, he spoke of Yvonne in many of his letters to Rivière. He seemed content at this stage to worship her from afar, satisfied that he had finally found in life a beloved as beautiful and remote as the ladies loved by his heroes in literature. He wrote to Rivière in January 1907, "A moi qui demandais un grand amour impossible et lointain, cet amour est venu"[2] and there can be little doubt that during this period he cast her in the rôle of *Princesse lointaine*, inspiring him to live and think more nobly, with the unspoken promise that she would return his love at the last as just reward for his remaining loyal and pure. His memory of her was kept alive by his attempts to express his yearning in poetry and, particularly efficaciously, by pictures seen at a variety of Art exhibitions. He wrote to Rivière of a painting which had specially moved him at the Salon d'automne exhibition in Paris in October 1905:

Un tout petit tableau (de G. Decote), une *pianiste*, le dos tourné, blond, un grand manteau marron... Je ne pouvais plus m'en aller. Depuis deux mois je n'avais pas eu un réveil aussi précis du souvenir. C'était à mourir, à jurer que c'était elle, grande, la tête un peu tombée, un soir.[3]

And he wrote again to Rivière a few weeks later:

J'aurais voulu te parler de la grande tristesse qu'il y a à perdre une belle image. Je la retrouverai quand?

O mes efforts de mémoire, les soirs! Yeux d'une madone de Botticelli, de Londres; ailleurs, un peu le sourire, un peu la bouche, un peu la chevelure, comment, comment se rappeler.

Ce rêve merveilleux et mélancolique et presque réel: des rangées de femmes jeunes, belles, qui passent. L'une a un chapeau comme elle, et l'autre son air penché et l'autre le « marron clair » de sa robe et l'autre le bleu de ses yeux, et pas une, pas une, aussi loin que je regarde, aussi longtemps qu'elles passent, n'est elle.

[1] Letter to René Bichet, September 6th, 1908. *Lettres au petit B.*, pp. 139–140. Cf. *Le Grand Meaulnes*, p. 52.

[2] Letter to Rivière, January 26th, 1907, *Fournier-Rivière Correspondence*, Vol. II, p. 21.

[3] Letter to Rivière, November 2nd, 1905. *Fournier-Rivière Correspondence*, Vol. I, p. 101. Cf. *Le Grand Meaulnes*, p. 46.

J'ai rêvé cela. Et tous les soirs, il y a ce défilé dans ma mémoire; et quelquefois dans les belles rues.[1]

He hoped, and sometimes really believed, that she would come back to their meeting-place on the anniversary of their first encounter, but Ascension Thursday 1906 came and went, and Ascension Thursday 1907 also, and he was the only one to keep the tryst. During this period, he dreamed of her now hopefully, now despairingly, thinking of her with particular intensity whenever circumstances proved too harsh for him. Every week, for over two years, he made a point of walking past the house in the boulevard Saint-Germain where once he had followed her[2] but significantly he did not dare knock at the door to ask for news of her—not until July 25th, 1907. On that date he learned that for the second time he had failed the entrance examination to the École Normale Supérieure. In a mood of black despair, wishing to learn the worst once and for all, he finally knocked at the door to ask the *concierge* for news of Yvonne. The news was as bad as he feared it might be:

Il me restait ceci à apprendre:
Mademoiselle de Q. est mariée, depuis cet hiver. La jeune dame est à Versailles en ce moment, a-t-on ajouté.
Déchirements. Déchirements sans fin.
Ah! je puis bien partir maintenant!
Qu'est-ce qui me reste ici, à part toi mon ami?
Il y a un quart d'heure que je le sais. La douleur, que je n'ai pas sentie tout de suite, monte.[3]

Two days later, he wrote again to Rivière:

Tu ne savais pas ce que c'était. C'était comme une âme éternellement avec moi. J'avais presque complètement oublié son visage. Mais je savais qu'elle était là, et qui elle était. Je la menais partout et avec elle plus rien ne m'était dur. Je me rappelle, il y a deux ans, cette nuit grossière et violente, empilés parmi les vignerons, ce n'était qu'un sourire et comme un amusement pour « nous » d'aimer cela ensemble. Avec son amour, je méprisais tout, et j'aimais tout. Il y avait sa hauteur et mon amour, sa grâce et ma force. Nous étions seuls au milieu du monde.

[1] Letter to Rivière, January 22nd, 1906, *Fournier-Rivière Correspondence*, Vol. I, p. 148. Cf. *Le Grand Meaulnes*, pp. 48–49.
[2] See letter written to Yvonne in September 1912, pp. 195–197.
[3] Letter to Rivière July 25th, 1907, *Fournier-Rivière Correspondence*, Vol. II, p. 130. Cf. *Le Grand Meaulnes*, p. 97.

A présent je suis seul, avec la dure vie basse. Tout redevient la peine que c'était. Hier, j'ai senti à quel point sa pensée, même inconsciemment, était toujours en moi. Il me semblait hier que, sans elle, rien que traverser la cour aride de la maison me faisait mal. Elle n'est plus là. Je suis seul...[1]

Common-sense demanded that he reconcile himself to her loss and as quickly as possible forget her. In the event, news that she was married served only to intensify his need of her and he continued to make frenzied efforts to preserve her memory. Each anniversary of their first meeting was the occasion of almost ritual mourning and yet he sometimes insisted that in spite of everything, circumstances would somehow change and that he and Yvonne would be man and wife. Writing to René Bichet in September 1908, he declared:

Que tout cela serait amer si je n'avais la certitude qu'un jour, à force d'élans vers elle, je serai si haut que nous nous trouverons réunis, dans la grande salle, « chez nous », à la fin d'une soirée où elle aura fait des visites. Et tandis que je la regarderai enlever son grand manteau et jeter ses gants sur la table et me regarder, nous entendions dans les chambres du haut « les enfants » déballer la grande caisse des jouets.[2]

When he learned on September 21st, 1909, that Yvonne had a child, his anguished comment was "Elle est plus perdue pour moi que si elle était morte. Je ne la retrouverai plus dans ce monde."[3]

And yet he continued to worship despairingly from afar. In April 1911, he wrote to the Rivières:

Je connais en ce moment à Paris une vieille paysanne dont la fille s'est enfuie avec un jeune homme. Elle ne veut pas repartir tant qu'elle ne l'aura pas retrouvée et ses autres enfants ne veulent pas la laisser sortir. Elle dit: « Que je sorte seulement une fois toute seule et je la retrouverai bien et je la ramènerai le soir. »

C'est ainsi que je retrouverais mon amour si j'avais encore cette grande foi.

(Il ne faut pas croire que j'aime quelqu'un d'autre. Je suis très malheureux.) Il y a six ans![4]

[1] Letter to Rivière, July 27th, 1907, *Fournier-Rivière Correspondence*, Vol. II, p. 135. Cf. *Le Grand Meaulnes*, p. 152.

[2] *Lettres au petit B.*, p. 140.

[3] Letter to Rivière, *Fournier-Rivière Correspondence*, Vol. II, p. 325.

[4] Letter to Jacques and Isabelle Rivière, April 21st, 1911, *Fournier-Rivière Correspondence*, Vol. II, p. 383.

In the autumn of 1912, Life produced a coincidence which would be rightly dismissed as fanciful in a novel: Fournier learned that his brother-in-law, Marc Rivière, was studying at Rochefort for the entrance examination to the École de Médecine navale and was in social contact with Yvonne's parents who lived in the same town. After considerable heart-searching, Fournier decided to write to her and in November 1912, he declared to his friend Bichet:

> Il m'a fallu sept mois pour me décider à écrire la lettre que je porte maintenant dans la poche droite de mon veston, *et qui sera remise avant la fin de l'année*! Nous nous mourons de faiblesse, nous nous mourons de ne rien oser![1]

This letter, eloquently expressing his undying love for her and beseeching her to permit him to see her just occasionally, was not, in fact, posted before the end of 1912, but delivered personally in the course of a long conversation he had with her at Rochefort in May 1913.[2] She now had two children and, as if to stress still further that she belonged to a world forever denied to him, was happily married to a naval officer. They each agreed to remain in contact on terms of respectful friendship, and Fournier made sure that she received her copy of *Le Grand Meaulnes*, a novel which, he assured her, "tourne tout autour de vous, de vous que j'ai si peu connue".[3] From La Chapelle-d'Angillon, he sent her a copy of one of his favourite novels, Marguerite Audoux's *Marie-Claire*, with a covering letter which hinted discreetly at the cause of his sadness:

> Je suis maintenant pour quelques semaines dans le village où je passe toujours une partie de mes vacances. Il m'est parfois difficile de supporter le calme si grand, la quiétude parfaite de cette campagne du Berry. Tant de paix est faite pour les gens heureux.[4]

From this time on, however, his love for her seems finally to have begun to fade, and writing to Rivière in September 1913, he virtually pronounced its epitaph:

[1] Letter to Bichet, November 2nd, 1912, *Lettres au petit B.*, p. 182.

[2] The intricate manœuvres to bring about this second meeting and Fournier's detailed comments on it are set out in *Vie et Passion d'Alain-Fournier*, pp. 218–238.

[3] *Vie et Passion d'Alain-Fournier*, p. 188.

[4] Letter to Yvonne, August 23rd, 1913, quoted in *Vie et Passion d'Alain-Fournier*, p. 264.

...tout cela a pris je ne sais quel goût désolant de trop passé... C'était vraiment, c'est vraiment le seul être au monde qui eût pu me donner la paix et le repos. Il est probable maintenant que je n'aurai pas la paix dans ce monde.[1]

The waning of his love for Yvonne at this time was certainly due in part to the fact that he had by now embarked on a passionate affair with Simone Casimir-Périer, the actress-wife of his employer and a woman ten years his senior[2]; it is also clearly not unconnected with the fact that he had, by this time, eventually succeeded in completing *Le Grand Meaulnes*. In finally finding the words to express his yearning and his despair, he seems somehow to have exorcized Yvonne's spell.

There are a number of complex, inter-related reasons why he should have loved Yvonne so tenaciously, even after all hope was clearly gone. She was, to a remarkable degree, his Muse, and the power she exercised over him in this respect derived all its strength from her very inaccessibility. In his conscience she also played the rôle of guardian angel, offering both a lasting reproach for his loss of purity and the hope of ultimate redemption. As the ideal wife he dreamed of marrying, she represented his surest guarantee of achieving full manhood and breaking with his past, yet at the same time, he clearly felt she would bind him with that past even more closely. His spontaneous impressions, on first seeing her in June 1905, were of the golden long-ago at Épineuil, and writing of her to a friend in 1908, he revealed how inextricably her image was by then bound up with his memories of childhood:

Il faut, pour deviner ce qu'a été Taille-Mince, pour s'imaginer La Demoiselle, avoir été soi-même quelque enfant paysan; avoir attendu

[1] Letter to Rivière, September 1913, *Fournier-Rivière Correspondence*, Vol. II, p. 442.

[2] This tempestuous relationship was first publicly revealed by Madame Simone herself in 1957, in her volume of memoirs *Sous de nouveaux soleils*, Gallimard, and she subsequently published a selection of Fournier's love-letters to her in *Le Figaro Littéraire*, September 17th, 1964. She claims, with obviously sincere conviction, that *she* was the great love of Alain-Fournier's life and that she would have divorced her second husband and married him but for the outbreak of war. The contrary view, that she must be listed as merely one amongst his several mistresses, is argued with greater conviction and at considerable length in Madame Rivière's *Vie et Passion d'Alain-Fournier*, pp. 179–532 passim, and further support is provided in J. M. Delettrez: *Quelques rectifications aux souvenirs de Simone sur Alain-Fournier*, Émile-Paul, 1958. The whole bitter controversy is rich in human interest but since it concerns events which took place after *Le Grand Meaulnes* was published, I do not propose to discuss it further here. See, however, p. liv, note.

sans fin, les jeudis de juin, derrière la grille d'une cour, près des grandes
barrières blanches qui ferment les allées à la lisière des bois du château.[1]

Both Yvonne and the château in the woods were symbols of the inaccessible past, the wonderment of childhood and the purity of first love
from both of which, with increasing despair and resentment, he came
to realize he was permanently exiled.

His sense of loss and of exile was compounded with a deepening
sense of personal guilt because, in fact, he was true to Yvonne only
after a fashion. He was an extremely attractive young man, with a
gentle manner and an engaging sense of humour, and, by all accounts,
he never lacked female admirers. With several of these he tried to find
happiness, but each attempt ended in disaster, with mutual recrimina-
tions and bitter regrets on both sides. The most protracted and painful of these liaisons was with Jeanne Bruneau, a seamstress from
Bourges in his own native Cher *département*. From the several letters
that he wrote to her,[2] it is clear that this was a relationship founded on
intense physical attraction but also on genuine tenderness; it is also
clear that on occasions he treated her with quite appalling heartless-
ness, deserting her abruptly on one notorious occasion when she had
no money to pay the rent. There was a reconciliation, further recrimina-
tions and yet further reconciliations, until the affair was finally ended
after two years, in April 1912.

In one particularly revealing letter to her Fournier revealed how
closely his hopes of love were connected with his memories of childhood. He recalled the visits he used to make with his mother to one of
the 'show-piece' houses of Épineuil, the residence of Monsieur Virot,
the village notary, who liked to draw his visitors' attention to the
massive front door studded with nails, and to the squat round tower at
one corner of the house, which gave him the chance to remind them
that his property and the village green itself had once been part of an
ancient abbey:

> Je me rappelle le temps où, dans un salon de campagne, les dimanches
> soirs étaient de longs paradis silencieux. Les dames jouaient du piano,
> tandis que les enfants, assis sur des tapis épais, feuilletaient de grands
> livres pleins d'aventures et de noëls. Les petites filles avaient alors des

---

[1] Letter to René Bichet, September 6th, 1908, *Lettres au petit B.*, p. 141.
[2] All now published in *Vie et Passion d'Alain-Fournier*, pp. 120–153.

toques de loutre; et quand elles avaient fait tomber des mies de pain, à quatre heures, elles les ramassaient soigneusement. Pour regarder les images, pensivement, elles appuyaient leur joue chaude contre la mienne.

C'était un petit salon enfoncé, au coin de la maison, au croisement des deux routes du village. A la tombée de la nuit, parfois un homme passait à la hauteur de la croisée, silencieusement, sans qu'on entende le bruit de son pas. Il semblait être d'un autre monde.

Une partie de ma vie se passe dans cet autre monde. Un monde plein d'imaginations et de paradis enfantins. Ceux qui me connaissent très bien savent cela. De plusieurs femmes, déjà, j'ai pensé qu'elles sauraient y partir avec moi. Mais aucune n'a jamais su.[1]

This linking of adult love with childhood is yet again expressed in a letter he wrote at the end of 1911, preparing to take his leave of another of his mistresses:

…Qu'est-ce que signifie cette liaison entre nous? Il y a longtemps que je devrais l'avoir rompue si je n'étais pas si mauvais. Nous allions en sens inverse et nous nous sommes tendu la main au passage; et comme deux collégiens qui s'amusent, chacun de nous s'est amusé à retenir la main de l'autre un instant pour l'arrêter. — Mais il faudra bien que nous reprenions notre chemin.

Il y a d'ailleurs tant de choses qui ont plus d'importance que l'amour dans la mauvaise vie que nous menons!

Je voudrais que notre amour ne soit rien de plus que l'histoire de deux mauvais gamins de l'école qui ont été faire ensemble l'école buissonnière et voler des noisettes. Rien de plus qu'une rapide partie de plaisir. Si rapide et fiévreuse qu'elle ne laisse même pas de remords!

…J'ai… beaucoup d'amitié pour vous. Mais tout le mal vient de ce que votre bonheur ne serait pas le mien. Nous ne cherchons pas le même paradis…[2]

It is clear that he was expecting the impossible of any woman by insisting that she restore his sense of purity and recapture the lost paradise of his past. Given such demands and given his early upbringing, it was inevitable that he should have looked for consolation to religion.

---

[1] Letter to Jeanne Bruneau, December 11th, 1910, quoted in *Vie et Passion d'Alain-Fournier*, pp. 147–148.

[2] Letter to 'Henriette', December 11th, 1911, quoted in *Vie et Passion d'Alain-Fournier*, pp. 172–173.

(c) RELIGION

> Le grand problème n'est peut-être pas celui du bonheur,
> mais celui de la Pureté. La Pureté est la grande question, la
> grande torture pour les cœurs impurs.—ALAIN-FOURNIER:
> letter to André Lhote.[1]

Writing to Jacques Rivière in June 1907, Fournier recalled how, when they first became acquainted nearly four years previously, he was in process of freeing himself from religious influences:

> Tu m'as connu au milieu d'une crise d'adolescence, me libérant et m'exaltant depuis peu, et tout enivré de ce plaisir nouveau. Il me semble que tu m'imagines essentiellement tel: sache qu'à Brest, deux ans avant, les pions m'appelaient entre eux le religieux Fournier..., j'avais le prix d'instruction religieuse, et je communiais dans une inexplicable ferveur.
>
> Je me rappelle cela. Mais je me rappelle aussi quelle belle convalescence ce fut, au sortir de cela...[2]

This "convalescence" largely took the form of the passionate exploration, with Rivière, of all the contemporary literature they could lay hands on and absorption in dreams of love and happiness, but he was soon to realize that he could not quite so readily renounce the religion of his childhood. Though, like all State *instituteurs*, his father had officially to oppose the Church and all its works, his mother had given him a religious upbringing. Because he found it so difficult to detach himself from anything in his boyhood, he could never for long be free of religious preoccupations: the unquestioning faith of the child was an essential part of his vision of the past, and the sense of its loss returned more than once to haunt him. Inner conflict inevitably resulted.

In a long letter sent to Rivière on January 20th, 1907, Fournier described a crisis he had gone through two weeks previously. This was undoubtedly precipitated by a reading of Claudel's *Partage de midi*, which he described in another letter as "divin, pur, effrayant de beauté — ascétisme et extase".[3] His detailed account of the crisis showed what he felt Catholicism had to offer him at this stage and why he had declined:

---

[1] Autumn 1909, quoted in *Vie et Passion d'Alain-Fournier*, p. 119.

[2] Letter to Rivière, June 29th, 1907, *Fournier-Rivière Correspondence*, Vol. II, p. 102.

[3] Letter to Bichet, January 5th, 1907, *Lettres au petit B.*, p. 119. See p. lxviii, note 1.

Désirs d'ascétisme et de mortification : vieux désirs sourds. Désirs de pureté. Besoin de pureté. Jalousie poignante et saignante, vous vous seriez endormis et satisfaits dans le catholicisme.

— Insatisfaction éternelle de notre grande âme (Gide–Laforgue)
Amours sans réponse pour tout ce qui est
Sympathies sans réponse avec tout ce qui souffre
Vide éternel de notre cœur, le catholicisme vous eût comblé
Ambitions jamais lasses, ambitions de conquérir la vie et ce qui est au delà

votre douleur se fût calmée et votre gloire exaltée à la promesse qu'on vous eût faite du Paradis de votre cœur et de ses paysages.[1]

He attributed his resolve to refuse to several motives: if he had become a Catholic, he would have made a definite choice and this inevitably meant rejecting its alternatives; God, he reasoned, was everywhere and in all things, "Dieu n'est ailleurs pas que partout"—a quotation from *Les Nourritures Terrestres* which he had recently been reading; he would not pay lip-service at a shrine simply for the sake of conforming and, if he became a Catholic at all, it would have to be utterly and irrevocably, as a missionary travelling in distant lands, as a lay-brother in a hospital or as a monk; he refused finally "parce que nous sommes trop psychologues. Il y aurait toujours un sourire dans notre âme que le catholicisme n'aveuglerait pas."[2]

This 'crisis' has an undeniably literary flavour and shows how intensely Fournier lived with his reading. He was quick to admit to himself that he felt he was being intimidated by the literary power of Claudel, and he justified his rejection of Claudel's solution in strictly Gidean terms. Yet it would be wrong to dismiss the conflict as a mere tug-of-war between two opposing sets of bookish influences. There was a genuine *malaise* in process of developing and the literary formulae he borrowed on this occasion served mainly to mask it.

The alternatives he could consider to Catholicism in January 1907 were in his view real and attractive. At this point, there was still hope that he might rediscover and marry Yvonne, pass his École Normale examination, become a teacher, make a career in the Colonies or win fame as a writer, so there was every incentive to preserve his freedom of manœuvre. He rejected Catholicism in 1907 not in favour of another

[1] Letter to Rivière, January 26th, 1907, *Fournier-Rivière Correspondence*, Vol. II, pp. 17–18.
[2] *Ibid.*, p. 20.

creed but because of regard for a number of other possible answers to the problem of growing up. When these apparent other possibilities proved one by one to be illusory, the time of reckoning was bound to return. The second crisis, very much more painful than the first, came in the spring and summer of 1909.

In October 1907, two months after learning that he had again failed the École Normale examination and that Yvonne was married, Fournier was called up on National Service. Army life he found coarser and altogether more brutal than anything he could have imagined and it was not long before he felt contaminated.[1] By the end of 1908, he seemed the victim of a profound world-weariness; he wrote to a friend:

> N'as-tu jamais eu ce désir de grande lassitude: se voiler à jamais le visage, comme les Carmélites, je crois; ce visage humain où se reflètent tout l'amour et toute la gloire? Renoncer pour toujours à tout amour et à toute gloire. Repos plus délicieux que le Paradis, plus irrévocable que l'Enfer, et tentation plus grande que toutes.[2]

Commissioned status only increased his suffering for it brought inactivity and loneliness, and in the small garrison town of Mirande, down in the extreme south-west, he found few distractions to keep his thoughts from himself and his failings. He who had set himself the lofty task of living like a lover of chivalry was now all too conscious that he had betrayed his own ideals:

> A l'heure la plus nocturne de la nuit du printemps, je suis dans la maison de la fille perdue. J'ai couché dans son lit: il n'y a plus rien à dire, je vais descendre par le perron du jardin et m'en aller dans l'obscurité. Mais au moment de terminer l'entrevue secrète, elle me retient par le bras et se laisse aller à la renverse sur le lit, en distant: Écoute. Et en effet, une voix a jailli tout près de nous, dans le jardin; cela monte avec une joie qui soulève, avec une pureté qui désinfecterait l'enfer.[3]

Remorse broke through in his letters home:

> C'est ainsi depuis l'enfance: devoir qui n'est pas fait, leçon qu'on n'a pas eu le temps d'apprendre — et ainsi jusqu'à l'heure de notre mort, où

[1] See *Le Corps de la Femme* and *La Femme empoisonnée*, pp. li–liii of this Introduction.
[2] Letter to René Bichet, December 19th, 1908, *Lettres au petit B.*, p. 149.
[3] Letter to René Bichet, May 7th, 1909, *ibid.*, p. 156.

nous nous présenterons les mains vides, torturés d'un regret abominable.[1]

The "désirs de pureté" which he had experienced during the religious crisis of 1907[2] now returned with much greater intensity and indeed, associated as they always were in his mind with his power to feel wonderment and with his right to lasting happiness, obsessed him until the end of his life.[3]

His profound unhappiness was accentuated by contrast with the good fortune of his friends: his best friend, Rivière, was due to marry Isabelle Fournier in August 1909; another close friend, André Lhote, had already found in marriage the happiness he felt he would never know:

> Quelle chose presque monstrueuse c'est de tenir son bonheur ainsi à portée de la main. Quel vertige ce doit être, n'est-ce pas, de s'arrêter soudain et d'y penser. Et comme il vous faut à tous deux ce don délicieux d'être encore des enfants pour qu'on vous pardonne ce grand péché d'être heureux.[4]

The more he felt himself unworthy, the more he felt human happiness out of his reach, the more the Church seemed to offer the only

---

[1] May 10th, 1909, *Lettres à sa famille*, p. 330.

[2] See p. xxxvii.

[3] Cf. "Nos plus grands sacrifices à la vie, ç'ont été les blessures à notre pureté", letter to Rivière. Writing to Rivière in September 1910 to explain why he had broken with Jeanne Bruneau, he declared: "Il y avait en elle quelque chose d'enfantin et de tragique à la fois qui passionnait. Je ne crois pas avoir jamais eu pour elle un grand amour, mais un attachement violent. Elle était très belle, extraordinairement intelligente. Elle avait presque toutes les meilleures qualités. Sauf la pureté. Et c'est pourquoi je l'ai tant fait souffrir. Quand j'y repense maintenant, je me demande comment elle a pu supporter aussi longtemps tout ce que je lui ai fait endurer. Elle ne se fatiguait jamais de mes cruels reproches, de ma cruelle insatisfaction, de mon cruel désir de pureté" (letter to Madame Rivière, September 20th, 1910, *Fournier-Rivière Correspondence*, Vol. II, p. 368). He thought at one point of using the following quotation from Péguy as epigraph for *Le Grand Meaulnes*: "Dieu aurait-il oublié quelque part un paradis terrestre, que nous n'aurions pas le droit d'y aller avant le jour du jugement" (*ibid.*, p. 420). He planned to use as epigraph for *Colombe Blanchet* the following quotation from *The Imitation of Christ*: "Je cherche un cœur pur pour y prendre mon repos." Cf. also *Le Grand Meaulnes*, p. 119.

[4] Unpublished letter to André Lhote, June 7th, 1909.

answer. Visits to nearby Lourdes, regular conversations with the local *curé*, readings of the Bible, of Claudel and of *The Idiot* by Dostoevsky intensified his obsession with spiritual considerations and suggested the way to end his suffering. Even Gide, whose *Nourritures Terrestres* had provided a ready-made riposte to Claudel's call to conversion in 1907, now seemed to have changed, for his lyrical pantheism had apparently been replaced by the doctrine of renunciation expressed in *La Porte étroite* (1909). Everything seemed to have conspired to drive Fournier back into the Catholic Church.

The anniversary of the brief encounter with Yvonne, always the occasion for melancholy reflection, brought the darkest hours of the crisis. In a mood of acute nostalgia, Fournier wrote to Rivière of his vanished chances of supreme earthly happiness and of the lost faith of his childhood. Overcome with weariness and remorse, he again considered priesthood and the monastery, yet as he contemplated renouncing the world forever, memories of Yvonne came flooding back:

> Quand je suis allé à la trappe et qu'il a fallu s'agenouiller dans la chapelle, comme je savais qu'en priant pour la première fois dans une église on est toujours exaucé, j'ai eu la force de dire, tenté par cette existence monstrueuse des religieux: Si cela doit être, que cela soit! Mais cela ne devait pas être; et après avoir beaucoup hésité, ah! je regrette de n'avoir pas demandé à la Vierge de Lourdes ce miracle de me rendre mon amour! Seulement la revoir une fois, regarder ce visage très pur, appuyer un instant contre ses cheveux blonds ma tête douloureuse.
>
> *Je ne vous promets pas le bonheur dans ce monde, mais dans l'autre.*
>
> Ainsi tant de pureté ne peut pas être de ce monde...[1]

Fournier was clear in his own mind that could he bring himself to accept the sacraments of the Catholic Church, the most pressing of his problems would be solved:

> Si je puis entrer tout entier dans le catholicisme, je suis dès ce moment catholique. Et l'autre jour est-ce que je ne me suis pas montré à moi-même que tout mon livre aboutissait à quelque grand triomphe de la Vierge.
>
> Les enfants que j'aurai seront élevés le plus chrétiennement. Que je souffre, mon ami, que je souffre...[2]

[1] Letter to Rivière, May 20th, 1909, *Fournier-Rivière Correspondence*, Vol. II, p. 295.

[2] *Ibid.*, p. 298.

Almost a fortnight later, he wrote once more to Rivière claiming that he was ready to leave the world behind:

> Je suis las et hanté par la crainte de voir finir ma jeunesse. Je ne m'éparpille plus. Je suis devant le monde comme quelqu'un qui fait son choix, avant de s'en aller. Et dans ce choix quelle sera ma direction, l'accord final que je chercherai?
>
> ...Vienne l'heure du départ, tout sera prêt. Avec quel amour j'ai regardé la mort, « la mort, notre très cher patrimoine ». Je te prie, toi qui me connais, même si je ne dois jamais croire, de ne pas prendre à la légère ce que je vais dire; depuis des années j'en ai disputé avec moi-même, mais cette fois je suis résolu: le jour où je ferai le dernier pas, si je dois le faire, j'entrerai dans les Ordres et je serai missionnaire...[1]

But the days and then the weeks passed, and this last decisive step was never taken. Although for the rest of his life he remained sympathetic to the Church, often read the Bible, could still be moved by Claudel and could plan a hiking pilgrimage to Chartres Cathedral with Péguy,[2] he did not make a confession or take the sacraments. And yet, in the most important sense, Fournier was never an unbeliever. Speaking of a fellow-officer who accompanied him to Lourdes in the summer of 1909, Fournier described him as "plus catholique mais moins croyant que moi".[3] Why then, with so many different pressures upon him to submit his will to that of the Church, did he still resist?

There are a number of possible reasons not dissimilar to those already advanced to account for the nature and duration of his love for Yvonne. It is certain that what he wanted most from Catholicism was what he also demanded from love, the sense of wonderment and of innocence which he identified with childhood. He tried to explain this in a letter to his mother in June 1909:

> Certes, lorsque nous étions des enfants, rien que de vivre c'était une effusion sans fin, une conversation très douce avec l'être le plus pur; et si nous faisions notre prière au lit, son visage était là, penché vers le nôtre, et c'était à lui d'approcher en souriant son oreille. Mais main-

---

[1] Letter to Rivière, June 2nd, 1909, *ibid.*, Vol. II, p. 300.

[2] In 1913. See Auguste Martin: *Péguy et Alain-Fournier*, Paris, Les Cahiers de l'Amitié Charles Péguy, 1954.

[3] Letter to Rivière, May 17th, 1909, *Fournier-Rivière Correspondence*, Vol. II, p. 289.

tenant que nous ne sommes plus des enfants, maintenant que nous
sommes plus impurs que la terre, comment ferons-nous entendre à Dieu
cette voix terrestre? Quel cri assez douloureux, assez désespéré, notre
âme pourrait-elle jeter! Le temps de la Passion est venu. Il ne s'agit plus
de suivre d'un regard émerveillé les copeaux du menuisier. L'homme,
comme sur une croix, subit sa tension, son extension extrême, dans tous
les sens. C'est seulement à l'heure de la sueur de sang que l'âme a pu se
faire entendre et que le Christ a obtenu réponse.[1]

One other likely reason why he declined to take the decisive step of
becoming a Catholic again was fear of disillusionment: neither the
Church nor Yvonne would work miracles for him.[2]

Paradoxically, another probable reason for his refusal to take the
final decisive step was his very attachment to his past. Conversion
for Fournier, at least when he spoke of it during that anguished summer
of 1909, meant more than humbling his pride and submitting to
authority. He envisaged it as a final break with all that he had
known hitherto and the start of an entirely new way of life. In the
event, he realized that to become a monk or a missionary demanded a
price of him that he was neither able nor willing to pay.

In the depths of his despair, feeling irrevocably cut off from all that
he most longed for, he more than once looked to death to solve his
problems for him: "Je cherche la clef de ces évasions vers les pays
désirés — et c'est peut-être la mort, après tout", he wrote to Rivière in
June 1909.[3] But there remained to him one other road back to the lost

[1] Letter to Madame Fournier, June 10th, 1909, *Lettres à sa famille*, p. 344.
Fournier's persistence in linking his religious preoccupations with his desire to
become a child again is further expressed in a letter written to Rivière a few weeks
later: "...Je suis allé l'autre jour chez l'aumônier de l'Hospice lui demander la
Bible et les Évangiles. Il y avait chez lui le vieux curé de Miramont. Je m'en
voudrais, maintenant, de ne pas leur avoir causé cette joie! J'en suis reparti
chargé de livres. Entre les deux belles figures de vieillards, entre ces sages prud'
hommes, j'étais comme un enfant revenu dans la maison de son père, encore tout
ébloui du long voyage." (*Fournier-Rivière Correspondence*, Vol. II, p. 310.)
[2] When he visited Lourdes, he was moved by the sight of so many chronic
invalids, hoping for so much, but he was conscious himself of disappointment.
Cf. "Nous avons bu aux gobelets de la fontaine, car elle a dit: *allez boire à la
fontaine et vous y laver*. L'eau était froide et bonne; mais quel était ce goût que
j'aurais voulu y trouver et que je n'ai pas encore senti." (Letter to Rivière, May
17th, 1908, *ibid.*, p. 289.)
[3] Letter to Rivière, June 18th, 1909, *ibid.*, p. 303. Cf. reference to "la mort —

Eden of his childhood, surer than either Love or Religion: this was through the sorcery of Art. The final reason, and certainly not the least important, why he was not able to take the sacraments was the threat that conversion spelled to his strength and integrity as a writer. Absolution would surely have put an end, at least temporarily, to his suffering; it would no less surely have put an end to the novel he had been striving to fashion since 1905. Though he protested vehemently that he was desperate to end his torment,[1] the artist in him, *le moi œuvrant* beneath the level of consciousness, seems to have needed to prolong it. It was the artist in him who dictated that he should not make his confession in private but that he should find release from his sense of guilt and from the ghosts of his past through the exorcism of literary creation.

II. GENESIS OF *LE GRAND MEAULNES*

> Tout poète lyrique, en vertu de sa nature, opère fatalement un retour vers l'Éden perdu.—BAUDELAIRE: essay on Théodore de Banville.

All the events and emotions so far described, the great expectations and the shattered hopes, the yearning for the past, the sense of guilt and the need for expiation—all these demanded to be expressed in a work of art. Alain-Fournier's problem, over the years, was to co-ordinate these disparate elements into significant and satisfying form and to resist the temptation, keenly felt by one who read so widely, of literary pastiche. His problem was, in essence, that of any young writer: to learn what he really wanted to say and to say it with the greatest possible authenticity.

notre cher patrimoine", p. xlii, and cf. his comment in March 1913 on the early death of one of his favourite Nançay cousins, following soon after the death, from an overdose of drugs, of his close friend René Bichet, at the age of 26: "Encore quelqu'un de notre âge qui est mort et pour qui, chaque jour, il faudra dire les prières qu'il a oublié, négligé de dire durant sa vie. — Je m'étais imaginé qu'après Bichet le prochain ce serait moi", *ibid.*, p. 421. Cf. also *Le Grand Meaulnes*, p. 119.

[1] Cf. letter to Rivière, May 20th, 1909: "J'ai une horreur profonde pour cette douleur qui me torture. Ne crois pas surtout que je m'y complaise. Peut-être plus de pureté, moins d'importance attachée au monde et à la réalité, m'en guérirait. Moi seul suis coupable. Je vais essayer de travailler ou de dormir...", *ibid.*, p. 296.

(a) EARLY ASPIRATIONS

> Claudel, apprends-moi à penser et à écrire selon moi, à moi
> qui sens selon moi.—ALAIN-FOURNIER: letter.[1]

The first mention of Alain-Fournier's wish to become a writer is, characteristically, in a letter written to his parents in a mood of nostalgia. In March 1905 he wrote from his boarding school in Paris when the thin sunshine told of the coming Spring and he looked forward to the fast-approaching reunion with his family. But there was to be no reunion with his childhood home. His parents had been transferred from Épineuil-le-Fleuriel first to Menetou-Ratel (October 1902) and thence to La Chapelle-d'Angillon (October 1903). The new school had a garden where his mother could walk with her white sunshade, but it was not the same as Épineuil: all the familiar, much-loved sights and sounds, he now realized, were part of the past, though his own memories, at this stage, were still vivid to him. He recalled their "anciennes allées de fraisiers, près du grand, tranquille et silencieux champ du père Martin, près du ruisseau, qui s'enfonçaient vers le champ, plein d'ombre, de branches et de mystère". He recalled

> ... des choses que j'aime et qui soient bien à moi — tellement à moi qu'elles soient presque moi-même — comme les haies d'aubépine du jardin, pleines d'orties, de menthes, de cerfeuil, d'herbes qui sentaient bon; comme la vigne vierge du hangar; comme la petite porte de bois dont le verrou criait et qu'on ouvrait pour voir trois œufs blottis dans la paille.
>
> Tout cela, voyez-vous, ça n'est pas dans votre cœur à vous, parce que vous ne l'avez guère vu, que vous étiez déjà vivants et combattants — mais nous, nous « venions au monde » là-dedans, et tout notre cœur, tout notre bonheur, tout ce que nous sentons de doux ou de pénible, nous avons appris à le sentir, à le connaître, dans la cour où, mélancoliques, les jeudis nous n'entendions que les cris des coqs dans le bourg — et dans la chambre où, par la lucarne, le soleil venait jouer sur mes deux saintes vierges et sur l'oreiller rouge — et dans la classe où entraient avec les branches des pommiers, quand papa faisait « étude », les soirs, tout le soleil doux et tiède de cinq heures, toute la bonne odeur de la terre bêchée.
>
> Tout cela, voyez-vous, pour moi c'est le monde entier — et il me semble que mon cœur en est fait tout entier...

[1] To Rivière, March 7th, 1906, *Fournier-Rivière Correspondence*, Vol. I, p. 192.

Je voudrais vous écrire des livres et des livres sur tout ce qu'*on* a vu et senti dans ce petit coin de terre où le monde a tenu pour nous — et sur ce coin de mon cœur où j'aime encore à le faire tenir.[1]

This is the first recorded mention of Alain-Fournier's expressed intention to become a writer, though he said later to Rivière that he first conceived this ambition some years earlier, during his lonely nights up in the schoolhouse attic at Épineuil and, later, in the lycée dormitory at Brest.[2] His motives at this stage were probably no different from those of other aspiring writers attached to the past and growing more conscious of the threat of loss. As soon as he could put pen to paper after meeting Yvonne de Quièvrecourt in June 1905 he sought frantically to record his impressions of her, of the boat-trip on the Seine, of the journey in the mind back to childhood, of his whispered "vous êtes belle!", of her chilling "A quoi bon?" Those pages from his exercise book rarely left his possession afterwards and again and again they were used as an incantation to conjure up the brief encounter. They formed the basis of his poem *A travers les étés…*, inspired several letters to his friends, most notably the confession to Bichet of September 6th, 1908,[3] and were finally edited into *Le Grand Meaulnes*, completed more than seven years later.[4]

When, in September 1905, he went back to Nançay for the annual holiday his sense of loss was intensified. He reported to Rivière a few weeks later:

Je n'ai retrouvé à Nançay absolument rien des impressions anciennes, pas même — ou à peine — sur la route. C'est autre chose et je retrouverai, maintenant, probablement ailleurs, le Nançay d'autrefois.

Il y a comme cela, tant d'impressions anciennes qui s'enrichissent un peu partout et finissent — quand on ne peut plus les porter — par s'écrire un jour.[5]

His earliest motive in writing is clear, therefore: it was to capture with words the most precious moments of childhood and youth and defend

[1] Letter to M. et Mme Fournier, March 20th, 1905, *Lettres à sa famille*, pp. 54–55 passim.

[2] See letter to Rivière, August 13th, 1905, *Fournier-Rivière Correspondence*, Vol. I, p. 31.

[3] See pp. xxix–xxx of this Introduction.

[4] See pp. 48–52 of the present edition.

[5] Letter to Rivière, October 4th, 1905, *Fournier-Rivière Correspondence*, Vol. I, p. 84.

them from the ravages of time. There remained the difficult problem of finding a form to match his theme.

In 1905, he found it difficult to avoid being influenced by the poets he most admired at that time: Jules Laforgue, for masking his wounded idealism with irony and wry self-deprecation, and Francis Jammes, for writing with such cultivated simplicity of a countryside not dissimilar to his own. His ideal at this stage, never very clearly formulated, was to write a novel in the manner of Laforgue, "de supprimer les personnages et la petite histoire tout en étant romancier — d'être romancier et d'être surtout poète".[1] What, in fact, he produced were a number of poems distinctly Jammesian in their studied simplicity, loose versification and enumeration of small homely details. The details, however, derived from Alain-Fournier's own intimate experience, and the poems are shot through with his deepening nostalgia for scenes from his past or for Yvonne, or for the two together: thus *Sous ce tiède restant...* sets down his memories of the orchard and garden of an old lady at La Chapelle-d'Angillon, *Premières brumes de septembre* evokes his sadness at the end of the Nançay holidays, while two other poems, *Et maintenant que c'est la pluie...* and *Dans le chemin qui s'enfonce...* express his yearning both for Yvonne and for the countryside of his childhood.[2]

These are not wholly typical adolescent poems. The form, the versification, and, generally, the whole attempt to transmit feeling—all these reveal immaturity, but the manner of expression is controlled and mood is delicately conveyed by a technique which recalls Debussy or Fauré, and the poems are happily free of the various Romantic ills that adolescent verse is so often prey to: excessive protestation, melodrama and mawkishness. In none of these early writings, however, does Alain-Fournier demonstrate convincingly that he is an authentic poet: there

---

[1] Letter to Rivière, August 13th, 1905, *ibid.*, p. 34. In this same letter he tried to explain to Rivière that his intention was not to try to portray characters realistically but to give expression to "des rêves qui se rencontrent... J'entends par rêve: vision du passé, espoirs, une rêverie d'autrefois revenue qui rencontre une vision qui s'en va, un souvenir d'après-midi qui rencontre la blancheur d'une ombrelle et la fraîcheur d'une autre pensée"—which clearly echoes his impressions of his brief encounter with Yvonne and neatly summarizes the content of *A travers les étés...*

[2] These poems are all included in *Miracles*, pp. 92–121. For *A travers les étés...* see pp. 185–188 of this edition.

is not one memorable image, what rhythm there is seems arbitrary and quite unrelated to the theme, there is no verbal music or organic pattern. The foremost feature of these early writings is not one primarily associated with poetry: each piece is composed of quick notations of evocative details which are linked together to form a narrative. One of the poems, called, significantly, *Conte du soleil et de la route*, is a straightforward account of the author's disappointed hopes when, as a little boy, he had dreamed of walking at the end of a wedding procession beside the girl he loved, only to see, when the day arrived, that she was taking the arm of someone else. There is more "*conte*" than poem in this and, indeed, in nearly all Alain-Fournier's poetry of this period,[1] but he did not, at this stage of his development, grasp what the implications of this clearly were. His wish "d'être romancier et d'être surtout poète" was not so much a grandiose ambition to create a new genre as evidence of inadequate self-knowledge and subsequent inability to choose between conflicting alternatives.

•   •   •

In November 1905, he wrote telling his sister that he was now occasionally noting down phrases to be used in a novel that he planned to call *Les Gens de la Ferme*. A letter to Rivière in January 1906 shows that this "novel" was now to be called *Les Gens du Domaine*, and that he had conceived several characters:

> J'ai beaucoup vécu avec *Les Gens du Domaine*. Je te reparlerai, dans une quinzaine, de deux ou trois apparitions de la plus jeune ou de la demoiselle. Je me laissais conduire, avec de petits vertiges d'angoisse délicieux, par la vérité.[2]

But writing again to his sister a month later, he revealed how little his ideas had evolved since the summer of 1905 when he talked of writing a novel with "dreams" instead of characters. There was to be no plot, no characters, instead "le flux et le reflux de la vie et ses rencontres". "Cela pourrait s'appeler *Les Gens du Domaine* ou *La Fille du Domaine*, ou n'importe quoi qui indique une vie quelconque à laquelle la vie de

---

[1] See, however, the poem *A l'heure où vos doigts musiciens* on p. 185 of this edition.

[2] Letter to Rivière, January 10th, 1906, *Fournier-Rivière Correspondence*, Vol. I, p. 128.

ma pensée est étroitement mêlée…" By "pensée", he added, he meant not so much "raisonnements" as "rêves, souvenirs".[1]

He sent with this letter, and with another of a month later, a few short fragments of *Les Gens du Domaine*, all that have survived and probably all that were ever written of this first attempt at a novel. The fragments are very short and all seem to aim at fixing a few fleeting impressions of his childhood; a woman coming indoors out of the rain with a huge umbrella; two feathers floating down to earth after an eiderdown has been shaken at an upstairs window; a mother with her baby beside her, finding in a drawer the white satin shoes she wore on her wedding day:

Le bébé blond est là, sa tête tout près de celle de la maman agenouillée. Il regarde sans sourire parce que sa maman ne sourit pas. Et, dans les cheveux du bébé blond, il y aura toujours un peu de la nuance fanée de ces choses de jeunesse qu'on remue sous le toit brûlant dans les chambres du haut.

Alain-Fournier himself, at this stage, seems to have been engaged in the same wistful occupation as the mother here described, musing over the past and feeling vague regret that past happiness cannot be lived again. He wrote to his friend Bichet in September 1906 that his greatest pleasure was to conjure up memories from his most distant past:

— c'est plus passionnant et plus inconnu que le plus grand amour.

Moi, je m'amuse avec ces images-là. Quand j'aurai assez d'images, c'est-à-dire quand j'aurai le loisir et la force de ne plus regarder que ces images, où je vois et je sens le monde mort et vivant mêlé à l'ardeur de mon cœur, alors peut-être j'arriverai à exprimer l'inexprimable. Et ce sera ma poésie du monde.[2]

In this first period of compromise and indecision there is confusion of method but never, essentially, of matter. What Alain-Fournier wanted to express at this period never really varied. Through that very first letter to his parents in March 1905, when he spoke of describing his boyhood at Épineuil, through the first meeting with Yvonne, through the poems and the vague early plans for his novel, the same thread runs: his attempt to recapture his childhood vision:

[1] Letter to Isabelle Fournier, February 1906, *Lettres à sa famille*, p. 151 passim.
[2] Letter to René Bichet, September 20th, 1906, *Lettres au petit B.*, p. 92.

Mon credo en art et en littérature: l'enfance. Arriver à la rendre sans aucune puérilité (cf. J.-A. Rimbaud), avec sa profondeur qui touche les mystères. Mon livre futur sera peut-être un perpétuel va-et-vient insensible du rêve à la réalité; « rêve » entendu comme l'immense et imprécise vie enfantine planant au-dessus de l'autre et sans cesse mise en rumeur par les échos de l'autre.[1]

The same preoccupation clearly determined his preferences in reading. During the period from August 1905 until October 1907, Alain-Fournier and Rivière read prolifically and passionately. The works which aroused Fournier's greatest enthusiasm were Francis Jammes' collection of poems *De l'angélus de l'aube à l'angélus du soir*, Jules Laforgue's *Mélanges posthumes*, Kipling's *Kim*, Hardy's *Tess of the D'Urbervilles*, *La Jeune Fille Violaine* of Claudel and the section "*La Ferme*" in Gide's *Nourritures Terrestres*. All these helped him learn something about himself, justified beliefs he already held and revived memories he had half forgotten. He always read subjectively and praised most readily scenes or characters with which he could most easily identify himself. Rivière commented with characteristic perspicacity in July 1907:

Toi, de tous ceux que tu admires, vite tu extrais ce qui t'est essentiel, ce qu'ils t'apportent de nouveau, car tu as ton œuvre à faire et qui t'occupe trop pour te laisser voir ailleurs dans le monde autre chose que des matériaux. En un sens tu ne comprends rien... Toi, tu es créateur; alors les autres ne sont là que pour te renseigner sur tes forces, pour t'aider à les découvrir. Tu les aimes surtout du service qu'ils te rendent...[2]

Alain-Fournier's indecision over methods during this period reflects both his considerable bookishness and his ignorance of life. Apart from the meeting with Yvonne, a trip to England when he remained noticeably withdrawn, and the unrecorded moments of his schooldays, he had little experience on which to draw. His most powerful feeling was his love for the past and though this was something more than ritual sentimentality and could be linked to many specific details, it would not of itself foster the growth of a novel with theme,

[1] Letter to Rivière, August 22nd, 1906, *Fournier-Rivière Correspondence*, Vol. I, p. 323.
[2] Letter to Alain-Fournier, July 5th, 1907, *Fournier-Rivière Correspondence*, Vol. II, p. 110.

characters, incidents, scenes and plot. He always insisted on writing of
matters intensely personal to himself and of experiences he had himself
undergone. Therefore before he could effectively write a novel of his
life, instead of disconnected pieces of poetry and prose, he had, in a
much fuller sense than hitherto, to live. This did not happen until he
became a soldier.

And yet, when all is said, he was not concerned obsessively with
what was most elusive in his near and distant past. He was as sensitive
to the appeal of the world about him, the countryside especially, as to
the lure of childhood, and in his letters, as well as in his handful of
poems, he shows a quick, sure grasp of expressive detail, as well as a
growing desire to express his love of the countryside in writing. In a
letter to Rivière in September 1906, he voiced his desire to set down
in permanent written form all the insignificant country scenes and
sounds he knew and loved, the poacher encountered at twilight, the
screech of the sawmill, shrill and insistent, with the rest of the countryside drowsy under the scorching sun:

> Je voudrais m'adresser à la campagne, comme les Goncourt à Paris...
> Je veux au moins dire que, si j'ai connu moins que les autres ces inquié-
> tudes de jeunesse, les angoisses sur mon moi, ce désarroi du déracine-
> ment, c'est que j'ai toujours été sûr de me retrouver avec ma jeunesse
> et ma vie, à la barrière au coin d'un champ où l'on attelle deux chevaux
> à une herse...[1]

Until he found a subject and a style which could express both parts
of his nature, the dynamic as well as the contemplative, his literary
plans were fated to founder for lack of conviction.

(b) LE PAYS SANS NOM

> I am a part of all that I have met;
> Yet all experience is an arch wherethro'
> Gleams that untravell'd world, whose margin fades
> For ever and for ever when I move . . .
>
> —TENNYSON: *Ulysses*

Until the period of his Army service, Alain-Fournier had lived more
in the world of literature and his own imagination than in the world of

[1] Letter to Rivière, September 3rd, 1906, *Fournier-Rivière Correspondence*,
Vol. I, p. 337.

other men. The Army promptly brought him into contact with a mode of living far harsher than any he had so far experienced, showing him at first hand all sorts and conditions of men and women, human suffering and degradation. The initial shock was painful for him, and what enabled him to survive was partly his natural resilience and partly the fact that his frequent periods of manœuvres were spent out in the countryside at all hours and seasons. If he often chafed at feeling himself a prisoner in uniform, the Army increased his awareness of human beings and himself and forced him on towards maturity.

The extent and the nature of this increased knowledge can best be measured by comparing two essays he wrote on similar subjects, one completed a few days before he was called up, the other written while an officer cadet at Laval after more than a year of Army life. *Le Corps de la Femme*,[1] the first essay, is an attack on the cult of the naked female body as practised by Pierre Louÿs in his *Aphrodite* (1896), a novel of courtesan life set in ancient Alexandria, and takes the form of a reasoned argument interspersed with illustrative prose description. Alain-Fournier's thesis is that the unclothed female body is not a French ideal, which is of the modesty and mysteriousness of woman and requires, as an inevitable consequence, that Woman remain dressed, distant and difficult of access. The illustrations, each portraying her as a creature pure, remote and sacrosanct, are a blend of reminiscence and wish-fulfilment: a young lady kneels at prayer bathed in the light from the stained-glass window above her; a young mother leads her small son down the lanes to Easter Mass in the village church; another mother bounces her baby son up and down on her lap; the farmer's wife, symbolic Mother of France, undresses unseen in a dark alcove. The French national ideal of Woman, therefore, is compounded of memories of the Catholic past of the race and childhood memories of the individual:

> Ce n'est pas en dévoilant (le corps de la femme) que nous le con-naîtrons mieux: depuis des siècles, sous le climat de nos pays, il s'est enveloppé; depuis notre enfance, nous lui connaissons ce vêtement. Et cette toilette, bien autre chose qu'une parure, est devenue comme la

[1] This was the first of his writings to be published, on December 25th, 1907, in *La Grande Revue*. It was dedicated to one of his favourite painters, Maurice Denis, and signed 'Alain-Fournier'. It has since been republished in *Miracles*, pp. 125–135.

grâce et la signification essentielles du corps féminin; toute cette atmo-sphère délicate, féminine, maternelle, de la vie d'autrefois, imprègne impalpablement le vêtement de celle qui doit être notre vie à venir et notre famille: et c'est pourquoi revoir ce costume maternel donne aux enfants que nous sommes encore, au plus profond, au plus passionné de nous-mêmes, ce désir, immense et mystérieux comme le monde de l'enfance, âcre comme le regret de l'impossible passé.[1]

What is most worthy of comment about this essay is neither the evident sincerity and unusual naïveté of the author's views of Woman in the autumn of 1907: it is the clear indication that the past can no longer now be recollected in tranquillity. The wording of that final phrase, *âcre comme le regret de l'impossible passé*, sounds a note of genuine desperation.

La Femme empoisonnée was written towards the end of 1908.[2] It is a prose-poem inspired by compassion for the victims of men's lust and yearning for his lost beloved, and its mere title suggests that the time for wistful dreaming is no more. The little girl in pigtails who used to skip through the streets of the little garrison town is now *la femme empoisonnée*, the garrison whore, grinning at every passer-by, "sa peau livide plombée par l'affreux mal humain que les hommes lui ont donné". Moving in counterpoint through the prose-poem is *la Très-Aimée*, fair-headed, elegant and remote. In *Le Corps de la Femme*, she had glided down the boulevard with her white parasol; at the end of *La Femme empoisonnée*, the writer finally meets her again

...mais morte dans les neiges, étendue sur un accotement. Autour de ses yeux, derrière l'oreille et sous son cou, sa chair de femme au halo blanc, serait encore la plus exquise chose humaine, n'était cette couleur verte de froid ou de pourriture, qu'elle a sur la neige qui l'a fait mourir. Et il s'est agenouillé près d'elle. Et il dit: c'est ainsi que par les chemins perdus et parmi les hommes perdus, ô ma perdue, sous cette pèlerine de pauvresse, tu es venue vers moi! Et je n'ai pas su te trouver à temps: il ne reste que cette pourriture à embrasser, sur la peau fine dans le creux autour des yeux, et sous le cou, et sur la bouche que le mal de mort a raidie et ouverte comme pour rire.[3]

---

[1] *Miracles*, pp. 128–129.
[2] It was dedicated to the essayist and critic André Suarès but remained un-published till March 1944, when it appeared in the journal *Poésie 44*.
[3] This morbid description, which so clearly prefigures the description in *Le*

But bitter self-pity was not the only possible response at the thought of his lost beloved and the spectacle of human degradation. Through the magic of art he could escape the latter and be united with the former in the Land of Heart's Desire or, as he came to call it, *le pays sans nom*.

Alain-Fournier's *pays sans nom* was to him rather more than a land-of-dreams-come-true: it was bound up also with the way he perceived the world about him in infancy and youth. He became preoccupied with this towards the end of 1906. Just as he had found that he did not want to describe merely the events of his childhood but the sense of mystery which seemed to pervade it, so he soon arrived at the point where he wanted to depict not merely the landscape before his eyes but the ideal "other landscape", as he called it, which it sometimes seemed to hint at. Writing to Rivière in December 1906, he said that Gide, in his *Nourritures Terrestres*, and Jammes in *De l'angélus de l'aube à l'angélus du soir*, had depicted only the exterior attractions of the world of nature. He aimed to penetrate to the mysterious world which, he felt, lay beyond: "Je ne trouverai pas, comme Gide, sur le paysage actuel des mots qui suggèrent le mystère, je décrirai l'autre paysage mystérieux." [1] He considered that his literary model in this field was the Rimbaud of the *Illuminations*, especially in the *Enfance* passages:

> ...le premier qui a senti qu'il y avait un autre paysage, correspondant à l'impression vertigineuse qu'il avait d'une matinée d'été. Certainement ce sont des hallucinations qu'il décrit, mais qui n'ont rien de morbide, ce sont les impressions que nous avons tous eues d'une matinée d'été, d'un soir de fête, d'un très ancien souvenir d'enfance — mais intenses, cette fois, jusqu'à s'exprimer, jusqu'à se décrire... Moi, je pose, de façon

Grand Meaulnes of the dead Yvonne and the moment where Seurel kisses her hair as he carries her corpse down to the waiting hearse, makes manifest nonsense of the claim advanced by Clément Borgal in *L'Information littéraire* (October-November 1963) that Alain-Fournier killed off Yvonne de Galais as an act of homage to his new love, Madame Simone Casimir-Périer. Cf. letter to Bichet, September 6th, 1908, when, introducing his often quoted account of the brief encounter in 1905, he recalls his feelings on hearing the news of Yvonne's marriage: "...j'avais dans la bouche ce même goût de choses âcres et mortes. Comme on sent que tout est mort, que tout a ce goût-là. Comme tout est déjà passé." *Lettres au petit B.*, p. 135.

[1] *Fournier-Rivière Correspondence*, Vol. I, p. 415.

très mystique peut-être, que le paysage à substituer *existe* et qu'il faut l'*atteindre*, pour le *décrire*.[1]

This feeling that the world we see about us is only a theatrical back-cloth and that the real world stands behind it is, as Alain-Fournier recognized, fairly commonly experienced and, unknown to him at this time, had quite frequently found expression.[2] It is this same feeling, powerful yet elusive, which the young Marcel tries vainly to give expression to as he is driven past the spires of Martinville in Proust's *Combray*, and for Marcel, as for Alain-Fournier, the challenge they perceived in such a feeling is the surest guarantee of the authenticity of their artistic vocation.

As Alain-Fournier's grew increasingly aware of the gulf between ideal and reality, and between innocence and experience, so his desire grew stronger to preserve his ideals from contamination. At the same time, his need grew stronger to believe in the truth of the "other" reality. From being an emotion that was spasmodically evoked by chance impressions, it became a definite kingdom, always somewhere "out there", always consciously to be sought. In May 1907 he wrote to his friend Bichet, consoling him for the severity of Army life, yet looking forward himself to the violent physical activity and the temporary relief from having to worry about a choice of career:

> Nous savons bien qu'une seule chose importe, une seule chose vaut qu'on vive et peut nous satisfaire, en dehors d'elle il n'y a point de satisfaction...

[1] *Idem.*

[2] Cf. Leopardi: "To the sensitive and imaginative man, who lives as I have lived, feeling continuously and imagining, the world and its objects are in a sense double. He may see with his eyes a tower, a landscape, hear with his ears the sound of a bell, and at the same time, he will see another tower, another landscape, he will hear another sound—in this second kind of object is situated all the beauty and pleasure of things." Cf. Emerson: "It is an odd jealousy; but the poet finds himself not near enough to his object, the pine-tree, the river, the bank of flowers before him, do not seem to be nature. Nature is still elsewhere. This or this is but outskirt and far-off reflection and echo of the triumph that has passed by, and is now at its glancing splendour and heyday, perchance in the neighbouring fields, or if you stand in the field, then in the adjacent woods. The present object shall give you this sense of stillness that follows a pageant that has just gone by . . ." And cf. Richard Jefferies: "I feel on the margin of a life unknown, very near, almost touching it—on the verge of powers which, if I could grasp, would give me an immense breadth of existence." See H. M. March, *"The 'Other Land-scape' of Alain-Fournier"* in *P.M.L.A.A.*, 1941, pp. 266–279.

Ce sont ces grands soulèvements, ces désirs infinis qui nous transportent dans l'Autre Pays; ce sont des paysages de nos désirs, peut-être de nos souvenirs, qu'il faut atteindre, dont il faut se rendre dignes...[1]

And he was later to declare to his friend André Lhote:

Je n'aimerais pas jusqu'au vertige le Pays sans nom si je n'étais sûr qu'il existe quelque part dans l'univers.[2]

In the early months of 1907, Alain-Fournier's foremost literary goal became the need to evoke this earthly Paradise—a Paradise which, at the outset, had nothing to do with religion. In July 1907, he wrote to Rivière after a disparaging reference to Léon Frapié's novel *La Maternelle*:

J'ai compris aussi combien, sans doute, mon livre sera peu chrétien. Puisque, sans doute, ce serait un essai, sans la Foi, de construction du monde en merveille et en mystère.[3]

For months thereafter, events conspired to leave him little opportunity for protracted creative writing: in July 1907 he was prostrated by his second failure in the École Normale entrance examination and by news of Yvonne's marriage; he was called up on October 2nd, 1907, and there followed long months of routine drudgery and the violent activity of Army manœuvres. It was only after he had passed his officer-cadet examination in August 1908 that he at last found real leisure to write, and when at length he spoke of his literary plans to Rivière, it was to report a significant new development:

...moi, je crois avoir trouvé, cette fois. Il n'y a pas d'idée. Il s'agit seulement d'être dans un pays. Et les impossibles personnages humains sont là: et je bondis de délice, parfois, à voir s'organiser dans l'intrigue inexistante les mille et un épisodes.[4]

And a week later, he wrote to his parents:

Je travaille beaucoup ces temps-ci à mes papiers. J'y ai consacré dimanche, depuis quatre heures du soir, six heures délicieuses. Il me

---

[1] Letter to René Bichet, May 27th, 1907, published by Émile-Paul in the series 'Les Introuvables', 1946.

[2] Letter published in *Comœdia*, January 25th, 1942.

[3] Letter to Rivière, July 1st, 1907, *Fournier-Rivière Correspondence*, Vol. II, p. 108. *La Maternelle* won the Prix Goncourt in 1904.

[4] Letter to Rivière, August 26th, 1908, *ibid.*, p. 231.

faudrait des journées entières à seulen.ent y réfléchir et alors tout s'arrangerait et s'organiserait plus délicieusement encore...

Il y a, justement, parmi ce qui est à peu près définitif, le parc d'un
personnage. C'est celui-là que je voudrais si j'étais riche...[1]

Though he had still to devise a plot, he was now planning to substitute definite characters for the dreams and memories of his earliest
plans. The "other landscape" had now assumed a definite form and,
more important, its very nature was changing. Instead of being some
form of higher reality suggested by the present scene, it was being
transformed into an artistic substitute for what he had so often looked
upon with distant longing as a child: a country house with its own
extensive grounds.[2] It was inevitable that the *châtelaine* should be
elegant, blonde and fair, as he always remembered Yvonne de Quièvrecourt.

From the several references in his letters, it would seem that Alain-
Fournier was at work on *Le Pays sans nom* mainly between March and
June 1909.[3] He succeeded in producing only six isolated fragments,
two of which are clearly incomplete. The only fragment to be published separately in Alain-Fournier's lifetime was *La Partie de plaisir*,[4]
and he explained what it was meant to convey in a letter to his friend,
the painter André Lhote:

Je vais sans doute vous envoyer dans cette lettre une page que j'ai
écrite l'autre jour — bien qu'on la dise très obscure. Elle est extraite du
futur *Pays sans nom*. Je vous dirai seulement pour vous aider qu'il
s'agit dans cette *Partie de plaisir*, comme dans tout le livre, d'une évasion
d'âmes, que les personnages en sont irréels ou plutôt sont ailleurs, misérables, frivoles et enfermés...[5]

[1] Letter to M. et Mme Fournier, September 1st, 1908, *Lettres à sa famille*,
pp. 283–284.

[2] See pp. xviii–xx of this Introduction.

[3] See *Fournier-Rivière Correspondence*, Vol. II, pp. 274, 279, 285 and 303.

[4] Dedicated to Claude Debussy, it appeared in the review *Schéhérazade* in
August 1910.

[5] Letter to André Lhote, March 16th, 1909, published in *Hommage à Alain-
Fournier*, N.R.F., 1930. Rivière put it rather more grandiloquently in a letter sent
with *La Partie de plaisir* to Gide who declined to print it in *La Nouvelle Revue
Française*: "C'est un fragment du livre futur de mon ami Fournier. Ce livre
serait une sorte de transfiguration et d'approfondissement du monde réel et de ce
qui s'y passe. Les êtres les plus humbles, les vies les plus indigentes apparaîtraient
avec, comme une auréole, leur réalité seconde et merveilleuse dans le pays sans

The girl who reads reluctantly at her schoolbooks wishes she were a bewigged lady of great wealth; others, always tongue-tied, wish they could speak—and at *La Partie de plaisir*, as they glide over a lake in their boat that is lined with silk, their wishes are granted.

The other fragments are compounded of both wish-fulfilment and past memories: in *Dans le tout petit jardin*,[1] he imagines that his beloved has returned to him and that they are man and wife walking in the dusk to their house in the woods; the two speakers in *Dialogue aux approches de Noël*[2] seem at first to be a married couple, Alain and Grande, reminiscing about their childhood, but it emerges that they are merely day-dreaming, and that Grande is on the point of deserting Alain, leaving him alone on a frozen bench in a lonely avenue; *La Maison verte* or *Le Voyage entre les aulnes* expresses the narrator's sense of high expectancy as he explores the bird-haunted woods in search of "ce passage dont il est question dans les livres, l'ancien chemin obstrué, celui dont le prince harassé de fatigue n'a pu trouver l'entrée"; *Ce fut une soirée d'avril* describes how the anonymous narrator and his companion, Madeleine, enter a derelict house and find a nest full of dead chicks; they try vainly to revive them throughout the night, while the wind comes moaning through the shattered windows of the attic; in the few paragraphs which have survived of *Le Dîner de printemps*, by far the least complete of the *Pays sans nom* fragments, a group of children are pretending to prepare for lunch in a derelict house while someone is playing a flute up in one of the attics: "Les convives, avec des taches de soleil sur les cheveux, se passent dans l'ombre des plats de feuilles, et font gravement les doux gestes d'un bonheur inventé."

In spite of Rivière's explanation to Gide, it is very difficult indeed to detect in any of these fragments any sense of metaphysical mystery or any "approfondissement du monde réel et de ce qui s'y passe". What

---

nom: Là les événements puérils et impossibles seraient de prodigieuses aventures et tout s'y prolongerait mystérieusement. Ce serait, si vous voulez, comme si les spectacles quotidiens et immédiats peu à peu laissaient transparaître les idéales réalités ,qu'ils sont... Mon ami... voudrait représenter tout ce que la sensation immédiate renferme de prolongement, et de mystère métaphysique; il voudrait faire apparaître derrière tout paysage le second paysage... (Unpublished letter dated March 29th, 1909.)

[1] Published in *Miracles*, pp. 137–140.

[2] Hitherto unpublished. See pp. 188–189 of this edition.

they all express, with quite remarkable consistency, is profound melancholy and a sense of desperation that is, sometimes, literally feverish. *Dans le tout petit jardin* ends with the narrator preparing to spend the night with the wife of his dreams:

> Vienne maintenant la nuit d'été insupportable! Sur le balcon qui surplombe le jardin ténébreux s'ouvre la porte du salon plein de lourds feuillages; mais on allume ce soir, comme un fanal à l'avant d'un vaisseau perdu, chargé de fièvres et de senteurs, la lampe domestique.

As the girls speak together in their dream world of *La Partie de plaisir*, "toutes les voix se confondent et ce n'est plus qu'un bruit vague et mêlé, qui donne la fièvre et le désespoir, comme des cloches lointaines qui sonnent les vêpres d'été, dans d'autres pays".

In *Ce fut une soirée d'avril*, Madeleine and the narrator feel

> glacés et tourmentés dans la maison étrange!
> D'instant en instant, elle allait regarder dans le nid fiévreux, enlever un nouveau poussin mort pour l'empêcher de faire mourir les autres. Et chaque fois il nous semblait que quelque chose comme un grand vent par les carreaux cassés de grenier, comme un chagrin mystérieux d'enfants inconnus, se lamentait silencieusement.
> Et nous ne savons que faire pour consoler cela qui pleurait.— Il faudra veiller toute la nuit, me dit-elle. Et toute la nuit tous deux silencieusement, sans lumière, nous avons veillé tous deux, seules âmes vivantes dans la maison perdue.

The most likely explanation of the persistent oppressiveness of the atmosphere in *Le Pays sans nom* is that Alain-Fournier realized the futility of his play-acting. He was clearly all too well aware that once the literary exercise was over, he would once more find himself alone, unloved and—since this was the Spring and early summer of 1909—with a host of personal problems to solve. In *Dialogue aux approches de Noël*, Grande breaks the news to Alain that they are not really man and wife:

> Je mets ma main sur votre front, Alain, pour calmer votre fièvre. Nous sommes, vous savez bien, sur ce blanc glacé de l'avenue. Le pays où vous voulez me conduire n'existe pas. Hélas, notre voiture à nous ne partira pas; nous n'irons pas vers la douce veillée...

And written eloquently and pathetically in pencil as an after-thought to the fragment is the comment

> Voici dispersée encore la misérable famille humaine. Vous avez tenté une fois encore et en vain de partir pour ce pays qui est le vôtre et qui n'existe pas.

In *La Partie de plaisir*, "il y a toujours une voix qui reprend et que j'écoute, la plus grave et pourtant la plus haute, qui dit que tout est vain, que tout va s'évanouir et que c'est une gloire, pourtant". It is significant that the speaker is "blonde et pâle, sous son grand parasol noir". She is clearly the representation of Yvonne de Quièvrecourt, whose gentle but devastating question "A quoi bon? A quoi bon?" went on echoing through Alain-Fournier's memory and, however deep his dream, always tolled him back to reality.

*   *   *

The other distinctive feature of the *Pays sans nom* fragments is the mannered pretentiousness of the writing in the purely fanciful passages, such as the evocation of the girls singing in *La Partie de plaisir*:

> Ce chant que nous entendions, pareil à un palais d'or et de rose entre les saules du bord de l'eau, pareil à une femme qui lève sa coupe vaine avec des larmes de gloire, pareil au visage le plus passionné qui se cache, à l'avant de la barque, dans des manches de brocart…;

or the way in which, in *Dans le tout petit jardin*, the narrator gazes entranced at his beloved who, so unexpectedly, has at last returned to him in answer to his dreaming:

> Je regarde la femme au geste inexplicable et souverain, dans son royaume inconnu; comme le nouveau-né suit des yeux, pour la première fois, la mère occupée à l'étrange besogne quotidienne; comme le disciple épouvanté se retourna vers le Maître, lorsqu'ils traversèrent le con-ciliabule des anges, et que ceux-ci s'étendirent à leurs pieds comme de grands chiens soumis…

This is writing of a decidedly inferior and immature order: the arti-ficial or exotic details, the abstruse analogies, the similes within similes and all ornamental instead of being, as they should be, illuminating: the writer's emotion is vaguely diffused instead of being defined and con-centrated.

Yet, throughout this period, he was capable of much more effective writing than this. Several of his letters, particularly those written during the periods of Army manœuvres during 1908, express much more clearly than the *Pays sans nom* fragments his sense of wonderment and of the deeper realities of nature. The most accomplished of the *Pays sans nom* passages are those composed in the manner of his letters and based, like them, on authentic experience. While much of the *Pays sans nom* writing was scrapped, these passages—the reminiscences of marauding gipsies in *Dialogue aux approches de Noël*, the high hopes with which the writer sets out in *Le Voyage sous les aulnes* and the discovery of the dead chicks in the derelict house in *Ce fut une soirée d'avril*—were ultimately incorporated, without much alteration, into the final version of *Le Grand Meaulnes*.[1]

Alain-Fournier's inability to form the incidents of *Le Pays sans nom* into dramatic order was probably due in part to his reading of Rimbaud whose *Illuminations* he clearly had in mind when he first formulated his views on the "other landscape".[2] He could well have assumed that since, like Rimbaud, he believed in another order of reality, it was therefore necessary to adopt Rimbaud's method of expressing it, namely the recording of the isolated moments when intimations of that "other" reality were especially strong. Whatever the reasons for his reluctance to consider a plot—and the confusing impressions left by his voracious reading together with his own inexperience were probably still the most important—the fact remains that as long as his book was to be without a theme ("il n'y a pas d'idée") or a plot ("l'intrigue inexistante"),[3] the novel he hoped to write was as remote as ever.

---

[1] The disturbance created by the gipsies is utilized in *Le Grand Jeu* (p. 62) and in *L'Homme aux espadrilles* (p. 77), the chief point of difference being that in the *Pays sans nom* version much greater stress is laid on the *terror* the gipsy raid causes amongst the children. *Le Voyage sous les aulnes* was incorporated word for word into *A la recherche du sentier perdu* (p. 88) except for the final sentence which, in the *Pays sans nom* version, reads: "Et soudain, il vous semble, avec ce geste douteux des mains, à hauteur des yeux, qui écartent les branches, traverser le coin le plus ignoré de votre âme." *Ce fut une soirée d'avril* is obviously an early version of *La Maison de Frantz* (pp. 142–143). In the *Pays sans nom* version the owner of the house is not specified, there is no mention of Frantz and the final paragraph is much more sombre. See p. lix.

[2] See p. liv of this Introduction.

[3] See p. lvi of this Introduction.

(c) LE JOUR DES NOCES

La vraie joie n'est pas de ce monde...

—ALAIN-FOURNIER: letter.[1]

As has been shown earlier in this Introduction, the late Spring of 1909 marked a particularly acute period of self-searching in Alain-Fournier's life and his thoughts turned very markedly towards Catholicism as the best solution to his problem of happiness. It is not surprising that this religious "crisis" should have left its mark on his literary plans and that the elusive dream-world of *Le Pays sans nom* should have been progressively transformed into the Kingdom of God. "L'autre jour est-ce que je ne me suis pas montré à moi-même que tout mon livre aboutissait à quelque grand triomphe de la Vierge?" he wrote to Rivière in May 1909,[2] and he wrote a month later:

> Aussi je continue à imaginer mon livre comme la plus merveilleuse petite histoire qui ait jamais excité les enfants sages et secrets: mais on y sentira par instants un effroi comme de la mort; un calme et un silence épouvantables, comme l'homme abandonné soudain de son corps au bord du Monde mystérieux.[3]

On July 27th, 1909, he reported to Rivière that he was making good progress with his book and was at that moment working on the final episode which he proposed to devote to "l'adolescent de la nuit, le veilleur aux colombes, la vieille âme très pure". His companions have already experienced "le triomphe mystérieux dans le pays nouveau qui était comme l'expansion de leur cœur"; he sits alone in his tower while this mysterious new world rises inexorably like a vast flood tide. He is overwhelmed as he contemplates, "tant cela est pur et désirable":

> Enfin une nuit, au plus haut de sa tourelle, alors qu'en bas et jusqu'à l'horizon fulgure la vie de la Joie inconnue, il comprend que la vraie joie n'est pas de ce monde, et que pourtant elle est là, qu'elle ouvre la porte et qu'elle vient se pencher contre son cœur. Alors il meurt en écrivant quelque chose, un nom peut-être qui n'est pas encore décidé —

[1] Letter to Rivière, July 27th, 1909, *Fournier-Rivière Correspondence*, Vol. II, p. 312.
[2] Letter to Rivière, May 25th, 1909, *ibid.*, p. 296.
[3] Letter to Rivière, June 22nd, 1909, *ibid.*, p. 304.

Madame Fournier
(in 1915)

Alain-Fournier's
father, about 45
years old
(Photograph taken
at La Chapelle-
d'Angillon)

The village class, Épineuil-le-Fleuriel, 1895–1896
(Henri Fournier is second from the right in the middle row. Isabelle Fournier is the only girl in the group)

The school at Épineuil-le-Fleuriel where Alain-Fournier lived as a child

et sur chaque barrière des champs d'alentour (redevenus terrestres) un enfant est perché, en robe blanche, les pieds pendants, et souffle dans une flûte d'or, à intervalles réguliers.[1]

He added that this was part of a scheme that still had to be worked out in the last details and that he would probably change the idea of the tower. The whole episode must be taken to be an allegorical expression of his thoughts about religious conversion for, speaking of the last message scribbled down by the dying youth, he added: "Peut-être le nom serait-il « Marie ». Mais alors je n'écrirais pas mon livre."

One important addition to Alain-Fournier's artistic raw material was created by this period of acute mental stress: a theme. Whereas, up till this point, his overriding concern had been to record his moments of most vivid yearning, now, defeated by circumstances, and all too painfully aware that he had lost not only childhood and Yvonne but also his own sense of purity, he gave up striving for the unattainable and rationalized his defeat into the formula, "la vraie joie n'est pas de ce monde". This is the message of the *Veilleur aux colombes*[2] episode, is the note sounded in so many of the letters he wrote to his friends and parents during the summer and autumn of 1909, and is further

---

[1] *Ibid.*, p. 312. The "vieille âme très pure" also appears in the unfinished *Dîner du printemps* fragment from *Le Pays sans nom*. Cf. "Viens avec nous, vieille âme très pure. Il y a place pour toi à cette table de jardin que les premiers dîneurs ont couverte de sable et de feuilles." See p. lviii above.

[2] The dove has traditional religious significance but was also part of Alain-Fournier's own personal mythology. Cf. *A travers les étés...*, in which the poet asks the young lady

> Dites, vous m'emmeniez passer l'après-midi
> Oh! qui sait où!... à « La Maison des Tourterelles »...

and looks forward to reading "un roman d'autrefois" in her company

> « auprès du pigeonnier,
> sur un banc de jardin, »... « toute la soirée,
> aux roucoulements longs des colombes peureuses »...

Cf. also Meaulnes' thoughts on the boat-trip at *la fête étrange* when he imagines that they are going to arrive at "quelque maison de campagne. La jeune fille s'y promènerait sous une ombrelle blanche. Jusqu'au soir on entendrait les tourterelles gémir..." (p. 49). "La Maison des Tourterelles" was, of course, Madame Benoist's house at Épineuil. See pp. xviii and xxvii of this Introduction.

developed in *Madeleine*, a short story he wrote at Mirande in July and August 1909.[1]

The story is set on the eve of the Day of Judgment and shows Tristan and Madeleine, neither of whom has found happiness in this life, preparing to find everlasting joy in the next world. It is full of the author's reminiscences and characteristic preoccupations: Tristan, a peasant with close-cropped head, is likened both to "un enfant de septembre qui fait chauffer à un feu dans les bois son amour égaré" and to "le prince malade qui cherche une âme"[2]; he lists the women who have tried to make him happy "mais aucune n'a compris ce que je demandais, et les plus belles ont cherché désespérément ce qu'elles pourraient donner"[3]; Madeleine, "la fille perdue", clearly related to "la femme empoisonnée", recalls the wonderment she once felt as a little girl, when she was driven in a peasant cart through the night to a town which seemed at the very end of the earth. They flee together into the night, "pareils à deux nouveaux époux qui n'ont pu supporter le bonheur sans démence".[4] They arrive at a farm in a moonlit wood, where they find "la cour balayée comme à la veille d'une fête".[5] At the farm, they find children, old men and a peasant woman who once was beautiful: they all look forward to setting out for the Promised Land:

> [Les enfants] savent que cette fois on leur pardonnera de ne pas dormir toute la nuit. On leur mettra, pour partir avec tout le monde,

[1] First published in *La Grande Revue*, June 1915, and reprinted in *Miracles*, pp. 141–154.

[2] The "sick Prince" is the hero of *The Idiot* by Dostoevsky which profoundly moved Alain-Fournier when he read it in the Spring of 1909. Cf. "Depuis Claudel, aucun livre ne m'a rapproché du christianisme comme *L'Idiot*. Il n'en est jamais question et cependant, depuis que je l'ai lu, je suis plus que jamais hanté par la « tentation ». Peut-être le livre est-ce le pont que j'ai longtemps cherché entre le monde chrétien et le monde à moi. Ici et là, c'est le pays profond, par instants entrevu, où les âmes délivrées se reconnaissent et se parlent", letter to Rivière, May 20th, 1909, *Fournier-Rivière Correspondence*, Vol. II, p. 296.

[3] The list tallies in every particular with one included in a remarkable confessional letter Alain-Fournier sent to the Rivières, just after their marriage, in which he claimed that every detail was authentic. He declared: "Certes j'ai connu des jeunes filles et des femmes. Et qui me le reprochera prouvera qu'il a méconnu le pasteur d'âmes, le prince malade…", *ibid.*, p. 320.

[4] Cf. *Le Grand Meaulnes*, p. 127 of this edition.

[5] Cf. *Le Grand Meaulnes*, p. 36 of this edition.

leurs plus beaux habits. On les emmènera jouer dans un pays de tuileries et de couvents abandonnés, où l'on découvre, en se poursuivant à la tombée de la nuit dans les couloirs et les souterrains, l'entrée d'une ville immense qui flamboie dans un autre été.[1]

The wording of the final phrase here and elsewhere in *Madeleine* recalls the mannered technique of *Le Pays sans nom*, but the details which evoke the farmhouse in the woods and the variety of inhabitants, based almost certainly on the author's recollections of being billeted out on Army manœuvres,[2] indicate that he has almost arrived at *le domaine mystérieux* of *Le Grand Meaulnes*. The very fact that this is Alain-Fournier's first short-story reveals the important implication for the would-be novelist of substituting a definite theme for a series of moods as the subject of artistic expression, and it was this same theme— *"la vraie joie n'est pas de ce monde"*—which, more deeply studied and further developed, shaped *Le Jour des noces*, Alain-Fournier's first full-scale attempt to produce an authentic novel.

•   •   •

There is an unfortunate lack of detailed evidence of Alain-Fournier's literary development between August 1909 and April 1910. After being released from the Army at the end of September 1909, following a month's energetic manœuvres which left him little time for creative writing, he joined the Rivières and his parents in Paris and ceased, therefore, to write them letters. The correspondence with Rivière resumed only in the Spring of 1910, when Rivière was in Cenon, and by this time Alain-Fournier had evolved a complete plan for a novel, together with specific theme, plot, characters and incidents. The theme is adequately outlined in a long letter Alain-Fournier wrote to Rivière on April 4th, 1910:

Meaulnes, le grand Meaulnes, le héros de mon livre, est un homme dont l'enfance fut trop belle. Pendant toute son adolescence, il la traîne après lui. Par instants, il semble que tout ce paradis imaginaire qui fut le

[1] *Miracles*, pp. 150–151. Cf. end of Rimbaud's *Une Saison en enfer*: "Et à l'aurore, armés d'une ardente patience, nous entrerons aux splendides villes."

[2] See, for example, the letter to his parents of May 30th, 1908, *Lettres à sa famille*, pp. 255–261, to Rivière, March 3rd, 1909, *Fournier-Rivière Correspondence*, Vol. II, pp. 269–270, or to André Lhote, March 16th, 1909, quoted in *Hommage à Alain-Fournier*.

monde de son enfance va surgir au bout de ses aventures, ou se lever sur un de ses gestes. Ainsi, le matin d'hiver où, après trois jours d'absence inexplicable, il rentre à son cours comme un jeune dieu mystérieux et insolent. — Mais il sait déjà que ce paradis ne peut plus être. Il a renoncé au bonheur. Il est dans le monde comme quelqu'un qui va s'en aller. C'est là le secret de sa cruauté. Il découvre la trame et révèle la supercherie de tous les petits paradis qui s'offrent à lui. — Et le jour où le bonheur indéniable, inéluctable, se dresse devant lui, et appuie contre le sien son visage humain, le grand Meaulnes s'enfuit non point par héroïsme mais par terreur, parce qu'il sait que la véritable joie n'est pas de ce monde...

Vous voyez que pour l'instant, c'est l'histoire de l'homme-sur-la-tour, mais descendu sur terre. C'est le *pays sans nom* mais aussi le pays de tout le monde. Ce sera bien plus humainement beau ainsi...[1]

Although he was not clear, at this stage, whom to make the central character of the novel—"Je ne sais d'ailleurs pas encore si ce sera bien le grand Meaulnes le héros du livre—ou Seurel? ou Anne des Champs? ou moi, qui raconte"[2]—he had by now elaborated a fairly detailed plot and from this and the surviving chapter-fragments, it is possible to form a clear picture of how he proposed to construct *Le Jour des noces*.[3]

The story begins in the schoolhouse at Épineuil where Monsieur Seurel, a widower, lives with Pierre, his son of fifteen. They are shortly joined by a boarder, Meaulnes, who soon reveals that he is no ordinary schoolboy: he is moody, strange and adventurous, and already in love with Anne-Marie des Champs. After a conversation with young Seurel, who tells him of the chapel of Sainte-Agathe where he hopes to see his dead mother, Meaulnes runs away from school.

What happens after Meaulnes escapes is not fully worked out but apparently he loses his way to the chapel, falls asleep or faints from exhaustion, wakes to find himself in a mysterious "green" room with

[1] *Ibid.*, p. 338. The name Meaulnes was almost certainly derived from Meaulne, a village just a few miles distant from Épineuil-le-Fleuriel. See endpapers.

[2] *Ibid.*, p. 338. The name des Champs probably derives from Rosine Deschamps, an old lady whose orchard Alain-Fournier regularly visited while on holiday as a child at La Chapelle-d'Angillon. She is the subject of the early poem *Sous ce tiède restant* (see *Miracles*, pp. 107–109) and the hamlet she lived in was called "Les Sablonnières".

[3] For details of this draft plan, see pp. 189–190 of this edition.

two women bending over him, falls asleep once more, and wakes to find himself on the road near the school at Épineuil.

Meaulnes is greatly moved by his experience and after he has told Seurel, they both run away from school together. Seurel is then to have some adventures, though no plans for these have survived; then, somehow, apparently in the course of a garden party at Sainte-Agathe, they meet Anne-Marie des Champs.

Anne-Marie's side of the story is told ("*Le Journal d'Anne-Marie*"), then she and Meaulnes are married; the note at this point specifies "on les marie très jeunes". Instead of rejoicing in his happiness, Meaulnes is unaccountably moody and never more so than on his wedding-night, when he finally breaks down and begs to be allowed to depart. Anne-Marie lets him go and Meaulnes then presumably renounces her for service to God, for the next chapter is tentatively entitled "Math. Meaulnes missionnaire". Anne-Marie dies, and the narrator, who remains distinct from all the other characters, is left at the end of the novel with Seurel.

This was the general outline of *Le Jour des noces* as far as can be deduced from the surviving notes and fragments, and though the episodes were clearly subject to possibly fairly radical alteration, his major theme was clearly likely to remain the contrast between human and divine love. The greatest dramatic moment in the novel, highlighted by the title of the book, would almost certainly have remained Meaulnes' renunciation of Anne-Marie on his wedding-night. Whether or not this would have been more convincingly motivated than appears from the early plans, one can only speculate, but such a dénouement would certainly have given expression to one of Alain-Fournier's obsessive personal preoccupations, both in his writing and his reading.

There is abundant evidence in his letters to indicate that the consummation of marriage with the ideal beloved was a prospect which he could never contemplate with equanimity: the effect on him was either feverish excitement or black despair.[1] Some of the books he was most

---

[1] See p. lxxxviii, note 6. Cf. letter to Rivière of June 2nd, 1909, in which he recounted a conversation he had recently had with their newly married friend, André Lhote, on the subject of married life: "Il a senti, malgré la dureté de son inflexible optimisme, quelle chose monstrueuse c'était, par instants, d'avoir ainsi son bonheur à portée de la main. Il m'a raconté ce vertige du premier réveil, lorsque, le grand soleil du matin dans les yeux, elle a dit puérilement: « J'ai les

greatly moved by could only have encouraged this attitude: Claudel's play *Partage de midi* (which ends with the apotheosis of the hero Mesa after being betrayed by his mistress Ysé) and Gide's *récit*, *La Porte étroite* (in which the heroine Alissa wastes away and dies rather than marry her beloved Jérôme) express, though for widely different motives, the virtues of ascetic renouncement.[1] He was considerably affected by his reading of *The Idiot* by Dostoevsky, in which the hero's attitude to normal married pleasures is distinctly equivocal; he had also read *Moralités légendaires* by his youthful idol Jules Laforgue, a set of sketches in poetic prose, in one of which Pierrot is too timid to make love to his newly won bride, Colombinette, and in another of which Lohengrin shrinks away from his wife on the night of his wedding, embraces his pillow and begs it to carry him away. The quotations he contemplated using for *Le Jour des noces* included one from Rimbaud's *Saison en enfer*—"Que d'heures des nuits j'ai veillé auprès de son cher corps endormi, cherchant pourquoi il voulait tant s'évader de la réalité" and one from Benjamin Constant's Journal which he was particularly fond of applying to himself—"J'ai beaucoup de qualités excellentes, fierté, générosité, etc., mais je ne suis pas tout à fait un être réel."

The most significant difference between *Le Pays sans nom* and *Le Jour des noces* was that the latter was to have a definite plot. Alain-Fournier was able to contemplate such a change only after he became mature enough to view himself objectively, and the painfully self-critical months at Mirande in the early summer of 1909 which forced him both to understand and to justify himself were in this respect clearly crucial. A note amongst his papers, unfortunately undated, shows the vital 'distancing' being achieved:

yeux qui me piquent ». Vertige, que depuis mon enfance, j'essaie parfois de me représenter et qui chaque fois me donne la même terreur", *Fournier-Rivière Correspondence*, Vol. II, p. 298.

[1] Of *Partage de midi*, he wrote to Bichet in January 1907: "Que c'est divin, pur, effrayant de beauté — ascétisme et extase: Mesa n'est pas accepté de Dieu avant d'avoir souffert de la vie, avant d'avoir aimé la vie, souffert de la femme, aimé Ysé", *Lettres au petit B.*, p. 119. Of *La Porte étroite*, he wrote to Bichet in May 1909: "Moi aussi j'ai lu l'histoire d'Alissa. Au coin du feu, près de ma mère dans un silence prolongé, qui semblait croître, comme un petit garçon trop sage que tourmente un chagrin. Mais quand elle a levé la tête, il était trop tard: je venais de lire: *c'est ici que je viens me réfugier contre la vie...* et toute cette peine accumulée me secouait. Je me suis enfui. Mais où m'enfuirais-je?", *ibid.*, p. 154.

L'histoire d'un homme qui est en train d'écrire un roman. Les deux personnages sont: la femme qu'il aime et un homme qui lui ressemble mais il fait ce héros plus admirable qu'il n'est lui-même. Et cependant très vivant. Il l'imagine avec une précision extraordinaire.

Another note, also undated but clearly somewhat later, shows how distance was further increased by transforming the original hero into two separate characters:

Deux frères ou deux amis dont l'un chaque soir parle d'une femme qu'il a connue. Je suppose Suc me parlait chaque soir de la femme dont il se meurt. Les situer dans un endroit très précis — chez Mme Benoist par ex — Alfred.

Très longtemps ils imaginent, parmi anecdotes de la vie réelle, ce que serait la vie avec elle dans le paysage du cœur. Elle — Les Pages sur elle — la fine cloison rouge — mais extraites de soirées d'hiver vécues...[1]

The second note provides a conclusive demonstration of how Alain-Fournier consciously utilized his own personal recollections, the lost Eden garden of Madame Benoist and the meeting with Yvonne de Quièvrecourt graphically recorded on "Les Pages sur Elle" which nearly always accompanied him. The insistence on "précision extra-ordinaire", on "un endroit très précis", on "anecdotes de la vie réelle" and on "soirées d'hiver vécues" shows how deliberately he was moving away from the Symbolism of much of *Le Pays sans nom* and of *Madeleine* towards his true *métier*, the imaginative transmutation of events within the range of his own experience.

Another feature of Alain-Fournier's plans for *Le Jour des noces* which calls for comment is his statement that "le livre est un roman d'aventures".[2] It is somewhat surprising that he should have chosen an adventure novel as the medium for expressing the themes of human and divine love, renunciation and death when these would seem to demand elegiac treatment or straightforward romantic narrative form. The most likely explanation is that he wished to express himself as fully as possible and that part of his personality relished adventure and violent action. For Alain-Fournier, this particular appetite was appeased partly by Army life and partly by the English adventure

[1] From the archives of Madame Isabelle Rivière. See note on p. xviii.
[2] Letter to Rivière, April 4th, 1910, *Fournier-Rivière Correspondence*, Vol. II, p. 338.

novel. He had loved *Robinson Crusoe* since his childhood, admired the Indian tales of Kipling and scientific romances of H. G. Wells since he first read them while at Lakanal, and was later to be entranced by the works of Robert Louis Stevenson—and in all these works, the adolescent athleticism appealed to the schoolboyish love of adventure which he never lost, and which may well have cost him his life. In planning his novel as one of adventures, with schoolboys running away and encountering mystery and romance, Alain-Fournier was being affected by the most beneficial of all literary influences, those which enabled him more fully to be himself.

Although the letter to Rivière on April 4th, 1910, seemed to indicate that the decisive technical breakthrough had taken place and that all that now remained was to re-arrange episodes and write them up, he had not reckoned that there was much more in his life important enough to need expression. But soon after sending this letter, before he had set to work in real earnest on *Le Jour des noces*, he embarked on the painful and protracted affair with Jeanne Bruneau, and this led to radical changes in the very heart of the novel.

(d) LE GRAND MEAULNES

> Je n'écrirai que sur la réalité. Tout ce que je raconte se passe quelque part...—ALAIN-FOURNIER: letter.[1]

The prompt effect on *Le Jour des noces* of Alain-Fournier's liaison with Jeanne Bruneau was the creation of an entirely new character, the literary representation of Jeanne herself. He wrote to her in September 1910:

> ...je travaille sans trêve, plusieurs heures par jour à mon livre. Je pense terminer aujourd'hui le chapitre consacré à notre voyage d'Orgeville. Vous vous appellerez Annette.[2]

A number of working-notes have survived from this period which suggest both how Alain-Fournier proposed to integrate "Annette" into the novel and doubtless how he himself had become involved with Jeanne:

[1] Letter to Rivière, September 9th, 1911, *ibid.*, p. 401.
[2] Quoted in *Vie et Passion d'Alain-Fournier*, p. 136. The reference is to a weekend they spent together at a farm rented by his friend André Lhote.

(*i*) Meaulnes, grand jeune homme chaste et cruel? Passionné? Deux ans passèrent. Meaulnes eut une maîtresse — De lassitude?[1]

(*ii*) On s'étonnera peut-être de trouver au récit que je fais des amours de Meaulnes et d'Annette un air de puérilité. On soupçonnera peut-être chez Meaulnes un goût pour la puérilité.

La faute en serait à moi et non pas à mon ami. Je voudrais retrouver pour conter l'histoire de ce qu'il appela plus tard sa faute l'amertume de sa voix et ce ton de regret qu'il prenait, l'angoisse de ce jeune homme tourmenté par deux désirs contraires — comme si vraiment on lui avait volé, et son effort pour conquérir ce paradis enfantin devait être à jamais vain.

(*iii*) Tu ne croyais pas, Grand Meaulnes, qu'il fût de paradis sur la terre et tu aimais cette femme d'avoir détruit le tien.[2] Mais que de regrets, que de désirs amers et pleins de remords lorsque tous deux ils se penchaient sur ce passé qui ne leur appartiendra plus.[3]

From letters written to Rivière in the course of September 1910, it is evident that at this stage, Alain-Fournier was still aiming to produce a dénouement similar to that of the original *Jour des noces*:

Il y aura une troisième partie, où le personnage de la première (de l'enfance) reviendra et cela montera, plus haut que la pureté, plus haut que le sacrifice, plus haut que toute la désolation — à la joie.[4]

and

Vous comprenez, mon livre, c'est l'histoire de Keats: *Certains d'entre nous ont rencontré Antigone dans une autre existence et aucun amour humain ne les saurait satisfaire.* Seulement, ici, c'est dans cette existence même qu'Antigone a été rencontrée…

Dans la dernière partie, le héros retrouve Antigone. Il y aura là un renoncement que je veux plus beau que celui de *La Porte étroite*. Parce qu'il ne sera pas sans raison. Parce que derrière ce geste de renoncement humain, *on sentira* tout le royaume de la joie conquis.[5]

[1] The question marks are in the author's own notes. Cf. letter to Rivière, September 28th, 1910: "Seules les femmes qui m'ont aimé peuvent savoir à quel point je suis cruel. Parce que je veux tout. Je ne veux même plus qu'on vive dans cette vie humaine. Vous voyez d'ici le héros de mon livre, Meaulnes", *ibid.*, p. 374.

[2] Or 'sien': the author's manuscript has been altered and is obscure at this point.

[3] These notes are all from the archives of Madame Isabelle Rivière.

[4] Letter to Rivière, September 19th, 1910, *Fournier-Rivière Correspondence*, Vol. II, p. 367.

[5] Letter to Rivière, September 28th, 1910, *ibid.*, p. 373.

It is fairly clear that at this stage Meaulnes was to have fallen in love with Annette after giving up all hope of ever rediscovering Anne and that he was then to have been confronted with a most painful dilemma when, contrary to all his expectations, his first love reappeared. What is not so clear is how this dilemma was to have been resolved. Was Meaulnes to have sacrificed his reawakened hopes of supreme happiness with Anne because he was by then committed to Annette? Or, in order to enter "le royaume de la joie", was he to have renounced both women? Alain-Fournier's letters are silent on this point as they are on the character of Frantz. Certainly he was the last important character to be introduced into the novel, at an unknown date, after its title had been changed to *Le Grand Meaulnes*, and once he had been established as the brother of Yvonne de Galais (the original Anne-Marie des Champs), as the fiancé of Valentine Blondeau (the original Annette) and as the comrade and rival of Meaulnes himself, really radical alterations were made to the novel as it had been envisaged in the autumn of 1910.

To have made Meaulnes the lover of the fiancée of his own beloved's brother would have introduced a quasi-incestuous note which Alain-Fournier considered was both distasteful and unnecessary, and he proceeded quite deliberately to eliminate from the novel every detail which might possibly have suggested that Valentine had ever been Meaulnes' mistress. The 'Orgeville' episode, which he had mentioned to Jeanne in September 1910, was heavily censored,[1] and the extreme thoroughness of the expurgation can be judged by comparing the following versions of an entry in Meaulnes' Journal recording a snatch of conversation between himself and Jeanne:

(*i*) Hésitation. Alors brutalement, de l'air de s'y décider, mais surtout de plaquer toute illusion, exprès, pour que ce soit fini:

— Enfin. Qu'est-ce que vous voulez? Coucher avec moi?

— Oui.

— Mais ce sera fini, jamais plus nous ne nous reverrons? n'a (*sic*) — Allez. Éteignez.

[1] His decision to suppress the more outspoken aspects of this chapter may not have been unconnected with the mixed reception it was accorded by his mother: "Ça a de la valeur. Ça fait quelque chose. Mais ce n'est pas pour des jeunes filles au sortir de pension! On n'a jamais osé dire ça nulle part!" *Fournier-Rivière Correspondence*, Vol. II, p. 367. This discarded chapter was included in *Miracles*, pp. 211–217, under the title *La Dispute et la nuit dans la cellule*. See pp. 192–195 of this edition.

This was amended to:

> Qu'est-ce que vous voulez? Être mon amant, vous aussi? Je ne sais pas ce que j'ai répondu. Je crois bien que j'ai répondu: Oui!

In the final version this was still further toned down:

> Enfin, qu'est-ce que vous voulez? Est-ce que vous m'aimez, vous aussi? Vous aussi, vous allez me demander ma main?
>
> J'ai balbutié. Je ne sais pas ce que j'ai répondu. Peut-être ai-je dit: Oui.[1]

But if every hint of Meaulnes' carnality was ruthlessly excised, every explicit reference to religious motivation was eradicated too. Whereas in *Le Jour des noces* Meaulnes was to have abandoned Anne-Marie des Champs to devote himself to an other-worldly ideal, in the final version of *Le Grand Meaulnes* he was to desert Yvonne de Galais because of unbearable remorse, because he could not live with his wife, or indeed with himself, until he had rescued Valentine from the sordid fate to which he had callously abandoned her.[2] What had once been the theme of human and divine love was replaced by the themes of innocence and experience, and of guilt, expiation and personal honour.

* * *

The transposition into his novel of the liaison with Jeanne did not affect Alain-Fournier's plans of expressing himself through a tale of adventure, for he wrote to Rivière in August 1910:

---

[1] Alain-Fournier even decided it was necessary to censor the following innocuous passage describing Valentine's appearance at the theatre:

> ...sous le carré de dentelle noire sa poitrine délicate transparaît. Dans sa hâte à changer de toilette, elle a refoulé le haut de sa chemise montante sur laquelle on voit s'appuyer pauvrement ses seins délicats.

This became in the final version:

> ...sous le carré de dentelle noire, on voyait que, dans sa hâte à changer de toilette, elle avait refoulé le haut de sa simple chemise montante.

[2] Alain-Fournier's changed attitude is eloquently expressed in the way he spoke of his hero in a letter to Bichet dated November 2nd, 1912: "Cet après-midi, chez le grand Meaulnes, c'est le jour des Noces. *C'est un beau jeudi soir glacé, où le grand vent souffle...* Ce grand imbécile s'enfuit une première fois à la tombée de la nuit et on le rattrape; une deuxième fois le lendemain avant le jour, pour de bon cette fois...", *Lettres au petit B.*, p. 180.

De plus en plus mon livre est un roman d'aventures et de décou-
vertes [1];

to another friend, in October 1911:

J'ai repris ce matin seulement après une semaine de tergiversations le
livre dont je vous ai parlé. Il aura quarante chapitres sans doute. Je
n'en ai pas douze de faits... J'ai passé la matinée ou plutôt les quelques
heures d'angoisse qui précèdent le jour, assis sur une borne avec « Le
Grand Meaulnes », à attendre qu'il fasse clair, pour savoir où nous en
étions. Ce sont des aventures que je voudrais passionnantes [2];

and to one of his mistresses in December 1911:

Mon travail ne va pas. Il faut pourtant que je m'y remette. Il y a sur
la route trois marchands de village qui reviennent de fêter les Rois. Ils
ont cassé un brancard de leur voiture. Et ils ont invité mon ami le Grand
Meaulnes, l'écolier, à monter avec eux. Il faut que je me mette à rac-
commoder ce brancard et nous allons partir pour d'extraordinaires
aventures... [3]

One of his chief technical problems was to make more real, to
"humanize" the setting for the most important of these "adventures
and discoveries", to make the mysterious *Pays sans nom* more realistic
without sacrificing any of its mystery; as he wrote to Rivière in
September 1911:

Je n'aime la merveille que lorsqu'elle est étroitement *insérée dans la
réalité*. Non pas quand elle la bouleverse ou la dépasse. [4]

This movement towards realism can be traced back to the very
beginning of Alain-Fournier's literary career; that letter of March 1905
when he tried to recapture, in clear detail, some of the more vivid
memories of his Épineuil schooldays; the scribbled pages on which he
sought to fix his impressions on first seeing and first speaking to
Yvonne de Quièvrecourt; the anthology of reminiscences which make

[1] Letter to Rivière, August 11th, 1910, *Fournier-Rivière Correspondence*, Vol. II,
p. 354.
[2] Letter to Michel Iehl, October 11th, 1911, quoted in A. Becker: *Itinéraire
spirituel d'Alain-Fournier*, Corréa, 1946, p. 141.
[3] Letter to 'Henriette', December 11th, 1911; quoted in *Vie et Passion d'Alain-
Fournier*, p. 172.
[4] *Fournier-Rivière Correspondence*, Vol. II, p. 395.

up *Le Corps de la Femme*, the brutal pessimism of *La Femme empoison-née*; the transformation of the vaguely visualized *Pays sans nom* into the château he would have liked to possess had he been wealthy and into the farmhouse of Madeleine, filled with children and old people; the insistence, in planning *Le Jour des noces*, on making the hero "très vivant", on placing the characters "dans un endroit très précis" and on basing the incidents involving them on "anecdotes de la vie réelle" and on "soirées d'hiver vécues".[1] Too much significance should not there-fore be attributed to the often-quoted letter Alain-Fournier wrote on September 20th, 1910, when he claimed to have found his stylistic "road to Damascus":

> Pendant quinze jours je me suis efforcé de construire artificiellement ce livre comme j'avais commencé. Cela ne donnait pas grand-chose. A la fin, j'ai tout plaqué et, à ce que dit maman et à ce que je crois, j'ai trouvé *mon chemin de Damas* un beau soir.
>
> Je me suis mis à écrire simplement, directement, comme une de mes lettres, par petits paragraphes serrés et voluptueux, une histoire assez simple qui pourrait être la mienne. J'ai plaqué toute cette abstraction et cette philosophie dont j'étais empêtré. Et le plus épatant, c'est qu'il y a *tout*, quand même, *tout moi* et non pas seulement *une* de mes idées, abstraite et quintessenciée.[2]

Alain-Fournier did not suddenly invent a new literary technique for himself in the autumn of 1910: he at last saw fully and clearly what, in his previous attempts to express himself creatively, he had earlier glimpsed fortuitously: that for him, at least at this stage of his develop-ment, artistic success could be achieved most effectively through writ-ing about what he knew most surely and felt most keenly, his memories, his aspirations and his disillusionment:

> là-dedans il y aura tout moi; mes théories au passage et ce qui n'est pas mes théories; ce que j'aurais voulu faire et — tant pis! — ce que j'ai fait...[3]

* * *

[1] This tendency is also clearly discernible in Alain-Fournier's later short stories *Miracle des trois dames de village*, *Miracle de la fermière* and *Portrait*, each of which is based on authentic incidents and in each of which realistic effect is achieved through the notation of precise detail. See *Miracles*, pp. 171–210.

[2] *Fournier-Rivière Correspondence*, Vol. II, p. 371.

[3] Letter to Rivière, September 19th, 1910, *ibid.*, p. 367.

While there can surely be few novels as autobiographical as *Le Grand Meaulnes*, the fact remains that it is incontrovertibly a work of fiction. Characters, scenes and incidents can all be linked with their models in life but, in most cases, the elements of which they were originally compounded have been regrouped to form distinct new entities.

The three principal male characters are each closely related to Alain-Fournier: François Seurel is, throughout, placed in situations all too familiar to the author himself: in the home he is very much the "sage petit enfant", somewhat over-protected by an anxious mother; as he grows older, he yearns for two things which prove quite beyond his reach, his childhood and Yvonne; Augustin Meaulnes, by contrast, is privileged to live and act as the author had never been able to do in reality, can re-enact the brief encounter with the ideal beloved, can re-discover her, still unmarried and, in spite of his guilty conscience, take her for his wife[1]; Frantz de Galais with his childishness and petulance embodies some of the less attractive aspects of Alain-Fournier's personality, a tendency towards self-pity and self-dramatization which, however mitigating the circumstances, is clearly discernible in certain of his letters[2]; Alain-Fournier also bestowed on him his love of

[1] In November 1912, Alain-Fournier wrote to his friend Bichet, regretting that he found in him "un certain manque de foi, une certaine avarice du cœur, une certaine faiblesse du bras... qui fait que tu n'es pas assez le grand Meaulnes de la première partie — un gonze auprès de qui tout est possible, et qui croit en lui, et lorsqu'on sort avec lui dans un chemin ou dans la rue, on sent que tout devient possible, et que tout à l'heure peut-être, au tournant du chemin, il vous montrera du doigt en souriant le Beau Domaine Perdu qu'on n'a jamais vu qu'en rêve..." He had the grace to add: "Il faut dire aussi à ma charge que, si j'étais toujours ce gonze-là, je n'aurais pas besoin qu'un autre le soit à ma place..." *Lettres au petit B.*, pp. 180–181.

[2] Cf. letter to Rivière July 7th, 1909: "...je suis assez fâché contre mes parents. Je voudrais enfin ne plus être jugé comme tout le monde. Il n'y a pas de commune mesure entre le monde et moi." *Fournier-Rivière Correspondence*, Vol. II, p. 307. Cf. also the letter sent to Jacques and Isabelle Rivière while they were on honeymoon, listing the girls and women with whom he had tried to find happiness. He explained that this was "pour me prouver que je pourrais tout vous confier, comme avant votre mariage, et que vous comprendriez encore qu'on soit malheureux, perdu, et qu'on cherche encore... Écrivez-moi. J'attends beaucoup de vous deux et pour tout dire c'est de vous que j'attends le réconfort, lorsque je suis triste. Ne m'abandonnez pas", *ibid.*, pp. 320, 321. One is irresistibly reminded of the scene in the fir-wood beside the cottage where Meaulnes and Yvonne are

elegance and allowed him, like Meaulnes, to experience situations he himself had been denied in reality: he has his own little house in the woods and, when the circus performance is over, he is able to ride away in his caravan into the unknown.

It is not certain exactly when the character of Frantz entered Alain-Fournier's plans for *Le Grand Meaulnes*, but the very few surviving working-notes which concern him suggest that he derives, at least in part, from the author's boyhood. The notes read:

> Belle soirée d'été, dans une salle à manger de campagne. Des miettes sur la table, des fruits, une carafe. Un inconnu arrive et traverse le jardin, monte les marches et lève la tête. C'est Julien Meaulnes le bohémien.
>
> Il dit: Je suis Julien Meaulnes.
>
> L'un d'eux a la tête bandée, c'est Willie, le bohémien anglais...

and:

> Le chapitre des Bohémiens. Willie l'écolier anglais. L'orgue. La grande voiture. Etc...[1]

According to Madame Rivière, one of the delights of their Épineuil reading days was a children's magazine called *Le Petit Français Illustré*. This was not normally taken by the Fourniers but they were once presented with a past year's issues bound together. Among the various highly coloured adventures was one concerning *Willie, l'écolier anglais*, who was sometimes portrayed in his public-school jacket, Eton collar and top-hat. On one occasion, as the result of some particularly bold episode, he appeared without his hat and with a heavily bandaged brow. Because they only possessed this one isolated set of magazines, the adventure stories were interrupted in full flight, and Henri and his sister were left to speculate about the ultimate fate of their heroes.

In what hard-fought encounter Willie received his head-wound is matter for conjecture but events in later life gave Alain-Fournier a reason more pathetic than any conceived of by the unknown children's story-teller of his boyhood. He discovered in the summer of 1910 that one of Jeanne Bruneau's former lovers had shot himself because of her,

just about to spend their first night together as man and wife, when Frantz de Galais, sobbing uncontrollably, cries "Je suis malheureux, moi, je suis malheureux..."

[1] Notes from the archives of Madame Isabelle Rivière.

and he readily incorporated this dramatic detail into *Le Jour des noces*. In the suppressed *Dispute et la nuit dans la cellule*, Meaulnes learned of Annette's lurid past when she let him read a collection of old love-letters:

> Il y avait sur ces feuilles jaunies l'histoire de tout un amour misérable et charnel; depuis les premiers billets de rendez-vous jusqu'à la longue lettre ensanglantée, qu'on avait trouvée sur cet homme, quand il s'était tué, au retour de Saigon.[1]

A brief note which must have been composed about this time outlines the basic structure of *Le Jour des noces*:

1ère partie: *Aventures de Meaulnes*
2ème partie: *La Faute de Meaulnes*
son sacrifice à cause du voyageur mort
3ème partie: *Le Jour des noces*[2]

It is possible even from these fairly cryptic references to see how from the English public-schoolboy hero of a children's comic, and the suicide of one of his mistress's former lovers, Alain-Fournier fashioned the enigmatic figure of Frantz de Galais and linked his destiny to that of Meaulnes. One further detail to round out the character was suggested by real life in 1911 when Alain-Fournier learned that a former acquaintance had shot himself through the head at Brest because of an unhappy love affair[3]; the dead man, Yves Pony, was a young naval officer who had been in Alain-Fournier's class at the lycée de Brest in 1901–1902. In *Le Grand Meaulnes*, Frantz's father is a retired naval officer and though Frantz's own social status is never categorically stated, all the clues provided strongly suggest that he himself, at the outset of the novel, is a naval cadet.[4]

---

[1] *Miracles*, p. 213. In *Le Grand Meaulnes* this becomes the scene where Meaulnes first learns that Valentine is Frantz's ex-fiancée and the contents of the letters are softened to "des phrases enfantines, sentimentales, pathétiques…"

[2] From the archives of Madame Isabelle Rivière.

[3] The cutting from the Brest newspaper giving details of this suicide is to be found amongst Alain-Fournier's unpublished papers. Dated May 8th, 1911, and under the headline '*Par désespoir d'amour un officier se suicide*', it inspired the short story *Portrait* which appeared in *La Nouvelle Revue Française* in September 1911. See *Miracles*, pp. 199–210.

[4] Meaulnes overhears two old ladies discussing Frantz at *la fête étrange*: "Frantz… était étudiant ou marin ou peut-être aspirant de marine, on ne savait

Alain-Fournier's practice of building up a character from a number of quite disparate elements is even more strikingly evident in the case of Frantz's companion, Ganache. One of the first references to Ganache in the unpublished working-drafts occurs in an early version of Meaulnes' first awakening at *le domaine étrange:*

> En face de lui, les mains dans la poche, la tête renversée en arrière, appuyée au chambranle de la fenêtre, c'était le visage le plus lamentable (et le plus désespéré) que vous puissiez voir (Voir lettre)

The letter here referred to is one written to Rivière on April 15th, 1908, and the particular passage Alain-Fournier had in mind was one in which he described some of his fellow-soldiers on manœuvres:

> Je ne pouvais plus même m'arrêter à eux. Ils souffraient de la faim et du désespoir. Il y avait Cousin, avec sa crasse, ses yeux glauques et sa moustache tombante d'épave de la Morgue. Il n'avait plus cette insolence amusante et cette crânerie qui le faisaient rire de sa misère. Ah! quelle faim épouvantable le faisait trembler et claquer des dents![1]

With minimal alterations, this became the description of Ganache's first appearance in the final version of the novel.[2]

Ganache's second appearance in the novel, loping through the dark corridors of *le château mystérieux*, disguised as "un grand pierrot blafard, aux manches trop longues, coiffé d'un bonnet noir et riant d'une bouche édentée", is a direct reminiscence of the ballet *Carnaval* which, choreographed by Fokine to the music of Schumann, made a vivid impression on Alain-Fournier in the Spring of 1910. In July of that year, he wrote of the Ballets Russes to his friend Lhote:

> Le *Carnaval* c'est le délicieux carnaval italien réimaginé par des Barbares; ainsi, autrefois, entre les rideaux de la baraque, sur la place

pas"; when Frantz makes his first appearance in the novel, he is wearing a jacket with gilt buttons and whistling a sea-chanty; when he leads the attack on the village school, he urges on the raiders with the cry "A l'abordage!"; when he reappears on the evening after Meaulnes' wedding, he is wearing "une vieille casquette à ancre".

[1] *Fournier-Rivière Correspondence*, Vol. II, pp. 193–194. In another early version of the scene, the lugubrious Pierrot is, in fact, called 'Cousin': "Et Cousin, les mains creuses dans les poches, le suivit" (from papers in archives of Madame Isabelle Rivière).

[2] See p. 39 of the present edition.

apparaissait la figure blafarde du grand Pierrot: tragiquement, à petits cris, il bourrait de bouillie une poupée d'étoffes qu'il envoyait aux spectateurs — personnages uniques, psychologies décevantes mais uniques, comédiens mais comédiens uniques.[1]

This passage was taken over, again with only a few alterations, to describe the second half of Ganache's mime on the village square at Sainte-Agathe[2]; the description of the first half of the performance, when he falls slowly and spectacularly from the top of a vast pile of chairs, reproduces, with few significant changes, the long account of a circus act, *L'Homme qui tombe*, which he saw while on Army manœuvres in central France in September 1908 and described in a long letter to his mother.[3] Ganache, then, is compounded of reminiscences of a lugubrious French soldier and three separate Pierrots whose performances impressed Alain-Fournier. He exploited to the full every scrap of experience which his mind had registered.

The other characters in the finished novel were built up, in similar fashion, from recollections and impressions, sometimes recalled directly by an effort of memory, sometimes transcribed from notes and drafts of letters: Yvonne de Galais, with her blonde hair, blue eyes, brown cloak, her elegance and gentleness; Valentine Blondeau, with her waif-like charm and domestic competence; Monsieur Seurel with his fondness for fishing and habit of rounding up truants with a pistol in his belt; "Millie", house-proud, anxious and protective; Uncle Florent and Aunt Julie, with their vast general store, eight daughters and one son; the maternal grandparents, called Charpentier in the final novel but Barthe in the early drafts, who arrive at the nearby railway station to spend every Christmas at the school, and the schoolboys who vie with each other for the honour of being allowed to go to the railway station with the schoolmaster's son[4]—all these, like the

[1] From an unpublished letter to André Lhote dated July 3rd, 1910.

[2] Cp. p. 82 of the present edition.

[3] Letter to Madame Fournier, September 23rd, 1908, *Lettres à sa famille*, pp. 307–308.

[4] Still preserved in the Mayor's Secretary's Office at Épineuil-le-Fleuriel is *Le Registre Matricule des Élèves admis à l'École* for the period January 1st, 1895–January 1st, 1900. It includes the following names: Adrien Baladier, Alfred Benoist, Auguste Boujardon, Jean Coffin, Émile Daniel, Louis Delage, Louis Delouche, Louis Desnoux, Louis Dutremblay, Henri Fournier, Isabelle Fournier, Jean Fromentin, Antoine Giraudat, Lucien Painchaud, Georges Roy, René Roy.

villages of the novel, the winding Cher with its gravel bed, and the desolate heath and rolling fir forests of the Sologne are so many snapshots, usually only lightly touched up, from the author's cherished family album.

Today in the village of La Chapelle-d'Angillon, postcards are sold of the local château de Loroy, and each bears the caption: "Château de Loroy: le domaine mystérieux et enchanté où Augustin rencontre Yvonne de Galais dans *Le Grand Meaulnes* d'Alain-Fournier." This is a touching tribute of Life to Art, but it is really wishful thinking. Loroy, beside which the Fournier family sometimes used to picnic, must have suggested the exterior of *le domaine mystérieux* in the finished novel, "la flèche d'une tourelle grise" standing out above the fir trees, the "écuries bâties dans un amusant désordre, qui multipliait les recoins garnis d'arbrisseaux fous et de vigne vierge", "la branlante barrière de bois qui entourait le vivier" and the reed-fringed lake,[1] but it was certainly not the only model. While descending to dinner at *la fête étrange*, Meaulnes is confronted by "une lourde porte de bois, arrondie dans le haut et cloutée comme une porte de presbytère" which accurately describes a door, which has now been replaced, the front door of the house which formerly belonged to Monsieur Virot the notary, at the cross-roads in the centre of Épineuil.[2]

It is unlikely, however, that there is any close correspondence between the Delouche of the novel and the Delouche of real life, for throughout the working-drafts the name of the character entrusted with Jasmin's key rôle varies from Amédée or Lucien Painchaud to Paincent or Paindoux.

[1] Curiously enough, it is Jacques Rivière who has left the fullest picture of the authentic château de Loroy which is occupied and renovated today but which, at the turn of the century, still stood derelict. He wrote to Alain-Fournier on September 5th, 1908, about a novel he himself was working on, to be called *Le bel Été*:

"Le parc rêvé y entrera peut-être. Je ne sais pas encore où. Il serait ainsi: tout autour, des profondeurs de forêt, qu'on sentirait infranchissables en une journée par un cheval lancé au galop. Et ce serait en une vaste éclaircie. Devant le château, voilé de quelques arbres, il y aurait une immense prairie, cernée par la double courbe des lisières se rejoignant au fond. Des joncs dans la prairie. Et des bouleaux renversés par le vent.

J'avoue d'ailleurs que ce n'est que Lauroy magnifié. J'y ai passé l'autre jour par un vent effroyable qui ajoutait au romantisme du site son universel échevèlement." *Fournier-Rivière Correspondence*, Vol. II, p. 236. Cf. also p. xix of this Introduction.

[2] See p. xxxv of this Introduction.

Alain-Fournier had ample opportunity to see and wonder at other lonely country châteaux while on holiday at Nançay with his Uncle Florent.[1] The most notable of these was le château des Varennes, deep in the Sologne woods, at the end of an avenue of firs, beside a lake rather more extensive than that at Loroy. The interior of *la maison de Frantz* and of the little villa inhabited first by Yvonne de Galais and Meaulnes, and subsequently by Seurel, would seem to have been based on memories of the houses Alain-Fournier used to visit with his mother at Épineuil, in particular *la maison des tourterelles* of Madame Benoist.

The scenes and events at *la fête étrange* can likewise be shown to be an anthology of particularly cherished impressions. An undated note, scribbled in the early stages of composing this section of *Le Grand Meaulnes*, indicates Alain-Fournier's characteristic mode of composition:

> *Personnages*
> les vieilles gens
> Tante Morenne
> Maman Barthe
> une fête lanterne magique
> la salle à manger enfant sous la table
> les danses — théâtre vrai[2]
>
> Meaulnes en manteau à la porte
> Rendez-vous pour le lendemain

Tante Morenne and Maman Barthe, Alain-Fournier's maternal grandmother, were transposed into Moinelle and Adèle, the two old ladies at *la fête étrange* who first tell Meaulnes of Frantz and Valentine; the magic lantern show referred to could well be that described in a letter to his sister in January 1905[3]; to judge by the scenes in the

---

[1] Cf. letter to Rivière of August 13th, 1905, describing the Nançay holidays: "On déjeune on ne sait où, chez des gardes particuliers de ces châteaux de Sologne presque tous merveilleux de goût, d'élégance, de poésie dans des paysages sauvages", *Fournier-Rivière Correspondence*, Vol. I, p. 38. See also p. xxi of this Introduction.

[2] This word is underlined in the author's notes which are in the archives of Madame Isabelle Rivière.

[3] Compare the reference in the letter beginning "Hier soir, lanterne quelque peu magique", *Lettres d'Alain-Fournier à sa famille*, p. 52, with *Le Grand Meaulnes*, p. 45 of this edition.

finished novel the reference to the dances and to "théâtre vrai" must be to the ballet *Carnaval*; the fussy little Pantalon who struts rapidly amidst the dancers, the girls who pirouette as they dance from one room to another and, as has already been noted, the grotesque figure of the long-sleeved Pierrot clumsily pursuing the whole company—all these were seen by Alain-Fournier in the Diaghilev Paris season of 1910.[1]

There are close parallels between several of Alain-Fournier's earlier writings and the description of Meaulnes' arrival at *le château mystérieux*, when he finds the drive swept "à grands ronds réguliers comme on faisait chez lui pour les fêtes" and enters a narrow courtyard "toute remplie de voitures, comme une cour d'auberge un jour de foire". The account of Meaulnes' feelings as he wakes up in *la chambre de Wellington* and proceeds to explore *le domaine étrange* recalls two letters written by Alain-Fournier describing his feelings on waking up in a farmhouse while on Army manœuvres in the Spring of 1909; writing to André Lhote, he spoke of rediscovering, on waking up, "tant de souvenirs de fêtes accumulés"[2]; writing to Rivière of the same experience, he went on:

> Un escalier étroit mène à de vastes chambres. Dans la mienne, sur les cheminées et les encoignures, il y a des couronnes de mariées. De longs rideaux sont tirés sur de petites fenêtres très étroites percées dans l'énorme mur. Ce sont des fenêtres de château; demain matin j'entendrai par là, de bonne heure, des bruits familiers et inconnus; le soleil se peindra en carré sur le rideau rouge; et quand je l'aurai tiré, j'apercevrai dans l'embrasure étroite tout un profond paysage.[3]

Memories of Army manœuvres might well have also suggested the incident just before Meaulnes arrives at *le domaine mystérieux*, when he spends the night in a derelict barn and sees the moonlight seeping through the cracks in the walls.

An "anthology" of Alain-Fournier's most emotionally charged memories was bound to include his recollections and rêveries of Yvonne, and he has transposed into *la fête étrange* a final version of his meeting with Yvonne de Quièvrecourt, based on "les pages sur Elle"

[1] See p. lxxix above.
[2] Unpublished letter to André Lhote, dated March 16th, 1909.
[3] Letter to Rivière, March 3rd, 1909, *Fournier-Rivière Correspondence*, Vol. II, p. 270.

and *A travers les étés...*, the memory of the picture of a pianist seen at an exhibition,[1] and one of his own private visions of happiness, young children sitting on a sofa with their parents and quietly reading. This vision came to represent for him the ideal of domestic happiness and he seems never to have tired of painting it.[2]

Alain-Fournier pursued the same policy of combining diverse elements from his own authentic experience when he came to write of the death of Yvonne de Galais: in August 1910 he arrived at a friend's house to congratulate his wife on giving birth to a son, only to find that she and the baby were dying. He wrote afterwards to console the widower:

— Souvent j'essaie de raconter avec quelle force et quelle douceur je l'ai vue se défendre contre la mort, deux heures, une heure avant.

Je me rappelle cette main brûlante qu'elle m'a tendue avec tant d'amitié. Tandis que vous diriez: Eh bien vous voyez que pour une malade elle n'a pas trop mauvaise mine? Et je ne savais que répondre, mais je gardais dans la mienne sa main horriblement fiévreuse.

...Je suis seul, déchiré, perdu. Mais je sais que je suis moins seul, moins perdu, moins déchiré que vous.[3]

This letter, imaginatively adapted, was used for the conversation by Yvonne's death-bed between Monsieur de Galais and Seurel. The passage which follows soon after, recording Seurel's grief at the news of

---

[1] See p. xxx and pp. xxxv–xxxvi of this edition.

[2] Cf. letter to his sister, November 30th, 1905, describing his thoughts as he looked out over the misty grounds of the lycée de Lakanal: "[Ces heures] me font penser généralement à des après-midi d'enfants, dans des salons, où l'on joue du piano, où les petites filles ont des manchons et des toques de loutre, où l'on feuillette, où l'on joue au loto, dans des salons de Paris tout près, ou de province, très loin, dans des châteaux de village...", *Lettres à sa famille*, p. 132; cf. *Le Corps de la Femme*, when, after describing how his dreams of marrying "la jeune fille la plus belle et la mieux aimée" and of "le chaste dévêtement", he continued: "Mais cette attente est en nous comme ces rêves fiévreux des enfants amoureux, où l'on voit dans leurs salons impossibles, à une heure tardive de la nuit des noces, des enfants mariés et d'autres, causant longuement et mystérieusement", *Miracles*, p. 134. Cf. also the letter to Jeanne Bruneau, December 11th, 1910 (see pp. xxxv–xxxvi of this Introduction), and the poem Alain-Fournier wrote when he was seventeen, nearly two years before he met Yvonne (see p. 185 of this edition).

[3] Unpublished letter to Gustave Tronche, dated August 1910; from the archives of Madame Isabelle Rivière. Cf. *Le Grand Meaulnes*, pp. 150–151 of the present edition.

Yvonne's death, is based, with very little alteration, on the letter Alain-Fournier wrote to Rivière in July 1907, expressing his anguish at the news of Yvonne de Quièvrecourt's marriage.[1] For the pages in the *Épilogue*, in which Seurel sets down his bitter-sweet sensations when holding a baby daughter which is not his own, Alain-Fournier had only to draw on his experience of being godfather to Jacqueline Rivière, born to his sister on August 24th, 1911.

Much has occasionally been made of the literary influences which shaped *Le Grand Meaulnes*, and it has been at various times postulated that Alain-Fournier borrowed from works as diverse as *Le Château des désertes* by George Sand,[2] Dostoevsky's *Crime and Punishment*[3] and Claudel's play *Le Soulier de satin*.[4]

For Martin Turnell:

> The main themes of *Le Grand Meaulnes* derived from the Symbolists. The regret for the lost paradise of childhood, the preoccupation with innocence, the hunger not merely for love but for chaste love, and the figure of the *princesse lointaine* can be traced back to Baudelaire's *"Vert paradis des amours enfantines"*, to Rimbaud, to the processions of young girls which return like an obsession in Laforgue's later poetry, and to other writers.[5]

Cyril Connolly, on the other hand, has claimed that:

> Alain-Fournier's world derives from *Dominique* and *Sylvie*, *Axel*

[1] Compare the extract from this letter quoted on p. xxxi of this Introduction with *Le Grand Meaulnes*, p. 152 of this edition. Madame Isabelle Rivière states in *Images d'Alain-Fournier* that the episode in the novel of Seurel having to carry Yvonne's dead body downstairs in his arms because of the excessively narrow staircase was based on a similar incident at La Chapelle-d'Angillon. The dead woman's name was Maria Bureau. *Op cit.*, p. 326.

[2] Cf. Jeanne Galzy: *Une source du Grand Meaulnes*: "Le Château des désertes" par George Sand, "Les Nouvelles Littéraires", August 13th, 1953.

[3] Cf. Jacques Vier: "L'obstination de Meaulnes à acquitter sa promesse procède-t-elle de l'impitoyable lucidité de Raskolnikov et son remords va-t-il, comme chez l'étudiant russe, jusqu'au sadisme de l'expiation?", *Littérature à l'emporte-pièce*, Éditions du Cèdre, Paris, 1958, p. 157.

[4] Cf.: "La séparation expiatoire de Meaulnes et d'Yvonne n'eût peut-être pas été irrémédiable, si Claudel ne se fût amusé à offrir à don Rodrigue et à doña Prouhèse, comme compensation à leur éloignement, la pleine intelligence des océans et des étoiles en ce monde, la certitude du salut éternel dans l'autre", *idem*.

[5] *The Spectator*, May 1st, 1953.

and Kipling and Hardy, above all from the overwhelming satisfactoriness of Debussy's *Pelléas et Mélisande*.[1]

Alain-Fournier's letters show that, apart from *Le Château des désertes* and *Le Soulier de satin*,[2] he read all the books and authors listed above and was occasionally deeply affected by them. It is equally clear, however, that he was most moved by books such as *Partage de midi* and *The Idiot*,[3] to which non-literary factors in his private life, most of them in early infancy, had already predisposed him, and that these books encouraged, focused and sometimes intensified, attitudes and beliefs already in process of formation. In the course of his literary friendship, his theory and practice were more than once influenced by other writers—by Jammes and Laforgue in 1905, by the minor Symbolists while writing *Le Pays sans nom*, by Dostoevsky while planning *Le Jour des noces*[4]—but such influence was transient, fairly readily detected and progressively expunged by Alain-Fournier himself. By the time he came finally to compose *Le Grand Meaulnes*, the books which had most affected him had been devoured, digested and thoroughly assimilated. In spite of all that has been said and written about his indebtedness to other writers, there is remarkably little evidence of direct literary borrowing in *Le Grand Meaulnes*.

The most striking literary echoes are the owl-call signal with which Frantz disturbs Meaulnes on the night of his marriage, reminding him of his solemn promise; this recalls the sound of the distant horn, heard by Hernani on his wedding night, reminding him of his earlier pledge to Don Ruy Gomez. Certain incidents at *la fête étrange* are markedly reminiscent of Gérard de Nerval's *Sylvie*: the bric-à-brac which the hero finds in his room, the cortège of children in fancy dress playing games at a celebration party, the boy and girl dressing up in old-

[1] *The Sunday Times*, April 19th, 1953.

[2] Madame Rivière contests the thesis of Madame Galzy in *Vie et Passion d'Alain-Fournier*, pp. 483–490, where she also refutes a suggestion that *Le Grand Meaulnes* was based on an obscure book I have not been able to trace, *La disparition du Grand Krauss*. *Le Soulier de satin* was not written till the mid-twenties!

[3] See pp. xli, lxiv, and lxviii of this Introduction.

[4] Cf. letter to Rivière, September 19th, 1910. "Ce matin au commencement de cette lettre, j'ai découvert, par hasard, que l'intrigue était à peu près celle de *L'Esprit souterrain*. Mais c'est pure coïncidence. Jamais personne n'y pensera parce que là-dedans il y aura tout moi", *Fournier-Rivière Correspondence*, Vol. II, p. 367.

fashioned wedding clothes ("Nous étions l'époux et l'épouse pour tout un beau matin d'été").[1] The diary which Seurel discovers after the death of Yvonne, which explains the reasons for Meaulnes' extra-ordinary behaviour, recalls the journal left by Alissa which Jérôme discovers at the end of *La Porte étroite* when he learns of her secret love for him.[2] Alain-Fournier was familiar with each of these works and could certainly have borrowed from them, consciously or un-consciously, just as he utilized impressions left on him by a picture at an exhibition in 1905 or by Russian ballet dancers in 1910. The fact remains that the overwhelming majority of the myriad impressions which have gone into the making of *Le Grand Meaulnes* were of people, scenes and incidents of which Alain-Fournier had personal experience. He hoarded these impressions with the tenacity of a miser and assembled them with the tact and skill of a mosaïcist so as to achieve the maximum artistic effect. The finished novel triumphantly vindicates the working methods he had described to his friends years before.

To Rivière, he wrote in 1909:

> mon art s'efforce en ce moment vers le passage essentiel. Je choisis entre les instants ceux qui sont marqués de la grâce.[3]

In 1906, he had written to Bichet:

> Quand j'aurai assez d'images, c'est-à-dire quand j'aurai le loisir et la force de ne plus regarder que ces images, où je vois et je sens le monde

---

[1] Compare also Frantz's comment "Nous serons dans trois jours sur les routes d'Allemagne" with the narrator's comment in Chapter XIII of *Sylvie*, "Le lendemain j'étais sur la route d'Allemagne."

[2] Somewhat surprisingly, Alain-Fournier did not enthuse over *Sylvie*, which he read for the first time in December 1905. He judged the descriptions of places to be written in guide-book style and considered Nerval invariably strained too hard for effect, but he found things to praise: "Ce qui est joli c'est le genre, l'époque; ce qui est exquis, c'est la façon bête de finir comme on finissait alors dans les livres de prix... Ce qui est exquis c'est la gravure de la page 17: *Je lui parlais de la Nouvelle Héloïse*. Tout ce qu'il peut y avoir d'exquis dans le bouquin est dans cette page-là. Je l'aime d'ailleurs." Letter to Rivière, December 9th, 1905, *Fournier-Rivière Correspondence*, Vol. I, p. 124. For his comments on *La Porte étroite* which, at least temporarily, much affected him, see p. lxviii and p. lxxi of this Introduction.

[3] Letter to Rivière, June 18th, 1909, *ibid.*, p. 303.

mort et vivant mêlé à l'ardeur de mon cœur, alors peut-être j'arriverai à exprimer l'inexprimable. Et ce sera ma poésie du monde.[1]

•   •   •

It was not until the autumn of 1912 that Alain-Fournier could report to his friends that work on *Le Grand Meaulnes* was nearing completion. He wrote to Rivière on September 2nd, 1912, saying that he had planned the final chapters in minute detail and that "Si je réussis à suivre ce plan avec toute la ferveur voulue, ce sera rudement beau."[2] He hoped to finish the novel by October 1st, but at the beginning of November he informed Bichet that he still had three chapters to write, "un dans le milieu et deux à la fin".[3] Three weeks later, however, he promised Bichet that on his return from the University of Budapest, where he was working as French *lecteur*, "je te présenterai, dactylographié, sur un plat, *Le Grand Meaulnes*".[4] It was not, however, until January 3rd, 1913, just over a week after Bichet's accidental death, that Alain-Fournier was able to state that he had just recopied Chapters VI, VII and VIII of the novel and that "La Comédie est finie."[5]

But Alain-Fournier did not consider his novel was so finished that it could not bear drastic last-minute amendment. When he was on the very point of signing the contract giving the book-publishing rights to Émile-Paul, he felt there was room for one more striking "image", one more vital "moment de la grâce". On 1st and 2nd May, 1913, Alain-Fournier met the sister of Yvonne de Quièvrecourt at Rochefort, and at once wrote a long and despairing letter to Rivière to pour out his feelings. He spoke of his grief on learning that Yvonne had had a second child,[6] his gratification on being able to confirm that she indeed possessed all the qualities he had attributed to her,[7] and his refusal to believe that all hope was irretrievably lost.[8] He announced his intention

[1] Letter to Bichet, September 20th, 1906, *Lettres au petit B.*, p. 92.

[2] *Fournier-Rivière Correspondence*, Vol. II, p. 415.

[3] *Lettres au petit B.*, p. 180.

[4] *Ibid.*, p. 193.

[5] *Fournier-Rivière Correspondence*, Vol. II, p. 419.

[6] "Je sais maintenant que la jeune femme a deux petits enfants. J'ai sangloté tout le soir dans ma chambre. Voici que je pleure encore en te disant ceci. Je souffre abominablement", *ibid.*, p. 430.

[7] "Tout ce que j'avais imaginé de sa pureté, de sa culture, tout ce que j'avais reconstruit d'elle que je connaissais si peu est exact!", *ibid.*, p. 431.

[8] "Il est terrible d'avouer que je ne suis pas complètement désespéré quand

of sending Yvonne a copy of *Le Grand Meaulnes* and of inserting into it a modified version of the love-letter he had written her some months previously but still not sent:

> Il faut décidément que le Journal de Meaulnes s'arrête sur une très grande émotion. Ce sera la lettre désespérée qu'il porte toujours sur lui et qu'il déchire enfin. Je n'ai pas besoin de dire que cette lettre est écrite. Je l'arrangerai et l'adapterai. Voilà tout.[1]

In the event this letter was not incorporated into *Le Grand Meaulnes* and remained unpublished until 1963, when Madame Rivière included it in her *Vie et Passion d'Alain-Fournier*.[2] The first chapters of *Le Grand Meaulnes* appeared in the July 1913 issue of *La Nouvelle Revue Française* and the work was first published in complete book form at the end of October 1913. With that, it ceased to be its author's private property and became a possession of the world of letters. It had henceforth to be judged not with reference to Alain-Fournier's life, nor the many problems of its long and involved genesis, but as an autonomous work of art with no justification but its own artistic merits and the validity of its theme.

III. JUDGMENT OF *LE GRAND MEAULNES*

> The analysis and judgment of works of literary art belong to the literary critic, who *is* one in so far as he observes a disciplined relevance in response, comment and determination of significance. He is concerned with the work in front of him as something that should contain within itself the reason why it is so and not otherwise. The more experience—experience of life and literature together—he brings to bear on it the better, of course; and it is true that extraneous information may make him more percipient. But the business of critical intelligence will remain what it was: to ensure relevance of response and to determine what is actually *there* in the work of art.—F. R. LEAVIS: *The Common Pursuit*.

même. Je ne puis croire que Dieu m'a tant montré, tant promis et ne me donnera rien — en ce monde, ou dans l'*autre*, il est vrai!", *idem*.

[1] *Ibid.*, p. 433.

[2] It appears on pp. 186–189. See pp. 195–197 of this edition.

(a) ATMOSPHERE AND MOOD

Even critics who have reacted adversely to *Le Grand Meaulnes* have tended to concede that, at any rate, the novel has remarkable "atmosphere".[1] Enthusiastic admirers of *Le Grand Meaulnes* have always singled out its "atmosphere" for particular praise and some have gone so far as to suggest that this is, in fact, so elusive as to defy analysis. Of these, the critic Edmond Pilon can be quoted as a typical example:

> Il y a des œuvres d'une fragilité de pastel, et si diaphanes, si douces, si spécialement subtiles et tendres, qu'on ne peut pas les toucher du doigt sans les froisser. L'aventure de Meaulnes appartient à cette sorte d'œuvres.[2]

To shirk critical responsibility in this way is really to perform a disservice to *Le Grand Meaulnes*. It is, in fact, possible both to define the "atmosphere" of the novel and to analyse the literary technique Alain-Fournier employed to create it. To perform these functions will serve both to increase real appreciation of his craftsmanship, and understanding of the characters and the true themes of the book: each has too often been obscured hitherto by sincerely well-intentioned but ultimately pernicious dithyrambics.

Of the two distinctive ingredients of which the novel's flavour is compounded the most clearly identifiable and certainly the most discussed is its atmosphere of mysteriousness: this is most consistently evoked by comparatively few devices: by the use of certain key adjectives and adverbs, by "sound" and "lighting" effects and by suggestive imagery.

Two of the three key adjectives employed to create an atmosphere of strangeness and mysteriousness are in fact *étrange* and *mystérieux* and these are repeated insistently throughout the novel.

Thus, ÉTRANGE: étrange gilet (p. 24), étrange de le voir (*ibid.*), étrange aventure (p. 28, p. 38, p. 118, p. 157), étranges rencontres (p. 38), *La Fête étrange* (Title of Chapters XIII, XIV, and XVII in Part I), Étrange matinée! (p. 49), Étrange partie de plaisir! (*ibid.*),

[1] See *Selection of Critical Comments*, numbers i, v, ix, x, xvi, xvii and xix, pp. 172–176.

[2] Alain-Fournier in the series "Les Amis d'Édouard", Champion, Paris, 1920, p. 28. See also *Selection of Critical Comments*, number xxi, p. 177.

chose étrange (p. 93), étrange souci (*ibid.*), domaine étrange (p. 103), le dîner fut étrange (p. 112), étrange tourment (p. 131) and joie étrange (p. 149).

And MYSTÉRIEUX: un air mystérieux (p. 6), pays mystérieux (p. 25), mystérieux petit plan (p. 26), mystérieux voyage (*ibid.*), *Le Domaine mystérieux* (title of Chapter XI in Part I), mystérieux air de fête (p. 41), il était là mystérieux (p. 53), mystérieux endroit (p. 56), fête mystérieuse (p. 59 and p. 152), *Où il est question du Domaine mystérieux* (title of Chapter IV in Part II), mystérieux passage (p. 78), bonheur mystérieux (p. 87), occupation mystérieuse (p. 93), d'une façon si mystérieuse (p. 95), je ne sais quoi de mystérieux (p. 109), remords mystérieux (p. 147) and aventure mystérieuse (p. 161).

The third adjective, which effectively demonstrates what *étrange* and *mystérieux* merely state, is SILENCIEUX and words in the same semantic group: des gamins... s'étaient enfuis silencieusement (p. 3), quatre gamins silencieux (p. 5), elle se leva silencieusement (p. 7), un compagnon silencieux (p. 8), riant silencieusement (p. 9), un écolier regardait sans rien dire (p. 10), Meaulnes, les mains aux poches, silencieux (p. 12), de ce déjeuner, je ne me rappelle qu'un grand silence (p. 21), toute la nuit, nous sentions autour de nous, pénétrant jusque dans notre chambre, le silence des trois greniers (p. 23), il y eut un silence prolongé (p. 27), la voiture cahotait silencieusement (p. 31); Pas un toit, pas une âme. Pas même le cri d'un courlis dans les roseaux des marais (p. 35), un silence profond régnait sur ce domaine (p. 38), sans bruit... il retourna s'asseoir (p. 46), un grand silence régnait sur les berges prochaines (p. 49), la vieille berline... cahotant en silence (p. 59), les barreaux du grand portail où nous appuyions silencieusement nos têtes (p. 91), je mange silencieusement (p. 96), il écoutait en silence (p. 119), le mariage s'est fait... avec le plus de silence possible (p. 131), la maison silencieuse et fermée (*ibid.*), tout autour... silence et solitude (*ibid.*), silencieusement, nous nous glissons... jusqu'à la grande sapinière (p. 133), l'endroit est parfaitement silencieux (p. 134), Meaulnes écouta la jeune fille en regardant silencieusement (p. 137), il sortit... silencieusement (*ibid.*), le silence absolu de la classe (p. 145), il y eut un long moment de silence (p. 148), dans un silence presque absolu (p. 154), Valentine et Meaulnes restaient silencieux (p. 162), j'étais là silencieux et affairé (p. 169), l'homme fit jouer doucement, sans bruit, le loquet de la porte (*ibid.*).

Not all of these silences are of the same order, but just as the habitual silence of Meaulnes contributes to his enigmatic personality (a silent character is conventionally taken to be a deep one), so the preternaturally silent countryside can be felt to be brooding. When, in the course of the novel, the stillness of the scene is broken, it is often in such a way as to accentuate the stillness and, at the same time, to point up the drama. Thus, Seurel, returning with his grandparents by pony and trap from Vierzon railway halt, having seen no trace of Meaulnes:

> De temps à autre, sur le grand calme de l'après-midi gelé, montait l'appel lointain d'une bergère ou d'un gamin hélant son compagnon d'un bosquet de sapins à l'autre. Et chaque fois, ce long cri sur les coteaux déserts me faisait tressaillir, comme si c'eût été la voix de Meaulnes me conviant à le suivre au loin... (pp. 17–18);

thus, Frantz's owl-call piercing the silence of the fir-woods surrounding Meaulnes' home (p. 132), or the thin chiming of a distant bell, announcing that Yvonne de Galais is dying:

> Rien ne bougea. Pas une ombre suspecte; pas une branche qui remue. Mais, à la longue, là-bas, vers l'allée qui venait de Préveranges, j'entendis le son très fin d'une clochette... (p. 151).

Sometimes the surrounding stillness is gently broken by the notes of a piano being played in the distance, evoking a mood of wistfulness in the hearer; thus, Meaulnes, first arriving at *le domaine étrange*:

> Il lui sembla bientôt que le vent lui portait le son d'une musique perdue. C'était comme un souvenir plein de charme et de regret. (p. 38).

Or Seurel and Delouche, waiting outside the house where the newly married Meaulnes and Yvonne are alone at last together:

> De temps à autre, le vent chargé d'une buée qui est presque de la pluie nous mouille la figure et nous apporte la parole perdue d'un piano. Là-bas, dans la maison fermée, quelqu'un joue. Je m'arrête un instant pour écouter en silence... (p. 132).

The silence is, however, most consistently broken by the sound of the wind, and the effect, in these instances, is, because of the concomitant detail, nearly always distinctly sinister: as Meaulnes paces up and down the schoolhouse attic at Sainte-Agathe, thinking desperately how to find his way back to the lost château, "un vent noir et glacé soufflait dans le jardin mort et sur le toit" (p. 25), when he first arrives at the château, "un silence profond régnait sur ce domaine. Par instants seulement on entendait gémir le grand vent de décembre" (p. 38); as the guests sail across the lake at *le domaine mystérieux*, "on eût pu se croire au cœur de l'été... Mais soudain une rafale glacée venait rappeler décembre aux invités de cette étrange fête" (p. 49); a gust of wind heralds the arrival of Frantz: "De nouveau soufflait le grand vent du premier soir. On l'entendait gronder comme un torrent ou passer avec le sifflement appuyé d'une chute d'eau. Le tablier de la cheminée battait de temps à autre..." (p. 53) and "un coup de vent fit battre la porte de l'arrière-chambre qui communiquait avec la sienne" (*ibid.*); as Meaulnes is driven away from Sainte-Agathe, "le vent froid de la nuit glaçait l'écolier jusqu'aux os" (p. 59); when Seurel and Meaulnes discover that Frantz has fled after revealing his identity, "un petit vent qui nous parut glacé soufflait" (p. 84); when Seurel is left desolate after Meaulnes' departure, "un vent froid fait claquer ma blouse, pareil au vent de cet hiver qui était si tragique et si beau" (p. 96); on Meaulnes' wedding day, "le grand vent souffle" and "pour celui qui ne veut pas être heureux, il n'a qu'à monter dans son grenier et il entendra, jusqu'au soir, siffler et gémir les naufrages" (p. 130); as Meaulnes and Yvonne sit alone together after their wedding guests have departed, "le vieux M. de Galais a ouvert la porte, laissant une seconde le grand vent pénétrer dans la maison et gémir" (p. 136); when Seurel and Yvonne are in *la maison de Frantz*, as they remove the dead chicks from the nest they have discovered there, "chaque fois il nous semblait que quelque chose comme un grand vent par les carreaux cassés du grenier, comme un chagrin mystérieux d'enfants inconnus, se lamentait silencieusement" (p. 143).

The frequency of this device is not hard to account for. As a child Alain-Fournier had to sleep alone in a dark and draughty attic, as Seurel does in the novel, and the wind's many voices—sighing, moaning, rushing—must clearly have greatly stimulated his auditory imagination. The effect of the wind's interventions in *Le Grand Meaulnes* is almost invariably to presage disaster or to remind revellers of a harsher reality. This helps create the impression of a sensitive, even animate Nature, able to influence and to be influenced by the moods and actions of the human characters.

Before each of Frantz's stormy entrances, an icy wind is blowing and rain is falling: at *la fête étrange*, "De temps à autre une goutte de pluie venait rayer la vitre qui donnait sur la cour aux voitures et sur le bois de sapins" (p. 53), and on Meaulnes' wedding night, "le vent roulait avec le bruit d'une rivière débordée. De temps à autre une goutte d'eau, diagonalement, comme sur la portière d'un train, rayait la vitre" (p. 136). When Seurel sets out full of confidence that he is about to rediscover the lost domain unaided, "dans les champs et les bois, aux portes du bourg, commençait la plus radieuse matinée de printemps qui soit restée dans ma mémoire" (p. 85); when his hopes are dashed and when he is made to realize that the seemingly infinite world of childhood has so cruelly shrunk, the weather has changed to match his mood: "Déjà ce n'était plus ce matin de printemps si frais et si luisant. Les bruits de l'après-midi avaient commencé. De loin en loin un coq criait, cri désolé! dans les fermes désertes aux alentours de la route" (p. 89). Later Seurel's feelings in turn are transformed by the weather as he cycles joyously to tell Meaulnes that he has found Yvonne: "Il faisait, le lendemain matin, quand j'arrivai dans la grand-rue, un si beau temps de vacances, un si grand calme, et sur tout le bourg passaient des bruits si paisibles, si familiers, que j'avais retrouvé toute la joyeuse assurance d'un porteur de bonne nouvelle..." (p. 116). His sadness over Meaulnes' departure is most acute "par une soirée d'avril désolée comme une fin d'automne. Depuis près d'un mois nous vivions dans un doux printemps prématuré..." (p. 142).

This regular recourse to pathetic fallacy is essentially Romantic, but Alain-Fournier is un-Romantic in allowing Nature little or no capacity to comfort or console. The dominant characteristics of the countryside in *Le Grand Meaulnes* are vastness, loneliness and emptiness, evoked by relatively few stylistic devices.[1]

"Chaque fois, ce long cri sur les coteaux *déserts* me faisait tressaillir, comme si c'eût été la voix de Meaulnes me conviant à le suivre *au loin*" (p. 18); "(Meaulnes) regardait par les fenêtres... le jardin blanc, cotonneux, *immobile*, et les champs déserts, où parfois descendait un corbeau" (p. 20); on his way to *le château mystérieux*, Meaulnes passes through the village of La Motte which he finds "*désert* et endormi" (p. 28) and on into "la *vaste* campagne gelée, *sans accident ni distraction aucune*" (pp. 28–29); "l'endroit où il se trouvait était d'ailleurs *le plus désolé* de la Sologne. De toute la matinée, il ne vit qu'une bergère,

---

[1] Examples italicized by the Editor.

The Château de Loroy as it is today

La Chapelle-d'Angillon, on the banks of the Petite Sauldre

Sous-lieutenant Henri Fournier at Mirande, 1909
(He is second from the left)

à l'horizon, qui ramenait son troupeau. Il eut beau la héler, essayer de courir, elle disparut sans l'entendre" (p. 35); "A quoi bon ces illuminations du côté de la campagne, *du côté du désert*, autant dire? Il n'y a personne pour les voir" (p. 39); "ils devaient venir, les uns, *du fond* de la campagne, les autres, de villes *lointaines...*" (p. 43); "je suis arrivé sans y penser à l'extrémité des Communaux, que j'avais toujours imaginée *infiniment loin*" (p. 88); "nous regardâmes... le cortège d'un enterrement venu *du fond* de la campagne" (p. 92); " à la porte vitrée s'arrêtaient et s'égouttaient, dans le brouillard de septembre, des charrettes, venues *du fond* de la campagne" (p. 105).

To the sense of immensity and desolation suggested by such details is added a feeling of strangeness, consistently and dramatically evoked by images of, and references to, the sea: the very first image in the book is that of adventures breaking over the little school like waves over a lonely rock (p. 3), and the arrival in Sainte-Agathe of Frantz and Ganache is likened to a wave, "la première vague de cette aventure dont nous ne reparlions pas" (p. 61); the farmer's horse and cart, brought back without Meaulnes, are likened to "une épave qu'eût ramenée la haute mer..." (p. 18); fir forests sweep up to the château like waves breaking (p. 47); buildings are likened to boats on the ocean—the schoolhouse at Sainte-Agathe (p. 13), the cottages in the village of la Ferté-d'Angillon (p. 111); and Meaulnes and Yvonne in their little house, just after the wedding, "comme deux passagers dans un bateau à la dérive, ils sont, dans le grand vent d'hiver, deux amants enfermés avec le bonheur" (p. 136); for Seurel locked outside, the moaning of the wind tells of ship-wrecks (p. 130). Characters in the novel are several times likened to sailors; Meaulnes to the young Robinson Crusoe (p. 13) and to a mariner keeping watch (p. 25). Although Meaulnes knows that the old men he sees at *le domaine mystérieux* are bound to be farm-workers, he describes their activities in maritime terms: "il était aisé de voir que ceux-ci n'avaient jamais navigué plus loin que le bout du canton; et s'ils avaient tangué, roulé plus de mille fois sous les averses et dans le vent, c'était pour ce dur voyage sans péril qui consiste à creuser le sillon jusqu'au bout de son champ et à retourner ensuite la charrue..." (p. 43). Beside them at *la fête étrange*, however, there are other old men "qui pouvaient être d'anciens marins"; M. de Galais is a retired sea-captain and Frantz makes his first entrance whistling a sea-chanty.

These frequent allusions to the sea can be explained, at least in part, by reference to the significance it had in Alain-Fournier's thoughts,[1] but they can at the same time be justified for the important rôle they play in the novel: they bestow an exotic aspect upon Alain-Fournier's rural scene, and convey thereby a sense of the romantic vision of his characters, and, in addition, since the sea is an archetypal symbol for the unknown and the infinite, they contribute powerfully to the tonality of mysteriousness.[2]

Mysteriousness in *Le Grand Meaulnes* is further heightened by the repeated use of a limited number of "lighting" effects. Again and again, for example, characters or scenes are highlighted against a background of shadow or total darkness: Seurel's first sight of Meaulnes is "à la lueur de la fin du jour" (p. 7), while almost his last glimpse of him is near day-break, "éclairé par le demi-jour" (p. 169); Seurel and Meaulnes are observed by Millie, bathed in the glow of a Catherine-wheel "dans la lueur magique" (p. 8); Seurel watches his mother preparing the evening meal "dans l'étroite cuisine où vacillait la flamme d'une bougie" (p. 9); passers-by are seen from the black-smith's shop "à la lueur du brasier" (p. 10); when Meaulnes wakes up in *la chambre de Wellington*, "une faible clarté glauque baignait les rideaux de l'alcôve" (p. 38), and as he explores *le domaine mystérieux* he notices that "une sorte de reflet coloré flottait dans les chambres basses" (p. 41); Meaulnes' first glimpse of Frantz's aquiline profile is in a dark room by the flickering light of a candle (p. 54) and when, finally, he recognizes him again at Sainte-Agathe it is in the light of a circus flare: "On voyait, dans la lueur fumeuse, comme naguère à la lumière de la bougie, dans la chambre du Domaine, un très fin, très aquilin visage sans moustache" (p. 82). Meaulnes' final fleeting glimpse of *la chambre de Wellington* is when a coach gallops past outside and "la lueur du falot venait frapper la fenêtre" (p. 56); Seurel first sees Yvonne in the lamplight at Uncle Florent's shop (p. 108); Aunt Moinel tells him the story of Valentine by candlelight (p. 112

[1] See p. xxv and p. xxix of this Introduction.

[2] For Michel Guiomar, "tous ces éléments, faibles indices, appuient pourtant l'idée d'un voyage lointain, nous laissent surtout deviner que ce voyage va vers un Autre Monde", *Inconscient et Imaginaire dans 'Le Grand Meaulnes'*, p. 90. Professor Stephen Ullmann has made a detailed and sensitive study of "The Symbol of the Sea in *Le Grand Meaulnes*" in his book *The Image in the Modern French Novel*, Oxford University Press, 1960, pp. 99–123.

and p. 116); Meaulnes studies Yvonne's face in the candlelight on the night of their wedding (p. 137), and when Seurel and Yvonne visit the desolate *maison de Frantz* he recalls that "un rayon de soleil languissant, le premier et le dernier de la journée, faisait plus pâles nos visages et plus obscure la tombée de la nuit" (p. 143).

An evocative variant of this *chiaroscuro* effect is the use of shadows cast dramatically against a wall or a window. Meaulnes casts his shadow over Seurel's earliest memories of Sainte-Agathe: "une grande ombre inquiète et amie passe le long des murs et se promène" (p. 4) and later, as Meaulnes paces up and down the attic of the schoolhouse, "la bougie, qu'il avait posée sur une petite table d'osier tressée par des bohémiens, jetait sur le mur son ombre errante et gigantesque" (p. 24). While Seurel lurks outside Meaulnes' cottage on the wedding night "une lueur comme d'un feu allumé se reflète sur les carreaux de la fenêtre. De temps à autre, une ombre passe" (p. 131).

But Alain-Fournier's ability to weave an atmosphere of genuine mysteriousness is most brilliantly exemplified in *la fête étrange* at *le domaine mystérieux*: the validity of these two epithets is more than vindicated by his masterly stage-management. Meaulnes himself comes almost to conclude afterwards that *la fête étrange* must have been part of a dream, but we know, and he knows, that he was fully conscious and in complete possession of all his faculties throughout, and what he hears and sees there, though extraordinary by everyday standards, all has a rational explanation. Yet *la fête étrange* does possess definite dream-like qualities: nobody seems to find it in the least strange that Meaulnes, a complete stranger and a country schoolboy, should take his place amidst the revellers at a derelict but aristocratic château. His arrival seems somehow expected, clean clothes are laid out for him, and the fact that these must once have belonged to some dandy in a vanished romantic age, serves appreciably to heighten his surprise and his enchantment.

We are never taken on a conducted tour of the *château*; all we see of it are isolated fragments—a grey spire rising above distant fir-trees, a winding sanded drive, a narrow courtyard filled with coaches of all descriptions, a confusing jumble of outbuildings, corridors which seem to stretch endlessly into the dark distance, a reed-fringed lake large enough for three yachts to sail across. *Le domaine mystérieux* seems, while the party lasts, not only to have escaped from the rule of Time but to be almost infinite in Space: for this reason, it seems literally to be quite "out of this world".

The operation of the law of cause and effect seems to be temporarily suspended too. Events and scenes succeed one another with bewildering rapidity and complete illogicality: a fat man bearing a pole hung with coloured lanterns declares that Wellington was an American; a fifteen-year-old schoolboy, dressed like an English public schoolboy, struts past on tip-toe; girls skip past and pirouette in a cloud of lace; very old men and women sit talking calmly at a long dining table; a long-sleeved Pierrot gallops down corridors, children watch a magic lantern show, a fair-haired girl gently plays a piano, little children perch on Meaulnes' knee and next morning, on a day stolen from Spring, the loveliest girl he has ever seen promises she will wait for him to return ... Add to all this the fact that Meaulnes falls asleep on his way to the château and again on the way back—that it is, therefore, "rounded with a sleep"—and the dream-like effect is complete.

The fairy-tale quality of *la fête étrange*, like the aura of mysteriousness which hangs over the countryside in *Le Grand Meaulnes*, is achieved neither by the use of incantatory language nor by heady prose-poetry nor with any sense of strain or literary pretentiousness: it is achieved, in each case, by the setting down of clearly observed, essentially simple and precise details, and by the skilful deployment of a strictly limited range of technical devices. The atmosphere so insidiously created before *la fête étrange*, and so consistently sustained thereafter, is what most forcibly compels the reader to suspend his disbelief; in a region so haunted as Meaulnes' Sologne is made to seem, the most unlikely of events become perfectly possible; in a landscape so vast, so dark and so desolate, Meaulnes' inability to find his way back to *le pays sans nom* seems wholly credible. The reader is made to feel, with Meaulnes, that it must be at the world's end, and as the story unfolds that, like Thomas the Rhymer or Keats's pale "knight-at-arms", search though he might, he will never again discover it. Whatever plausibility the characters and events in *Le Grand Meaulnes* may possess derives almost wholly from the atmosphere. Within the economy of the novel, it is never merely decorative; it is, throughout, consistently and most effectively functional.

• • •

To an extent which, I think, has never really received adequate attention, the dominant mood of *Le Grand Meaulnes* is determined by the *persona* of Seurel. His attitude towards the narrative is quite remarkably possessive and the other characters in the novel are allowed very few opportunities indeed to address themselves directly to the reader: the account of Meaulnes' first discovery of *le domaine mystérieux* is provided not by Meaulnes himself but by Seurel, and, at the end of the novel, after transcribing only a few pages of Meaulnes' secret journal, Seurel states that because the handwriting is barely legible, "j'ai dû reprendre moi-même et reconstituer toute cette partie de son histoire" (p. 161). Seurel's voice, then, is the first and last that the reader hears and he is obliged to listen to it almost throughout. The effect of this upon the atmosphere and mood of the novel is momentous because Seurel is not, as has more often than not been assumed, a neutral and passive observer,[1] but a committed participant, intimately involved in the action, with a very real and positive personality of his own.

It is Seurel's distinctive personality which determines the idiosyncratic atmosphere of *Le Grand Meaulnes*: the aura of mysteriousness which surrounds everyday scenes reveals both his powers of keen observation and his capacity for wonderment; the belief that the countryside around him stretches out to infinity expresses his childlike sense of space; the sense that Nature is brooding, resentful and vaguely hostile, is the corollary of his great love of domestic calm and cosiness, and with the recurrent evocations of the cold and wind-swept landscape can be contrasted a striking number of references to secure and enclosed havens—the schoolhouse kitchen and the blacksmith's shop at Sainte-Agathe, the farm and the barn where Meaulnes takes shelter on the way to the lost domain, the old château itself, *la maison de Frantz*—which, cold and draughty though they may be, hold out the promise of peace and seclusion amidst the surrounding desolation. The details Seurel notes to evoke these havens are as suggestive in their way as those he employs to suggest the lonely countryside outside: "je restais *au fond* de la mairie, *enfermé* dans le cabinet des

---

[1] Cf. Alan Pryce-Jones: "One might have expected the narrator himself to have possessed some special quality. Not at all: he is the foil for Meaulnes, the passive agent upon whom Meaulnes works his vast activity. We know his name is François; we know he has a damaged knee; but we never get to know very much more about him, so absorbed is he in the personage of Meaulnes", Introduction to *The Lost Domain*, Oxford University Press, p. xiv.

archives" (p. 9); "nous étions installés *au fond* de la boutique rouge et *chaude*,[1] brusquement traversée par de glacials coups de vent" (p. 12).

The key traits of Seurel's personality are insinuated into the reader's consciousness in the very first chapter of the novel before Meaulnes has been allowed to make any significant impact at all, and they are also, in part, subtly explained. Thus his basic timidity and acute uneasiness can be accounted for by the legacy of a crippled knee and by the example of his mother's seemingly permanent anxiety: "ma mère... avait constaté *avec désespoir*... que nos meubles ne tiendraient jamais dans une maison si mal construite" (pp. 3–4); "je me vois épiant *avec anxiété* quelqu'un qui va descendre la grand-rue" (p. 4); "j'avais regardé *anxieusement* du côté des cloches, pour la voir entrer" (*ibid.*); "elle s'enfermait *de crainte* qu'une dame de ses amies...vînt la surprendre" (p. 5); "j'arrivai, un peu *anxieux de mon retard*, à la petite grille" (*ibid.*); "*moi, qui n'osais plus* rentrer à la maison quand j'avais un accroc à ma blouse" (p. 6). The first appearance of Madame Meaulnes contributes to the same mood of foreboding: "Elle avait un visage maigre et fin, *mais ravagé par l'inquiétude*[2]; et je ne sais quelle appréhension à sa vue m'arrêta sur la première marche, devant la grille" (p. 5). Seurel is to express this deep-seated *malaise* throughout the novel in his fear of happiness[3] and his regular premonitions of impending disaster: when he cycles to tell Meaulnes that he has found Yvonne, "la crainte et je ne sais quel obscur regret de venir troubler tant de paix commencèrent à m'enlever tout courage" (p. 111); when he recalls the garden party arranged to reunite Meaulnes and Yvonne, "je ne me rappelle jamais cette partie de plaisir sans un obscur regret comme une sorte d'étouffement. Je m'étais fait de ce jour tant de joie à l'avance! Tout paraissait si parfaitement concerté pour que nous soyons heureux. Et nous l'avons été si peu..." (p. 121); as he lurks outside Meaulnes' cottage on the wedding night in the company of Delouche: "Sans vouloir l'avouer et sans savoir pourquoi, nous sommes remplis d'inquiétude" (p. 131).

It is in the opening chapter too that is demonstrated Seurel's capacity for hero-worship and romantic exaggeration. Because he him-

---

[1] Editor's italics.
[2] Editor's italics.
[3] See pp. cxxvii–cxxix of this Introduction.

self is so timorous and over-protected, he immediately falls under Meaulnes' spell. He is intrigued by the "air supérieur et mystérieux" which Madame Meaulnes adopts when speaking of her son and astonished by what she has to say about him: "il aimait à lui faire plaisir, et parfois il suivait le bord de la rivière, jambes nues, pendant des kilomètres, pour lui rapporter des œufs de poules d'eau, de canards sauvages, perdus dans les ajoncs... Il tendait aussi des nasses... L'autre nuit, il avait découvert dans le bois une faisane prise au collet..." (p. 6). The degree of Seurel's astonishment is both significant and instructive: Meaulnes is seventeen years old at this point, and the activities described by his mother are those that a youth of his age and station might reasonably be expected to pursue as a matter of course. To the excessively sheltered Seurel, they appear quite exceptionally remarkable and he all too readily casts Meaulnes in the rôle of a vigorous and free-ranging hero and never ceases, thereafter, to see him through a highly coloured romantic haze, in "la lueur magique" of the Catherine-wheel which Meaulnes ignites to mark his arrival. In the later stages of the novel, Meaulnes is certainly involved in some highly dramatic situations, but part of the heroic aura which surrounds him is just as certainly fashioned by Seurel. Meaulnes is clearly accorded some credit for the healing of Seurel's knee, unaccountably made better at the very time of his arrival. When Meaulnes leans in characteristic silence against the door of the blacksmith's shop, it is Seurel's hand which touches up the picture: "En le voyant ainsi, perdu dans ses réflexions, regardant, comme à travers des lieues de brouillard, ces gens paisibles qui travaillaient, je pensai soudain à cette image de *Robinson Crusoé*, où l'on voit l'adolescent anglais, avant son grand départ, « fréquentant la boutique d'un vannier »... Et j'y ai souvent repensé depuis" (p. 13). And with the very last sentence of the novel, Seurel clearly reveals that in spite of every conceivable sort of personal disappointment, his romantic view of Meaulnes is as vivid as ever: "Et déjà je l'imaginais, la nuit, enveloppant sa fille dans un manteau, et partant avec elle pour de nouvelles aventures" (p. 171).[1]

[1] In a short study almost wholly hostile to *Le Grand Meaulnes*, M. Léon Cellier even more fancifully likens the final departure of Meaulnes with his baby daughter to a thief making off with the swag: "Son départ pour Paris avait déjà moins l'air d'un départ que d'une fuite. Que dire de cette ultime évasion? Meaulnes nous apparaît condamné à une fuite éternelle. Et c'est ainsi qu'à l'image mythique

It is made plain in the opening chapter that Seurel's feelings for Meaulnes are very mixed indeed. If he hero-worships Meaulnes for the glamour and excitement he brings to Sainte-Agathe, he also deeply resents the dramatic break Meaulnes obliges him to make with his established way of life: "Tout ce paysage paisible — l'école, le champ du père Martin, avec ses trois noyers, le jardin dès quatre heures envahi chaque jour par des femmes en visite — est à jamais, dans ma mémoire, agité, transformé par la présence de celui qui bouleversa toute notre adolescence et dont la fuite même ne nous a pas laissé de repos" (p. 4). After the introductory picture of his childhood at Sainte-Agathe, evoked by details that stress its loneliness, coldness, poverty and gloom, Seurel goes on to reveal his inveterate tendency to romanticize and his distinctly ambivalent attitude towards Meaulnes:

> Mais quelqu'un est venu qui m'a enlevé à tous ces plaisirs d'enfant paisible. Quelqu'un a soufflé la bougie qui éclairait pour moi le doux visage maternel penché sur le repas du soir. Quelqu'un a éteint la lampe autour de laquelle nous étions une famille heureuse, à la nuit, lorsque mon père avait accroché les volets de bois aux portes vitrées. Et celui-là, ce fut Augustin Meaulnes, que les autres élèves appelèrent bientôt le grand Meaulnes (p. 9).

Seurel's mixed feelings for his hero are perhaps most eloquently expressed just after Meaulnes has left the school at Sainte-Agathe forever in order to pursue his quest of Yvonne in Paris:

> Chose étrange: à cet ennui qui me désolait se mêlait comme une sensation de liberté. Meaulnes parti, toute cette aventure terminée et manquée, il semblait du moins que j'étais libéré de cet étrange souci, de cette occupation mystérieuse qui ne me permettaient plus d'agir comme tout le monde. Meaulnes parti, je n'étais plus son compagnon d'aventures, le frère de ce chasseur de pistes; je redevenais un gamin du bourg pareil aux autres. Et cela était facile et je n'avais qu'à suivre pour cela mon inclination la plus naturelle (p. 93).

But Seurel's personality is not that simple. He is not, in fact, "un gamin du bourg pareil aux autres", and he is attracted both by the will to act and to enforce change, and by the temptation to cling tenaciously

du chevalier errant se substitue celle du fratricide errant. Caïn, qu'as-tu fait de ton frère? Le roman de l'initiation aboutit à un absurde roman de remords", 'Le Grand Meaulnes' ou l'initiation manquée, Minard, 1963, p. 25. See also Selection of Critical Comments, number xx, p. 176 of this edition.

to the established order. His divided feelings expressed themselves in his prose-style in his frequent juxtaposition of antithetical terms: "les jours les plus tourmentés et les plus chers de ma vie" (p. 3);[1] "une grande ombre inquiète et amie passe le long des murs" (p. 4); "je me glissais (au milieu des disputes) avec inquiétude et plaisir" (p. 9); "Je me rappelle ce soir-là comme un des grands soirs de mon adolescence. C'était en moi un mélange de plaisir et d'anxiété" (p. 12); "un souvenir plein de charme et de regret" (p. 38); "... heureux simplement d'être là, tout près de ce qui me passionnait et m'inquiétait le plus au monde" (p. 146); "Un peu déçu et pourtant émerveillé, je comprenais que la petite fille avait enfin trouvé là le compagnon qu'elle attendait obscurément" (p. 171).

Seurel's most characteristic mood, however, is melancholy, gently wistful in the opening section of the novel when Meaulnes dominates the action, increasingly despairing as events move to their tragic dénouement and he himself holds the centre of the stage. The note of yearning is sounded at the very start of the novel when Seurel, who must now be in his thirties, begins to set the scene of the drama to come: "Je continue à dire « chez nous », bien que la maison ne nous appartienne plus. Nous avons quitté le pays depuis bientôt quinze ans et nous n'y reviendrons certainement jamais" (p. 3), and this note is heard again, rather more resonantly, as he prepares to relate the story of Meaulnes' discovery of *le domaine perdu*: "aujourd'hui que tout est fini, maintenant qu'il ne reste plus que poussière

de tant de mal, de tant de bien,

je puis raconter son étrange aventure" (p. 28)[2].

---

[1] Seurel's romantic *naïveté* is regularly expressed throughout the novel by his frequent use of the superlative: cf. "ce fut le matin le plus doux de cet hiver-là" (p. 47); "la plus radieuse matinée de printemps qui soit restée dans ma mémoire" (p. 85); "Toute la matinée est à moi pour explorer la lisière du bois, l'endroit le plus frais et le plus caché du pays" (pp. 87–88); "la jeune fille la plus belle qu'il y ait peut-être jamais eu au monde" (p. 108); "la plus grave des jeunes filles, la plus frêle des femmes" (*ibid.*); "la cour de derrière... était bien la plus sèche et la plus désolée cour d'école abandonnée que j'aie jamais vue..." (p. 116); "mon compagnon — l'être que je sache au monde le plus incapable de pleurer — tourna soudain vers moi son visage bouleversé par une irrésistible montée de larmes" (pp. 129–130).

[2] The implication of this can surely only be that Meaulnes and his daughter are now both dead too.

Seurel's sense of deprivation is progressively intensified as his story unfolds. When Meaulnes rides out of his life for the first time he is left "avec l'impression que, dans cette vieille voiture, mon adolescence venait de s'en aller pour toujours" (p. 93). Thereafter, he is involved in a whole series of poignant situations. He rediscovers the long-lost beloved of his best friend and falls in love with her himself at the very first meeting. He claims that "lorsqu'elle me tendit la main, pour partir, il y avait entre nous, plus clairement que si nous avions dit beaucoup de paroles, une entente secrète que la mort seule devait briser et une amitié plus pathétique qu'un grand amour" (p. 110), but his subsequent reactions belie this. His demeanour before Yvonne is at all times punctilious and his loyalty to Meaulnes is unswerving, but certain of his secret actions and certain of his tricks of narrative style reveal the true extent of his involvement. In spite of her marriage to Meaulnes, Seurel persists in calling her "Mademoiselle de Galais" (p. 136). On the afternoon of Yvonne's wedding, Seurel states that Meaulnes has at last befriended Delouche and adds disingenuously: "Et ceci explique comment nous sommes là tous deux à rôder, vers quatre heures de l'après-midi, alors que les gens de la noce sont déjà tous repartis" (p. 131). On the next evening, Seurel returns alone in the dusk to the cottage; "Je craignis d'être importun, en me présentant à cette heure tardive, le lendemain d'un mariage. Je restai fort tard à rôder sur la lisière du jardin et dans les terres avoisinantes..." (p. 140), and on the next evening again, he resumes his vigil, hoping to speak to Meaulnes or Yvonne, but not daring to knock. When Yvonne dies, Seurel reflects all too revealingly: "Nous avions retrouvé la belle jeune fille. Nous l'avions conquise. Elle était la femme de mon compagnon et moi je l'aimais de cette amitié profonde et secrète qui ne se dit jamais. Je la regardais et j'étais content, comme un petit enfant. J'aurais un jour peut-être épousé une autre jeune fille, et c'est à elle la première que j'aurais confié la grande nouvelle secrète..." (p. 152).[1]

---

[1] A suppressed variant of this passage reads: "Yvonne, je t'aimais aussi. (Je ne l'ai pas dit) Je ne voulais pas le dire. Tu ne l'as pas deviné. Tu ne le sauras jamais. J'aurais aimé d'autres jeunes filles, je te l'aurais raconté, tu m'aurais consolé. Yvonne, voilà comment je vous aurais aimée. Je vous aurais regardée seulement, j'aurais aimé d'autres jeunes filles et — Je n'aurais pas été moi âpre et impatient comme Augustin. Mais que dis-je là? Vous n'auriez pas cessé d'être cette jeune fille merveilleuse qu'on ne retrouve pas." (From the archives of Madame Isabelle Rivière.)

In fact, Seurel spends very much more time in the company of Yvonne than Meaulnes himself is allowed to do, and this enables him to savour to the full the acrid taste of everything that has been denied him. When Meaulnes is far away, Yvonne takes Seurel to *la maison de Frantz* and he is, for the moment, lost in bitter-sweet rêverie: "A voir Yvonne de Galais, on eût dit que cette maison nous appartenait et que nous l'avions abandonnée durant un long voyage" (p. 142). There follows the strange but suggestive episode of the discovery of the dead chicks, a tone-poem in the most melancholy mode,[1] and Seurel becomes her faithful companion "durant tout un printemps et tout un été comme il n'y en aura jamais plus" (p. 144). The autumn comes, Seurel reflects that "notre jeunesse était finie et le bonheur manqué" (p. 145), he yearns for his childhood home, "tendrement, tristement, je rêvais aux chemins boueux de Sainte-Agathe" (p. 146), he talks with Yvonne in the September rain about lost happiness, and then, soon after, she dies after a particularly painful labour. Seurel's grief is as sincere as it is unrestrained, but he mourns for more than Yvonne: "Tout est pénible, tout est amer puisqu'elle est morte. Le monde est vide, les vacances sont finies. Finies, les longues courses perdues en voiture: finie, la fête mystérieuse… Tout redevient la peine que c'était" (p. 152).

And now, for the first and only time, he can take Yvonne in his arms, but only to carry her to the waiting hearse:

Agrippé au corps inerte et pesant, je baisse la tête sur la tête de celle que j'emporte, je respire fortement et ses cheveux blonds aspirés m'entrent dans la bouche — des cheveux morts qui ont un goût de terre. Ce goût de terre et de mort, ce poids sur le cœur, c'est tout ce qui reste pour moi de la grande aventure, et de vous, Yvonne de Galais, jeune femme tant cherchée — tant aimée… (p. 153).

But even this is not the end of Seurel's sorrows. For a year, he derives consolation from the presence of Yvonne's baby daughter which survives the perilous birth; then Meaulnes returns from the unknown and Seurel realizes that "la seule joie que m'eût laissée le grand

[1] Cf. Verlaine:

Dans le vieux parc solitaire et glacé
Deux ombres ont évoqué le passé…
Colloque Sentimental

Meaulnes, je sentais bien qu'il était revenu pour me la prendre" (p. 171). In the course of the action, therefore, Seurel has lost everything he holds most dear—childhood, youth, Yvonne, Yvonne's daughter and Meaulnes—and in the fifteen years which have elapsed since these events took place, he has had ample time to brood over them. It is not surprising that in the dramatic story he has to tell, he casts himself in the rôle of *El Desdichado*,[1] and it is not surprising that his narrative should bear the unmistakable imprint of his sad personality.

Le Grand Meaulnes is scattered with references which reveal a marked preoccupation with mortality: Meaulnes' father is dead, and his brother is also, "mort un soir au retour de l'école, pour s'être baigné avec son frère dans un étang malsain"[2] (p. 6); Delouche's father is dead, the deaths of Yvonne's father and mother are curtly reported as the story progresses; Aunt Moinel's husband dies after *la fête étrange* and, speaking of her children, Seurel comments: "Tous ses enfants étaient morts et j'avais bien connu Ernest, le dernier de tous, un grand garçon qui allait être instituteur"(p. 112). Ganache's features are compared to those of a corpse dripping on a mortuary slab; Meaulnes' impulsive departure from the village school is immediately preceded by a funeral procession across the village crossroads: "Le cercueil, amené dans une charrette à bœufs, était déchargé et posé sur une dalle, au pied de la grande croix où le boucher avait aperçu naguère les sentinelles du bohémien!" (p. 92); the clue which puts Seurel back on the trail to the lost domain is an inscription on a tombstone.

References to sickness and pain are remarkably frequent. Seurel suffers from coxalgia; Jenny, "la fille de la châtelaine", is "admirable, mais folle et toujours enfermée" (pp. 26–27); Meaulnes hurts his knee when he runs away from school and limps into *le domaine étrange*; while waiting in vain outside Yvonne's Paris home, he likens himself to "cette folle de Sainte-Agathe qui sortait à chaque minute sur le pas de la porte et regardait. . . pour voir si son fils qui était mort ne venait

---

[1] In his *Inconscient et Imaginaire dans 'Le Grand Meaulnes'*, Michel Guiomar states that "Seurel est le Moi quotidien et social, lucide et conscient... le Moi du présent" (p. 157) and that "Meaulnes est le Moi du passé, du temps de l'enfance, de tout ce qui est désespérément perdu: On ne l'intéresse, on ne tente de l'intéresser, qu'en lui parlant du passé" (p. 151). I would argue that these descriptions would be rather more accurate if they were reversed.

[2] The fact that Meaulnes himself survived the escapade doubtless makes him even more of a legendary figure to Seurel.

pas" (p. 99); Frantz tries to shoot himself and wounds himself in the head; Ganache's body is "le plus lamentable qu'on puisse imaginer" and the most spectacular of his performances as a Pierrot is of a spastic unable to stand; Madame Delouche's hand has been badly burned and is twisted out of shape; Yvonne's fragile appearance is stressed throughout: "Ses chevilles étaient si fines... qu'on craignait de les voir se briser" (p. 50) and "aux moments de tristesse, de découragement ou seulement de réflexion profonde, ce visage si pur se marbrait légèrement de rouge, comme il arrive chez certains malades gravement atteints sans qu'on le sache" (p. 108).

Some of these details, which Seurel is merely called upon to report, clearly point to a preoccupation of Alain-Fournier himself; other details for which Seurel supplies a gloss of his own serve only to strengthen the impression of his melancholy personality and his compulsive regard for *lacrimæ rerum*. They make it all the more difficult to understand how ever *Le Grand Meaulnes* could be labelled an airy fantasy or a *conte bleu*,[1] how critics have been able to say, like Miss Janet Adam Smith, that "for all Yvonne's death and Seurel's desolation, *Le Grand Meaulnes* is not a tragic book at all",[2] or, like Mr. Alan Pryce-Jones, that Seurel has no "special quality". Melancholy is just as much a distinctive feature of the novel as mysteriousness, and each is the expression of the narrator's personality. His imprint on the book is, in fact, so indelible that it could, perfectly appropriately, have borne the title *Le Petit Seurel*.

(b) STRUCTURE AND MOTIVATION

One of the most damaging charges recurrently levelled at *Le Grand Meaulnes* on technical grounds is that it is sadly lacking in unity. From the very moment when it first appeared, critics have complained that it is an uneasy misalliance between fantasy and realism,[3] some like Gustave Lanson[4] adding that it would have been a much more effective book if Alain-Fournier had concentrated exclusively on

---

[1] See *Selection of Critical Comments*, number ii, p. 172.
[2] *The New Statesman*, June 27th, 1953.
[3] See *Selection of Critical Comments*, numbers i and ix, pp. 172 and 173–174.
[4] See *ibid.*, number ii, p. 172.

the realistic element, others, like André Gide or Professor Denis Saurat, expressing a marked preference for the so-called fantasy.[1] A variation on this now familiar theme is to argue that the novel in its existing form is too long and that it really ought to have ended with the death of Yvonne de Galais or with the departure of Meaulnes from Sainte-Agathe at the end of Part II,[2] or even with his departure from *le château mystérieux* at the end of Part I.[3] For years now, the only English school edition available has, in fact, been Part I of the novel only.[4] All of this does remarkably less than justice to Alain-Fournier who made every effort to unify the various elements of *Le Grand Meaulnes* and has, to a considerable extent, succeeded.

The keynote of Part I of the novel is mystery and enchantment, and one can readily understand why this section has been singled out for particular praise, because it is here that Alain-Fournier's narrative technique is most exquisitely effective. The reader's attention is caught and held with the quite masterly first chapter which sets the scene with admirable economy of means and, with its clear suggestions of the disruptive effects of Meaulnes' arrival, hints at the momentous events which are to come. Suspense is maintained by the effective building up of atmosphere and by employing a narrator who is himself involved in the action and is not, therefore, omniscient. Although, when the story begins, Seurel at once establishes that he is writing years after the action took place and is aware of the eventual outcome, he re-creates events in the order and manner in which he originally perceived them. The reader, therefore, is made to see through his eyes, Meaulnes' riding away in the cart, "un pied sur le devant, dressé comme un conducteur de char romain" (p. 15), the return of the empty cart some hours later "telle une épave qu'eût ramenée la haute mer" (p. 18), the return of

---

[1] See *ibid.*, numbers x and xvi, pp. 174 and 175.

[2] Cf. Jean de Pierrefeu: "J'aurais voulu qu'Alain-Fournier arrêtât son récit au moment du départ pour Paris... nous aurions très bien accepté que ce récit un peu fou et chimérique reste sans explications... mais il a voulu alourdir son roman, qui dès lors s'avère absurde, les personnages deviennent des fantoches... squelette desséché d'une histoire d'amour à laquelle il n'est pas permis de s'attacher sérieusement."—Article in *L'Opinion*, quoted in J. M. Delettrez: *Alain-Fournier et 'Le Grand Meaulnes'*, Émile-Paul, 1954, p. 261.

[3] See *Selection of Critical Comments*, numbers x and xvi, pp. 174 and 175.

[4] *Le Grand Meaulnes* (first part), edited by G. I. Dunn, Oxford University Press, 1931, and frequently reprinted.

Meaulnes after three days' absence with wisps of straw on his clothes, "et surtout son air de voyageur fatigué, affamé, mais émerveillé" (p. 20), the old-fashioned silk waistcoat with mother-of-pearl buttons and Meaulnes restlessly pacing up and down the gloomy attics "au bord de ce pays mystérieux, où une fois déjà il s'était évadé" (pp.25-26). Only after the reader's expectations are thoroughly aroused does Alain-Fournier at last condescend to reveal where Meaulnes has been, and once again he recounts events from the most dramatic of viewpoints, this time, though, in the third person through the eyes of Meaulnes. With no conscious straining after effect, by the notation of precise concrete detail appealing either to the visual or the auditory imagination, Alain-Fournier involves the reader in Meaulnes' adventure, enables him to share Meaulnes' initial discomfiture at losing his way, the two moments of inexplicable premonition when he savours the foretaste of happiness to come, and then *la fête étrange* itself, "stage-managed" from beginning to end with the most delicate of touches.[1]

The aura of enchantment which plays around *le château mystérieux* is not left unbroken. Frantz makes his petulant entrance, in an atmosphere of gloom and storm, and peremptorily decrees "c'est fini; la fête est finie" (p. 54). The children's party is taken over by tipsy adults and the spell is finally broken:

...les moins bons des invités, qui peut-être avaient bu, s'étaient mis à chanter. A mesure qu'il s'éloignait, Meaulnes entendait monter leurs airs de cabaret, dans ce parc qui depuis deux jours avait tenu tant de grâce et de merveilles. Et c'était le commencement du désarroi et de la dévastation. Il passa près du vivier où le matin même il s'était miré. Comme tout paraissait changé déjà... — avec cette chanson, reprise en chœur, qui arrivait par bribes:

> D'où donc que tu reviens, petite libertine?
> Ton bonnet est déchiré
> Tu es bien mal coiffée...

et cette autre encore:

> Mes souliers sont rouges...
> Adieu, mes amours...
> Mes souliers sont rouges...
> Adieu, sans retour!   (pp. 55-56)

The snatches of song are both suggestive and prophetic; the clear hint

[1] See pp. xcvii–xcviii of this Introduction.

of licentiousness in the first points to the world in which Meaulnes will lose his honour; the reiterated message of finality in the second is, though he does not know it at the time, directly applicable to him. The party is indeed at an end, and the coloured lanterns will never be lit for him again ...

If the keynote of Part I of *Le Grand Meaulnes* is enchantment, that of Part II is as certainly frustration. Meaulnes hopes repeatedly to find his way back to the lost domain and repeatedly his hopes are blighted. He draws a sketch-map of what he thinks is part of the route back; it is stolen from him and then returned only partially completed. He discovers all too belatedly that the younger gipsy camping in the village is Frantz de Galais, but when, with Seurel, he hurries round to the caravan in the early morning, expecting to set out at last to rejoin Yvonne, they find just the ashes of the gipsies' farewell fire. A lovely spring day reawakens their hopes once more, and they set out confidently "à la recherche du sentier perdu"; a few hours later they limp back to Sainte-Agathe dusty and disillusioned. On the day when Meaulnes departs with heavy heart to Paris, the details enumerated to evoke background atmosphere speak eloquently of depression and defeat: rain falls remorselessly out of skies of lead, a funeral procession halts at the village cross-roads, the coffin rests on the very spot scorched by the gipsies' last fire, and over everything hangs the mingled odours of washing being dried indoors beside the fire and food spilt and scorching on an over-hot stove. The long succession of disappointments continues unbroken in Paris where Meaulnes hopes against hope that he will perhaps find Yvonne at the family flat: the blinds are never once undrawn and when he does get news of her it is the (false) report of her marriage. Like Sisyphus, Meaulnes has struggled repeatedly to reach the heights; with each successive defeat the route back up to the summit seems that much steeper. The blow delivered at the end of Part II is, for Meaulnes, the final one. He resolves to forget the past, to bury his dead hopes, to find his happiness elsewhere ...

The subject of Part III of the novel is the utter discomfiture of both Seurel and Meaulnes, and the theme of Paradise Lost is nowhere more bitterly orchestrated than through *la partie de plaisir*. This echoes *la fête étrange* with an insistence that is as clear as it is cruel. Meaulnes calls the roll of all his cherished memories of the past, and not one answers its name; the old manor house has been demolished, the lake has been filled in, the yacht on which he sailed with Yvonne has been sold, the bric-à-brac of his bedroom has been thrown away. He pretends not to see that some of the children who danced so delightfully, now grown older, are viciously ill-treating a donkey. He now knows that the Pierrot whom those same children pursued down endless corridors is a vagabond and a thief. Of *la fête étrange* only one mocking vestige remains, the least hoped for, yet the most appropriate:

> *Mes souliers sont rouges...*
> *Adieu, mes amours...*
> *Mes souliers sont rouges...*
> *Adieu, sans retour!*

Meaulnes avait levé la tête et écoutait. Ce n'était rien qu'un de ces airs que chantaient les paysans attardés, au Domaine sans nom, le dernier soir de la fête, quand déjà tout s'était écroulé... Rien qu'un souvenir — le plus misérable — de ces beaux jours qui ne reviendraient plus (p. 127)

Yvonne de Galais too has survived, of course, as lovely, as gentle, and as pure as she was at the time of the first meeting. But Meaulnes is no longer the same. He is only too well aware that he has forfeited the right to return to the lost domain: when he first wakes up at *la fête étrange* it was to find his bedroom "éclairée par les lanternes vertes" (p. 40); now he has seen lanterns of another colour and with another significance in the back streets of Bourges: "Il y avait çà et là l'enseigne d'une maison louche, une lanterne rouge" (p. 166). It is to this world, frequented by Army officers, boasting of their extra-marital adventures as they swill their liquor, that he believes he has unwittingly consigned Valentine—in whose honour *la fête étrange* was originally staged.

The three parts of *Le Grand Meaulnes* may well be different in character—indeed, the chief point the author seems to be making demands that they *should* be different—but they are both interrelated and interdependent. Part I portrays a world of innocence and enchantment, Part III a world of experience and desolation, and Part II is the link between them portraying Meaulnes in process of losing his idealistic faith and thus his special powers of vision. Unity is further strengthened by the omnipresence of the narrator, which ensures uniformity of tone and of moral standpoint, and by the intricately woven web of personal relationships in which the destinies of each of the major characters are intertwined.

This is not to claim that the unity of *Le Grand Meaulnes* is at no time impaired or that Alain-Fournier's constructional sense is at all times unerring. There is one major structural flaw in the novel and it is not, as is so commonly alleged, a clash between fantastic and realistic elements: it is a conflict between modes of narrative. For much of its course, the novel follows a carefully plotted narrative line which pursues the classic theme of the Quest: Meaulnes stumbles into *le domaine étrange*, meets Yvonne de Galais, exacts the promise from her that she will wait for him there, and tries in vain, thereafter, to find his way back to keep the tryst. When he is, at last, finally reunited with Yvonne, he is unaccountably moody and restless, and the novel becomes less and less a modern variant of the Grail legend and more and more a psychological mystery story. The issue changes from "Will Meaulnes ever find his way back?" and becomes "Why does he wish to run away?" The transition might still have been effected smoothly enough but for the significant complication of a radical shift in point of view. In Part III of the novel Meaulnes is replaced or, at the very least, seriously rivalled as the character of central interest by Seurel himself.[1] It is Seurel who rediscovers Meaulnes, it is Seurel who, against the better judgment of Meaulnes, insists on reuniting him with Yvonne, it is Seurel's conversations with Yvonne which the reader is allowed to overhear at by far the greater length, it is Seurel who sits beside Yvonne on her deathbed and Seurel who carries out her corpse towards the grave. In contrast, Meaulnes' year-long search for Valentine and his rediscovery of her is dismissed in a single line. While Seurel's emotions are being so prominently portrayed, the reasons for Meaulnes' perverse and protracted absence are of little account, and it is surely a major error in dramatic timing to provide the explanation for his bizarre past behaviour in a secret journal brought to light *after* the tragic *dénouement*. The pernicious example of *La Porte étroite* must very likely here be taken into account. Part III of the novel would have been immeasurably more poignant had the reader known earlier the nature of Meaulnes' agonizing predicament, the conflict between his love for Valentine and his failing fidelity to the past and, later, between the

---

[1] Cf. Alain-Fournier's original uncertainty on this point when describing his plans for *Le Jour des noces*: "Je ne sais pas d'ailleurs encore si ce sera bien le grand Meaulnes le héros du livre — ou Seurel? ou Anne (*sic*) des Champs? ou moi qui raconte", *Fournier-Rivière Correspondence*, Vol. II, p. 338.

temptation to accept the unhoped-for chance of marrying Yvonne and
the need to redeem his debt to Valentine and his pledge to Frantz.
Situations potentially very rich in human and dramatic interest have not
here been exploited to the full[1] or, more tantalizing still, have been
very promisingly developed in early versions of the novel and then too
savagely expurgated. It would be tempting to conclude that this was
merely the effect of the author's immaturity, and to agree with Mr.
Pryce-Jones that:

> Alain-Fournier was a very young man when he wrote his novel. An
> exquisite setting of the scene was fully within his range; the working-out
> of the action was not.[2]

But to attribute the errors of judgment in Part III to the author's
limited *range*—which is to say, to his poverty of lived experience—is
both inaccurate and inadequate as explanation. Alain-Fournier's letters
and the excised versions of the Meaulnes-Annette *liaison* reveal
intimate first-hand knowledge of a situation more intense and bitter
than any that has been allowed to develop in the final version of the
novel. Alain-Fournier's motives in censoring this material were complex but have nothing at all to do with lack of range.[3] There is also
every reason to suppose that in playing down the rôle of Meaulnes in
Part III and in promoting Seurel to the central position, in the middle
of the least rewarding of all possible worlds, Alain-Fournier was re-
sponding to some irresistible compulsion deep within his own nature.

. . .

The second major criticism commonly made of *Le Grand Meaulnes*
is that it degenerates in places to the level of melodrama[4] and that the
reader's willingness to suspend disbelief is sometimes put to severe
strain. M. P.-A. Cousteau, one of Alain-Fournier's most hostile
critics, has put this particular case against *Le Grand Meaulnes* in
implacably pungent terms, dismissing it as "cet insoutenable mélo

[1] See, for example, Part III, Chapters XV and XVI, p. 164 and p. 167 of this
edition, where quite crucial moments of conflict are summarized in a few lines.
At these points, to "show" would clearly have been better than to "tell"

[2] Introduction to *The Lost Domain*, p. xii.

[3] See pp. lxxii–lxxiii of this Introduction.

[4] See *Selection of Critical Comments*, numbers i, ix, x, xiii and xx, pp. 172–176.

dont les personnages sont d'une invraisemblance criarde, où pas une situation n'est plausible, où pas un sentiment n'est vraisemblable".[1]

It would be easy to dismiss M. Cousteau's outburst as a fairly characteristic reaction of the type of reader who has a temperamental, and even chemical, intolerance towards *Le Grand Meaulnes*; Henry de Montherlant, for example, has clearly identified himself with this group with his laconic dismissal of *Le Grand Meaulnes* as "un livre insignifiant".[2] It would be a simple matter to list the aspects of the novel which would demonstrate how extravagantly sweeping is M. Cousteau's charge, and this list would certainly include the life of the schoolhouse and the countryside, deftly and delicately evoked with the very minimum of means; Yvonne and Valentine who, though they are rarely seen or heard *directly* by the reader, are nonetheless established as *personæ* in their own right, the emotions and situation of Meaulnes and of Seurel and, most especially, the atmosphere of the novel which makes so much else in the novel credible while the illusion lasts. The atmosphere achieves for *Le Grand Meaulnes* what first-class acting and sensitive verse-speaking achieves for, say, *King Lear*: a mere synopsis of the events in either stands little chance of winning over the uncommitted, let alone the actively hostile. All the same, there is enough apparent substance in the allegations of M. Cousteau and others like him for his charges to be examined and, where necessary, rebutted by more specific examples. This can best be done by briefly considering those areas in the novel where the behaviour of the three main characters appears melodramatic or frankly implausible.

In the case of Meaulnes, the first question to be answered is: Why does it take him so long to recognize Frantz once he arrives at Sainte-Agathe? Admittedly, his only previous sight of Frantz was of his candle-lit profile in an extremely dark room, and for most of his stay at Sainte-Agathe Frantz's head and the whole of one side of his face are swathed in bandage, but Meaulnes does not apparently realize Frantz's true identity even when he volunteers the information that he too was at *la fête étrange*, adding that he tried to commit suicide three months

---

[1] See *ibid.*, number xiii, p. 175.

[2] In his preface to Luce Arny's novel *Anna, premier visage*, 1938. By 1938, Montherlant had come to look on adolescence with marked distaste. His own early works, *La Relève du matin* and *Le Songe*, evoke youth much more lyrically than *Le Grand Meaulnes*.

ago (the time of the *fête* which finally ends with the sound of a re-volver shot) and commenting, for good measure, " J'ai tout abandonné. Je n'ai plus ni père, ni sœur, ni maison, ni amour…" (p. 74). Even at this, Meaulnes does not begin to suspect, neither does he recognize the unbandaged Ganache whose features made such a vivid impression on him in *la chambre de Wellington* (p. 39). It is only some days later, when Frantz finally removes his bandage and appears before him in almost the same lighting conditions as at the first encounter, that Meaulnes cries out, " Regarde le bohémien! Regarde! Je l'ai enfin reconnu!" (p. 82).

It is possible to explain away Meaulnes' slowness to recognize Frantz by taking into account such details as the thick bandage which so effectively conceals most of Frantz's features or Frantz's curious elusiveness which, for various not implausible reasons, keeps him for most of the time out of Meaulnes' company, but for the author to have to depend so heavily on accidents and external trappings to advance his plot would be to admit grave technical weakness. A hypothesis which would go some way towards explaining Meaulnes' curious obtuseness is that for all his protestations he does not, at this stage, really want to return to *le domaine étrange*.[1] The readiness with which he more than once allows Seurel to dissuade him from setting out in search of Yvonne, and his quite remarkable lack of insistence on speaking there and then with Frantz as soon as he has discovered his true identity, strongly suggest that he really prefers his *princesse* to be *lointaine* and the prolongation of desire to its fulfilment. If this sounds wholly implausible, it could perhaps just be recalled that Alain-Fournier himself allowed two years to elapse before he finally called at Yvonne de Quièvrecourt's Paris address.

To the likely objection that this is not made explicit enough in the published version of the novel, one could counter that our knowledge of characters and events in *Le Grand Meaulnes* derives almost wholly from information and comments supplied by Seurel and that he is not always the most reliable or the most perceptive of narrators. It is clear from the outset that because he so adulates him, he has cast Meaulnes in the rôle of romantic hero and that, in his own uncomplicated roman-

---

[1] Cf. Robert Champigny: "If Meaulnes was so doggedly incapable of finding the road back to Yvonne, was it not because he did not really want to find it?", *Portrait of a Symbolist Hero*, p. 28.

tic view of life, the only thing Meaulnes can conceivably want in life is to be reunited with Yvonne. When he finally brings him news that Yvonne and what is left of the château have been rediscovered, he does not allow himself to be put off by the all too evident signs of his friend's distress—the fact that Meaulnes listens to him in strained silence "dans l'attitude de quelqu'un qu'on a surpris et qui ne sait comment se défendre, se cacher ou s'enfuir" (p. 119), that he is all too visibly full of despair, "complètement désemparé" and very reluctant indeed to agree to see Yvonne again:

« Cette partie de campagne?... me demanda-t-il avec hésitation. Alors, vraiment, il faut que j'y aille?...

— Mais, voyons, répliquai-je, cela ne se demande pas ».

Il avait l'air de quelqu'un qu'on pousse par les épaules (p. 120).

These same misguided good intentions of Seurel contribute significantly to the final tragedy. He chooses not to tell Frantz that thanks to his Aunt Moinel he knows where Valentine might most readily be found; instead he privately resolves that he himself will continue to play out his newly discovered rôle of man of action:

...je pensais non pas troubler les nouveaux epoux, mais m'enquérir auprès de la tante Moinel et faire diligence moi-même pour trouver la jeune fille (p. 135).[1]

In a hitherto unpublished letter to his cousin, who had criticized certain aspects of the characterization in *Le Grand Meaulnes*, Alain-Fournier claimed that Seurel's conduct at this point is the effect of his romanticism:

...Prenez la question qui vous a paru le plus m'embarrasser. Pourquoi François n'a-t-il pas dit le soir des noces à Frantz que la tante Moinel lui avait donné des indices sur l'endroit?

Mais parce qu'il est François; parce qu'il est hésitant, timide, parce qu'il veut le renvoyer le plus vite possible parce que pour lui il n'y a qu'une chose importante, le bonheur d'Yvonne et de Meaulnes. Et surtout parce qu'il ne l'a pas dit dès le moment où il l'a appris, sentant qu'il valait mieux taire cette autre histoire. Et il continue à se taire. Il a

---

[1] Seurel's catastrophic meddlings in Part III of the novel surely belie Mr. Pryce-Jones's description of him as "the foil for Meaulnes, the passive agent upon whom Meaulnes works his vast activity". Introduction to *The Lost Domain*, p. xiv. See p. xcix, footnote.

tort, mais je ne vous ai pas dit que c'était un sage. Et puis il n'aime pas
Frantz au fond; il l'a déjà vu tant gâter par ses folies. Et puis, tout de
même, au contact de Frantz et de Meaulnes, il a pris lui aussi le goût des
intrigues un peu théâtrales et il croit tout arranger en prenant tout sur
lui, sans explications, en renvoyant le plus vite possible Frantz et en
ne disant rien à Meaulnes de tout cela.[1]

A further explanation of Seurel's silence at this crucial moment, in
particular his failure to speak of Valentine to Meaulnes, is that although
he genuinely wants Meaulnes to be happy, he unconsciously wants him
to be absent so that he can take his place beside Yvonne. Once before, he
did not find it too difficult to betray Meaulnes,[2] and it would surely not
be too fanciful to interpret Seurel's utterances about him, especially in
Part III, as perfectly sincere but masking his innermost feelings, the
expression of what, since Sartre, we have come to call *mauvaise foi*.

Meaulnes' precipitate flight from Yvonne so very soon after the
wedding has also been condemned as melodramatic but it is, in fact,
reasonably well motivated and not altogether inconsistent with what is
already established about his character. From the outset of the narrative, Seurel is at pains to stress Meaulnes' propensity for silent brooding and for abrupt and impulsive actions under the pressure of
unpleasant circumstances. He also more than once mentions Meaulnes'
perverse determination to create for himself the worst of all possible
situations if he cannot have the best on his own particular terms: "au
fond de moi, je revoyais le grand Meaulnes de jadis, gauche et sauvage,
qui se faisait toujours punir plutôt que de s'excuser ou de demander une
permission qu'on lui eût certainement accordée" (p. 148)[3]; at *la partie
de plaisir*, when he finds that the elderly gentleman he is about to insult
is Yvonne's father, he hesitates for a moment as though about to
apologize, "et je vis alors qu'il prenait un plaisir amer et désespéré à
aggraver la situation, à tout briser à jamais, en disant avec insolence:

[1] Undated draft of letter to André Feur, from the archives of Madame Isabelle
Rivière.

[2] Cf. Part II, Chapter XI, "*Je trahis…*" (p. 93) and p. civ of this Introduction.

[3] Cf. Rivière's comment on Alain-Fournier: "Fournier, si doux, si tendre, si
facile à toucher, avait en même temps une espèce de cruauté envers les êtres. Il se
mettait de chacun à attendre un certain nombre de joies définies, mais se gardait
bien d'en rien dire: et si elles lui étaient refusées, c'est presque avec triomphe qu'il
constatait le manquement et déclarait sa déception — et ne pardonnait pas…",
Introduction to *Miracles*, p. 49. See also Appendix, p. 193.

« Eh bien! je ne vous fais pas mon compliment »" (p. 129). Later, he speculates on Meaulnes' possible motives in so abruptly deserting Yvonne: "Que se passa-t-il alors dans ce cœur obscur et sauvage?... Remords ignorés? Regrets inexplicables? Peur de voir s'évanouir bientôt entre ses mains ce bonheur inouï qu'il tenait si serré? Et alors tentation terrible de jeter irrémédiablement à terre, tout de suite, cette merveille qu'il avait conquise?" (p. 137).

Yvonne's own explanation is slightly different. She gently but firmly rejects another typically romantic hypothesis of Seurel's ("Tant de folies dans une si noble tête! Peut-être le goût des aventures plus fort que tout..." (p. 147)) and herself suggests that Meaulnes had built up such extravagant expectations of her that he was terrified lest they be disappointed: "Comment celui que nous poussions ainsi par les épaules n'aurait-il pas été saisi d'hésitation, puis de crainte, puis d'épouvante, et n'aurait-il pas cédé à la tentation de s'enfuir!" (ibid.). She also reveals that their engagement was anything but idyllic, that Meaulnes was consumed with "fièvre... inquiétude... remords mystérieux" and that, in the end, she herself had exhorted him to depart:

> «— Je ne suis pas digne de vous », répétait-il, quand ce fut le petit jour et la fin de la nuit de nos noces.
>
> » Et j'essayais de le consoler, de le rassurer. Rien ne calmait son angoisse. Alors j'ai dit: « S'il faut que vous partiez, si je suis venue vers vous au moment où rien ne pouvait vous rendre heureux, s'il faut que vous m'abandonniez un temps pour ensuite revenir apaisé près de moi, c'est moi qui vous demande de partir... » (ibid.).

The real reason why Meaulnes feels compelled to leave his wife, especially after the dramatic intervention of Frantz, is, of course, the intolerable burden of guilt he has had to bear since his treatment of Valentine. He was on the very point of rescuing her from the life of prostitution she had threatened to take up when Seurel arrived to invite him, indeed, to *order* him back to rejoin Yvonne. He has allowed months to elapse and clearly left Valentine to her fate when Frantz's owl-call resounds to remind him of his neglected obligations. To this appalling problem, Meaulnes' drastic solution seems extreme, but thoroughly well motivated. What is rather less explicable is his implacable refusal to communicate with Yvonne throughout his months of absence:

«...il ne vous a jamais écrit? demandai-je.
— Jamais », répondit-elle (p. 148).[1]

The resolution not to include any letters from Meaulnes is, at worst, a minor error of judgment on the part of Alain-Fournier. What is rather more regrettable is the effect of his decision to leave the nature of Meaulnes' guilt till the very end of the book. The explanation in each case is clear, however: to have inserted extracts from Meaulnes' letters or from his journal immediately after his departure, would have distracted attention· from Seurel and Yvonne. These were the partners Alain-Fournier cast for the final tragic duet and to achieve the maximum of effect, he chose to relegate Meaulnes to a silent position in the wings. It might well be argued that what is lost thereby in verisimilitude is gained in dramatic pathos.

•   •   •

Study of Alain-Fournier's plans and working drafts reveals that Frantz de Galais was something of an afterthought; he was the last character of consequence to be introduced into *Le Grand Meaulnes* and he is, on every count, by far the least convincing. It is not difficult to believe in his most striking traits of character—the way he oscillates between self-glorification and self-abasement, his gift for organizing and for disorganizing other people, his lordly manner and his childish fits of the sulks—these are all too human and all too commonly encountered in the world of everyday. What is most incredible about him is not that he is in any way inconsistent but that, on the contrary, he is so consistently, indeed so obsessively, theatrical. Having brought *la fête étrange* into being, he decrees that it should come to an end, dismisses Meaulnes with an imperious "Qu'on ne me dérange pas!",

[1] In a very detailed and, therefore, comparatively late plan for *Le Grand Meaulnes* Alain-Fournier proposed that Meaulnes should remain in contact with his wife and with Seurel: "Il a, dit-elle, pour l'excuser, un devoir à remplir, une faute à expier. C'est toujours ainsi qu'il parle dans ses lettres. Elle me lit des bribes de ses lettres terribles." After Yvonne's death, Seurel was to receive "une lettre terrible de Meaulnes: « M'as-tu gardé de ses cheveux. M'as-tu gardé... Cette aventure que j'ai portée comme une croix. Si tu veux savoir toute ma misère et toute ma faute, va regarder dans tel tiroir, à tel endroit, que tu feras sauter »." Extract from "Scénario du *Grand Meaulnes*", published in *Hommage à Alain-Fournier*, p. 120.

writes what amounts to a suicide note and tries to blow his brains out. He next appears at Sainte-Agathe in the guise of a gipsy and promptly organizes a nocturnal raid on the schoolhouse at Sainte-Agathe; he lures Meaulnes into an ambush, steals the map showing a section of the way back to his own home and returns it, with a grand gesture, only partly completed; he exacts from Meaulnes a solemn promise that he will at once come to his aid in response to his call and rewards him by passing on Yvonne's Paris address when he could just as conveniently have revealed the way back to the lost domain; he tantalizes Meaulnes by divulging his real identity at the end of his circus performance and then steals away under cover of darkness to elude the attentions of the local *gendarmerie*; nothing more is heard of him until Meaulnes' wedding night when he arrives quite unaccountably, having, for reasons which are never made clear, left his caravan far away and marched non-stop for thirty hours to remind Meaulnes of his school-boy promise; he departs again as abruptly as he arrived, announcing mysteriously, "Nous serons dans trois jours sur les routes d'Alle-magne" (p. 135). The cumulative effect of all this extravagant be-haviour is to make him not so much a credible human being as a mythical and vaguely symbolic figure, for the most part a lord of misrule or an imp of the perverse, but on his last positive appearance, something like the voice of conscience.[1]

What is no less remarkable and, in some ways, regrettable, is that his theatricality brings out the theatrical in the characters with whom he comes into contact; not only do they readily condone his deplorable behaviour, they extravagantly admire him: otherwise most level-headed, Yvonne is heart-broken "d'avoir perdu son frère si fou, si charmant et si admiré" (p. 143); for Meaulnes, he is "le garçon le plus merveilleux du monde" (p. 164) and his parents are happy to indulge him like a mediaeval princeling, giving him his own little house in the woods when he is just a few years old and permitting him to become engaged at the age of fifteen: Valentine reveals that had she

---

[1] It was very much in character that when Jean Cocteau was invited to contri-bute to the homage volume on Alain-Fournier, he should have replied briefly that speaking of his dead friends Péguy, Alain-Fournier and Raymond Radiguet: "Je tenais à vous dire que lorsque ces amis morts me visitent, c'est toujours sous la forme de Franz (*sic*) de Galais, au seuil de la classe, debout, surnaturel, avec sa tête bandée", *op. cit.*, p. 100.

attended her engagement party at *le domaine étrange*, "par les chemins, dans la cour, cachés dans les bosquets, des enfants inconnus nous auraient fait fête, criant: « Vive la mariée! »" (p. 163). Seurel remains lukewarm about Frantz's activities, finding "cet enfantillage pénible à supporter chez ce garçon déjà légèrement vieilli" and reproving him for "ce rôle absurde de jeune héros romantique où je le voyais s'entêter" (p. 135), but he in turn is inspired by Frantz's presence to fix a rendezvous with him in conventionally legendary terms—"dans un an exactement, à cette même heure" (*ibid.*)—and even he, unsympathetic though he is to Frantz, concedes that "naguère, il y avait en lui tant d'orgueilleuse jeunesse que toute folie au monde lui paraissait permise" (pp. 134–135). The reader's problem is that so much of Frantz's attractiveness is never sufficiently realized within the novel itself: it has to be taken on trust, on the testimony of the other characters, and when this is contrasted with what Frantz actually says and does in *Le Grand Meaulnes*, the credibility gap is, more often than not, just too wide to cross.

It would be possible to argue a case for the plausibility of Frantz on the grounds that he takes sadistic pleasure in venting his spite on Meaulnes because he himself has been thwarted, or that he simply happens to see life as melodrama and so, quite consistently, behaves melodramatically, but the very need to marshal arguments to justify a character is a sure sign that he has not been fully realized: like many other last-minute *trouvailles*, he seems to have misled his creator by his spurious attractiveness and in the end he has created as many technical problems as he promised to solve. It is hard to resist the conclusion that the chief justification for Frantz's behaviour, indeed for his very existence, in *Le Grand Meaulnes* is that he is an absolutely vital cog in the machinery of the plot; reflection will readily show that without him the plot, as Alain-Fournier finally devised it, would not begin to function.

What is very much open to question, however, is whether the plot which Alain-Fournier eventually fabricated was the only one conceivable for his artistic purpose. Could not the theme of innocence and experience have been equally well illustrated without him? Is it necessary to turn the screw so tightly as to make Meaulnes become involved with the ex-fiancée of the brother of his first beloved? To have dispensed with Frantz altogether would have deprived the novel of the (in any case doubtful) advantages of a certain formal symmetry[1] but this would, at the same time, have eliminated the melodramatic elements and occasional coincidences which critics have regularly singled out for adverse comment.

Probably the fundamental reason why certain critics have failed to respond to *Le Grand Meaulnes* is that they have miscalculated the spirit in which it should be read. One can sympathize with their point of view because it is a novel which is very difficult to classify with accuracy. The characters are developed consistently from what is "given" about them but it seems somehow inappropriate to judge them by strictly naturalistic criteria; the realistic elements of the novel are intermittently enlivened by fantasy, and what are sometimes taken for dream-like elements are firmly tethered to the world of everyday; it seems at one level to be a tale of adventurous schoolboys and the agonies of first love, yet there is another level, clearly discernible, which demands to be accorded symbolic value. It has been well observed that "the logic of the novel is emotional not rational".[2]

How, then, should *Le Grand Meaulnes* be approached? To try to see it through the eyes of childhood as some of its greatest admirers have recommended[3] is to imply, quite erroneously, that it is a children's book and is, in any case, to demand what for most readers is the impossible. While it may not be fruitful to pursue too far the analogy between *Le Grand Meaulnes* and the Grail legend,[4] the ideal way to view the novel might nonetheless be, as several critics have sug-

---

[1] There are a number of quite striking parallels and mirror-images in the novel and in many of these Frantz is a key-figure: Frantz is the Germanic, and therefore exotic, form of François and is as extravagant as Seurel is staid; he takes over Meaulnes' place as leader of the Sainte-Agathe schoolboys, and then Meaulnes, in turn, takes his place beside Valentine; Valentine finds a distinct resemblance between Meaulnes and Frantz: "Vous me rappelez un jeune homme qui me faisait la cour, autrefois, à Bourges. Il était même mon fiancé" (p. 156); both Meaulnes and Frantz have rich parents who allow them to behave just as they please, and each is presented with a dream-house of his own, Frantz with his *maison* at Les Sablonnières, Meaulnes with the old schoolhouse at La Ferté-d'Angillon (p. 116). A very full and penetrating study of the use of doubles in the novel will be found in Michel Guiomar's *Inconscient et Imaginaire dans 'Le Grand Meaulnes'*, ed. cit.

[2] R. Champigny, *op. cit.*, p. 48.

[3] See *Selection of Critical Comments*, numbers iii, vii and xxi, pp. 172, 173 and 177.

[4] See *ibid.*, number xx, p. 176.

gested,[1] as a modern version of the mediaeval tale of chivalry: in the best of these are to be found the same blend of love, dream, adventure and high endeavour, and the evoking of both character and scene by quick deft touches; and to judge from the reception which has now been very widely accorded to it, *Le Grand Meaulnes*, like Arthurian romance, possesses a power which is incontrovertibly mythopoeic.[2]

(c) PROBLEMS OF INTERPRETATION

Alain-Fournier himself once insisted: "Je n'ai pas pensé à faire un livre de moral. J'ai voulu faire un livre vivant... je n'ai pas voulu faire des personnages moraux ni sympathiques. J'ai d'abord pensé à les faire vivants",[3] but critics have nonetheless continued to probe this novel to discover its system of moral values and its secret "message". The "message" which has been perhaps most consistently discovered within it and, certainly, the "message" which has been most eloquently canvassed by its exponents is a religious one; *Le Grand Meaulnes* conclusively demonstrates to the faithful that to direct one's love to another human being is to court inevitable disaster, and that the only sure way to avoid pain and disillusionment is to place one's trust in God:

> Ne faire du *Grand Meaulnes* qu'un roman d'aventures, c'est en restreindre singulièrement la profonde portée. Une exégèse sérieuse y découvre le sens caché d'un livre qui dépasse largement le cadre de ses données explicites. Roman de l'aventure, oui, mais de l'aventure intérieure, qui est celle d'un poète mais aussi d'un homme religieux, torturé par la destinée humaine, meurtri par la vie, secoué par l'inquiétude métaphysique. Poésie et Mystique sont intimement liées. Meaulnes n'est pas un vagabond, Meaulnes a une vocation, celle de la fidélité, de la pureté. Ne voir dans *Le Grand Meaulnes* que l'exaspération de l'aventure et la monomanie de la chimère, que l'histoire merveilleuse d'une

---

[1] See *ibid.*, numbers xii and xviii, pp. 174 and 176.

[2] Cf. Malraux's definition of myth: "Un mythe n'est pas objet de discussion: il vit ou il ne vit pas. Il ne fait pas appel à la complicité... les mythes ne se développent pas dans la mesure où ils dirigent les sentiments, mais dans celle où ils les justifient." Préface, *L'Amant de Lady Chatterley*, Gallimard, 1932, pp. 10–11.

[3] Unpublished letter to André Feur, from the archives of Madame Isabelle Rivière.

adolescence, en proie à la divagation poétique, c'est fausser une œuvre toute résonnante de l'appel de Dieu.[1]

What does "une exégèse sérieuse" in fact establish? It reveals that the references to religion in *Le Grand Meaulnes* are quite remarkably few in number and tangential—Seurel attends a Church service in Part I, Chapter I (p. 4), a "bonne sœur" is mentioned in passing in Part II, Chapter VIII (p. 85)—and Meaulnes' one specific comment on the Church in Part III, Chapter XVI (as he walks beside, and very pointedly *not inside*, Bourges Cathedral) is positively hostile:

Longtemps, à bicyclette, il erra autour de la cathédrale, se disant obscurément: « En somme, c'est pour la cathédrale que j'étais venu ». Au bout de toutes les rues, sur la place déserte, on la voyait monter *énorme et indifférente*. Ces rues étaient étroites et *souillées comme les ruelles qui entourent les églises de village. Il y avait çà et là l'enseigne d'une maison louche, une lanterne rouge...* Meaulnes sentait sa douleur perdue, dans *ce quartier malpropre, vicieux, réfugié, comme aux anciens âges, sous les arcs-boutants de la cathédrale. Il lui venait une crainte de paysan, une répulsion pour cette église de la ville,* où tous *les vices sont sculptés dans des cachettes,* qui est bâtie entre les *mauvais lieux* et *qui n'a pas de remède pour les plus pures douleurs d'amour...*[2] (p. 166).

When Christian critics claim that *Le Grand Meaulnes* is an example of disguised apologetics, what they mean by "exégèse sérieuse" is not, in fact, close analysis of the text of the novel but the collation of extracts culled from the author's private letters:

Qui niera la possibilité d'une interprétation mystique du *Grand Meaulnes* n'aura qu'à ouvrir la *Correspondance* et plonger dans le mystère d'une vie toute secouée par l'appel de Dieu.[3]

and:

L'interprétation chrétienne du *Grand Meaulnes* peut vraiment se justifier. Elle s'appuie sur plus d'un passage de la Correspondance. Si Alain-Fournier a mis dans son œuvre « toute son âme déchaînée » il faut croire qu'il y a mis aussi ses tourments religieux.[4]

---

[1] Albert Léonard: *Alain-Fournier et 'le Grand Meaulnes'*, Desclée de Brouwer, Paris, 1944, p. 204. See also *Selection of Critical Comments*, numbers xiv, xv and xxi, pp. 175 and 177.

[2] Editor's italics.

[3] A. Léonard, *op. cit.*, p. 227.

[4] Walter Jöhr, *Alain-Fournier, le paysage d'une âme*, Les Cahiers du Rhône, Neufchâtel, 1945, p. 207.

These are particularly striking examples of the "intentionalist" fallacy, the erroneous belief that an author's practice must inevitably correspond with his literary theory: the gulf between the two is often very wide indeed. In any event, the quotations normally grouped together to prove Alain-Fournier's Catholic intentions are lifted from letters written in 1909 and 1910 when he planned to express his painful religious crisis in *Le Jour des noces*; by the time he came to plot the final version of *Le Grand Meaulnes*, these plans were radically modified.[1]

Although it is clearly an exaggeration to describe *Le Grand Meaulnes* as "une œuvre toute résonnante de l'appel de Dieu",[2] and certainly a distortion of the internal evidence of the text itself to claim it as an apologia for any specific Christian creed, the novel, nevertheless, expresses themes and preoccupations which have marked affinities with a certain type of religious spirit. The first of these themes would seem to be the apparent link between powers of vision and moral or sexual innocence. Meaulnes is convinced that he has somehow forfeited the right to re-enter *le domaine perdu* because he has lost his sense of purity. He tells Seurel:

...j'ai essayé de vivre là-bas, à Paris, quand j'ai vu que tout était fini et qu'il ne valait plus même la peine de chercher le Domaine perdu... Mais un homme qui a fait une fois un bond dans le paradis, comment pourrait-il s'accommoder ensuite de la vie de tout le monde? Ce qui est le bonheur des autres m'a paru dérision. Et lorsque, sincèrement, délibérément, j'ai décidé un jour de faire comme les autres, ce jour-là j'ai amassé du remords pour longtemps... (p. 118).

He goes on:

...j'en suis persuadé maintenant, lorsque j'avais découvert le Domaine sans nom, j'étais à une hauteur, à un degré de perfection et de pureté que je n'atteindrai jamais plus. Dans la mort seulement, comme je te l'écrivais un jour, je retrouverai peut-être la beauté de ce temps-là. (p. 119).

These quotations are often taken to represent Alain-Fournier's vital "message" and much significance is normally read into the fact that to Meaulnes, the idealist, the lost domain is an earthly Paradise while

---

[1] See pp. lxx–lxxiii of this Introduction.
[2] A. Léonard, *op. cit.*, p. 204.

to Jasmin Delouche, the most worldly-wise of all the schoolboys, it is merely a crumbling ruin, just as to "le gros Boujardon" *la fête étrange* was merely "une noce". As the story unfolds, it transpires that more and more people, including a number of Seurel's own relations, have all along either known about or actually been present at the *fête* which Meaulnes (and indeed the reader) felt to be so fabulous, and they saw nothing fabulous about it.[1] All the while he was imagining Yvonne to be a quite inaccessible *châtelaine* at the other end of the world, she was regularly collecting the week's groceries at Seurel's uncle's shop. Yvonne herself, in fact, who is certainly a "purer" character than Meaulnes, seems inclined to reject Meaulnes' attitude as both romantic and dangerous. She declares to Seurel that if she ever became a school teacher:

> ...j'apprendrais aux garçons à être sages, d'une sagesse que je sais. Je ne leur donnerais pas le désir de courir le monde, comme vous le ferez sans doute, monsieur Seurel, quand vous serez sous-maître. Je leur enseignerais à trouver le bonheur qui est tout près d'eux et qui n'en a pas l'air (p. 109).

Later when Meaulnes has deserted her and Seurel tries to console her by saying that she has always been the goal of all Meaulnes' dreams of ideal happiness, she comments:

> Comment ai-je pu un instant avoir cette pensée orgueilleuse. C'est cette pensée-là qui est cause de tout (p. 147).

Valentine expresses precisely the same point of view when she explains her reasons for breaking off her engagement to Frantz:

> J'ai désespéré mon fiancé. Je l'ai abandonné parce qu'il m'admirait trop; il ne me voyait qu'en imagination et non point telle que j'étais. Or, je suis pleine de défauts. Nous aurions été très malheureux (p. 160).

These are conceivably an oblique plea to substitute divine for human love.[2] It is equally possible that they constitute a direct attack on

---

[1] A minor anomaly in the novel is that Seurel does not react in any way when Meaulnes identifies one of the old ladies at the fête as "Moinel", the not particularly common name of the aunt he occasionally visits. Aunt Moinel, in fact, lives in Meaulnes' home village of La Ferté.

[2] Cf. Pascal: "Il est injuste qu'on s'attache à moi; quoiqu'on le fasse avec plaisir et volontairement. Je tromperais ceux à qui j'en ferais naître le désir car je ne suis la fin de personne et n'ai pas de quoi les satisfaire", *Pensées*. Cf. Claudel:

excessive romanticism in the name of common-sense, the same attack that the Sainte-Agathe schoolboys make on the pernicious example of Frantz: "Tout aurait sans doute autrement tourné si nous n'avions pas considéré l'affaire d'une façon si mystérieuse et si tragique. C'est l'influence de ce Frantz qui a tout perdu…" (p. 95); Seurel bitterly criticizes Frantz for continuing obstinately to play "ce rôle absurde de jeune héros romantique" (p. 135) and yet it is his own resolution to act himself like a romantic hero which contributes significantly to the tragic *dénouement*. It has perhaps not been adequately recognized that *Le Grand Meaulnes* carries within it the antidote to the romantic toxin Alain-Fournier has sometimes been accused of injecting, and that it is not only a practical manual for idealists but also a cautionary tale.

* * *

As particularly conclusive evidence of Meaulnes' tormented religious nature, Christian apologists for the novel instance not only his cult of purity but his distrust in human happiness. M. Léonard claims that:

> *Le Grand Meaulnes*, par la faillite du bonheur qu'il nous propose, est une preuve par l'absurde de la nécessité pour l'homme de se jeter dans les bras de Dieu, preuve aussi qu'il faut accepter la vie, que l'homme est un ange déchu.[1]

"Une exégèse sérieuse" of the text itself establishes a rather different order of events and preoccupations. In Part I of the novel, Meaulnes is indistinguishable from the normal young lover, in life or in literature, who finds supreme happiness in the proximity of his beloved. There is nothing divine about the premonitions of happiness which twice engulf him on his way to *la fête étrange*, nor is he racked by spiritual anguish as he listens to Yvonne playing the piano or first engages her in conversation on the following morning. He experiences a sense of profound contentment as he counts over his hoard of memories before he leaves *la fête étrange*:

> Apaisé, depuis qu'il avait rangé son appartement, le grand garçon se sentit parfaitement heureux. Il était là, mystérieux, étranger, au milieu

"Je suis la promesse qui ne peut pas être tenue", *La Ville*; cf. also: "Il n'y a rien pour quoi l'homme soit moins fait que le bonheur et dont il se lasse aussi vite", *Le Soulier de satin*.

[1] *Op. cit.*, p. 249.

de ce monde inconnu, dans la chambre qu'il avait choisie. Ce qu'il avait
obtenu dépassait toutes ses espérances. Et il suffisait maintenant à sa joie
de se rappeler ce visage de jeune fille, dans le grand vent, qui se tournait
vers lui... (p. 53).

When fii ally he is reunited with Yvonne, Meaulnes' moody restless-
ness has very little to do with metaphysics. It is in fact entirely explicable on the grounds of his crushing burden of guilt. He shuns
Yvonne's company not out of fear of disappointment but because of
remorse for his desertion of Valentine. There is no hint anywhere in his
secret journal that he is "un homme fuyant de toute son ardeur un
« monde sans âme » et tout tendu vers Dieu",[1] only the corrosive
remorse of a man who thinks he has irretrievably wrecked the life of a
fellow human being:

> ...pour Meaulnes, à ce moment, il n'existait plus qu'un seul amour, cet
> amour mal satisfait qu'on venait de souffleter si cruellement, et la jeune
> fille entre toutes qu'il eût dû protéger, sauvegarder, était justement
> celle-là qu'il venait d'envoyer à sa perte (p. 167).

For Seurel, the concept of happiness is invariably more complex, and
his attitude is normally revealed in the comments he supplies on the
fortunes of Meaulnes after he is reunited with Yvonne: he speculates on
Meaulnes' moodiness at *la partie de plaisir*: "Ce bonheur-là, trois ans
plus tôt, il n'eût pu le supporter sans effroi, sans folie, peut-être. D'où
venait donc ce vide, cet éloignement, cette impuissance à être heureux,
qu'il y avait en lui, à cette heure?" (p. 127); just before Meaulnes'
wedding, he makes the somewhat bizarre comment: "Pour celui qui ne
veut pas être heureux,... il n'a qu'à s'en aller dehors, sur la route, et le
vent lui rabattra son foulard sur la bouche comme un chaud baiser
soudain qui le fera pleurer" (p. 130); as he lurks outside the house of
the married couple just after the wedding, he voices the thoughts that
come to mind as he listens to distant piano music: "Cet air que je ne
connais pas, c'est aussi une prière, une supplication au bonheur de ne pas
être trop cruel, un salut et comme un agenouillement devant le bonheur..." (p. 132); he speculates on Meaulnes' motives for deserting
Yvonne and wonders if he could be overcome by "peur de voir
s'évanouir bientôt entre ses mains ce bonheur inouï qu'il tenait si

---

[1] A. Léonard, *op. cit.*, p. 227.

serré" (p. 137); soon after, he comments further that "il avait fallu que mon grand compagnon échappât à la fin à son bonheur tenace" (p. 140).

None of these comments provides the reader with any insight into the consciousness of Meaulnes but they reveal a great deal of significance about Seurel: his fundamental ignorance, at this point, of the real reason for Meaulnes' behaviour, his muffled despair at losing Yvonne and his acute emotional immaturity. The last is of particular interest because if there is one preoccupation explicit throughout *Le Grand Meaulnes* it is neither with religion nor with marital happiness: it is with childhood.

Seurel consistently looks upon himself as a child: he is excited when his parents decide to turn the school classroom temporarily into the family living-room: "j'étais si jeune encore!" (p. 91); he reflects on Meaulnes' married happiness: "savoir cela, en être sûr, suffit au contentement parfait du brave enfant que je suis" (p. 132); in the presence of Yvonne, "je la regardais et j'étais content, comme un petit enfant" (p. 152): on each of these occasions, he is, in fact, in his late teens. The corollary of this is his antipathy towards the manifestations of growing up. He resents Meaulnes: "quelqu'un est venu qui m'a enlevé à tous ces plaisirs d'enfant paisible. Quelqu'un a soufflé la bougie qui éclairait pour moi le doux visage maternel penché sur le repas du soir" (p. 9); and he finds Delouche particularly distasteful: "Fils unique de la veuve Delouche, aubergiste, il faisait l'homme; il répétait avec vanité ce qu'il entendait dire aux joueurs de billard, aux buveurs de vermouth" (p. 22); Frantz too attacks Delouche on similar grounds: "C'est ce Delouche surtout qui me déplaît. Quelle idée de faire l'homme à dix-sept ans! Rien ne me dégoûte davantage" (p. 74).

Seurel and Frantz, in fact, are not the only characters who seem reluctant to grow up: the schoolboys at Sainte-Agathe act in general as though they were several years younger than they were supposed to be: immediately after their very first meeting, the seventeen-year-old Meaulnes and fifteen-year-old Seurel stand hand in hand, quite entranced by the dazzle of a firework; even after his first meeting with Yvonne, Meaulnes can temporarily forget the torments of first love and enjoy a game of "horses and riders" in the school playground; for all his alarming precocity, Delouche continues to attend his classes in the village school at the age of twenty (p. 100); the village schoolmaster himself takes evident delight in rounding up runaways in the truant-hunting season with a pistol in his belt.

It is not only of *la fête étrange* that one can ask the question "ce sont les enfants qui font la loi, ici?" (p. 36). Except, perhaps significantly, in Seurel's own family circle, the elders allow children to impose their will throughout: Meaulnes' mother "était riche et lui passait toutes ses volontés" (p. 92); Frantz's parents "cherchaient... à l'amuser et lui passaient toutes ses fantaisies" (p. 106); Frantz confidently expects that Yvonne will relinquish her husband on the very day of her wedding: "Yvonne le laissera bien partir... Elle ne m'a jamais rien refusé" (p. 134). Yvonne herself looks upon Frantz as a child who needs to be indulged: "Je me plais à imaginer que... Frantz est encore un enfant et qu'il va revenir bientôt avec la fiancée qu'il s'était choisie" (p. 143).

With quite striking consistency, the three chief male characters all consider Yvonne de Galais as a mother-figure: Frantz's suicide note makes no mention of his parents: "Qu'Yvonne me pardonne si je ne lui dis pas adieu, mais elle ne pourrait rien pour moi" (p. 56); as Seurel recaptures for Yvonne the memories of his schooldays: "Elle écoutait gravement, tendrement, avec un intérêt quasi maternel, le récit de nos misères de grands enfants" (p. 141); when Yvonne comes towards him in the gently falling rain, Seurel is reminded of his mother, and Meaulnes too is more than once vividly reminded of his own mother when Yvonne is at her piano: at *la fête étrange*, "Il lui sembla bientôt que le vent lui portait le son d'une musique perdue. C'était comme un souvenir plein de charme et de regret. Il se rappela le temps où sa mère, jeune encore, se mettait au piano l'après-midi dans le salon, et lui, sans rien dire, derrière la porte qui donnait sur le jardin, il l'écoutait jusqu'à la nuit" (p. 38) and "Il put imaginer longuement qu'il était dans sa propre maison, marié, un beau soir, et que cet être charmant et inconnu qui jouait du piano, près de lui, c'était sa femme" (p. 46); on his wedding night:

Un instant pourtant il parut ressaisi par la pensée de son extraordinaire, inimaginable bonheur:

« Vous êtes là — dit-il sourdement, comme si le dire seulement donnait le vertige — vous passez auprès de la table et votre main s'y pose un instant... »

Et encore:

« Ma mère, lorsqu'elle était jeune femme, penchait ainsi légèrement son buste sur sa taille pour me parler... Et quand elle se mettait au piano... » (p. 137).[1]

One might have expected literary critics to have made considerable capital out of such a marked fixation on childhood in general and on the Mother Figure in particular but, in point of fact, there have been surprisingly few psycho-analytical studies of *Le Grand Meaulnes*: in a review article in 1946, Madame Marie Forestier made the fairly obvious point that the novel expressed Alain-Fournier's marked reluctance to face the realities of adulthood[2]; in a rather more imaginative review article, written twenty years later, M. Claude Vincenot suggested that Alain-Fournier's fascination with marine imagery might be in part explained by the phonetic identity between the terms *mer* and *mère*, identified the objects Meaulnes discovers on the bed at *le domaine étrange* as masculine and feminine symbols and read sinister significance into the fact that the *strings of the old lutes are broken*.[3] By far the most profound, and at the same time most ingenious, psycho-analysis of the novel to date has been carried out by M. Michel Guiomar. Adopting the techniques and terminology pioneered by M. Gaston Bachelard, he effectively demonstrates that the hidden theme of *Le Grand Meaulnes* is the main characters' search to rediscover and re-establish their lost childhood home: Frantz succeeds, Meaulnes half succeeds but Seurel fails completely, and this explains why the dominant mood of the novel is nostalgia and regret: "Comparable à la perte d'un parent, l'arrachement à la maison natale a d'ailleurs conféré à tout le roman la hantise d'un climat maternel anciennement dévasté."[4] The chief

---

[1] Cf. Seurel's comment on the occasion of Meaulnes' wedding: "Dans chaque maison, le feu de la salle à manger fait luire tout un reposoir de joujoux vernis. Fatigué de jouer, l'enfant s'est assis auprès de sa mère et il lui fait raconter la journée de son mariage" (p. 130).

[2] '*Le Grand Meaulnes*' *ou le refus de vivre*, La Revue Nouvelle, Brussels, May 1st, 1946.

[3] See *Le Grand Meaulnes*, p. 38 of this edition. *Le Rêve dans 'Le Grand Meaulnes*', Revue des Sciences Humaines, April/September 1966, pp. 265–296.

[4] *Inconscient et Imaginaire dans 'Le Grand Meaulnes*', ed. cit., p. 224. A number of most perceptive insights will also be found in Robert Champigny's *Portrait of a Symbolist Hero*, ed. cit., a full-length study which is occasionally marred by jargon but which the student may still consult with real profit.

objection to this otherwise fascinating study is that *Le Grand Meaulnes* is treated exclusively throughout as evidence of some profound psychological trauma in the life of Alain-Fournier and his characters, and is never analysed or evaluated as a novel.

In a sympathetic review-article in 1959, Mr. Philip Toynbee argued that

> *Le Grand Meaulnes* was written by the child in Alain-Fournier, though with the literary equipment of a brilliant young man ... It is not only a work of childish wish-fulfilment. The child is saying that this is how he would like to live if he could: but he is also saying that these are the kind of things which he sees, with a child's eye, in the distant world of grown-ups. And since all grown-ups are in some degree children as well, the picture is not a false one.[1]

Mr. Toynbee's thesis is both ingenious and persuasive but it is not wholly tenable. It leaves out of account the mood of yearning which comes to dominate the last stages of the novel, and it attributes to the child-mind interests and value-judgments which are quite alien to it. Children are not normally regretful about leaving infancy behind them or conscious of their special powers of vision as long as they themselves are in the state of childhood; however imperfect their concepts might be, many of their games and aspirations are, in fact, about growing up. Real regret for vanishing childhood begins to be felt only in adolescence, and it is arguable that it is at no period in life felt more acutely. At no other period in life is love so non-possessive, belief in supreme happiness so powerful, purity for its own sake so prized, faith in one's ideals so jealously guarded, the idea of compromise so vehemently rejected.

Alain-Fournier clung to these aspects of adolescence as tenaciously as he held on to his memories of childhood,[2] and both sets of preoccupations make up the texture of *Le Grand Meaulnes*. Flawed it may be in places, yet it still remains incomparably the most delicate rendering so far achieved of the romantic adolescent consciousness. When we compare it with the early novels in which other French writers gave

---

[1] Review of *The Lost Domain*, *The Observer*, June 14th, 1959.

[2] "J'aimerais qu'il y eût, dans mes livres, un livre ou un chapitre intitulé: 'La Fin de la Jeunesse'", letter to Rivière, April 15th, 1908, *Fournier-Rivière Correspondence*, Vol. II, p. 194, and "Je suis las et hanté par la crainte de voir finir ma jeunesse", letter to Rivière, June 2nd, 1909, *ibid.*, p 300.

expression to their youthful dreams—with Chateaubriand's *René* or *Atala*, the first version of Flaubert's *Tentation de Saint Antoine*, Zola's *Confession de Claude*, Gide's *Cahiers d'André Walter*, *L'Enfant chargé de chaînes* by Mauriac, *La Relève du matin* by Montherlant—we are surely bound to marvel at the degree of Alain-Fournier's accomplishment and deplore once again the monstrous waste of war.

ACKNOWLEDGMENTS

I wish to thank the following publishers for granting permission to quote copyright material:

Éditions Gallimard, for extracts from Alain-Fournier's *Correspondance avec Jacques Rivière (1905–1914)*, *Miracles* and *Hommage à Alain-Fournier*; Jaspard, Polus et Cie, for extracts from *Vie et Passion d'Alain-Fournier* by Madame Isabelle Rivière; *The Observer*, for an extract from a review by Sir Harold Nicolson; Oxford University Press, for an extract from Alan Pryce-Jones's Introduction to *The Lost Domain*.

I am particularly indebted to Madame Isabelle Rivière for permission to quote unpublished material and to reproduce photographs from her archives, for detailed criticism of the typescript of my Introduction, and for the considerable hospitality she accorded me when I was a research student.

I wish also to express my gratitude to Mr. Charles Johnson, M.A., Editor of the Modern Languages Book Department of George G. Harrap and Co. Ltd., for invaluable editorial assistance, to Mrs. Tricia Pike for typing so expertly from a very complicated long-hand script, and, finally to my wife, who has had to live with this edition almost from the beginning and who, over the lengthy course of its preparation, has stayed me with flagons and comforted me with apples.

SELECT BIBLIOGRAPHY

(A full bibliography of books and articles on Alain-Fournier and *Le Grand Meaulnes* will be found in French **XX** Bibliography, published annually by the French Institute—Alliance Française, New York.

Unless otherwise stated, all books listed below were published in Paris.)

PRINCIPAL WORKS BY ALAIN-FOURNIER

Le Grand Meaulnes, Émile-Paul, 1913.

Le Pari (Chapter IV of *Colombe Blanchet*), La Nouvelle Revue Française', Dec. 1st, 1922.

Miracles, Gallimard, 1924.

Correspondance avec Jacques Rivière (1905–1914), Gallimard, 1926–28, 4 volumes (revised and enlarged edition in 2 volumes, Gallimard, 1948).

Lettres à sa famille (1905–1914), Plon, 1930 (revised and enlarged edition, Émile-Paul, 1949).

Lettres au petit B., Émile-Paul, 1930.

Alain-Fournier—Charles Péguy: Correspondance (1910–1914), Fayard, 1973.

BOOKS ON ALAIN-FOURNIER

Jean Bastaire: *Alain-Fournier ou la tentation de l'enfance*, Plon, 1964.

Eileen Cancalon: *Fairy-tale Structures and Motifs in 'Le Grand Meaulnes'*, Herbert Lang Ltd., Berne-Frankfurt, 1975.

Léon Cellier: *'Le Grand Meaulnes' ou l'initiation manquée*, Archives des lettres modernes, 1963.

Robert Gibson: *The Land Without a Name*, Paul Elek, London, 1975.

Michel Guiomar: *Inconscient et imaginaire dans 'Le Grand Meaulnes'*, Corti, 1964.

Jean Loize: *Alain-Fournier, sa vie et 'Le Grand Meaulnes'*, Hachette, 1968.

Marie MacLean: *Le Jeu suprême*, Corti, 1973.

Isabelle Rivière: *Images d'Alain-Fournier*, Émile-Paul, 1938; *Vie et passion d'Alain-Fournier*, Jaspard, Polus, Monaco, 1964.

ARTICLES ON ALAIN-FOURNIER

Catherine Savage Brosnan: 'Alain-Fournier's domain: a new look', *The French Review*, February, 1971, pp. 499–507.

Robert Giannoni: 'Alain-Fournier et Thomas Hardy', *Revue de littérature comparée*, July–Sept. 1968, pp. 407–426.

Harry Goldgar: 'Alain-Fournier and the initiation archetype', *The French Review*, 1970, pp. 87–99.

Frederick W. Locke: '*Le Grand Meaulnes*: the desire and pursuit of the whole', Renascence, Marquette University Press, 1959, pp. 135–146.

Marie MacLean: 'Structural narcissism in *Le Grand Meaulnes*', *Australian Journal of French Studies*, 1977, pp. 153–162.

David Paul: 'The Mysterious Landscape', *Cornhill Magazine*, Autumn 1947, pp. 440–499.

Jacques Rivière: Introduction to *Miracles* (see above).

Martin Sorrell: 'François Seurel's personal adventure in *Le Grand Meaulnes*', *Modern Language Review*, January 1974, pp. 79–87.

Martin Sorrell: '*Le Grand Meaulnes*: a Bergsonian view of *la fête étrange*', *Australian Journal of French Studies*, 1974, pp. 182–187.

Martin Turnell: 'Alain-Fournier and *Le Grand Meaulnes*', *The Southern Review*, Summer 1966, pp. 477–498.

Stephen Ullmann: 'The Symbol of the Sea in *Le Grand Meaulnes*', in *The Image in the Modern French Novel*, Oxford University Press, 1960, pp. 99–123.

MISCELLANEOUS

A bulletin of news and critical comment on Alain-Fournier's life and work is published several times each year by *Les Amis d'Alain-Fournier et de Jacques Rivière*. Full details from Alain-Rivière, 31 rue Arthur-Petit, 78220, Viroflay, France.

A thirty minute video film on Alain-Fournier and *Le Grand Meaulnes* has been made by Ivory Tower Films. Further details from Robert Gibson, Rutherford College, The University, Canterbury, Kent.

LE GRAND MEAULNES

A ma sœur Isabelle

PREMIÈRE PARTIE

CHAPITRE PREMIER

LE PENSIONNAIRE

Il arriva chez nous un dimanche de novembre 189...

Je continue à dire « chez nous », bien que la maison ne nous appartienne plus. Nous avons quitté le pays depuis bientôt quinze ans et nous n'y reviendrons certainement jamais.

Nous habitions les bâtiments du *Cours supérieur* de Sainte-Agathe. Mon père, que j'appelais M. Seurel, comme les autres élèves, y dirigeait à la fois le Cours supérieur, où l'on préparait le brevet d'instituteur, et le Cours moyen. Ma mère faisait la petite classe.

Une longue maison rouge, avec cinq portes vitrées, sous des vignes vierges, à l'extrémité du bourg; une cour immense avec préaux et buanderie, qui ouvrait en avant sur le village par un grand portail; sur le côté nord, la route où donnait une petite grille et qui menait vers La Gare, à trois kilomètres; au sud et par derrière, des champs, des jardins et des prés qui rejoignaient les faubourgs... tel est le plan sommaire de cette demeure où s'écoulèrent les jours les plus tourmentés et les plus chers de ma vie — demeure d'où partirent et où revinrent se briser, comme des vagues sur un rocher désert, nos aventures.

Le hasard des « changements », une décision d'inspecteur ou de préfet nous avaient conduits là. Vers la fin des vacances, il y a bien longtemps, une voiture de paysan, qui précédait notre ménage, nous avait déposés, ma mère et moi, devant la petite grille rouillée. Des gamins qui volaient des pêches dans le jardin s'étaient enfuis silencieusement par les trous de la haie... Ma mère, que nous appelions Millie, et qui était bien la ménagère la plus méthodique que j'aie jamais connue, était entrée aussitôt dans les pièces remplies de paille poussiéreuse, et tout de suite elle avait constaté avec désespoir, comme à chaque « déplacement »,

3

que nos meubles ne tiendraient jamais dans une maison si mal construite... Elle était sortie pour me confier sa détresse. Tout en me parlant, elle avait essuyé doucement avec son mouchoir ma figure d'enfant
noircie par le voyage. Puis elle était rentrée faire le compte de toutes les
ouvertures qu'il allait falloir condamner pour rendre le logement
habitable... Quant à moi, coiffé d'un grand chapeau de paille à rubans,
j'étais resté là, sur le gravier de cette cour étrangère, à attendre, à
fureter petitement autour du puits et sous le hangar.

C'est ainsi, du moins, que j'imagine aujourd'hui notre arrivée. Car
aussitôt que je veux retrouver le lointain souvenir de cette première
soirée d'attente dans notre cour de Sainte-Agathe, déjà ce sont d'autres
attentes que je me rappelle; déjà, les deux mains appuyées aux barreaux
du portail, je me vois épiant avec anxiété quelqu'un qui va descendre
la grand-rue. Et si j'essaie d'imaginer la première nuit que je dus passer
dans ma mansarde, au milieu des greniers du premier étage, déjà ce
sont d'autres nuits que je me rappelle; je ne suis plus seul dans cette
chambre; une grande ombre inquiète et amie passe le long des murs
et se promène. Tout ce paysage paisible — l'école, le champ du père
Martin, avec ses trois noyers, le jardin dès quatre heures envahi chaque
jour par des femmes en visite — est à jamais, dans ma mémoire, agité,
transformé par la présence de celui qui bouleversa toute notre adolescence et dont la fuite même ne nous a pas laissé de repos.

Nous étions pourtant depuis dix ans dans ce pays lorsque Meaulnes
arriva.

J'avais quinze ans. C'était un froid dimanche de novembre, le
premier jour d'automne qui fît songer à l'hiver. Toute la journée,
Millie avait attendu une voiture de La Gare qui devait lui apporter un
chapeau pour la mauvaise saison. Le matin, elle avait manqué la
messe; et jusqu'au sermon, assis dans le chœur avec les autres enfants,
j'avais regardé anxieusement du côté des cloches, pour la voir entrer
avec son chapeau neuf.

Après midi, je dus partir seul pour vêpres.

« D'ailleurs, me dit-elle, pour me consoler, en brossant de sa main
mon costume d'enfant, même s'il était arrivé, ce chapeau, il aurait bien
fallu, sans doute, que je passe mon dimanche à le refaire ».

Souvent nos dimanches d'hiver se passaient ainsi. Dès le matin, mon
père s'en allait au loin, sur le bord de quelque étang couvert de brume,

pêcher le brochet dans une barque; et ma mère, retirée jusqu'à la nuit dans sa chambre obscure, rafistolait d'humbles toilettes. Elle s'enfermait ainsi de crainte qu'une dame de ses amies, aussi pauvre qu'elle mais aussi fière, vînt la surprendre. Et moi, les vêpres finies, j'attendais, en lisant dans la froide salle à manger, qu'elle ouvrît la porte pour me montrer comment ça lui allait.

Ce dimanche-là, quelque animation devant l'église me retint dehors après vêpres. Un baptême, sous le porche, avait attroupé des gamins. Sur la place, plusieurs hommes du bourg avaient revêtu leurs vareuses de pompiers; et, les faisceaux formés, transis et battant la semelle, ils écoutaient Boujardon, le brigadier, s'embrouiller dans la théorie...

Le carillon du baptême s'arrêta soudain, comme une sonnerie de fête qui se serait trompée de jour et d'endroit; Boujardon et ses hommes, l'arme en bandoulière, emmenèrent la pompe au petit trot; et je les vis disparaître au premier tournant, suivis de quatre gamins silencieux, écrasant de leurs grosses semelles les brindilles de la route givrée où je n'osais pas les suivre.

Dans le bourg, il n'y eut plus alors de vivant que le café Daniel, où j'entendais sourdement monter puis s'apaiser les discussions des buveurs. Et, frôlant le mur bas de la grande cour qui isolait notre maison du village, j'arrivai, un peu anxieux de mon retard, à la petite grille.

Elle était entr'ouverte et je vis aussitôt qu'il se passait quelque chose d'insolite.

En effet, à la porte de la salle à manger — la plus rapprochée des cinq portes vitrées qui donnaient sur la cour — une femme aux cheveux gris, penchée, cherchait à voir au travers des rideaux. Elle était petite, coiffée d'une capote de velours noir à l'ancienne mode. Elle avait un visage maigre et fin, mais ravagé par l'inquiétude; et je ne sais quelle appréhension, à sa vue, m'arrêta sur la première marche, devant la grille.

« Où est-il passé? mon Dieu! disait-elle à mi-voix. Il était avec moi tout à l'heure. Il a déjà fait le tour de la maison. Il s'est peut-être sauvé... »

Et, entre chaque phrase, elle frappait au carreau trois petits coups à peine perceptibles.

Personne ne venait ouvrir à la visiteuse inconnue. Millie, sans doute, avait reçu le chapeau de La Gare, et sans rien entendre, au fond de la chambre rouge, devant un lit semé de vieux rubans et de plumes défrisées, elle cousait, décousait, rebâtissait sa médiocre coiffure… En effet, lorsque j'eus pénétré dans la salle à manger, immédiatement suivi de la visiteuse, ma mère apparut tenant à deux mains sur sa tête des fils de laiton, des rubans et des plumes, qui n'étaient pas encore parfaitement équilibrés… Elle me sourit, de ses yeux bleus fatigués d'avoir travaillé à la chute du jour, et s'écria :

« Regarde ! Je t'attendais pour te montrer… »

Mais, apercevant cette femme assise dans le grand fauteuil, au fond de la salle, elle s'arrêta, déconcertée. Bien vite, elle enleva sa coiffure, et, durant toute la scène qui suivit, elle la tint contre sa poitrine, renversée comme un nid dans son bras droit replié.

La femme à la capote, qui gardait, entre ses genoux, un parapluie et un sac de cuir, avait commencé de s'expliquer, en balançant légèrement la tête et en faisant claquer sa langue comme une femme en visite. Elle avait repris tout son aplomb. Elle eut même, dès qu'elle parla de son fils, un air supérieur et mystérieux qui nous intrigua.

Ils étaient venus tous les deux, en voiture, de La Ferté-d'Angillon, à quatorze kilomètres de Sainte-Agathe. Veuve — et fort riche, à ce qu'elle nous fit comprendre — elle avait perdu le cadet de ses deux enfants, Antoine, qui était mort un soir au retour de l'école, pour s'être baigné avec son frère dans un étang malsain. Elle avait décidé de mettre l'aîné, Augustin, en pension chez nous pour qu'il pût suivre le Cours Supérieur.

Et aussitôt elle fit l'éloge de ce pensionnaire qu'elle nous amenait. Je ne reconnaissais plus la femme aux cheveux gris, que j'avais vue courbée devant la porte, une minute auparavant, avec cet air suppliant et hagard de poule qui aurait perdu l'oiseau sauvage de sa couvée.

Ce qu'elle contait de son fils avec admiration était fort surprenant : il aimait à lui faire plaisir, et parfois il suivait le bord de la rivière, jambes nues, pendant des kilomètres, pour lui rapporter des œufs de poules d'eau, de canards sauvages, perdus dans les ajoncs… Il tendait aussi des nasses… L'autre nuit, il avait découvert dans le bois une faisane prise au collet…

Moi qui n'osais plus rentrer à la maison quand j'avais un accroc à ma blouse, je regardais Millie avec étonnement.

Mais ma mère n'écoutait plus. Elle fit même signe à la dame de se taire; et, déposant avec précaution son « nid » sur la table, elle se leva silencieusement comme pour aller surprendre quelqu'un...

Au-dessus de nous, en effet, dans un réduit où s'entassaient les pièces d'artifice noircies du dernier Quatorze Juillet, un pas inconnu, assuré, allait et venait, ébranlant le plafond, traversait les immenses greniers ténébreux du premier étage, et se perdait enfin vers les chambres d'adjoints * abandonnées où l'on mettait sécher le tilleul et mûrir les pommes.

« Déjà, tout à l'heure, j'avais entendu ce bruit dans les chambres du bas, dit Millie à mi-voix, et je croyais que c'était toi, François, qui étais rentré... »

Personne ne répondit. Nous étions debout tous les trois, le cœur battant, lorsque la porte des greniers qui donnait sur l'escalier de la cuisine s'ouvrit; quelqu'un descendit les marches, traversa la cuisine, et se présenta dans l'entrée obscure de la salle à manger.

« C'est toi, Augustin? » dit la dame.

C'était un grand garçon de dix-sept ans environ. Je ne vis d'abord de lui, dans la nuit tombante, que son chapeau de feutre paysan coiffé en arrière et sa blouse noire sanglée d'une ceinture comme en portent les écoliers. Je pus distinguer aussi qu'il souriait...

Il m'aperçut, et, avant que personne eût pu lui demander aucune explication:

« Viens-tu dans la cour? » dit-il.

J'hésitai une seconde. Puis, comme Millie ne me retenait pas, je pris ma casquette et j'allai vers lui. Nous sortîmes par la porte de la cuisine et nous allâmes au préau, que l'obscurité envahissait déjà. A la lueur de la fin du jour, je regardais, en marchant, sa face anguleuse au nez droit, à la lèvre duvetée.

« Tiens, dit-il, j'ai trouvé ça dans ton grenier. Tu n'y avais donc jamais regardé? »

Il tenait à la main une petite roue en bois noirci; un cordon de fusées déchiquetées courait tout autour; ç'avait dû être le soleil ou la lune au feu d'artifice du Quatorze Juillet.

« Il y en a deux qui ne sont pas parties: nous allons toujours les allumer », dit-il d'un ton tranquille et de l'air de quelqu'un qui espère bien trouver mieux par la suite.

Il jeta son chapeau par terre et je vis qu'il avait les cheveux complètement ras comme un paysan. Il me montra les deux fusées avec leurs bouts de mèche en papier que la flamme avait coupés, noircis, puis abandonnés. Il planta dans le sable le moyeu de la roue, tira de sa poche — à mon grand étonnement, car cela nous était formellement interdit — une boîte d'allumettes. Se baissant avec précaution, il mit le feu à la mèche. Puis, me prenant par la main, il m'entraîna vivement en arrière.

Un instant après, ma mère qui sortait sur le pas de la porte, avec la mère de Meaulnes, après avoir débattu et fixé le prix de pension, vit jaillir sous le préau, avec un bruit de soufflet, deux gerbes d'étoiles rouges et blanches; et elle put m'apercevoir, l'espace d'une seconde, dressé dans la lueur magique, tenant par la main le grand gars nouveau venu et ne bronchant pas...

Cette fois encore, elle n'osa rien dire.

Et le soir, au dîner, il y eut, à la table de famille, un compagnon silencieux, qui mangeait, la tête basse, sans se soucier de nos trois regards fixés sur lui.

CHAPITRE II

APRÈS QUATRE HEURES

Je n'avais guère été, jusqu'alors, courir dans les rues avec les gamins du bourg. Une coxalgie,* dont j'ai souffert jusque vers cette année 189..., m'avait rendu craintif et malheureux. Je me vois encore poursuivant les écoliers alertes dans les ruelles qui entouraient la maison, en sautillant misérablement sur une jambe...

Aussi ne me laissait-on guère sortir. Et je me rappelle que Millie, qui était très fière de moi, me ramena plus d'une fois à la maison, avec force taloches,* pour m'avoir ainsi rencontré, sautant à cloche-pied, avec les garnements du village.

L'arrivée d'Augustin Meaulnes, qui coïncida avec ma guérison, fut le commencement d'une vie nouvelle.

Avant sa venue, lorsque le cours était fini, à quatre heures, une longue soirée de solitude commençait pour moi. Mon père transportait le feu du poêle de la classe dans la cheminée de notre salle à manger; et peu à peu les derniers gamins attardés abandonnaient l'école refroidie où roulaient des tourbillons de fumée. Il y avait encore quelques jeux, des

galopades dans la cour; puis la nuit venait; les deux élèves qui avaient
balayé la classe cherchaient sous le hangar leurs capuchons et leurs
pèlerines, et ils partaient bien vite, leur panier au bras, en laissant le
grand portail ouvert...

Alors, tant qu'il y avait une lueur de jour, je restais au fond de la
mairie, enfermé dans le cabinet des archives • plein de mouches mortes,
d'affiches battant au vent, et je lisais assis sur une vieille bascule, auprès
d'une fenêtre qui donnait sur le jardin.

Lorsqu'il faisait noir, que les chiens de la ferme voisine commençaient à hurler et que le carreau de notre petite cuisine s'illuminait, je
rentrais enfin. Ma mère avait commencé de préparer le repas. Je montais
trois marches de l'escalier du grenier; je m'asseyais sans rien dire et,
la tête appuyée aux barreaux froids de la rampe, je la regardais allumer
son feu dans l'étroite cuisine où vacillait la flamme d'une bougie.

Mais quelqu'un est venu qui m'a enlevé à tous ces plaisirs d'enfant
paisible. Quelqu'un a soufflé la bougie qui éclairait pour moi le doux
visage maternel penché sur le repas du soir. Quelqu'un a éteint la
lampe autour de laquelle nous étions une famille heureuse, à la nuit,
lorsque mon père avait accroché les volets de bois aux portes vitrées.
Et celui-là, ce fut Augustin Meaulnes, que les autres élèves appelèrent
bientôt le grand Meaulnes.

Dès qu'il fut pensionnaire chez nous, c'est-à-dire dès les premiers
jours de décembre, l'école cessa d'être désertée le soir, après quatre
heures. Malgré le froid de la porte battante, les cris des balayeurs et
leurs seaux d'eau, il y avait toujours, après le cours, dans la classe,
une vingtaine de grands élèves, tant de la campagne que du bourg,
serrés autour de Meaulnes. Et c'étaient de longues discussions, des
disputes interminables, au milieu desquelles je me glissais avec inquiétude et plaisir.

Meaulnes ne disait rien; mais c'était pour lui qu'à chaque instant l'un
des plus bavards s'avançait au milieu du groupe, et, prenant à témoin
tour à tour chacun de ses compagnons, qui l'approuvaient bruyamment, racontait quelque longue histoire de maraude, que tous les autres
suivaient, le bec ouvert, en riant silencieusement.

Assis sur un pupitre, en balançant les jambes, Meaulnes réfléchissait.
Aux bons moments, il riait aussi, mais doucement, comme s'il eût
réservé ses éclats de rire pour quelque meilleure histoire, connue de lui
seul. Puis, à la nuit tombante, lorsque la lueur des carreaux de la classe

n'éclairait plus le groupe confus des jeunes gens, Meaulnes se levait soudain et, traversant le cercle pressé:

« Allons, en route! » criait-il.

Alors tous le suivaient et l'on entendait leurs cris jusqu'à la nuit noire, dans le haut du bourg...

Il m'arrivait maintenant de les accompagner. Avec Meaulnes, j'allais à la porte des écuries des faubourgs, à l'heure où l'on trait les vaches... Nous entrions dans les boutiques, et, du fond de l'obscurité, entre deux claquements de son métier, le tisserand disait:

« Voilà les étudiants! »

Généralement, à l'heure du dîner, nous nous trouvions tout près du *Cours*, chez Desnoues, le charron, qui était aussi maréchal. Sa boutique était une ancienne auberge, avec de grandes portes à deux battants qu'on laissait ouvertes. De la rue on entendait grincer le soufflet de la forge et l'on apercevait à la lueur du brasier, dans ce lieu obscur et tintant, parfois des gens de campagne qui avaient arrêté leur voiture pour causer un instant, parfois un écolier comme nous, adossé à une porte, qui regardait sans rien dire.

Et c'est là que tout commença, environ huit jours avant Noël.

CHAPITRE III

« JE FRÉQUENTAIS LA BOUTIQUE D'UN VANNIER »

La pluie était tombée tout le jour, pour ne cesser qu'au soir. La journée avait été mortellement ennuyeuse. Aux récréations, personne ne sortait. Et l'on entendait mon père, M. Seurel, crier à chaque minute, dans la classe:

« Ne sabotez donc pas comme ça, les gamins! »

Après la dernière récréation de la journée, ou, comme nous disions, après le dernier « quart d'heure », M. Seurel, qui depuis un instant marchait de long en large pensivement, s'arrêta, frappa un grand coup de règle sur la table, pour faire cesser le bourdonnement confus des fins de classe où l'on s'ennuie, et, dans le silence attentif, demanda:

« Qui est-ce qui ira demain en voiture à La Gare avec François, pour chercher M. et Mme Charpentier? »

C'étaient mes grands-parents: grand-père Charpentier, l'homme au grand burnous° de laine grise, le vieux garde forestier en retraite, avec son bonnet de poil de lapin qu'il appelait son képi... Les petits gamins le connaissaient bien. Les matins, pour se débarbouiller, il tirait un seau d'eau, dans lequel il barbotait, à la façon des vieux soldats, en se frottant vaguement la barbiche. Un cercle d'enfants, les mains derrière le dos, l'observaient avec une curiosité respectueuse... Et ils connaissaient aussi grand-mère Charpentier, la petite paysanne, avec sa capote tricotée, parce que Millie l'amenait, au moins une fois, dans la classe des plus petits.

Tous les ans, nous allions les chercher, quelques jours avant Noël, à La Gare, au train de 4 h 2. Ils avaient, pour nous voir, traversé tout le département, chargés de ballots de châtaignes et de victuailles pour Noël enveloppées dans des serviettes. Dès qu'ils avaient passé, tous les deux, emmitouflés, souriants et un peu interdits, le seuil de la maison, nous fermions sur eux toutes les portes, et c'était une grande semaine de plaisir qui commençait...

Il fallait, pour conduire avec moi la voiture qui devait les ramener, il fallait quelqu'un de sérieux qui ne nous versât pas dans un fossé, et d'assez débonnaire aussi, car le grand-père Charpentier jurait facilement et la grand-mère était un peu bavarde.

A la question de M. Seurel, une dizaine de voix répondirent, criant ensemble:

« Le grand Meaulnes! le grand Meaulnes! »

Mais M. Seurel fit semblant de ne pas entendre.

Alors ils crièrent:

« Fromentin! »

D'autres:

« Jasmin Delouche! »

Le plus jeune des Roy, qui allait aux champs monté sur sa truie lancée au triple galop,° criait: « Moi! Moi! », d'une voix perçante.

Dutremblay et Mouchebœuf se contentaient de lever timidement la main.

J'aurais voulu que ce fût Meaulnes. Ce petit voyage en voiture à âne serait devenu un événement plus important. Il le désirait aussi, mais il affectait de se taire dédaigneusement. Tous les grands élèves s'étaient assis comme lui sur la table, à revers, les pieds sur le banc, ainsi que nous faisions dans les moments de grand répit et de réjouissance.

Coffin, sa blouse relevée et roulée autour de la ceinture, embrassait la colonne de fer qui soutenait la poutre de la classe et commençait de grimper en signe d'allégresse. Mais M. Seurel refroidit tout le monde en disant:

« Allons! Ce sera Moucheboeuf ».

Et chacun regagna sa place en silence.

A quatre heures, dans la grande cour glacée, ravinée par la pluie, je me trouvai seul avec Meaulnes. Tous deux, sans rien dire, nous regardions le bourg luisant que séchait la bourrasque. Bientôt, le petit Coffin, en capuchon, un morceau de pain à la main, sortit de chez lui et, rasant les murs, se présenta en sifflant à la porte du charron. Meaulnes ouvrit le portail, le héla et, tous les trois, un instant après, nous étions installés au fond de la boutique rouge et chaude, brusquement traversée par de glacials coups de vent: Coffin et moi, assis auprès de la forge, nos pieds boueux dans les copeaux blancs; Meaulnes, les mains aux poches, silencieux, adossé au battant de la porte d'entrée. De temps à autre, dans la rue, passait une dame du village, la tête baissée à cause du vent, qui revenait de chez le boucher, et nous levions le nez pour regarder qui c'était.

Personne ne disait rien. Le maréchal et son ouvrier, l'un soufflant la forge, l'autre battant le fer, jetaient sur le mur de grandes ombres brusques... Je me rappelle ce soir-là comme un des grands soirs de mon adolescence. C'était en moi un mélange de plaisir et d'anxiété: je craignais que mon compagnon ne m'enlevât cette pauvre joie d'aller à La Gare en voiture; et pourtant j'attendais de lui, sans oser me l'avouer, quelque entreprise extraordinaire qui vînt tout bouleverser.

De temps à autre, le travail paisible et régulier de la boutique s'interrompait pour un instant. Le maréchal laissait à petits coups pesants et clairs retomber son marteau sur l'enclume. Il regardait, en l'approchant de son tablier de cuir, le morceau de fer qu'il avait travaillé. Et, redressant la tête, il nous disait, histoire de souffler un peu:

« Eh bien, ça va, la jeunesse? »

L'ouvrier restait la main en l'air à la chaîne du soufflet, mettait son poing gauche sur la hanche et nous regardait en riant.

Puis le travail sourd et bruyant reprenait.

Durant une de ces pauses, on aperçut, par la porte battante, Millie dans le grand vent, serrée dans un fichu, qui passait chargée de petits paquets.

Le maréchal demanda:

« C'est-il que° M. Charpentier va bientôt venir?

— Demain, répondis-je, avec ma grand-mère, j'irai les chercher en voiture au train de 4 h 2.

— Dans la voiture à Fromentin, peut-être? »

Je répondis bien vite:

« Non, dans celle du père Martin.

— Oh! alors, vous n'êtes pas revenus ».°

Et tous les deux, son ouvrier et lui, se prirent à rire.

L'ouvrier fit remarquer, lentement, pour dire quelque chose:

« Avec la jument de Fromentin on aurait pu aller les chercher à Vierzon. Il y a une heure d'arrêt. C'est à quinze kilomètres. On aurait été de retour avant même que l'âne à Martin fût attelé.

— Ça, dit l'autre, c'est une jument qui marche!...

— Et je crois bien que Fromentin la prêterait facilement ».

La conversation finit là. De nouveau la boutique fut un endroit plein d'étincelles et de bruit, où chacun ne pensa que pour soi.

Mais lorsque l'heure fut venue de partir et que je me levai pour faire signe au grand Meaulnes, il ne m'aperçut pas d'abord. Adossé à la porte et la tête penchée, il semblait profondément absorbé par ce qui venait d'être dit. En le voyant ainsi, perdu dans ses réflexions, regardant, comme à travers des lieues de brouillard, ces gens paisibles qui travaillaient, je pensai soudain à cette image de *Robinson Crusoé*, où l'on voit l'adolescent anglais, avant son grand départ, « fréquentant la boutique d'un vannier »...

Et j'y ai souvent repensé depuis.

CHAPITRE IV

L'ÉVASION

A une heure de l'après-midi, le lendemain, la classe du Cours supérieur est claire, au milieu du paysage gelé, comme une barque sur l'Océan. On n'y sent pas la saumure ni le cambouis, comme sur un bateau de pêche, mais les harengs grillés sur le poêle et la laine roussie de ceux qui, en rentrant, se sont chauffés de trop près.

On a distribué, car la fin de l'année approche, les cahiers de compositions. Et, pendant que M. Seurel écrit au tableau l'énoncé des problèmes, un silence imparfait s'établit, mêlé de conversations à voix basse, coupé de petits cris étouffés et de phrases dont on ne dit que les premiers mots pour effrayer son voisin:

« Monsieur! Un tel me... »

M. Seurel, en copiant ses problèmes, pense à autre chose. Il se retourne de temps à autre, en regardant tout le monde d'un air à la fois sévère et absent. Et ce remue-ménage sournois cesse complètement, une seconde, pour reprendre ensuite, tout doucement d'abord, comme un ronronnement.

Seul, au milieu de cette agitation, je me tais. Assis au bout d'une des tables de la division des plus jeunes, près des grandes vitres, je n'ai qu'à me redresser un peu pour apercevoir le jardin, le ruisseau dans le bas, puis les champs.

De temps à autre, je me soulève sur la pointe des pieds et je regarde anxieusement du côté de la ferme de la Belle-Étoile. Dès le début de la classe, je me suis aperçu que Meaulnes n'était pas rentré après la récréation de midi. Son voisin de table a bien dû s'en apercevoir aussi. Il n'a rien dit encore, préoccupé par sa composition. Mais, dès qu'il aura levé la tête, la nouvelle courra par toute la classe, et quelqu'un, comme c'est l'usage, ne manquera pas de crier à haute voix les premiers mots de la phrase:

« Monsieur! Meaulnes... »

Je sais que Meaulnes est parti. Plus exactement, je le soupçonne de s'être échappé. Sitôt le déjeuner terminé, il a dû sauter le petit mur et filer à travers champs, en passant le ruisseau à la Vieille-Planche, jusqu'à la Belle-Étoile. Il aura demandé la jument pour aller chercher M. et Mme Charpentier. Il fait atteler en ce moment.

La Belle-Étoile est, là-bas, de l'autre côté du ruisseau, sur le versant de la côte, une grande ferme, que les ormes, les chênes de la cour et les haies vives cachent en été. Elle est placée sur un petit chemin qui rejoint d'un côté la route de La Gare, de l'autre un faubourg du pays. Entourée de hauts murs soutenus par des contreforts dont le pied baigne dans le fumier, la grande bâtisse féodale est au mois de juin enfouie sous les feuilles, et, de l'école, on entend seulement, à la tombée de la nuit, le roulement des charrois et les cris des vachers. Mais aujourd'hui, j'aperçois par la vitre, entre les arbres dépouillés, le haut mur grisâtre de la cour, la porte d'entrée, puis, entre des tronçons de haie, une bande du chemin blanchi de givre, parallèle au ruisseau, qui mène à la route de La Gare.

Rien ne bouge encore dans ce clair paysage d'hiver. Rien n'est changé encore.

Ici, M. Seurel achève de copier le deuxième problème. Il en donne trois d'habitude. Si aujourd'hui, par hasard, il n'en donnait que deux... Il remonterait aussitôt dans sa chaire et s'apercevrait de l'absence de Meaulnes. Il enverrait pour le chercher à travers le bourg deux gamins qui parviendraient certainement à le découvrir avant que la jument ne soit attelée...

M. Seurel, le deuxième problème copié, laisse un instant retomber son bras fatigué... Puis, à mon grand soulagement, il va à la ligne et recommence à écrire en disant:

« Ceci, maintenant, n'est plus qu'un jeu d'enfant! »

... Deux petits traits noirs, qui dépassaient le mur de la Belle-Étoile et qui devaient être les deux brancards dressés d'une voiture, ont disparu. Je suis sûr maintenant qu'on fait là-bas les préparatifs du départ de Meaulnes. Voici la jument qui passe la tête et le poitrail entre les deux pilastres de l'entrée, puis s'arrête, tandis qu'on fixe sans doute, à l'arrière de la voiture, un second siège pour les voyageurs que Meaulnes prétend ramener. Enfin tout l'équipage sort lentement de la cour, disparaît un instant derrière la haie, et repasse avec la même lenteur sur le bout de chemin blanc qu'on aperçoit entre deux tronçons de la clôture. Je reconnais alors, dans cette forme noire qui tient les guides, un coude nonchalamment appuyé sur le côté de la voiture, à la façon paysanne, mon compagnon Augustin Meaulnes.

Un instant encore tout disparaît derrière la haie. Deux hommes qui sont restés au portail de la Belle-Étoile, à regarder partir la voiture, se concertent maintenant avec une animation croissante. L'un d'eux se décide enfin à mettre sa main en porte-voix près de sa bouche et à appeler Meaulnes, puis à courir quelques pas, dans sa direction, sur le chemin... Mais alors, dans la voiture qui est lentement arrivée sur la route de La Gare et que du petit chemin on ne doit plus apercevoir, Meaulnes change soudain d'attitude. Un pied sur le devant, dressé comme un conducteur de char romain, secouant à deux mains les guides, il lance sa bête à fond de train et disparaît en un instant de l'autre côté de la montée. Sur le chemin, l'homme qui appelait s'est repris à courir; l'autre s'est lancé au galop à travers champs et semble venir vers nous.

En quelques minutes, et au moment même où M. Seurel, quittant le tableau, se frotte les mains pour en enlever la craie, au moment où trois voix à la fois crient du fond de la classe:

« Monsieur! Le grand Meaulnes est parti! »

l'homme en blouse bleue est à la porte, qu'il ouvre soudain toute grande, et, levant son chapeau, il demande sur le seuil:

« Excusez-moi, monsieur, c'est-il vous qui avez autorisé cet élève à demander la voiture pour aller à Vierzon chercher vos parents? Il nous est venu des soupçons...

— Mais pas du tout! » répond M. Seurel.

Et aussitôt c'est dans la classe un désarroi effroyable. Les trois premiers, près de la sortie, ordinairement chargés de pourchasser à coups de pierres les chèvres ou les porcs qui viennent brouter dans la cour les *corbeilles d'argent*,* se sont précipités à la porte. Au violent piétinement de leurs sabots ferrés sur les dalles de l'école a succédé, dehors, le bruit étouffé de leurs pas précipités qui mâchent le sable de la cour et dérapent au virage de la petite grille ouverte sur la route. Tout le reste de la classe s'entasse aux fenêtres du jardin. Certains ont grimpé sur les tables pour mieux voir...

Mais il est trop tard. Le grand Meaulnes s'est évadé.

« Tu iras tout de même à La Gare avec Mouchebœuf, me dit M. Seurel. Meaulnes ne connaît pas le chemin de Vierzon. Il se perdra aux carrefours. Il ne sera pas au train pour trois heures ».

Sur le seuil de la petite classe, Millie tend le cou pour demander:

« Mais qu'y a-t-il donc? »

Dans la rue du bourg, les gens commencent à s'attrouper. Le paysan est toujours là, immobile, entêté, son chapeau à la main, comme quelqu'un qui demande justice.

CHAPITRE V

LA VOITURE QUI REVIENT

Lorsque j'eus ramené de La Gare les grands-parents, lorsqu'après le dîner, assis devant la haute cheminée, ils commencèrent à raconter par le menu détail tout ce qui leur était arrivé depuis les dernières vacances, je m'aperçus bientôt que je ne les écoutais pas.

La petite grille de la cour était tout près de la porte de la salle à manger. Elle grinçait en s'ouvrant. D'ordinaire, au début de la nuit, pendant nos veillées de campagne, j'attendais secrètement ce grincement de la grille. Il était suivi d'un bruit de sabots claquant ou s'essuyant sur le seuil, parfois d'un chuchotement comme de personnes qui se concertent avant d'entrer. Et l'on frappait. C'était un voisin, les institutrices, quelqu'un enfin qui venait nous distraire de la longue veillée.

Or, ce soir-là, je n'avais plus rien à espérer du dehors, puisque tous ceux que j'aimais étaient réunis dans notre maison; et pourtant je ne cessais d'épier tous les bruits de la nuit et d'attendre qu'on ouvrît notre porte.

Le vieux grand-père, avec son air broussailleux de grand berger gascon, ses deux pieds lourdement posés devant lui, son bâton entre les jambes, inclinant l'épaule pour cogner sa pipe contre son soulier, était là. Il approuvait de ses yeux mouillés et bons ce que disait la grand-mère, de son voyage et de ses poules et de ses voisins et des paysans qui n'avaient pas encore payé leur fermage. Mais je n'étais plus avec eux.

J'imaginais le roulement de voiture qui s'arrêterait soudain devant la porte. Meaulnes sauterait de la carriole et entrerait comme si rien ne s'était passé... Ou peut-être irait-il d'abord reconduire la jument à la Belle-Étoile; et j'entendrais bientôt son pas sonner sur la route et la grille s'ouvrir...

Mais rien. Le grand-père regardait fixement devant lui et ses paupières en battant s'arrêtaient longuement sur ses yeux comme à l'approche du sommeil. La grand-mère répétait avec embarras sa dernière phrase, que personne n'écoutait.

« C'est de ce garçon que vous êtes en peine? » dit-elle enfin.

A La Gare, en effet, je l'avais questionnée vainement. Elle n'avait vu personne, à l'arrêt de Vierzon, qui ressemblât au grand Meaulnes. Mon compagnon avait dû s'attarder en chemin. Sa tentative était manquée. Pendant le retour, en voiture, j'avais ruminé ma déception, tandis que ma grand-mère causait avec Mouchebœuf. Sur la route blanchie de givre, les petits oiseaux tourbillonnaient autour des pieds de l'âne trottinant. De temps à autre, sur le grand calme de l'après-midi gelé, montait l'appel lointain d'une bergère ou d'un gamin hélant son compagnon d'un bosquet de sapins à l'autre. Et chaque fois, ce long cri sur les coteaux déserts me faisait tressaillir, comme si c'eût été la voix de Meaulnes me conviant à le suivre au loin...

Tandis que je repassais tout cela dans mon esprit, l'heure arriva de se coucher. Déjà le grand-père était entré dans la chambre rouge, la chambre-salon, tout humide et glacée d'être close depuis l'autre hiver. On avait enlevé, pour qu'il s'y installât, les têtières en dentelle des fauteuils, relevé les tapis et mis de côté les objets fragiles. Il avait posé son bâton sur une chaise, ses gros souliers sous un fauteuil; il venait de souffler sa bougie, et nous étions debout, nous disant bonsoir, prêts à nous séparer pour la nuit, lorsqu'un bruit de voitures nous fit taire.

On eût dit deux équipages se suivant lentement au très petit trot. Cela ralentit le pas et finalement vint s'arrêter sous la fenêtre de la salle à manger qui donnait sur la route, mais qui était condamnée.

Mon père avait pris la lampe et, sans attendre, il ouvrait la porte qu'on avait déjà fermée à clef. Puis, poussant la grille, s'avançant sur le bord des marches, il leva la lumière au-dessus de sa tête pour voir ce qui se passait.

C'étaient bien deux voitures arrêtées, le cheval de l'une attaché derrière l'autre. Un homme avait sauté à terre et hésitait...

« C'est ici la mairie? dit-il en s'approchant. Pourriez-vous m'indiquer M. Fromentin, métayer* à la Belle-Étoile? J'ai trouvé sa voiture et sa jument qui s'en allaient sans conducteur, le long d'un chemin près de la route de Saint-Loup-des-Bois. Avec mon falot, j'ai pu voir son nom et son adresse sur la plaque. Comme c'était sur mon chemin, j'ai ramené son attelage par ici, afin d'éviter des accidents, mais ça m'a rudement retardé quand même ».

Nous étions là, stupéfaits. Mon père s'approcha. Il éclaira la carriole avec sa lampe.

« Il n'y a aucune trace de voyageur, poursuivit l'homme. Pas même une couverture. La bête est fatiguée; elle boitille un peu ».

Je m'étais approché jusqu'au premier rang et je regardais avec les autres cet attelage perdu qui nous revenait, telle une épave qu'eût ramenée la haute mer — la première épave et la dernière, peut-être, de l'aventure de Meaulnes.

« Si c'est trop loin, chez Fromentin, dit l'homme, je vais vous laisser la voiture. J'ai déjà perdu beaucoup de temps et l'on doit s'inquiéter, chez moi ».

Mon père accepta. De cette façon nous pourrions dès ce soir reconduire l'attelage à la Belle-Étoile sans dire ce qui s'était passé. Ensuite, on déciderait de ce qu'il faudrait raconter aux gens du pays et écrire à la mère de Meaulnes… Et l'homme fouetta sa bête, en refusant le verre de vin que nous lui offrions.

Du fond de sa chambre où il avait rallumé la bougie, tandis que nous rentrions sans rien dire et que mon père conduisait la voiture à la ferme, mon grand-père appelait:

« Alors? Est-il rentré, ce voyageur? »

Les femmes se concertèrent du regard, une seconde:

« Mais oui, il a été chez sa mère. Allons, dors. Ne t'inquiète pas!

— Eh bien, tant mieux. C'est bien ce que je pensais », dit-il.

Et, satisfait, il éteignit sa lumière et se tourna dans son lit pour dormir.

Ce fut la même explication que nous donnâmes aux gens du bourg. Quant à la mère du fugitif, il fut décidé qu'on attendrait pour lui écrire. Et nous gardâmes pour nous seuls notre inquiétude qui dura trois grands jours. Je vois encore mon père rentrant de la ferme vers onze heures, sa moustache mouillée par la nuit, discutant avec Millie d'une voix très basse, angoissée et colère…

CHAPITRE VI

ON FRAPPE AU CARREAU

Le quatrième jour fut un des plus froids de cet hiver-là. De grand matin, les premiers arrivés dans la cour se réchauffaient en glissant autour du puits. Ils attendaient que le poêle fût allumé dans l'école pour s'y précipiter.

Derrière le portail, nous étions plusieurs à guetter la venue des gars de la campagne. Ils arrivaient tout éblouis encore d'avoir traversé des paysages de givre, d'avoir vu les étangs glacés, les taillis où les lièvres détalent… Il y avait dans leurs blouses un goût de foin et d'écurie qui alourdissait l'air de la classe, quand ils se pressaient autour du poêle rouge. Et, ce matin-là, l'un d'eux avait apporté dans un panier un écureuil gelé qu'il avait découvert en route. Il essayait, je me souviens, d'accrocher par ses griffes, au poteau du préau, la longue bête raidie...

Puis la pesante classe d'hiver commença...

Un coup brusque au carreau nous fit lever la tête. Dressé contre la porte, nous aperçûmes le grand Meaulnes secouant avant d'entrer le givre de sa blouse, la tête haute et comme ébloui!

Les deux élèves du banc le plus rapproché de la porte se précipitèrent pour l'ouvrir: il y eut à l'entrée comme un vague conciliabule, que nous n'entendîmes pas, et le fugitif se décida enfin à pénétrer dans l'école.

Cette bouffée d'air frais venue de la cour déserte, les brindilles de paille qu'on voyait accrochées aux habits du grand Meaulnes, et surtout son air de voyageur fatigué, affamé, mais émerveillé, tout cela fit passer en nous un étrange sentiment de plaisir et de curiosité.

M. Seurel était descendu du petit bureau à deux marches où il était en train de nous faire la dictée, et Meaulnes marchait vers lui d'un air agressif. Je me rappelle combien je le trouvai beau, à cet instant, le grand compagnon, malgré son air épuisé et ses yeux rougis par les nuits passées au dehors, sans doute.

Il s'avança jusqu'à la chaire et dit, du ton très assuré de quelqu'un qui rapporte un renseignement:

« Je suis rentré, monsieur.

— Je le vois bien, répondit M. Seurel, en le considérant avec curiosité... Allez vous asseoir à votre place ».

Le gars se retourna vers nous, le dos un peu courbé, souriant d'un air moqueur, comme font les grands élèves indisciplinés lorsqu'ils sont punis, et, saisissant d'une main le bout de la table, il se laissa glisser sur son banc.

« Vous allez prendre un livre que je vais vous indiquer, dit le maître — toutes les têtes étaient alors tournées vers Meaulnes — pendant que vos camarades finiront la dictée ».

Et la classe reprit comme auparavant. De temps à autre le grand Meaulnes se tournait de mon côté, puis il regardait par les fenêtres, d'où l'on apercevait le jardin blanc, cotonneux, immobile, et les champs déserts, où parfois descendait un corbeau. Dans la classe, la chaleur était lourde, auprès du poêle rougi. Mon camarade, la tête dans les mains, s'accouda pour lire: à deux reprises je vis ses paupières se fermer et je crus qu'il allait s'endormir.

« Je voudrais aller me coucher, monsieur, dit-il enfin, en levant le bras à demi. Voici trois nuits que je ne dors pas.

— Allez ! » dit M. Seurel, désireux surtout d'éviter un incident.

Toutes les têtes levées, toutes les plumes en l'air, à regret nous le regardâmes partir, avec sa blouse fripée dans le dos et ses souliers terreux.

Que la matinée fut lente à traverser ! Aux approches de midi, nous entendîmes là-haut, dans la mansarde, le voyageur s'apprêter pour descendre. Au déjeuner, je le retrouvai assis devant le feu, près des grands-parents interdits, pendant qu'aux douze coups de l'horloge, les grands élèves et les gamins éparpillés dans la cour neigeuse filaient comme des ombres devant la porte de la salle à manger.

De ce déjeuner je ne me rappelle qu'un grand silence et une grande gêne. Tout était glacé : la toile cirée sans nappe, le vin froid dans les verres, le carreau rougi sur lequel nous posions les pieds… On avait décidé, pour ne pas le pousser à la révolte, de ne rien demander au fugitif. Et il profita de cette trêve pour ne pas dire un mot.

Enfin, le dessert terminé, nous pûmes tous les deux bondir dans la cour. Cour d'école, après midi, où les sabots avaient enlevé la neige… cour noircie où le dégel faisait dégoutter les toits du préau… cour pleine de jeux et de cris perçants ! Meaulnes et moi, nous longeâmes en courant les bâtiments. Déjà deux ou trois de nos amis du bourg laissaient la partie et accouraient vers nous en criant de joie, faisant gicler la boue sous leurs sabots, les mains aux poches, le cache-nez déroulé. Mais mon compagnon se précipita dans la grande classe, où je le suivis, et referma la porte vitrée juste à temps pour supporter l'assaut de ceux qui nous poursuivaient. Il y eut un fracas clair et violent de vitres secouées, de sabots claquant sur le seuil ; une poussée qui fit plier la tige de fer maintenant les deux battants de la porte ; mais déjà Meaulnes, au risque de se blesser à son anneau brisé, avait tourné la petite clef qui fermait la serrure.

Nous avions accoutumé de juger très vexante une pareille conduite. En été, ceux qu'on laissait ainsi à la porte couraient au galop dans le jardin et parvenaient souvent à grimper par une fenêtre avant qu'on eût pu les fermer toutes. Mais nous étions en décembre et tout était clos. Un instant on fit au dehors des pesées sur la porte ; on nous cria des injures ; puis, un à un, ils tournèrent le dos et s'en allèrent, la tête basse en rajustant leurs cache-nez.

Dans la classe qui sentait les châtaignes et la piquette,* il n'y avait que deux balayeurs, qui déplaçaient les tables. Je m'approchai du poêle pour m'y chauffer paresseusement en attendant la rentrée, tandis qu'Augustin Meaulnes cherchait dans le bureau du maître et dans les pupitres. Il découvrit bientôt un petit atlas, qu'il se mit à étudier avec passion, debout sur l'estrade, les coudes sur le bureau, la tête entre les mains.

Je me disposais à aller près de lui; je lui aurais mis la main sur l'épaule et nous aurions sans doute suivi ensemble sur la carte le trajet qu'il avait fait, lorsque soudain la porte de communication avec la petite classe s'ouvrit toute battante sous une violente poussée, et Jasmin Delouche, suivi d'un gars du bourg et de trois autres de la campagne, surgit avec un cri de triomphe. Une des fenêtres de la petite classe était sans doute mal fermée: ils avaient dû la pousser et sauter par là.

Jasmin Delouche, encore qu'assez petit, était l'un des plus âgés du Cours Supérieur. Il était fort jaloux du grand Meaulnes, bien qu'il se donnât comme son ami. Avant l'arrivée de notre pensionnaire, c'était lui, Jasmin, le coq de la classe. Il avait une figure pâle, assez fade, et les cheveux pommadés. Fils unique de la veuve Delouche, aubergiste, il faisait l'homme; il répétait avec vanité ce qu'il entendait dire aux joueurs de billard, aux buveurs de vermouth.

A son entrée, Meaulnes leva la tête et, les sourcils froncés, cria aux gars qui se précipitaient sur le poêle, en se bousculant:

« On ne peut donc pas être tranquille une minute, ici! »

— Si tu n'es pas content, il fallait rester où tu étais », répondit, sans lever la tête, Jasmin Delouche qui se sentait appuyé par ses compagnons.

Je pense qu'Augustin était dans cet état de fatigue où la colère monte et vous surprend sans qu'on puisse la contenir.

« Toi, dit-il, en se redressant et en fermant son livre, un peu pâle, tu vas commencer par sortir d'ici! »

L'autre ricana:

« Oh! cria-t-il. Parce que tu es resté trois jours échappé, tu crois que tu vas être le maître maintenant? »

Et, associant les autres à sa querelle:

« Ce n'est pas toi qui nous feras sortir, tu sais! »

Mais déjà Meaulnes était sur lui. Il y eut d'abord une bousculade; les manches des blouses craquèrent et se décousirent. Seul, Martin, un des gars de la campagne entrés avec Jasmin, s'interposa:

« Tu vas le laisser ! » dit-il, les narines gonflées, secouant la tête comme un bélier.

D'une poussée violente, Meaulnes le jeta, titubant, les bras ouverts, au milieu de la classe ; puis, saisissant d'une main Delouche par le cou, de l'autre ouvrant la porte, il tenta de le jeter dehors. Jasmin s'agrippait aux tables et traînait les pieds sur les dalles, faisant crisser ses souliers ferrés, tandis que Martin, ayant repris son équilibre, revenait à pas comptés, la tête en avant, furieux. Meaulnes lâcha Delouche pour se colleter avec cet imbécile, et il allait peut-être se trouver en mauvaise posture, lorsque la porte des appartements s'ouvrit à demi. M. Seurel parut, la tête tournée vers la cuisine, terminant, avant d'entrer, une conversation avec quelqu'un...

Aussitôt la bataille s'arrêta. Les uns se rangèrent autour du poêle, la tête basse, ayant évité jusqu'au bout de prendre parti. Meaulnes s'assit à sa place, le haut de ses manches décousu et défroncé. Quant à Jasmin, tout congestionné, on l'entendit crier durant les quelques secondes qui précédèrent le coup de règle du début de la classe :

« Il ne peut plus rien supporter maintenant. Il fait le malin. Il s'imagine peut-être qu'on ne sait pas où il a été !

— Imbécile ! Je ne le sais pas moi-même », répondit Meaulnes, dans le silence déjà grand.

Puis, haussant les épaules, la tête dans les mains , il se mit à apprendre ses leçons.

CHAPITRE VII

LE GILET DE SOIE

Notre chambre était, comme je l'ai dit, une grande mansarde. A moitié mansarde, à moitié chambre. Il y avait des fenêtres aux autres logis d'adjoints ; on ne sait pourquoi celui-ci était éclairé par une lucarne. Il était impossible de fermer complètement la porte, qui frottait sur le plancher. Lorsque nous y montions, le soir, abritant de la main notre bougie que menaçaient tous les courants d'air de la grande demeure, chaque fois nous essayions de fermer cette porte, chaque fois nous étions obligés d'y renoncer. Et, toute la nuit, nous sentions autour de nous, pénétrant jusque dans notre chambre, le silence des trois greniers.

C'est là que nous nous retrouvâmes, Augustin et moi, le soir de ce même jour d'hiver.

Tandis qu'en un tour de main j'avais quitté tous mes vêtements et les avais jetés en tas sur une chaise au chevet de mon lit, mon compagnon, sans rien dire, commençait lentement à se déshabiller. Du lit de fer aux rideaux de cretonne décorés de pampres, où j'étais monté déjà, je le regardais faire. Tantôt il s'asseyait sur son lit bas et sans rideaux. Tantôt il se levait et marchait de long en large, tout en se dévêtant. La bougie, qu'il avait posée sur une petite table d'osier tressée par des bohémiens, jetait sur le mur son ombre errante et gigantesque.

Tout au contraire de moi, il pliait et rangeait, d'un air distrait et amer, mais avec soin, ses habits d'écolier. Je le revois plaquant sur une chaise sa lourde ceinture; pliant sur le dossier sa blouse noire extraordinairement fripée et salie; retirant une espèce de paletot gros bleu qu'il avait sous sa blouse, et se penchant en me tournant le dos, pour l'étaler sur le pied de son lit... Mais lorsqu'il se redressa et se retourna vers moi, je vis qu'il portait, au lieu du petit gilet à boutons de cuivre, qui était d'uniforme sous le paletot, un étrange gilet de soie, très ouvert, que fermait dans le bas un rang serré de petits boutons de nacre.

C'était un vêtement d'une fantaisie charmante, comme devaient en porter les jeunes gens qui dansaient avec nos grand-mères, dans les bals de mil huit cent trente.

Je me rappelle, en cet instant, le grand écolier paysan, nu-tête, car il avait soigneusement posé sa casquette sur ses autres habits — visage si jeune, si vaillant et si durci déjà. Il avait repris sa marche à travers la chambre lorsqu'il se mit à déboutonner cette pièce mystérieuse d'un costume qui n'était pas le sien. Et il était étrange de le voir, en bras de chemise, avec son pantalon trop court, ses souliers boueux, mettant la main sur ce gilet de marquis.

Dès qu'il l'eut touché, sortant brusquement de sa rêverie, il tourna la tête vers moi et me regarda d'un œil inquiet. J'avais un peu envie de rire. Il sourit en même temps que moi et son visage s'éclaira.

« Oh! dis-moi ce que c'est, fis-je, enhardi, à voix basse. Où l'as-tu pris? »

Mais son sourire s'éteignit aussitôt. Il passa deux fois sur ses cheveux ras sa main lourde, et tout soudain, comme quelqu'un qui ne peut plus résister à son désir, il réendossa sur le fin jabot sa vareuse qu'il boutonna solidement et sa blouse fripée; puis il hésita un instant, en me regardant de côté… Finalement, il s'assit sur le bord de son lit, quitta ses souliers qui tombèrent bruyamment sur le plancher; et, tout habillé comme un soldat au cantonnement d'alerte, il s'étendit sur son lit et souffla la bougie.

Vers le milieu de la nuit je m'éveillai soudain. Meaulnes était au milieu de la chambre, debout, sa casquette sur la tête, et il cherchait au portemanteau quelque chose — une pèlerine qu'il se mit sur le dos… La chambre était très obscure. Pas même la clarté que donne parfois le reflet de la neige. Un vent noir et glacé soufflait dans le jardin mort et sur le toit.

Je me dressai un peu et je lui criai tout bas:

« Meaulnes! tu repars? »

Il ne répondit pas. Alors, tout à fait affolé, je dis:

« Eh bien, je pars avec toi. Il faut que tu m'emmènes ».

Et je sautai à bas.

Il s'approcha, me saisit par le bras, me forçant à m'asseoir sur le rebord du lit, et il me dit:

« Je ne puis pas t'emmener, François. Si je connaissais bien mon chemin, tu m'accompagnerais. Mais il faut d'abord que je le retrouve sur le plan, et je n'y parviens pas.

— Alors, tu ne peux pas repartir non plus?

— C'est vrai, c'est bien inutile… fit-il avec découragement. Allons, recouche-toi. Je te promets de ne pas repartir sans toi ».

Et il reprit sa promenade de long en large dans la chambre. Je n'osais plus rien lui dire. Il marchait, s'arrêtait, repartait plus vite, comme quelqu'un qui, dans sa tête, recherche ou repasse des souvenirs, les confronte, les compare, calcule, et soudain pense avoir trouvé; puis de nouveau lâche le fil et recommence à chercher…

Ce ne fut pas la seule nuit où, réveillé par le bruit de ses pas, je le trouvai ainsi, vers une heure du matin, déambulant à travers la chambre et les greniers — comme ces marins qui n'ont pu se déshabituer de faire le quart et qui, au fond de leurs propriétés bretonnes, se lèvent et s'habillent à l'heure réglementaire pour surveiller la nuit terrienne.

A deux ou trois reprises, durant le mois de janvier et la première quinzaine de février, je fus ainsi tiré de mon sommeil. Le grand Meaulnes était là, dressé, tout équipé, sa pèlerine sur le dos, prêt à partir, et chaque fois, au bord de ce pays mystérieux, où une fois déjà il s'était évadé, il s'arrêtait, hésitait. Au moment de lever le loquet de la porte de l'escalier et de filer par la porte de la cuisine qu'il eût facilement ouverte sans que personne l'entendît, il reculait une fois encore... Puis, durant les longues heures du milieu de la nuit, fiévreusement, il arpentait, en réfléchissant, les greniers abandonnés.

Enfin une nuit, vers le 15 février, ce fut lui-même qui m'éveilla en me posant doucement la main sur l'épaule.

La journée avait été fort agitée. Meaulnes, qui délaissait complètement tous les jeux de ses anciens camarades, était resté, durant la dernière récréation du soir, assis sur son banc, tout occupé à établir un mystérieux petit plan, en suivant du doigt, et en calculant longuement, sur l'atlas du Cher. Un va-et-vient incessant se produisait entre la cour et la salle de classe. Les sabots claquaient. On se pourchassait de table en table, franchissant les bancs et l'estrade d'un saut... On savait qu'il ne faisait pas bon s'approcher de Meaulnes lorsqu'il travaillait ainsi; cependant, comme la récréation se prolongeait, deux ou trois gamins du bourg, par manière de jeu, s'approchèrent à pas de loup et regardèrent par-dessus son épaule. L'un d'eux s'enhardit jusqu'à pousser les autres sur Meaulnes... Il ferma brusquement son atlas, cacha sa feuille et empoigna le dernier des trois gars, tandis que les deux autres avaient pu s'échapper.

... C'était ce hargneux Giraudat, qui prit un ton pleurard, essaya de donner des coups de pied, et, en fin de compte, fut mis dehors par le grand Meaulnes, à qui il cria rageusement:

« Grand lâche! ça ne m'étonne pas qu'ils sont tous contre toi, qu'ils veulent te faire la guerre!... »

et une foule d'injures, auxquelles nous répondîmes, sans avoir bien compris ce qu'il avait voulu dire. C'est moi qui criais le plus fort, car j'avais pris le parti du grand Meaulnes. Il y avait maintenant comme un pacte entre nous. La promesse qu'il m'avait faite de m'emmener avec lui, sans me dire, comme tout le monde, « que je ne pourrais pas marcher », m'avait lié à lui pour toujours. Et je ne cessais de penser à son mystérieux voyage. Je m'étais persuadé qu'il avait dû rencontrer une jeune fille. Elle était sans doute infiniment plus belle que toutes celles du pays, plus belle que Jeanne, qu'on apercevait dans le jardin des religieuses par le trou de la serrure; et que Madeleine, la fille du boulanger, toute rose et toute blonde; et que Jenny, la fille de la châtelaine, qui était admirable, mais folle et toujours enfermée. C'est à une jeune fille certainement qu'il pensait la nuit, comme un héros de roman. Et j'avais décidé de lui en parler, bravement, la première fois qu'il m'éveillerait...

Le soir de cette nouvelle bataille, après quatre heures, nous étions tous les deux occupés à rentrer des outils du jardin, des pics et des pelles qui avaient servi à creuser des trous, lorsque nous entendîmes des cris sur la route. C'était une bande de jeunes gens et de gamins, en colonne par quatre, au pas gymnastique, évoluant comme une compagnie parfaitement organisée, conduits par Delouche, Daniel, Giraudat, et un autre que nous ne connûmes point. Ils nous avaient aperçus et ils nous huaient de la belle façon. Ainsi tout le bourg était contre nous, et l'on préparait je ne sais quel jeu guerrier dont nous étions exclus.

Meaulnes, sans mot dire, remisa sous le hangar la bêche et la pioche qu'il avait sur l'épaule...

Mais, à minuit, je sentais sa main sur mon bras, et je m'éveillais en sursaut.

« Lève-toi, dit-il, nous partons.

— Connais-tu maintenant le chemin jusqu'au bout?

— J'en connais une bonne partie. Et il faudra bien que nous trouvions le reste! répondit-il, les dents serrées.

— Écoute, Meaulnes, fis-je en me mettant sur mon séant. Écoute-moi: nous n'avons qu'une chose à faire; c'est de chercher tous les deux en plein jour, en nous servant de ton plan, la partie du chemin qui nous manque.

— Mais cette portion-là est très loin d'ici.

— Eh bien, nous irons en voiture, cet été, dès que les journées seront longues ».

Il y eut un silence prolongé qui voulait dire qu'il acceptait.

« Puisque nous tâcherons ensemble de retrouver la jeune fille que tu aimes, Meaulnes, ajoutai-je enfin, dis-moi qui elle est, parle-moi d'elle ».

Il s'assit sur le pied de mon lit. Je voyais dans l'ombre sa tête penchée, ses bras croisés et ses genoux. Puis il aspira l'air fortement, comme quelqu'un qui a eu gros cœur longtemps et qui va enfin confier son secret...

CHAPITRE VIII

L'AVENTURE

Mon compagnon ne me conta pas cette nuit-là tout cè qui lui était arrivé sur la route. Et même lorsqu'il se fut décidé à me tout confier, durant des jours de détresse dont je reparlerai, ce resta longtemps le grand secret de nos adolescences. Mais aujourd'hui que tout est fini, maintenant qu'il ne reste plus que poussière

de tant de mal, de tant de bien,

je puis raconter son étrange aventure.

.. ..

A une heure et demie de l'après-midi, sur la route de Vierzon, par ce temps glacial, Meaulnes fit marcher la bête bon train, car il savait n'être pas en avance. Il ne songea d'abord, pour s'en amuser, qu'à notre surprise à tous, lorsqu'il ramènerait dans la carriole, à quatre heures, le grand-père et la grand-mère Charpentier. Car, à ce moment-là, certes, il n'avait pas d'autre intention.

Peu à peu, le froid le pénétrant, il s'enveloppa les jambes dans une couverture qu'il avait d'abord refusée et que les gens de la Belle-Étoile avaient mise de force dans la voiture.

A deux heures, il traversa le bourg de La Motte. Il n'était jamais passé dans un petit pays aux heures de classe et s'amusa de voir celui-là aussi désert, aussi endormi. C'est à peine si, de loin en loin, un rideau se leva, montrant une tête curieuse de bonne femme.

A la sortie de La Motte, aussitôt après la maison d'école, il hésita entre deux routes et crut se rappeler qu'il fallait tourner à gauche pour aller à Vierzon. Personne n'était là pour le renseigner. Il remit sa jument au trot sur la route désormais plus étroite et mal empierrée. Il longea quelque temps un bois de sapins et rencontra enfin un roulier à qui il demanda, mettant sa main en porte-voix, s'il était bien là sur la route de Vierzon. La jument, tirant sur les guides, continuait à trotter; l'homme ne dut pas comprendre ce qu'on lui demandait; il cria quelque chose en faisant un geste vague, et, à tout hasard, Meaulnes poursuivit sa route.

De nouveau ce fut la vaste campagne gelée, sans accident ni distraction aucune; parfois seulement une pie s'envolait, effrayée par la voiture, pour aller se percher plus loin sur un orme sans tête. Le voyageur avait enroulé autour de ses épaules, comme une cape, sa grande couverture. Les jambes allongées, accoudé sur un côté de la carriole, il dut somnoler un assez long moment...

... Lorsque, grâce au froid, qui traversait maintenant la couverture, Meaulnes eut repris ses esprits, il s'aperçut que le paysage avait changé. Ce n'étaient plus ces horizons lointains, ce grand ciel blanc où se perdait le regard, mais de petits prés encore verts avec de hautes clôtures. A droite et à gauche, l'eau des fossés coulait sous la glace. Tout faisait pressentir l'approche d'une rivière. Et, entre les hautes haies, la route n'était plus qu'un étroit chemin défoncé.

La jument, depuis un instant, avait cessé de trotter. D'un coup de fouet, Meaulnes voulut lui faire reprendre sa vive allure, mais elle continua à marcher au pas avec une extrême lenteur, et le grand écolier, regardant de côté, les mains appuyées sur le devant de la voiture, s'aperçut qu'elle boitait d'une jambe de derrière. Aussitôt il sauta à terre, très inquiet.

« Jamais nous n'arriverons à Vierzon pour le train », dit-il à mi-voix.

Et il n'osait pas s'avouer sa pensée la plus inquiétante, à savoir que peut-être il s'était trompé de chemin et qu'il n'était plus là sur la route de Vierzon.

Il examina longuement le pied de la bête et n'y découvrit aucune trace de blessure. Très craintive, la jument levait la patte dès que Meaulnes voulait la toucher et grattait le sol de son sabot lourd et maladroit. Il comprit enfin qu'elle avait tout simplement un caillou dans le sabot. En gars expert au maniement du bétail, il s'accroupit, tenta de lui saisir le pied droit avec sa main gauche et de le placer entre ses genoux, mais il fut gêné par la voiture. A deux reprises, la jument se déroba et avança de quelques mètres. Le marchepied vint le frapper à la tête et la roue le blessa au genou. Il s'obstina et finit par triompher de la bête peureuse; mais le caillou se trouvait si bien enfoncé que Meaulnes dut sortir son couteau de paysan pour en venir à bout.

Lorsqu'il eut terminé sa besogne, et qu'il releva enfin la tête, à demi étourdi et les yeux troubles, il s'aperçut avec stupeur que la nuit tombait...

Tout autre que Meaulnes eût immédiatement rebroussé chemin.

C'était le seul moyen de ne pas s'égarer davantage. Mais il réfléchit qu'il devait être maintenant fort loin de La Motte. En outre la jument pouvait avoir pris un chemin transversal pendant qu'il dormait. Enfin, ce chemin-là devait bien à la longue mener vers quelque village... Ajoutez à toutes ces raisons que le grand gars, en remontant sur le marchepied, tandis que la bête impatiente tirait déjà sur les guides, sentait grandir en lui le désir exaspéré d'aboutir à quelque chose et d'arriver quelque part, en dépit de tous les obstacles!

Il fouetta la jument qui fit un écart et se remit au grand trot. L'obscurité croissait. Dans le sentier raviné, il y avait maintenant tout juste passage pour la voiture. Parfois une branche morte de la haie se prenait dans la roue et se cassait avec un bruit sec... Lorsqu'il fit tout à fait noir, Meaulnes songea soudain, avec un serrement de cœur, à la salle à manger de Sainte-Agathe, où nous devions, à cette heure, être tous réunis. Puis la colère le prit; puis l'orgueil et la joie profonde de s'être ainsi évadé, sans l'avoir voulu...

CHAPITRE IX

UNE HALTE

Soudain, la jument ralentit son allure, comme si son pied avait buté dans l'ombre; Meaulnes vit sa tête plonger et se relever par deux fois; puis elle s'arrêta net, les naseaux bas, semblant humer quelque chose. Autour des pieds de la bête, on entendait comme un clapotis d'eau. Un ruisseau coupait le chemin. En été, ce devait être un gué. Mais à cette époque le courant était si fort que la glace n'avait pas pris et qu'il eût été dangereux de pousser plus avant.

Meaulnes tira doucement sur les guides, pour reculer de quelques pas et, très perplexe, se dressa dans la voiture. C'est alors qu'il aperçut, entre les branches, une lumière. Deux ou trois prés seulement devaient la séparer du chemin...

L'écolier descendit de voiture et ramena la jument en arrière, en lui parlant pour la calmer, pour arrêter ses brusques coups de tête effrayés:

« Allons, ma vieille! Allons! Maintenant nous n'irons pas plus loin. Nous saurons bientôt où nous sommes arrivés ».

Et, poussant la barrière entr'ouverte d'un petit pré qui donnait sur le chemin, il fit entrer là son équipage. Ses pieds enfonçaient dans l'herbe molle. La voiture cahotait silencieusement. Sa tête contre celle de la bête, il sentait sa chaleur et le souffle dur de son haleine... Il la conduisit tout au bout du pré, lui mit sur le dos la couverture; puis, écartant les branches de la clôture du fond, il aperçut de nouveau la lumière, qui était celle d'une maison isolée.

Il lui fallut bien, tout de même, traverser trois prés, sauter un traître petit ruisseau, où il faillit plonger les deux pieds à la fois... Enfin, après un dernier saut du haut d'un talus, il se trouva dans la cour d'une maison campagnarde. Un cochon grognait dans son tet. Au bruit des pas sur la terre gelée, un chien se mit à aboyer avec fureur.

Le volet de la porte était ouvert, et la lueur que Meaulnes avait aperçue était celle d'un feu de fagots allumé dans la cheminée. Il n'y avait pas d'autre lumière que celle du feu. Une bonne femme, dans la maison, se leva et s'approcha de la porte, sans paraître autrement effrayée. L'horloge à poids, juste à cet instant, sonna la demie de sept heures.

« Excusez-moi, ma pauvre dame, dit le grand garçon, je crois bien que j'ai mis le pied dans vos chrysanthèmes ».

Arrêtée, un bol à la main, elle le regardait.

« Il est vrai, dit-elle, qu'il fait noir dans la cour à ne pas s'y conduire ».

Il y eut un silence, pendant lequel Meaulnes, debout, regarda les murs de la pièce tapissée de journaux illustrés comme une auberge, et la table, sur laquelle un chapeau d'homme était posé.

« Il n'est pas là, le patron? dit-il en s'asseyant.

— Il va revenir, répondit la femme, mise en confiance. Il est allé chercher un fagot.

— Ce n'est pas que j'aie besoin de lui, poursuivit le jeune homme en rapprochant sa chaise du feu. Mais nous sommes là plusieurs chasseurs à l'affût. Je suis venu vous demander de nous céder un peu de pain ».

Il savait, le grand Meaulnes, que chez les gens de campagne, et surtout dans une ferme isolée, il faut parler avec beaucoup de discrétion, de politique même, et surtout ne jamais montrer qu'on n'est pas du pays.

« Du pain? dit-elle. Nous ne pourrons guère vous en donner. Le boulanger qui passe pourtant tous les mardis n'est pas venu aujourd'hui ».

Augustin, qui avait espéré un instant se trouver à proximité d'un village, s'effraya.

« Le boulanger de quel pays? demanda-t-il.

— Eh bien, le boulanger du Vieux-Nançay, répondit la femme avec étonnement.

— C'est à quelle distance d'ici, au juste, Le Vieux-Nançay? poursuivit Meaulnes très inquiet.

— Par la route, je ne saurais pas vous dire au juste; mais par la traverse il y a trois lieues et demie ».

Et elle se mit à raconter qu'elle y avait sa fille en place, qu'elle venait à pied pour la voir tous les premiers dimanches du mois et que ses patrons...

Mais Meaulnes, complètement dérouté, l'interrompit pour dire:

« Le Vieux-Nançay serait-il le bourg le plus rapproché d'ici?

— Non, c'est Les Landes, à cinq kilomètres. Mais il n'y a pas de marchands ni de boulanger. Il y a tout juste une petite assemblée, chaque année, à la Saint-Martin ».

Meaulnes n'avait jamais entendu parler des Landes. Il se vit à tel point égaré qu'il en fut presque amusé. Mais la femme, qui était occupée à laver son bol sur l'évier, se retourna, curieuse à son tour, et elle dit lentement, en le regardant bien droit:

« C'est que vous n'êtes pas du pays?... »

A ce moment, un paysan âgé se présenta à la porte, avec une brassée de bois, qu'il jeta sur le carreau. La femme lui expliqua, très fort, comme s'il eût été sourd, ce que demandait le jeune homme.

« Eh bien, c'est facile, dit-il simplement. Mais approchez-vous, monsieur. Vous ne vous chauffez pas ».

Tous les deux, un instant plus tard, ils étaient installés près des chenets: le vieux cassant son bois pour le mettre dans le feu, Meaulnes mangeant un bol de lait avec du pain qu'on lui avait offert. Notre voyageur, ravi de se trouver dans cette humble maison après tant d'inquiétudes, pensant que sa bizarre aventure était terminée, faisait déjà le projet de revenir plus tard avec des camarades revoir ces braves gens. Il ne savait pas que c'était là seulement une halte, et qu'il allait tout à l'heure reprendre son chemin.

Il demanda bientôt qu'on le remît sur la route de La Motte. Et, revenant peu à peu à la vérité, il raconta qu'avec sa voiture il s'était séparé des autres chasseurs et se trouvait maintenant complètement égaré.

Alors l'homme et la femme insistèrent si longtemps pour qu'il restât coucher et repartît seulement au grand jour, que Meaulnes finit par accepter et sortit chercher sa jument pour la rentrer à l'écurie.

« Vous prendrez garde aux trous de la sente », *lui dit l'homme.

Meaulnes n'osa pas avouer qu'il n'était pas venu par la « sente ». Il fut sur le point de demander au brave homme de l'accompagner. Il hésita une seconde sur le seuil et si grande était son indécision qu'il faillit chanceler. Puis il sortit dans la cour obscure.

CHAPITRE X

LA BERGERIE

Pour s'y reconnaître, il grimpa sur le talus d'où il avait sauté.

Lentement et difficilement, comme à l'aller, il se guida entre les herbes et les eaux, à travers les clôtures de saules, et s'en fut chercher sa voiture dans le fond du pré où il l'avait laissée. La voiture n'y était plus... Immobile, la tête battante, il s'efforça d'écouter tous les bruits de la nuit, croyant à chaque seconde entendre sonner tout près le collier de la bête. Rien... Il fit le tour du pré; la barrière était à demi ouverte, à demi renversée, comme si une roue de voiture avait passé dessus. La jument avait dû, par là, s'échapper toute seule.

Remontant le chemin, il fit quelques pas et s'embarrassa les pieds dans la couverture qui sans doute avait glissé de la jument à terre. Il en conclut que la bête s'était enfuie dans cette direction. Il se prit à courir.

Sans autre idée que la volonté tenace et folle de rattraper sa voiture, tout le sang au visage, en proie à ce désir panique qui ressemblait à la peur, il courait... Parfois son pied butait dans les ornières. Aux tournants, dans l'obscurité totale, il se jetait contre les clôtures, et, déjà trop fatigué pour s'arrêter à temps, s'abattait sur les épines, les bras en avant, se déchirant les mains pour se protéger le visage. Parfois, il s'arrêtait, écoutait — et repartait. Un instant, il crut entendre un bruit de voiture; mais ce n'était qu'un tombereau cahotant qui passait très loin, sur une route, à gauche...

Vint un moment où son genou, blessé au marchepied, lui fit si mal qu'il dut s'arrêter, la jambe raidie. Alors il réfléchit que si la jument ne s'était pas sauvée au grand galop, il l'aurait depuis longtemps rejointe. Il se dit aussi qu'une voiture ne se perdait pas ainsi et que quelqu'un la retrouverait bien. Enfin il revint sur ses pas, épuisé, colère, se traînant à peine.

A la longue, il crut se retrouver dans les parages qu'il avait quittés et bientôt il aperçut la lumière de la maison qu'il cherchait. Un sentier profond s'ouvrait dans la haie:

« Voilà la sente dont le vieux m'a parlé », se dit Augustin.

Et il s'engagea dans ce passage, heureux de n'avoir plus à franchir les haies et les talus. Au bout d'un instant, le sentier déviant à gauche, la lumière parut glisser à droite, et, parvenu à un croisement de chemins, Meaulnes, dans sa hâte à regagner le pauvre logis, suivit sans réfléchir un sentier qui paraissait directement y conduire. Mais à peine avait-il fait dix pas dans cette direction que la lumière disparut, soit qu'elle fût cachée par une haie, soit que les paysans, fatigués d'attendre, eussent fermé leurs volets. Courageusement, l'écolier sauta à travers champs, marcha tout droit dans la direction où la lumière avait brillé tout à l'heure. Puis, franchissant encore une clôture, il retomba dans un nouveau sentier...

Ainsi peu à peu s'embrouillait la piste du grand Meaulnes et se brisait le lien qui l'attachait à ceux qu'il avait quittés.

Découragé, presque à bout de forces, il résolut, dans son désespoir, de suivre ce sentier jusqu'au bout. A cent pas de là, il débouchait dans une grande prairie grise, où l'on distinguait de loin en loin des ombres qui devaient être des genévriers, et une bâtisse obscure dans un repli de terrain. Meaulnes s'en approcha. Ce n'était là qu'une sorte de grand parc à bétail ou de bergerie abandonnée. La porte céda avec un gémissement. La lueur de la lune, quand le grand vent chassait les nuages, passait à travers les fentes des cloisons. Une odeur de moisi régnait.

Sans chercher plus avant, Meaulnes s'étendit sur la paille humide, le coude à terre, la tête dans la main. Ayant retiré sa ceinture, il se recroquevilla dans sa blouse, les genoux au ventre. Il songea alors à la couverture de la jument qu'il avait laissée dans le chemin, et il se sentit si malheureux, si fâché contre lui-même qu'il lui prit une forte envie de pleurer...

Aussi s'efforça-t-il de penser à autre chose. Glacé jusqu'aux moelles, il se rappela un rêve — une vision plutôt, qu'il avait eue tout enfant, et dont il n'avait jamais parlé à personne: un matin, au lieu de s'éveiller dans sa chambre, où pendaient ses culottes et ses paletots, il s'était trouvé dans une longue pièce verte, aux tentures pareilles à des feuillages. En ce lieu coulait une lumière si douce qu'on eût cru pouvoir la goûter. Près de la première fenêtre, une jeune fille cousait, le dos tourné, semblant attendre son réveil... Il n'avait pas eu la force de se glisser hors de son lit pour marcher dans cette demeure enchantée. Il s'était rendormi... Mais la prochaine fois, il jurait bien de se lever. Demain matin, peut-être!...

CHAPITRE XI

LE DOMAINE MYSTÉRIEUX

Dès le petit jour, il se reprit à marcher. Mais son genou enflé lui faisait mal; il lui fallait s'arrêter et s'asseoir à chaque moment tant la douleur était vive. L'endroit où il se trouvait était d'ailleurs le plus désolé de la Sologne. De toute la matinée, il ne vit qu'une bergère, à l'horizon, qui ramenait son troupeau. Il eut beau la héler, essayer de courir, elle disparut sans l'entendre.

Il continua cependant de marcher dans sa direction, avec une désolante lenteur... Pas un toit, pas une âme. Pas même le cri d'un courlis dans les roseaux des marais. Et, sur cette solitude parfaite, brillait un soleil de décembre, clair et glacial.

Il pouvait être trois heures de l'après-midi lorsqu'il aperçut enfin, au-dessus d'un bois de sapins, la flèche d'une tourelle grise.

« Quelque vieux manoir abandonné, se dit-il, quelque pigeonnier désert!... »

Et, sans presser le pas, il continua son chemin. Au coin du bois débouchait, entre deux poteaux blancs, une allée où Meaulnes s'engagea. Il y fit quelques pas et s'arrêta, plein de surprise, troublé d'une émotion inexplicable. Il marchait pourtant du même pas fatigué, le vent glacé lui gerçait les lèvres, le suffoquait par instants; et pourtant un contentement extraordinaire le soulevait, une tranquillité parfaite et presque enivrante, la certitude que son but était atteint et qu'il n'y avait plus maintenant que du bonheur à espérer. C'est ainsi que, jadis, la veille des grandes fêtes d'été, il se sentait défaillir, lorsqu'à la tombée de la nuit on plantait des sapins dans les rues du bourg et que la fenêtre de sa chambre était obstruée par les branches.

« Tant de joie, se dit-il, parce que j'arrive à ce vieux pigeonnier, plein de hiboux et de courants d'air!... »

Et, fâché contre lui-même, il s'arrêta, se demandant s'il ne valait pas mieux rebrousser chemin et continuer jusqu'au prochain village. Il réfléchissait depuis un instant, la tête basse, lorsqu'il s'aperçut soudain que l'allée était balayée à grands ronds réguliers comme on faisait chez lui pour les fêtes. Il se trouvait dans un chemin pareil à la grand-rue de La Ferté, le matin de l'Assomption!... • Il eût aperçu au détour de l'allée une troupe de gens en fête soulevant la poussière, comme au mois de juin, qu'il n'eût pas été surpris davantage.

« Y aurait-il une fête dans cette solitude? » se demanda-t-il.

Avançant jusqu'au premier détour, il entendit un bruit de voix qui s'approchaient. Il se jeta de côté dans les jeunes sapins touffus, s'accroupit et écouta en retenant son souffle. C'étaient des voix enfantines. Une troupe d'enfants passa tout près de lui. L'un d'eux, probablement une petite fille, parlait d'un ton si sage et si entendu que Meaulnes, bien qu'il ne comprît guère le sens de ses paroles, ne put s'empêcher de sourire:

« Une seule chose m'inquiète, disait-elle, c'est la question des chevaux. On n'empêchera jamais Daniel, par exemple, de monter sur le grand poney jaune!

— Jamais on ne m'en empêchera, répondit une voix moqueuse de jeune garçon. Est-ce que nous n'avons pas toutes les permissions?... Même celle de nous faire mal, s'il nous plaît... »

Et les voix s'éloignèrent, au moment où s'approchait déjà un autre groupe d'enfants.

« Si la glace est fondue, dit une fillette, demain matin, nous irons en bateau.

— Mais nous le permettra-t-on? dit une autre.

— Vous savez bien que nous organisons la fête à notre guise.

— Et si Frantz rentrait dès ce soir, avec sa fiancée?

— Eh bien, il ferait ce que nous voudrions!... »

« Il s'agit d'une noce, sans doute, se dit Augustin. Mais ce sont les enfants qui font la loi, ici?... Étrange domaine! »

Il voulut sortir de sa cachette pour leur demander où l'on trouverait à boire et à manger. Il se dressa et vit le dernier groupe qui s'éloignait. C'étaient trois fillettes avec des robes droites qui s'arrêtaient aux genoux. Elles avaient de jolis chapeaux à brides. Une plume blanche leur traînait dans le cou, à toutes les trois. L'une d'elles, à demi retournée, un peu penchée, écoutait sa compagne qui lui donnait de grandes explications, le doigt levé.

« Je leur ferais peur », se dit Meaulnes, en regardant sa blouse paysanne déchirée et son ceinturon baroque de collégien de Sainte-Agathe.

Craignant que les enfants ne le rencontrassent en revenant par l'allée, il continua son chemin à travers les sapins dans la direction du « pigeonnier », sans trop réfléchir à ce qu'il pourrait demander là-bas. Il fut bientôt arrêté à la lisière du bois, par un petit mur moussu. De l'autre côté, entre le mur et les annexes du domaine, c'était une longue cour étroite toute remplie de voitures, comme une cour d'auberge un jour de foire. Il y en avait de tous les genres et de toutes les formes : de fines petites voitures à quatre places, les brancards en l'air ; des chars à bancs ; des bourbonnaises* démodées avec des galeries à moulures, et même de vieilles berlines* dont les glaces étaient levées.

Meaulnes, caché derrière les sapins, de crainte qu'on ne l'aperçût, examinait le désordre du lieu, lorsqu'il avisa, de l'autre côté de la cour, juste au-dessus du siège d'un haut char à bancs, une fenêtre des annexes à demi ouverte. Deux barreaux de fer, comme on en voit derrière les domaines aux volets toujours fermés des écuries, avaient dû clore cette ouverture. Mais le temps les avait descellés.

« Je vais entrer là, se dit l'écolier, je dormirai dans le foin et je partirai au petit jour, sans avoir fait peur à ces belles petites filles ».

Il franchit le mur, péniblement, à cause de son genou blessé, et, passant d'une voiture sur l'autre, du siège d'un char à bancs sur le toit d'une berline, il arriva à la hauteur de la fenêtre, qu'il poussa sans bruit comme une porte.

Il se trouvait non pas dans un grenier à foin, mais dans une vaste pièce au plafond bas qui devait être une chambre à coucher. On distinguait dans la demi-obscurité du soir d'hiver que la table, la cheminée et même les fauteuils étaient chargés de grands vases, d'objets de prix, d'armes anciennes. Au fond de la pièce, des rideaux tombaient, qui devaient cacher une alcôve.

Meaulnes avait fermé la fenêtre, tant à cause du froid que par crainte d'être aperçu du dehors. Il alla soulever le rideau du fond et découvrit un grand lit bas, couvert de vieux livres dorés, de luths aux cordes cassées et de candélabres jetés pêle-mêle. Il repoussa toutes ces choses dans le fond de l'alcôve, puis s'étendit sur cette couche pour s'y reposer et réfléchir un peu à l'étrange aventure dans laquelle il s'était jeté.

Un silence profond régnait sur ce domaine. Par instants seulement on entendait gémir le grand vent de décembre.

Et Meaulnes, étendu, en venait à se demander si, malgré ces étranges rencontres, malgré la voix des enfants dans l'allée, malgré les voitures entassées, ce n'était pas là simplement, comme il l'avait pensé d'abord, une vieille bâtisse abandonnée dans la solitude de l'hiver.

Il lui sembla bientôt que le vent lui portait le son d'une musique perdue. C'était comme un souvenir plein de charme et de regret. Il se rappela le temps où sa mère, jeune encore, se mettait au piano l'après-midi dans le salon, et lui, sans rien dire, derrière la porte qui donnait sur le jardin, il l'écoutait jusqu'à la nuit...

« On dirait que quelqu'un joue du piano, quelque part?» pensa-t-il.

Mais laissant sa question sans réponse, harassé de fatigue, il ne tarda pas à s'endormir...

CHAPITRE XII

LA CHAMBRE DE WELLINGTON

Il faisait nuit lorsqu'il s'éveilla. Transi de froid, il se tourna et retourna sur sa couche, fripant et roulant sous lui sa blouse noire. Une faible clarté glauque baignait les rideaux de l'alcôve.

S'asseyant sur le lit, il glissa sa tête entre les rideaux. Quelqu'un avait ouvert la fenêtre et l'on avait attaché dans l'embrasure deux lanternes vénitiennes vertes.

Mais à peine Meaulnes avait-il pu jeter un coup d'œil, qu'il entendit sur le palier un bruit de pas étouffé et de conversation à voix basse. Il se rejeta dans l'alcôve et ses souliers ferrés firent sonner un des objets de bronze qu'il avait repoussés contre le mur. Un instant, très inquiet, il retint son souffle. Les pas se rapprochèrent et deux ombres glissèrent dans la chambre.

« Ne fais pas de bruit, disait l'un.

— Ah! répondait l'autre, il est toujours bien temps qu'il s'éveille!

— As-tu garni sa chambre?

— Mais oui, comme celles des autres ».

Le vent fit battre la fenêtre ouverte.

« Tiens, dit le premier, tu n'as pas même fermé la fenêtre. Le vent a déjà éteint une des lanternes. Il va falloir la rallumer.

— Bah! répondit l'autre, pris d'une paresse et d'un découragement soudains. A quoi bon ces illuminations du côté de la campagne, du côté du désert, autant dire? Il n'y a personne pour les voir.

— Personne? Mais il arrivera encore des gens pendant une partie de la nuit. Là-bas, sur la route, dans leurs voitures, ils seront bien contents d'apercevoir nos lumières! »

Meaulnes entendit craquer une allumette. Celui qui avait parlé le dernier, et qui paraissait être le chef, reprit d'une voix traînante, à la façon d'un fossoyeur de Shakespeare:

« Tu mets des lanternes vertes à la chambre de Wellington. T'en mettrais aussi bien des rouges... Tu ne t'y connais pas plus que moi! »

Un silence.

« ... Wellington, c'était un Américain? Eh bien, c'est-il une couleur américaine, le vert? Toi, le comédien qui as voyagé, tu devrais savoir ça.

— Oh! là là! répondit le « comédien », voyagé? Oui, j'ai voyagé! Mais je n'ai rien vu! Que veux-tu voir dans une roulotte? »

Meaulnes avec précaution regarda entre les rideaux.

Celui qui commandait la manœuvre était un gros homme nu-tête, enfoncé dans un énorme paletot. Il tenait à la main une longue perche garnie de lanternes multicolores, et il regardait paisiblement, une jambe croisée sur l'autre, travailler son compagnon.

Quant au comédien, c'était le corps le plus lamentable qu'on puisse imaginer. Grand, maigre, grelottant, ses yeux glauques et louches, sa moustache retombant sur sa bouche édentée faisaient songer à la face d'un noyé qui ruisselle sur une dalle. Il était en manches de chemise, et ses dents claquaient. Il montrait dans ses paroles et ses gestes le mépris le plus parfait pour sa propre personne.

Après un moment de réflexion amère et risible à la fois, il s'approcha de son partenaire et lui confia, les deux bras écartés:

« Veux-tu que je te dise?... Je ne peux pas comprendre qu'on soit allé chercher des dégoûtants comme nous, pour servir dans une fête pareille! Voilà, mon gars!... »

Mais sans prendre garde à ce grand élan du cœur, le gros homme continua de regarder son travail, les jambes croisées, bâilla, renifla tranquillement, puis, tournant le dos, s'en fut, sa perche sur l'épaule, en disant:

« Allons, en route! Il est temps de s'habiller pour le dîner ».

Le bohémien le suivit, mais, en passant devant l'alcôve:

« Monsieur l'Endormi, fit-il avec des révérences et des inflexions de voix gouailleuses, vous n'avez plus qu'à vous éveiller, à vous habiller en marquis, même si vous êtes un marmiteux comme je suis; et vous descendrez à la fête costumée, puisque c'est le bon plaisir de ces petits messieurs et de ces petites demoiselles ».•

Il ajouta, sur le ton d'un boniment forain, avec une dernière révérence:

« Notre camarade Maloyau, attaché aux cuisines, vous présentera le personnage d'Arlequin,• et votre serviteur, celui du grand Pierrot ».•

CHAPITRE XIII

LA FÊTE ÉTRANGE

Dès qu'ils eurent disparu, l'écolier sortit de sa cachette. Il avait les pieds glacés, les articulations raides; mais il était reposé et son genou paraissait guéri.

« Descendre au dîner, pensa-t-il, je ne manquerai pas de le faire. Je serai simplement un invité dont tout le monde a oublié le nom. D'ailleurs, je ne suis pas un intrus ici. Il est hors de doute que M. Maloyau et son compagnon m'attendaient... »

Au sortir de l'obscurité totale de l'alcôve, il put y voir assez distinctement dans la chambre éclairée par les lanternes vertes.

Le bohémien l'avait « garnie ». Des manteaux étaient accrochés aux patères. Sur une lourde table à toilette, au marbre brisé, on avait disposé de quoi transformer en muscadin tel garçon qui eût passé la nuit précédente dans une bergerie abandonnée. Il y avait, sur la cheminée, des allumettes auprès d'un grand flambeau. Mais on avait omis de cirer le parquet; et Meaulnes sentit rouler sous ses souliers du sable et des gravats. De nouveau il eut l'impression d'être dans une maison depuis longtemps abandonnée... En allant vers la cheminée, il faillit buter contre une pile de grands cartons et de petites boîtes : il étendit le bras, alluma la bougie, puis souleva les couvercles et se pencha pour regarder.

C'étaient des costumes de jeunes gens d'il y a longtemps, des redingotes à hauts cols de velours, de fins gilets très ouverts, d'interminables cravates blanches et des souliers vernis du début de ce siècle. Il n'osait rien toucher du bout du doigt, mais après s'être nettoyé en frissonnant, il endossa sur sa blouse d'écolier un des grands manteaux dont il releva le collet plissé, remplaça ses souliers ferrés par de fins escarpins vernis et se prépara à descendre nu-tête.

Il arriva, sans rencontrer personne, au bas d'un escalier de bois, dans un recoin de cour obscur. L'haleine glacée de la nuit vint lui souffler au visage et soulever un pan de son manteau.

Il fit quelques pas et, grâce à la vague clarté du ciel, il put se rendre compte aussitôt de la configuration des lieux. Il était dans une petite cour formée par des bâtiments des dépendances. Tout y paraissait vieux et ruiné. Les ouvertures au bas des escaliers étaient béantes, car les portes depuis longtemps avaient été enlevées ; on n'avait pas non plus remplacé les carreaux des fenêtres qui faisaient des trous noirs dans les murs. Et pourtant toutes ces bâtisses avaient un mystérieux air de fête. Une sorte de reflet coloré flottait dans les chambres basses où l'on avait dû allumer aussi, du côté de la campagne, des lanternes. La terre était balayée ; on avait arraché l'herbe envahissante. Enfin, en prêtant l'oreille, Meaulnes crut entendre comme un chant, comme des voix d'enfants et de jeunes filles, là-bas, vers les bâtiments confus où le vent secouait des branches devant les ouvertures roses, vertes et bleues des fenêtres.

Il était là, dans son grand manteau, comme un chasseur, à demi penché, prêtant l'oreille, lorsqu'un extraordinaire petit jeune homme sortit du bâtiment voisin, qu'on aurait cru désert.

Il avait un chapeau haut de forme très cintré qui brillait dans la nuit comme s'il eût été d'argent ; un habit dont le col lui montait dans les cheveux, un gilet très ouvert, un pantalon à sous-pieds... Cet élégant, qui pouvait avoir quinze ans, marchait sur la pointe des pieds comme s'il eût été soulevé par les élastiques de son pantalon, mais avec une rapidité extraordinaire. Il salua Meaulnes au passage sans s'arrêter, profondément, automatiquement, et disparut dans l'obscurité, vers le bâtiment central, ferme, château ou abbaye, dont la tourelle avait guidé l'écolier au début de l'après-midi.

Après un instant d'hésitation, notre héros emboîta le pas au curieux petit personnage. Ils traversèrent une sorte de grande cour-jardin, passèrent entre des massifs, contournèrent un vivier enclos de palissades, un puits, et se trouvèrent enfin au seuil de la demeure centrale.

Une lourde porte de bois, arrondie dans le haut et cloutée comme une porte de presbytère, était à demi ouverte. L'élégant s'y engouffra. Meaulnes le suivit, et, dès ses premiers pas dans le corridor, il se trouva, sans voir personne, entouré de rires, de chants, d'appels et de poursuites.

Tout au bout de celui-ci passait un couloir transversal. Meaulnes hésitait s'il allait pousser jusqu'au fond ou bien ouvrir une des portes derrière lesquelles il entendait un bruit de voix, lorsqu'il vit passer dans le fond deux fillettes qui se poursuivaient. Il courut pour les voir et les rattraper, à pas de loup, sur ses escarpins. Un bruit de portes qui s'ouvrent, deux visages de quinze ans que la fraîcheur du soir et la poursuite ont rendus tout roses, sous de grands cabriolets à brides, et tout va disparaître dans un brusque éclat de lumière.

Une seconde, elles tournent sur elles-mêmes, par jeu; leurs amples jupes légères se soulèvent et se gonflent; on aperçoit la dentelle de leurs longs, amusants pantalons; puis, ensemble, après cette pirouette, elles bondissent dans la pièce et referment la porte.

Meaulnes reste un moment ébloui et titubant dans ce corridor noir. Il craint maintenant d'être surpris. Son allure hésitante et gauche le ferait, sans doute, prendre pour un voleur. Il va s'en retourner délibérément vers la sortie, lorsque de nouveau il entend dans le fond du corridor un bruit de pas et des voix d'enfants. Ce sont deux petits garçons qui s'approchent en parlant.

« Est-ce qu'on va bientôt dîner, leur demande Meaulnes avec aplomb.

— Viens avec nous, répond le plus grand, on va t'y conduire ».

Et avec cette confiance et ce besoin d'amitié qu'ont les enfants, la veille d'une grande fête, ils le prennent chacun par la main. Ce sont probablement deux petits garçons de paysans. On leur a mis leurs plus beaux habits: de petites culottes coupées à mi-jambe qui laissent voir leurs gros bas de laine et leurs galoches, un petit justaucorps de velours bleu, une casquette de même couleur et un nœud de cravate blanc.

« La connais-tu, toi? demande l'un des enfants.

— Moi, fait le plus petit, qui a une tête ronde et des yeux naïfs, maman m'a dit qu'elle avait une robe noire et une collerette et qu'elle ressemblait à un joli pierrot.

— Qui donc? demande Meaulnes.

— Eh bien, la fiancée que Frantz est allé chercher... »

Avant que le jeune homme ait rien pu dire, ils sont tous les trois arrivés à la porte d'une grande salle où flambe un beau feu. Des planches, en guise de table, ont été posées sur des tréteaux; on a étendu des nappes blanches, et des gens de toutes sortes dînent avec cérémonie.

CHAPITRE XIV

LA FÊTE ÉTRANGE (suite)

C'était, dans une grande salle au plafond bas, un repas comme ceux que l'on offre, la veille des noces de campagne, aux parents qui sont venus de très loin.

Les deux enfants avaient lâché les mains de l'écolier et s'étaient précipités dans une chambre attenante où l'on entendait des voix puériles et des bruits de cuillers battant les assiettes. Meaulnes, avec audace et sans s'émouvoir, enjamba un banc et se trouva assis auprès de deux vieilles paysannes. Il se mit aussitôt à manger avec un appétit féroce; et c'est au bout d'un instant seulement qu'il leva la tête pour regarder les convives et les écouter.

On parlait peu, d'ailleurs. Ces gens semblaient à peine se connaître. Ils devaient venir, les uns, du fond de la campagne, les autres, de villes lointaines. Il y avait, épars le long des tables, quelques vieillards avec des favoris, et d'autres complètement rasés qui pouvaient être d'anciens marins. Près d'eux dînaient d'autres vieux qui leur ressemblaient: même face tannée, mêmes yeux vifs sous des sourcils en broussaille, mêmes cravates étroites comme des cordons de souliers... Mais il était aisé de voir que ceux-ci n'avaient jamais navigué plus loin que le bout du canton; et s'ils avaient tangué, roulé plus de mille fois sous les averses et dans le vent, c'était pour ce dur voyage sans péril qui consiste à creuser le sillon jusqu'au bout de son champ et à retourner ensuite la charrue... On voyait peu de femmes; quelques vieilles paysannes avec de rondes figures ridées comme des pommes, sous des bonnets tuyautés.

Il n'y avait pas un seul de ces convives avec qui Meaulnes ne se sentît à l'aise et en confiance. Il expliquait ainsi plus tard cette impression: quand on a, disait-il, commis quelque lourde faute impardonnable, on songe parfois, au milieu d'une grande amertume: « Il y a pourtant par le monde des gens qui me pardonneraient ». On imagine de vieilles gens, des grands-parents pleins d'indulgence, qui sont persuadés à l'avance que tout ce que vous faites est bien fait. Certainement parmi ces bonnes gens-là les convives de cette salle avaient été choisis. Quant aux autres, c'étaient des adolescents et des enfants...

Cependant, auprès de Meaulnes, les deux vieilles femmes causaient:

« En mettant tout pour le mieux, disait la plus âgée, d'une voix cocasse et suraiguë qu'elle cherchait vainement à adoucir, les fiancés ne seront pas là, demain, avant trois heures.

— Tais-toi, tu me ferais mettre en colère », répondait l'autre du ton le plus tranquille.

Celle-ci portait sur le front une capeline tricotée.

« Comptons! reprit la première sans s'émouvoir. Une heure et demie de chemin de fer de Bourges à Vierzon, et sept lieues de voiture, de Vierzon jusqu'ici... »

La discussion continua. Meaulnes n'en perdait pas une parole. Grâce à cette paisible prise de bec, ° la situation s'éclairait faiblement: Frantz de Galais, le fils du château — qui était étudiant ou marin ou peut-être aspirant de marine, on ne savait pas... — était allé à Bourges pour y chercher une jeune fille et l'épouser. Chose étrange, ce garçon, qui devait être très jeune et très fantasque, réglait tout à sa guise dans le Domaine. Il avait voulu que la maison où sa fiancée entrerait ressemblât à un palais en fête. Et pour célébrer la venue de la jeune fille, il avait invité lui-même ces enfants et ces vieilles gens débonnaires. Tels étaient les points que la discussion des deux femmes précisait. Elles laissaient tout le reste dans le mystère, et reprenaient sans cesse la question du retour des fiancés. L'une tenait pour le matin du lendemain. L'autre pour l'après-midi.

« Ma pauvre Moinelle, tu es toujours aussi folle, disait la plus jeune avec calme.

— Et toi, ma pauvre Adèle, toujours aussi entêtée. Il y a quatre ans que je ne t'avais vue, tu n'as pas changé », répondait l'autre en haussant les épaules, mais de sa voix la plus paisible.

Et elles continuaient ainsi à se tenir tête sans la moindre humeur. Meaulnes intervint dans l'espoir d'en apprendre davantage:

« Est-elle aussi jolie qu'on le dit, la fiancée de Frantz? »

Elles le regardèrent, interloquées. Personne d'autre que Frantz n'avait vu la jeune fille. Lui-même, en revenant de Toulon, l'avait rencontrée un soir, désolée, dans un de ces jardins de Bourges qu'on appelle *les Marais*. Son père, un tisserand, l'avait chassée de chez lui. Elle était fort jolie et Frantz avait décidé aussitôt de l'épouser. C'était une étrange histoire; mais son père, M. de Galais, et sa sœur Yvonne ne lui avaient-ils pas toujours tout accordé!...

Meaulnes, avec précaution, allait poser d'autres questions, lorsque parut à la porte un couple charmant: une enfant de seize ans avec corsage de velours et jupe à grands volants; un jeune personnage en habit à haut col et pantalon à élastiques. Ils traversèrent la salle, esquissant un pas de deux; d'autres les suivirent; puis d'autres passèrent en courant, poussant des crïs, poursuivis par un grand pierrot blafard, aux manches trop longues, coiffé d'un bonnet noir et riant d'une bouche édentée. Il courait à grandes enjambées maladroites, comme si, à chaque pas, il eût dû faire un saut, et il agitait ses longues manches vides. Les jeunes filles en avaient un peu peur; les jeunes gens lui serraient la main et il paraissait faire la joie des enfants qui le poursuivaient avec des cris perçants. Au passage il regarda Meaulnes de ses yeux vitreux, et l'écolier crut reconnaître, complètement rasé, le compagnon de M. Maloyau, le bohémien qui tout à l'heure accrochait les lanternes.

Le repas était terminé. Chacun se levait.

Dans les couloirs s'organisaient des rondes et des farandoles. Une musique, quelque part, jouait un pas de menuet... Meaulnes, la tête à demi cachée dans le collet de son manteau, comme dans une fraise, se sentait un autre personnage. Lui aussi, gagné par le plaisir, se mit à poursuivre le grand pierrot à travers les couloirs du Domaine, comme dans les coulisses d'un théâtre où la pantomime, de la scène, se fût partout répandue. Il se trouva ainsi mêlé jusqu'à la fin de la nuit à une foule joyeuse aux costumes extravagants. Parfois il ouvrait une porte, et se trouvait dans une chambre où l'on montrait la lanterne magique. Des enfants applaudissaient à grand bruit... Parfois, dans un coin de salon où l'on dansait, il engageait conversation avec quelque dandy et se renseignait hâtivement sur les costumes que l'on porterait les jours suivants...

Un peu angoissé à la longue par tout ce plaisir qui s'offrait à lui, craignant à chaque instant que son manteau entr'oùvert ne laissât voir sa blouse de collégien, il alla se réfugier un instant dans la partie la plus paisible et la plus obscure de la demeure. On n'y entendait que le bruit étouffé d'un piano.

Il entra dans une pièce silencieuse qui était une salle à manger éclairée par une lampe à suspension. Là aussi c'était fête, mais fête pour les petits enfants.

Les uns, assis sur des poufs, feuilletaient des albums ouverts sur leurs genoux; d'autres étaient accroupis par terre devant une chaise et, gravement, ils faisaient sur le siège un étalage d'images; d'autres, auprès du feu, ne disaient rien, ne faisaient rien, mais ils écoutaient au loin, dans l'immense demeure, la rumeur de la fête.

Une porte de cette salle à manger était grande ouverte. On entendait dans la pièce attenante jouer du piano. Meaulnes avança curieusement la tête. C'était une sorte de petit salon-parloir; une femme ou une jeune fille, un grand manteau marron jeté sur ses épaules, tournait le dos, jouant très doucement des airs de rondes ou de chansonnettes. Sur le divan, tout à côté, six ou sept petits garçons et petites filles rangés comme sur une image, sages comme le sont les enfants lorsqu'il se fait tard, écoutaient. De temps en temps seulement, l'un d'eux, arc-bouté sur les poignets, se soulevait, glissait à terre et passait dans la salle à manger: un de ceux qui avaient fini de regarder les images venait prendre sa place...

Après cette fête où tout était charmant, mais fiévreux et fou, où lui-même avait si follement poursuivi le grand pierrot, Meaulnes se trouvait là plongé dans le bonheur le plus calme du monde.

Sans bruit, tandis que la jeune fille continuait à jouer, il retourna s'asseoir dans la salle à manger, et, ouvrant un des gros livres rouges épars sur la table, il commença distraitement à lire.

Presque aussitôt un des petits qui étaient par terre s'approcha, se pendit à son bras et grimpa sur son genou pour regarder en même temps que lui; un autre en fit autant de l'autre côté. Alors ce fut un rêve comme son rêve de jadis. Il put imaginer longuement qu'il était dans sa propre maison, marié, un beau soir, et que cet être charmant et inconnu qui jouait du piano, près de lui, c'était sa femme...

CHAPITRE XV

LA RENCONTRE

Le lendemain matin, Meaulnes fut prêt un des premiers. Comme on le lui avait conseillé, il revêtit un simple costume noir, de mode passée, une jaquette serrée à la taille avec des manches bouffant aux épaules, un gilet croisé, un pantalon élargi du bas jusqu'à cacher ses fines chaussures, et un chapeau haut de forme.

La cour était déserte encore lorsqu'il descendit. Il fit quelques pas et se trouva comme transporté dans une journée de printemps. Ce fut en effet le matin le plus doux de cet hiver-là. Il faisait du soleil comme aux premiers jours d'avril. Le givre fondait et l'herbe mouillée brillait comme humectée de rosée. Dans les arbres, plusieurs petits oiseaux chantaient et de temps à autre une brise tiédie coulait sur le visage du promeneur.

Il fit comme les invités qui se sont éveillés avant le maître de la maison. Il sortit dans la cour du Domaine, pensant à chaque instant qu'une voix cordiale et joyeuse allait crier derrière lui:

« Déjà réveillé, Augustin?... »

Mais il se promena longtemps seul à travers le jardin et la cour. Là-bas, dans le bâtiment principal, rien ne remuait, ni aux fenêtres, ni à la tourelle. On avait ouvert déjà, cependant, les deux battants de la ronde porte de bois. Et, dans une des fenêtres du haut, un rayon de soleil donnait, comme en été, aux premières heures du matin.

Meaulnes, pour la première fois, regardait en plein jour l'intérieur de la propriété. Les vestiges d'un mur séparaient le jardin délabré de la cour, où l'on avait, depuis peu, versé du sable et passé le râteau. A l'extrémité des dépendances qu'il habitait, c'étaient des écuries bâties dans un amusant désordre, qui multipliait les recoins garnis d'arbrisseaux fous et de vigne vierge. Jusque sur le Domaine déferlaient des bois de sapins qui le cachaient à tout le pays plat, sauf vers l'est, où l'on apercevait des collines bleues couvertes de rochers et de sapins encore.

Un instant, dans le jardin, Meaulnes se pencha sur la branlante barrière de bois qui entourait le vivier; vers les bords il restait un peu de glace mince et plissée comme une écume. Il s'aperçut lui-même reflété dans l'eau, comme incliné sur le ciel, dans son costume d'étudiant romantique. Et il crut voir un autre Meaulnes; non plus l'écolier qui s'était évadé dans une carriole de paysan, mais un être charmant et romanesque, au milieu d'un beau livre de prix...

Il se hâta vers le bâtiment principal, car il avait faim. Dans la grande salle où il avait dîné la veille, une paysanne mettait le couvert. Dès que Meaulnes se fut assis devant un des bols alignés sur la nappe, elle lui versa le café en disant:

« Vous êtes le premier, monsieur ».

Il ne voulut rien répondre, tant il craignait d'être soudain reconnu comme un étranger. Il demanda seulement à quelle heure partirait le bateau pour la promenade matinale qu'on avait annoncée.

« Pas avant une demi-heure, monsieur: personne n'est descendu encore », fut la réponse.

Il continua donc d'errer en cherchant le lieu de l'embarcadère, autour de la longue maison châtelaine aux ailes inégales, comme une église. Lorsqu'il eut contourné l'aile sud, il aperçut soudain les roseaux, à perte de vue, qui formaient tout le paysage. L'eau des étangs venait de ce côté mouiller le pied des murs, et il y avait, devant plusieurs portes, de petits balcons de bois qui surplombaient les vagues clapotantes.

Désœuvré, le promeneur erra un long moment sur la rive sablée comme un chemin de halage. Il examinait curieusement les grandes portes aux vitres poussiéreuses qui donnaient sur des pièces délabrées ou abandonnées, sur des débarras encombrés de brouettes, d'outils rouillés et de pots de fleurs brisés, lorsque soudain, à l'autre bout des bâtiments, il entendit des pas grincer sur le sable.

C'étaient deux femmes, l'une très vieille et courbée; l'autre, une jeune fille, blonde, élancée, dont le charmant costume, après tous les déguisements de la veille, parut d'abord à Meaulnes extraordinaire.

Elles s'arrêtèrent un instant pour regarder le paysage, tandis que Meaulnes se disait, avec un étonnement qui lui parut plus tard bien grossier:

« Voilà sans doute ce qu'on appelle une jeune fille excentrique — peut-être une actrice qu'on a mandée pour la fête ».

Cependant, les deux femmes passaient près de lui et Meaulnes, immobile, regarda la jeune fille. Souvent, plus tard, lorsqu'il s'endormait après avoir désespérément essayé de se rappeler le beau visage effacé, il voyait en rêve passer des rangées de jeunes femmes qui ressemblaient à celle-ci. L'une avait un chapeau comme elle et l'autre son air un peu penché; l'autre son regard si pur; l'autre encore sa taille fine, et l'autre avait aussi ses yeux bleus: mais aucune de ces femmes n'était jamais la grande jeune fille.

Meaulnes eut le temps d'apercevoir, sous une lourde chevelure blonde, un visage aux traits un peu courts, mais dessinés avec une finesse presque douloureuse. Et comme déjà elle était passée devant lui, il regarda sa toilette, qui était bien la plus simple et la plus sage des toilettes…

Perplexe, il se demandait s'il allait les accompagner, lorsque la jeune fille, se tournant imperceptiblement vers lui, dit à sa compagne:

« Le bateau ne va pas tarder, maintenant, je pense?… »

Et Meaulnes les suivit. La vieille dame, cassée, tremblante, ne cessait de causer gaiement et de rire. La jeune fille répondait doucement. Et lorsqu'elles descendirent sur l'embarcadère, elle eut ce même regard innocent et grave, qui semblait dire:

« Qui êtes-vous? Que faites-vous ici? Je ne vous connais pas. Et pourtant il me semble que je vous connais ».

D'autres invités étaient maintenant épars entre les arbres, attendant. Et trois bateaux de plaisance accostaient, prêts à recevoir les promeneurs. Un à un, sur le passage des dames, qui paraissaient être la châtelaine et sa fille, les jeunes gens saluaient profondément, et les demoiselles s'inclinaient. Étrange matinée! Étrange partie de plaisir! Il faisait froid malgré le soleil d'hiver, et les femmes enroulaient autour de leur cou ces boas de plumes qui étaient alors à la mode…

La vieille dame resta sur la rive, et, sans savoir comment, Meaulnes se trouva dans le même yacht que la jeune châtelaine. Il s'accouda sur le pont, tenant d'une main son chapeau battu par le grand vent, et il put regarder à l'aise la jeune fille, qui s'était assise à l'abri. Elle aussi le regardait. Elle répondait à ses compagnes, souriait, puis posait doucement ses yeux bleus sur lui, en tenant sa lèvre un peu mordue.

Un grand silence régnait sur les berges prochaines. Le bateau filait avec un bruit calme de machine et d'eau. On eût pu se croire au cœur de l'été. On allait aborder, semblait-il, dans le beau jardin de quelque maison de campagne. La jeune fille s'y promènerait sous une ombrelle blanche. Jusqu'au soir on entendrait les tourterelles gémir… Mais soudain une rafale glacée venait rappeler décembre aux invités de cette étrange fête.

On aborda devant un bois de sapins. Sur le débarcadère, les passagers

durent attendre un instant, serrés les uns contre les autres, qu'un des
bateliers eût ouvert le cadenas de la barrière... Avec quel émoi Meaulnes
se rappelait dans la suite cette minute où, sur le bord de l'étang, il avait
eu très près du sien le visage désormais perdu de la jeune fille! Il avait
regardé ce profil si pur, de tous ses yeux, jusqu'à ce qu'ils fussent
près de s'emplir de larmes. Et il se rappelait avoir vu, comme un
secret délicat qu'elle lui eût confié, un peu de poudre restée sur sa
joue...

A terre, tout s'arrangea comme dans un rêve. Tandis que les enfants
couraient avec des cris de joie, que des groupes se formaient et s'éparpil-
laient à travers bois, Meaulnes s'avança dans une allée, où, dix pas
devant lui, marchait la jeune fille. Il se trouva près d'elle sans avoir eu
le temps de réfléchir:

« Vous êtes belle », dit-il simplement.

Mais elle hâta le pas et, sans répondre, prit une allée transversale.
D'autres promeneurs couraient, jouaient à travers les avenues, chacun
errant à sa guise, conduit seulement par sa libre fantaisie. Le jeune
homme se reprocha vivement ce qu'il appelait sa balourdise, sa gros-
sièreté, sa sottise. Il errait au hasard, persuadé qu'il ne reverrait plus
cette gracieuse créature, lorsqu'il l'aperçut soudain venant à sa rencontre et forcée de passer près de lui dans l'étroit sentier. Elle écartait
de ses deux mains nues les plis de son grand manteau. Elle avait des
souliers noirs très découverts. Ses chevilles étaient si fines qu'elles
pliaient par instants et qu'on craignait de les voir se briser.

Cette fois, le jeune homme salua, en disant très bas:

« Voulez-vous me pardonner?

— Je vous pardonne, dit-elle gravement. Mais il faut que je rejoigne
les enfants, puisqu'ils sont les maîtres aujourd'hui. Adieu ».

Augustin la supplia de rester un instant encore. Il lui parlait avec
gaucherie, mais d'un ton si troublé, si plein de désarroi, qu'elle marcha
plus lentement et l'écouta.

« Je ne sais même pas qui vous êtes », dit-elle enfin.

Elle prononçait chaque mot d'un ton uniforme, en appuyant de la
même façon sur chacun, mais en disant plus doucement le dernier...
Ensuite elle reprenait son visage immobile, sa bouche un peu mordue,
et ses yeux bleus regardaient fixement au loin.

« Je ne sais pas non plus votre nom », répondit Meaulnes.

Ils suivaient maintenant un chemin découvert, et l'on voyait à quelque distance les invités se presser autour d'une maison isolée dans la pleine campagne.

« Voici la « maison de Frantz », dit la jeune fille; il faut que je vous quitte... »

Elle hésita, le regarda un instant en souriant et dit:

« Mon nom? ... Je suis mademoiselle Yvonne de Galais... »

Et elle s'échappa.

La « maison de Frantz » était alors inhabitée. Mais Meaulnes la trouva envahie jusqu'aux greniers par la foule des invités. Il n'eut guère le loisir d'ailleurs d'examiner le lieu où il se trouvait: on déjeuna en hâte d'un repas froid emporté dans les bateaux, ce qui était fort peu de saison, mais les enfants en avaient décidé ainsi, sans doute; et l'on repartit. Meaulnes s'approcha de Mlle de Galais dès qu'il la vit sortir et, répondant à ce qu'elle avait dit tout à l'heure:

« Le nom que je vous donnais était plus beau, dit-il.

— Comment? Quel était ce nom? » fit-elle, toujours avec la même gravité.

Mais il eut peur d'avoir dit une sottise et ne répondit rien.

« Mon nom à moi est Augustin Meaulnes, continua-t-il, et je suis étudiant. °

— Oh! vous étudiez? » dit-elle. Et ils parlèrent un instant encore. Ils parlèrent lentement, avec bonheur, — avec amitié. Puis l'attitude de l jeune fille changea. Moins hautaine et moins grave, maintenant, elle parut aussi plus inquiète. On eût dit qu'elle redoutait ce que Meaulnes allait dire et s'en effarouchait à l'avance. Elle était auprès de lui toute frémissante, comme une hirondelle un instant posée à terre et qui déjà tremble du désir de reprendre son vol.

« A quoi bon? A quoi bon? » répondait-elle doucement aux projets que faisait Meaulnes.

Mais lorsqu'enfin il osa lui demander la permission de revenir un jour vers ce beau domaine:

« Je vous attendrai », répondit-elle simplement.

Ils arrivaient en vue de l'embarcadère. Elle s'arrêta soudain et dit pensivement:

« Nous sommes deux enfants; nous avons fait une folie. Il ne faut pas que nous montions cette fois dans le même bateau. Adieu, ne me suivez pas ».

Meaulnes resta un instant interdit, la regardant partir. Puis il se reprit à marcher. Et alors la jeune fille, dans le lointain, au moment de se perdre à nouveau dans la foule des invités, s'arrêta et, se tournant vers lui, pour la première fois le regarda longuement. Était-ce un dernier signe d'adieu? Était-ce pour lui défendre de l'accompagner? Ou peut-être avait-elle quelque chose encore à lui dire?...

Dès qu'on fut rentré au Domaine, commença, derrière la ferme, dans une grande prairie en pente, la course des poneys. C'était la dernière partie de la fête. D'après toutes les prévisions, les fiancés devaient arriver à temps pour y assister et ce serait Frantz qui dirigerait tout.

On dut pourtant commencer sans lui. Les garçons en costumes de jockeys, les fillettes en écuyères, amenaient, les uns, de fringants poneys enrubannés, les autres, de très vieux chevaux dociles. Au milieu des cris, des rires enfantins, des paris et des longs coups de cloche, on se fût cru transporté sur la pelouse verte et taillée de quelque champ de courses en miniature.

Meaulnes reconnut Daniel et les petites filles aux chapeaux à plumes, qu'il avait entendus la veille dans l'allée du bois... Le reste du spectacle lui échappa, tant il était anxieux de retrouver dans la foule le gracieux chapeau de roses et le grand manteau marron. Mais Mlle de Galais ne parut pas. Il la cherchait encore lorsqu'une volée de coups de cloche et des cris de joie annoncèrent la fin des courses. Une petite fille sur une vieille jument blanche avait remporté la victoire. Elle passait triomphalement sur sa monture et le panache de son chapeau flottait au vent.

Puis soudain tout se tut. Les jeux étaient finis et Frantz n'était pas de retour. On hésita un instant; on se concerta avec embarras. Enfin, par groupes, on regagna les appartements, pour attendre, dans l'inquiétude et le silence, le retour des fiancés.

CHAPITRE XVI

FRANTZ DE GALAIS

La course avait fini trop tôt. Il était quatre heures et demie et il faisait jour encore, lorsque Meaulnes se retrouva dans sa chambre, la tête pleine des événements de son extraordinaire journée. Il s'assit devant la table, désœuvré, attendant le dîner et la fête qui devait suivre.

De nouveau soufflait le grand vent du premier soir. On l'entendait gronder comme un torrent ou passer avec le sifflement appuyé d'une chute d'eau. Le tablier de la cheminée battait de temps à autre.

Pour la première fois, Meaulnes sentit en lui cette légère angoisse qui vous saisit à la fin des trop belles journées. Un instant il pensa à allumer du feu; mais il essaya vainement de lever le tablier rouillé de la cheminée. Alors il se prit à ranger dans la chambre; il accrocha ses beaux habits aux portemanteaux, disposa le long du mur les chaises bouleversées, comme s'il eût tout voulu préparer là pour un long séjour.

Cependant, songeant qu'il devait se tenir toujours prêt à partir, il plia soigneusement sur le dossier d'une chaise, comme un costume de voyage, sa blouse et ses autres vêtements de collégien; sous la chaise, il mit ses souliers ferrés pleins de terre encore.

Puis il revint s'asseoir et regarda autour de lui, plus tranquille, sa demeure qu'il avait mise en ordre.

De temps à autre une goutte de pluie venait rayer la vitre qui donnait sur la cour aux voitures et sur le bois de sapins. Apaisé, depuis qu'il avait rangé son appartement, le grand garçon se sentit parfaitement heureux. Il était là, mystérieux, étranger, au milieu de ce monde inconnu, dans la chambre qu'il avait choisie. Ce qu'il avait obtenu dépassait toutes ses espérances. Et il suffisait maintenant à sa joie de se rappeler ce visage de jeune fille, dans le grand vent, qui se tournait vers lui...

Durant cette rêverie, la nuit était tombée sans qu'il songeât même à allumer les flambeaux. Un coup de vent fit battre la porte de l'arrière-chambre qui communiquait avec la sienne et dont la fenêtre donnait aussi sur la cour aux voitures. Meaulnes allait la refermer, lorsqu'il aperçut dans cette pièce une lueur, comme celle d'une bougie allumée sur la table. Il avança la tête dans l'entrebâillement de la porte. Quelqu'un était entré là, par la fenêtre sans doute, et se promenait de long en large, à pas silencieux. Autant qu'on pouvait voir, c'était un très jeune homme. Nu-tête, une pèlerine de voyage sur les épaules, il marchait sans arrêt, comme affolé par une douleur insupportable. Le vent de la fenêtre qu'il avait laissée grande ouverte faisait flotter sa pèlerine et, chaque fois qu'il passait près de la lumière, on voyait luire des boutons dorés sur sa fine redingote.

Il sifflait quelque chose entre ses dents, une espèce d'air marin, comme en chantent, pour s'égayer le cœur, les matelots et les filles dans les cabarets des ports...

Un instant, au milieu de sa promenade agitée, il s'arrêta et se pencha sur la table, chercha dans une boîte, en sortit plusieurs feuilles de papier... Meaulnes vit, de profil, dans la lueur de la bougie, un très fin, très aquilin visage sans moustache sous une abondante chevelure que partageait une raie de côté. Il avait cessé de siffler. Très pâle, les lèvres entr'ouvertes, il paraissait à bout de souffle, comme s'il avait reçu au cœur un coup violent.

Meaulnes hésitait s'il allait, par discrétion, se retirer, ou s'avancer, lui mettre doucement, en camarade, la main sur l'épaule, et lui parler. Mais l'autre leva la tête et l'aperçut. Il le considéra une seconde, puis, sans s'étonner, s'approcha et dit, affermissant sa voix:

« Monsieur, je ne vous connais pas. Mais je suis content de vous voir. Puisque vous voici, c'est à vous que je vais expliquer... Voilà!... »

Il paraissait complètement désemparé. Lorsqu'il eut dit: « Voilà », il prit Meaulnes par le revers de sa jaquette, comme pour fixer son attention. Puis il tourna la tête vers la fenêtre, comme pour réfléchir à ce qu'il allait dire, cligna des yeux — et Meaulnes comprit qu'il avait une forte envie de pleurer.

Il ravala d'un coup toute cette peine d'enfant, puis, regardant toujours fixement la fenêtre, il reprit d'une voix altérée:

« Eh bien, voilà: c'est fini; la fête est finie. Vous pouvez descendre le leur dire. Je suis rentré tout seul. Ma fiancée ne viendra pas. Par scrupule, par crainte, par manque de foi... d'ailleurs, monsieur, je vais vous expliquer... »

Mais il ne put continuer; tout son visage se plissa. Il n'expliqua rien. Se détournant soudain, il s'en alla dans l'ombre ouvrir et refermer des tiroirs pleins de vêtements et de livres.

« Je vais m'apprêter pour repartir, dit-il. Qu'on ne me dérange pas ».

Il plaça sur la table divers objets, un nécessaire de toilette, un pistolet...

Et Meaulnes, plein de désarroi, sortit sans oser lui dire un mot ni lui serrer la main.

En bas, déjà, tout le monde semblait avoir pressenti quelque chose.

Presque toutes les jeunes filles avaient changé de robe. Dans le bâtiment principal le dîner avait commencé, mais hâtivement, dans le désordre, comme à l'instant d'un départ.

Il se faisait un continuel va-et-vient de cette grande cuisine-salle à manger aux chambres du haut et aux écuries. Ceux qui avaient fini formaient des groupes où l'on se disait au revoir.

« Que se passe-t-il? demanda Meaulnes à un garçon de campagne, qui se hâtait de terminer son repas, son chapeau de feutre sur la tête et sa serviette fixée à son gilet.

— Nous partons, répondit-il. Cela s'est décidé tout d'un coup. A cinq heures, nous nous sommes trouvés seuls, tous les invités ensemble. Nous avions attendu jusqu'à la dernière limite. Les fiancés ne pouvaient plus venir. Quelqu'un a dit: « Si nous partions... » Et tout le monde s'est apprêté pour le départ ».

Meaulnes ne répondit pas. Il lui était égal de s'en aller maintenant. N'avait-il pas été jusqu'au bout de son aventure?... N'avait-il pas obtenu cette fois tout ce qu'il désirait? C'est à peine s'il avait eu le temps de repasser à l'aise dans sa mémoire toute la belle conversation du matin. Pour l'instant, il ne s'agissait que de partir. Et bientôt, il reviendrait — sans tricherie, cette fois...

« Si vous voulez venir avec nous, continua l'autre, qui était un garçon de son âge, hâtez-vous d'aller vous mettre en tenue. Nous attelons dans un instant ».

Il partit au galop, laissant là son repas commencé et négligeant de dire aux invités ce qu'il savait. Le parc, le jardin et la cour étaient plongés dans une obscurité profonde. Il n'y avait pas, ce soir-là, de lanternes aux fenêtres. Mais comme, après tout, ce dîner ressemblait au dernier repas des fins de noces, les moins bons des invités, qui peut-être avaient bu, s'étaient mis à chanter. A mesure qu'il s'éloignait, Meaulnes entendait monter leurs airs de cabaret, dans ce parc qui depuis deux jours avait tenu tant de grâce et de merveilles. Et c'était le commencement du désarroi et de la dévastation. Il passa près du vivier où le matin même il s'était miré. Comme tout paraissait changé déjà... — avec cette chanson, reprise en chœur, qui arrivait par bribes:

> *D'où donc que tu reviens,* *petite libertine?*
> *Ton bonnet est déchiré*
> *Tu es bien mal coiffée...*

et cette autre encore:

> *Mes souliers sont rouges...*
> *Adieu, mes amours...*
> *Mes souliers sont rouges...*
> *Adieu, sans retour!*

Comme il arrivait au pied de l'escalier de sa demeure isolée, quelqu'un en descendait qui le heurta dans l'ombre et lui dit:

« Adieu, monsieur! »

et, s'enveloppant dans sa pèlerine comme s'il avait très froid, disparut. C'était Frantz de Galais.

La bougie que Frantz avait laissée dans sa chambre brûlait encore. Rien n'avait été dérangé. Il y avait seulement, écrits sur une feuille de papier à lettres placée en évidence, ces mots:

> *Ma fiancée a disparu, me faisant dire qu'elle ne pouvait pas être ma femme; qu'elle était une couturière et non pas une princesse. Je ne sais que devenir. Je m'en vais. Je n'ai plus envie de vivre. Qu'Yvonne me pardonne si je ne lui dis pas adieu, mais elle ne pourrait rien pour moi...*

C'était la fin de la bougie, dont la flamme vacilla, rampa une seconde et s'éteignit. Meaulnes rentra dans sa propre chambre et ferma la porte. Malgré l'obscurité, il reconnut chacune des choses qu'il avait rangées en plein jour, en plein bonheur, quelques heures auparavant. Pièce par pièce, fidèle, il retrouva tout son vieux vêtement misérable, depuis ses godillots jusqu'à sa grossière ceinture à boucle de cuivre. Il se déshabilla et se rhabilla vivement, mais, distraitement, déposa sur une chaise ses habits d'emprunt, se trompant de gilet.

Sous les fenêtres, dans la cour aux voitures, un remue-ménage avait commencé. On tirait, on appelait, on poussait, chacun voulant défaire sa voiture de l'inextricable fouillis où elle était prise. De temps en temps un homme grimpait sur le siège d'une charrette, sur la bâche d'une grande carriole et faisait tourner sa lanterne. La lueur du falot venait frapper la fenêtre: un instant, autour de Meaulnes, la chambre maintenant familière, où toutes choses avaient été pour lui si amicales, palpitait, revivait.. Et c'est ainsi qu'il quitta, refermant soigneusement la porte, ce mystérieux endroit qu'il ne devait sans doute jamais revoir.

CHAPITRE XVII

LA FÊTE ÉTRANGE (*fin*)

Déjà, dans la nuit, une file de voitures roulait lentement vers la grille du bois. En tête, un homme revêtu d'une peau de chèvre, une lanterne à la main, conduisait par la bride le cheval du premier attelage.

Meaulnes avait hâte de trouver quelqu'un qui voulût bien se charger de lui. Il avait hâte de partir. Il appréhendait, au fond du cœur, de se trouver soudain seul dans le Domaine, et que sa supercherie fût découverte.

Lorsqu'il arriva devant le bâtiment principal les conducteurs équilibraient la charge des dernières voitures. On faisait lever tous les voyageurs pour rapprocher ou reculer les sièges, et les jeunes filles enveloppées dans des fichus se levaient avec embarras, les couvertures tombaient à leurs pieds et l'on voyait les figures inquiètes de celles qui baissaient leur tête du côté des falots.

Dans un de ces voituriers, Meaulnes reconnut le jeune paysan qui tout à l'heure avait offert de l'emmener :

« Puis-je monter ? lui cria-t-il.

— Où vas-tu, mon garçon ? répondit l'autre qui ne le reconnaissait plus.

— Du côté de Sainte-Agathe.

— Alors il faut demander une place à Maritain ».

Et voilà le grand écolier cherchant parmi les voyageurs attardés ce Maritain inconnu. On le lui indiqua parmi les buveurs qui chantaient dans la cuisine.

« C'est un « amusard », lui dit-on. Il sera encore là à trois heures du matin ».

Meaulnes songea un instant à la jeune fille inquiète, pleine de fièvre et de chagrin, qui entendrait chanter dans le Domaine, jusqu'au milieu de la nuit, ces paysans avinés. Dans quelle chambre était-elle ? Où était sa fenêtre, parmi ces bâtiments mystérieux ? Mais rien ne servirait à l'écolier de s'attarder. Il fallait partir. Une fois rentré à Sainte-Agathe, tout deviendrait plus clair ; il cesserait d'être un écolier évadé ; de nouveau il pourrait songer à la jeune châtelaine.

Une à une, les voitures s'en allaient ; les roues grinçaient sur le sable de la grande allée. Et, dans la nuit, on les voyait tourner et disparaître, chargées de femmes emmitouflées, d'enfants dans des fichus, qui déjà s'endormaient. Une grande carriole encore; un char à bancs, où les femmes étaient serrées épaule contre épaule, passa, laissant Meaulnes interdit, sur le seuil de la demeure. Il n'allait plus rester bientôt qu'une vieille berline que conduisait un paysan en blouse.

« Vous pouvez monter, répondit-il aux explications d'Augustin, nous allons dans cette direction ».

Péniblement Meaulnes ouvrit la portière de la vieille guimbarde, dont la vitre trembla et les gonds crièrent. Sur la banquette, dans un coin de la voiture, deux tout petits enfants, un garçon et une fille, dormaient. Ils s'éveillèrent au bruit et au froid, se détendirent, regardèrent vaguement, puis en frissonnant se renfoncèrent dans leur coin et se rendormirent...

Déjà la vieille voiture partait. Meaulnes referma plus doucement la portière et s'installa avec précaution dans l'autre coin; puis, avidement, s'efforça de distinguer à travers la vitre les lieux qu'il allait quitter et la route par où il était venu: il devina, malgré la nuit, que la voiture traversait la cour et le jardin, passait devant l'escalier de sa chambre, franchissait la grille et sortait du Domaine pour entrer dans les bois. Fuyant le long de la vitre, on distinguait vaguement les troncs des vieux sapins.

« Peut-être rencontrerons-nous Frantz de Galais », se disait Meaulnes, le cœur battant.

Brusquement, dans le chemin étroit, la voiture fit un écart pour ne pas heurter un obstacle. C'était, autant qu'on pouvait deviner dans la nuit à ses formes massives, une roulotte arrêtée presque au milieu du chemin et qui avait dû rester là, à proximité de la fête, durant ces derniers jours.

Cet obstacle franchi, les chevaux repartis au trot, Meaulnes commençait à se fatiguer de regarder à la vitre, s'efforçant vainement de percer l'obscurité environnante, lorsque soudain, dans la profondeur du bois, il y eut un éclair, suivi d'une détonation. Les chevaux partirent au galop et Meaulnes ne sut pas d'abord si le cocher en blouse s'efforçait de les retenir ou au contraire les excitait à fuir. Il voulut ouvrir la portière. Comme la poignée se trouvait à l'extérieur, il essaya vainement de baisser la glace, la secoua... Les enfants, réveillés en peur, se serraient l'un contre l'autre, sans rien dire. Et tandis qu'il secouait la vitre, le visage collé au carreau, il aperçut, grâce à un coude du chemin, une forme blanche qui courait. C'était, hagard et affolé, le grand pierrot de la fête, le bohémien en tenue de mascarade, qui portait dans ses bras un corps humain serré contre sa poitrine. Puis tout disparut.

Dans la voiture qui fuyait au grand galop à travers la nuit, les deux enfants s'étaient rendormis. Personne à qui parler des événements mystérieux de ces deux jours. Après avoir longtemps repassé dans son esprit tout ce qu'il avait vu et entendu, plein de fatigue et le cœur gros, le jeune homme lui aussi s'abandonna au sommeil, comme un enfant triste…

… Ce n'était pas encore le petit jour lorsque, la voiture s'étant arrêtée sur la route, Meaulnes fut réveillé par quelqu'un qui cognait à la vitre. Le conducteur ouvrit péniblement la portière et cria, tandis que le vent froid de la nuit glaçait l'écolier jusqu'aux os:

« Il va falloir descendre ici. Le jour se lève. Nous allons prendre la traverse. Vous êtes tout près de Sainte-Agathe ».

A demi replié, Meaulnes obéit, chercha vaguement, d'un geste inconscient, sa casquette, qui avait roulé sous les pieds des deux enfants endormis, dans le coin le plus sombre de la voiture, puis il sortit en se baissant.

« Allons, au revoir, dit l'homme en remontant sur son siège. Vous n'avez plus que six kilomètres à faire. Tenez, la borne est là, au bord du chemin ».

Meaulnes, qui ne s'était pas encore arraché de son sommeil, marcha courbé en avant, d'un pas lourd, jusqu'à la borne et s'y assit, les bras croisés, la tête inclinée, comme pour se rendormir.

« Ah! non, cria le voiturier. Il ne faut pas vous endormir là. Il fait trop froid. Allons, debout, marchez un peu… »

Vacillant comme un homme ivre, le grand garçon, les mains dans ses poches, les épaules rentrées, s'en alla lentement sur le chemin de Sainte-Agathe; tandis que, dernier vestige de la fête mystérieuse, la vieille berline quittait le gravier de la route et s'éloignait, cahotant en silence, sur l'herbe de la traverse. On ne voyait plus que le chapeau du conducteur, dansant au-dessus des clôtures…

DEUXIÈME PARTIE

CHAPITRE PREMIER

LE GRAND JEU

Le grand vent et le froid, la pluie ou la neige, l'impossibilité où nous étions de mener à bien de longues recherches nous empêchèrent, Meaulnes et moi, de reparler du Pays perdu avant la fin de l'hiver. Nous ne pouvions rien commencer de sérieux, durant ces brèves journées de février, ces jeudis ° sillonnés de bourrasques, qui finissaient régulièrement vers cinq heures par une morne pluie glacée.

Rien ne nous rappelait l'aventure de Meaulnes sinon ce fait étrange que depuis l'après-midi de son retour nous n'avions plus d'amis. Aux récréations, les mêmes jeux qu'autrefois s'organisaient, mais Jasmin ne parlait jamais plus au grand Meaulnes. Les soirs, aussitôt la classe balayée, la cour se vidait comme au temps où j'étais seul, et je voyais errer mon compagnon, du jardin au hangar et de la cour à la salle à manger.

Les jeudis matins, chacun de nous installé sur le bureau d'une des deux salles de classe, nous lisions Rousseau et Paul-Louis Courier ° que nous avions dénichés dans les placards, entre des méthodes d'anglais et des cahiers de musique finement recopiés. L'après-midi, c'était quelque visite qui nous faisait fuir l'appartement; et nous regagnions l'école... Nous entendions parfois des groupes de grands élèves qui s'arrêtaient un instant, comme par hasard, devant le grand portail, le heurtaient en jouant à des jeux militaires incompréhensibles et puis s'en allaient... Cette triste vie se poursuivit jusqu'à la fin de février. Je commençais à croire que Meaulnes avait tout oublié, lorsqu'une aventure, plus étrange que les autres, vint me prouver que je m'étais trompé et qu'une crise violente se préparait sous la surface morne de cette vie d'hiver.

Ce fut justement un jeudi soir, vers la fin du mois, que la première nouvelle du Domaine étrange, la première vague de cette aventure dont nous ne reparlions pas arriva jusqu'à nous. Nous étions en pleine veillée.° Mes grands-parents repartis, restaient seulement avec nous Millie et mon père, qui ne se doutaient nullement de la sourde fâcherie par quoi toute la classe était divisée en deux clans.

A huit heures, Millie qui avait ouvert la porte pour jeter dehors les miettes du repas fit:

« Ah! »

d'une voix si claire que nous nous approchâmes pour regarder. Il y avait sur le seuil une couche de neige… Comme il faisait très sombre, je m'avançai de quelques pas dans la cour pour voir si la couche était profonde. Je sentis des flocons légers qui me glissaient sur la figure et fondaient aussitôt. On me fit rentrer très vite et Millie ferma la porte frileusement.

A neuf heures nous nous disposions à monter nous coucher; ma mère avait déjà la lampe à la main, lorsque nous entendîmes très nettement deux grands coups lancés à toute volée dans le portail, à l'autre bout de la cour. Elle replaça la lampe sur la table et nous restâmes tous debout, aux aguets, l'oreille tendue.

Il ne fallait pas songer à aller voir ce qui se passait. Avant d'avoir traversé seulement la moitié de la cour, la lampe eût été éteinte et le verre brisé. Il y eut un court silence et mon père commençait à dire que « c'était sans doute… », lorsque, tout juste sous la fenêtre de la salle à manger, qui donnait, je l'ai dit, sur la route de La Gare, un coup de sifflet partit, strident et très prolongé, qui dut s'entendre jusque dans la rue de l'église. Et, immédiatement, derrière la fenêtre, à peine voilés par les carreaux, poussés par des gens qui devaient être montés à la force des poignets sur l'appui extérieur, éclatèrent des cris perçants.

« Amenez-le! Amenez-le! »

A l'autre extrémité du bâtiment, les mêmes cris répondirent. Ceux-là avaient dû passer par le champ du père Martin; ils devaient être grimpés sur le mur bas qui séparait le champ de notre cour.

Puis, vociférés à chaque endroit par huit ou dix inconnus aux voix déguisées, les cris de: « Amenez-le! » éclatèrent successivement — sur le toit du cellier qu'ils avaient dû atteindre en escaladant un tas de fagots adossé au mur extérieur — sur un petit mur qui joignait le hangar au portail et dont la crête arrondie permettait de se mettre commodément à cheval — sur le mur grillé de la route de La Gare où l'on pouvait facilement monter… Enfin, par derrière, dans le jardin, une troupe retardataire arriva, qui fit la même sarabande, criant cette fois:

« A l'abordage! »

Et nous entendions l'écho de leurs cris résonner dans les salles de classe vides, dont ils avaient ouvert les fenêtres.

Nous connaissions si bien, Meaulnes et moi, les détours et les passages de la grande demeure, que nous voyions très nettement, comme sur un plan, tous les points où ces gens inconnus étaient en train de l'attaquer.

A vrai dire, ce fut seulement au tout premier instant que nous eûmes de l'effroi. Le coup de sifflet nous fit penser tous les quatre à une attaque de rôdeurs et de bohémiens. Justement il y avait depuis une quinzaine, sur la place, derrière l'église, un grand malandrin et un jeune garçon à la tête serrée dans des bandages. Il y avait aussi, chez les charrons et les maréchaux, des ouvriers qui n'étaient pas du pays.

Mais, dès que nous eûmes entendu les assaillants crier, nous fûmes persuadés que nous avions affaire à des gens — et probablement à des jeunes gens — du bourg. Il y avait même certainement des gamins — on reconnaissait leurs voix suraiguës — dans la troupe qui se jetait à l'assaut de notre demeure comme à l'abordage d'un navire.

« Ah! bien, par exemple… » s'écria mon père.

Et Millie demanda à mi-voix:

« Mais qu'est-ce que cela veut dire? »

lorsque soudain les voix du portail et du mur grillé — puis celles de la fenêtre — s'arrêtèrent. Deux coups de sifflet partirent derrière la croisée. Les cris des gens grimpés sur le cellier, comme ceux des assaillants du jardin, décrurent progressivement, puis cessèrent; nous entendîmes, le long du mur de la salle à manger, le frôlement de toute la troupe qui se retirait en hâte et dont les pas étaient amortis par la neige.

Quelqu'un évidemment les dérangeait. A cette heure où tout dormait, ils avaient pensé mener en paix leur assaut contre cette maison isolée à la sortie du bourg. Mais voici qu'on troublait leur plan de campagne.

A peine avions-nous eu le temps de nous ressaisir — car l'attaque avait été soudaine comme un abordage bien conduit — et nous disposions-nous à sortir, que nous entendîmes une voix connue appeler à la petite grille:

« Monsieur Seurel! Monsieur Seurel! »

C'était M. Pasquier, le boucher. Le gros petit homme racla ses sabots sur le seuil, secoua sa courte blouse saupoudrée de neige et entra. Il se donnait l'air finaud et effaré de quelqu'un qui a surpris tout le secret d'une mystérieuse affaire:

« J'étais dans ma cour, qui donne sur la place des Quatre-Routes. J'allais fermer l'étable des chevreaux. Tout d'un coup, dressés sur la neige, qu'est-ce que je vois: deux grands gars qui semblaient faire sentinelle ou guetter quelque chose. Ils étaient vers la croix. Je m'avance: je fais deux pas — Hip! les voilà partis au grand galop du côté de chez vous. Ah! je n'ai pas hésité, j'ai pris mon falot et j'ai dit: Je vas° aller raconter ça à M. Seurel... »

Et le voilà qui recommence son histoire:

« J'étais dans la cour derrière chez moi... » Sur ce, on lui offre une liqueur, qu'il accepte, et on lui demande des détails qu'il est incapable de fournir.

Il n'avait rien vu en arrivant à la maison. Toutes les troupes mises en éveil par les deux sentinelles qu'il avait dérangées s'étaient éclipsées aussitôt. Quant à dire qui ces estafettes° pouvaient être...

« Ça pourrait bien être des bohémiens, avançait-il. Depuis bientôt un mois qu'ils sont sur la place, à attendre le beau temps pour jouer la comédie, ils ne sont pas sans avoir organisé quelque mauvais coup ».

Tout cela ne nous avançait guère et nous restions debout, fort perplexes, tandis que l'homme sirotait la liqueur et de nouveau mimait son histoire, lorsque Meaulnes, qui avait écouté jusque-là fort attentivement, prit par terre le falot du boucher et décida:

« Il faut aller voir! »

Il ouvrit la porte et nous le suivîmes, M. Seurel, M. Pasquier et moi.

Millie, déjà rassurée, puisque les assaillants étaient partis, et, comme tous les gens ordonnés et méticuleux, fort peu curieuse de sa nature, déclara:

« Allez-y si vous voulez. Mais fermez la porte et prenez la clef. Moi, je vais me coucher. Je laisserai la lampe allumée ».

CHAPITRE II

NOUS TOMBONS DANS UNE EMBUSCADE

Nous partîmes sur la neige, dans un silence absolu. Meaulnes marchait en avant, projetant la lueur en éventail de sa lanterne grillagée... A peine sortions-nous par le grand portail que, derrière la bascule municipale, qui s'adossait au mur de notre préau, partirent d'un seul coup, comme perdreaux surpris, deux individus encapuchonnés. Soit moquerie, soit plaisir causé par l'étrange jeu qu'ils jouaient là, soit excitation nerveuse et peur d'être rejoints, ils dirent en courant deux ou trois paroles coupées de rires.

Meaulnes laissa tomber sa lanterne dans la neige, en me criant:

« Suis-moi, François!... »

Et laissant là les deux hommes âgés incapables de soutenir une pareille course, nous nous lançâmes à la poursuite des deux ombres, qui, après avoir un instant contourné le bas du bourg, en suivant le chemin de la Vieille-Planche, remontèrent délibérément vers l'église. Ils couraient régulièrement sans trop de hâte et nous n'avions pas de peine à les suivre. Ils traversèrent la rue de l'église où tout était endormi et silencieux, et s'engagèrent derrière le cimetière dans un dédale de petites ruelles et d'impasses.

C'était là un quartier de journaliers, ° de couturières et de tisserands, qu'on nommait les Petits-Coins. Nous le connaissions assez mal et nous n'y étions jamais venus la nuit. L'endroit était désert le jour: les journaliers absents, les tisserands enfermés; et durant cette nuit de grand silence il paraissait plus abandonné, plus endormi encore que les autres quartiers du bourg. Il n'y avait donc aucune chance pour que quelqu'un survînt et nous prêtât main-forte.

Je ne connaissais qu'un chemin, entre ces petites maisons posées au hasard comme des boîtes en carton, c'était celui qui menait chez la couturière qu'on surnommait « la Muette ». On descendait d'abord une pente assez raide, dallée de place en place, puis après avoir tourné deux ou trois fois, entre des petites cours de tisserands ou des écuries vides, on arrivait dans une large impasse fermée par une cour de ferme depuis longtemps abandonnée. Chez la Muette, tandis qu'elle engageait avec ma mère une conversation silencieuse, les doigts frétillants, coupée seulement de petits cris d'infirme, je pouvais voir par la croisée le grand mur de la ferme, qui était la dernière maison de ce côté du faubourg, et la barrière toujours fermée de la cour sèche, sans paille, où jamais rien ne passait plus...

C'est exactement ce chemin que les deux inconnus suivirent. A chaque tournant nous craignions de les perdre, mais, à ma surprise, nous arrivions toujours au détour de la ruelle suivante avant qu'ils l'eussent quittée. Je dis: à ma surprise, car le fait n'eût pas été possible, tant ces ruelles étaient courtes, s'ils n'avaient pas, chaque fois, tandis que nous les avions perdus de vue, ralenti leur allure.

Enfin, sans hésiter, ils s'engagèrent dans la rue qui menait chez la Muette, et je criai à Meaulnes:

« Nous les tenons, c'est une impasse! »

A vrai dire, c'étaient eux qui nous tenaient... Ils nous avaient conduits là où ils avaient voulu. Arrivés au mur, ils se retournèrent vers nous résolument et l'un des deux lança le même coup de sifflet que nous avions déjà par deux fois entendu, ce soir-là.

Aussitôt une dizaine de gars sortirent de la cour de la ferme abandonnée où ils semblaient avoir été postés pour nous attendre. Ils étaient tous encapuchonnés, le visage enfoncé dans leurs cache-nez...

Qui c'était, nous le savions d'avance, mais nous étions bien résolus à n'en rien dire à M. Seurel, que nos affaires ne regardaient pas. Il y avait Delouche, Denis, Giraudat et tous les autres. Nous reconnûmes dans la lutte leur façon de se battre et leurs voix entrecoupées. Mais un point demeurait inquiétant et semblait presque effrayer Meaulnes: il y avait là quelqu'un que nous ne connaissions pas et qui paraissait être le chef...

Il ne touchait pas Meaulnes: il regardait manœuvrer ses soldats qui avaient fort à faire et qui, traînés dans la neige, déguenillés du haut en bas, s'acharnaient contre le grand gars essoufflé. Deux d'entre eux s'étaient occupés de moi, m'avaient immobilisé avec peine, car je me débattais comme un diable. J'étais par terre, les genoux pliés, assis sur les talons; on me tenait les bras joints par derrière, et je regardais la scène avec une intense curiosité mêlée d'effroi.

Meaulnes s'était débarrassé de quatre garçons du Cours qu'il avait dégrafés de sa blouse en tournant vivement sur lui-même et en les jetant à toute volée dans la neige... Bien droit sur ses deux jambes, le personnage inconnu suivait avec intérêt, mais très calme, la bataille, répétant de temps à autre d'une voix nette:

« Allez… Courage… Revenez-y… *Go on, my boys*… »

C'était évidemment lui qui commandait… D'où venait-il ? Où et comment les avait-il entraînés à la bataille ? Voilà qui restait un mystère pour nous. Il avait, comme les autres, le visage enveloppé dans un cache-nez, mais lorsque Meaulnes, débarrassé de ses adversaires, s'avança vers lui, menaçant, le mouvement qu'il fit pour y voir bien clair et faire face à la situation découvrit un morceau de linge blanc qui lui enveloppait la tête à la façon d'un bandage.

C'est à ce moment que je criai à Meaulnes :

« Prends garde par derrière ! Il y en a un autre ».

Il n'eut pas le temps de se retourner que, de la barrière à laquelle il tournait le dos, un grand diable avait surgi et, passant habilement son cache-nez autour du cou de mon ami, le renversait en arrière. Aussitôt les quatre adversaires de Meaulnes qui avaient piqué le nez dans la neige revenaient à la charge pour lui immobiliser bras et jambes, lui liaient les bras avec une corde, les jambes avec un cache-nez, et le jeune personnage à la tête bandée fouillait dans ses poches… Le dernier venu, l'homme au lasso, avait allumé une petite bougie qu'il protégeait de la main, et chaque fois qu'il découvrait un papier nouveau, le chef allait auprès de ce lumignon examiner ce qu'il contenait. Il déplia enfin cette espèce de carte couverte d'inscriptions à laquelle Meaulnes travaillait depuis son retour et s'écria avec joie :

« Cette fois nous l'avons. Voilà le plan ! Voilà le guide ! Nous allons voir si ce monsieur est bien allé où je l'imagine… »

Son acolyte éteignit la bougie. Chacun ramassa sa casquette ou sa ceinture. Et tous disparurent silencieusement comme ils étaient venus, me laissant libre de délier en hâte mon compagnon.

« Il n'ira pas très loin avec ce plan-là », dit Meaulnes en se levant.

Et nous repartîmes lentement, car il boitait un peu. Nous retrouvâmes sur le chemin de l'église M. Seurel et le père Pasquier :

« Vous n'avez rien vu ? dirent-ils… Nous non plus ! »

Grâce à la nuit profonde ils ne s'aperçurent de rien. Le boucher nous quitta et M. Seurel rentra bien vite se coucher.

Mais nous deux, dans notre chambre, là-haut, à la lueur de la lampe que Millie nous avait laissée, nous restâmes longtemps à rafistoler nos blouses décousues, discutant à voix basse sur ce qui nous était arrivé, comme deux compagnons d'armes le soir d'une bataille perdue…

CHAPITRE III

LE BOHÉMIEN A L'ÉCOLE

Le réveil du lendemain fut pénible. A huit heures et demie, à l'instant où M. Seurel allait donner le signal d'entrer, nous arrivâmes tout essoufflés pour nous mettre sur les rangs. Comme nous étions en retard, nous nous glissâmes n'importe où, mais d'ordinaire le grand Meaulnes était le premier de la longue file d'élèves, coude à coude, chargés de livres, de cahiers et de porte-plume, que M. Seurel inspectait.

Je fus surpris de l'empressement silencieux que l'on mit à nous faire place vers le milieu de la file; et tandis que M. Seurel, retardant de quelques secondes l'entrée au cours, inspectait le grand Meaulnes, j'avançai curieusement la tête, regardant à droite et à gauche pour voir les visages de nos ennemis de la veille.

Le premier que j'aperçus était celui-là même auquel je ne cessais de penser, mais le dernier que j'eusse pu m'attendre à voir en ce lieu. Il était à la place habituelle de Meaulnes, le premier de tous, un pied sur la marche de pierre, une épaule et le coin du sac qu'il avait sur le dos accotés au chambranle de la porte. Son visage fin, très pâle, un peu piqué de rousseur, était penché et tourné vers nous avec une sorte de curiosité méprisante et amusée. Il avait la tête et tout un côté de la figure bandés de linge blanc. Je reconnaissais le chef de bande, le jeune bohémien qui nous avait volés, la nuit précédente.

Mais déjà nous entrions dans la classe et chacun prenait sa place. Le nouvel élève s'assit près du poteau, à la gauche du long banc dont Meaulnes occupait, à droite, la première place. Giraudat, Delouche et les trois autres du premier banc s'étaient serrés les uns contre les autres pour lui faire place, comme si tout eût été convenu d'avance...

Souvent, l'hiver, passaient ainsi parmi nous des élèves de hasard, mariniers pris par les glaces dans le canal, apprentis, voyageurs immobilisés par la neige. Ils restaient au cours deux jours, un mois, rarement plus... Objets de curiosité durant la première heure, ils étaient aussitôt négligés et disparaissaient bien vite dans la foule des élèves ordinaires.

Mais celui-ci ne devait pas se faire aussitôt oublier. Je me rappelle encore cet être singulier et tous les trésors étranges apportés dans ce

cartable qu'il s'accrochait au dos. Ce furent d'abord les porte-plume
« à vue » qu'il tira pour écrire sa dictée. Dans un œillet du manche, en
fermant un œil, on voyait apparaître, trouble et grossie, la basilique de
Lourdes ou quelque monument inconnu. Il en choisit un et les autres
aussitôt passèrent de main en main. Puis ce fut un plumier chinois
rempli de compas et d'instruments amusants qui s'en allèrent par le banc
de gauche, glissant silencieusement, sournoisement, de main en main,
sous les cahiers, pour que M. Seurel ne pût rien voir.

Passèrent aussi des livres tout neufs, dont j'avais, avec convoitise, lu
les titres derrière la couverture des rares bouquins de notre biblio-
thèque: *La Teppe aux Merles*, *La Roche aux Mouettes*, *Mon ami
Benoist*... Les uns feuilletaient d'une main sur leurs genoux ces
volumes, venus on ne savait d'où, volés peut-être, et écrivaient la
dictée de l'autre main. D'autres faisaient tourner les compas au fond de
leurs casiers. D'autres, brusquement, tandis que M. Seurel tournant le
dos continuait la dictée en marchant du bureau à la fenêtre, fermaient
un œil et se collaient sur l'autre la vue glauque et trouée de Notre-
Dame de Paris. Et l'élève étranger, la plume à la main, son fin profil
contre le poteau gris, clignait des yeux, content de tout ce jeu furtif
qui s'organisait autour de lui.

Peu à peu cependant toute la classe s'inquiéta: les objets, qu'on
« faisait passer » à mesure, arrivaient l'un après l'autre dans les mains du
grand Meaulnes qui, négligemment, sans les regarder, les posait auprès
de lui. Il y en eut bientôt un tas, mathématique et diversement coloré,
comme aux pieds de la femme qui représente la Science, dans les
compositions allégoriques. Fatalement M. Seurel allait découvrir ce
déballage insolite et s'apercevoir du manège. Il devait songer, d'ailleurs,
à faire une enquête sur les événements de la nuit. La présence du bohémien allait faciliter sa besogne...

Bientôt, en effet, il s'arrêtait, surpris, devant le grand Meaulnes.

« A qui appartient tout cela? demanda-t-il en désignant « tout cela »
du dos de son livre refermé sur son index.

— Je n'en sais rien », répondit Meaulnes d'un ton bourru, sans lever
la tête.

Mais l'écolier inconnu intervint:

« C'est à moi », dit-il.

Et il ajouta aussitôt, avec un geste large et élégant de jeune seigneur
auquel le vieil instituteur ne sut pas résister:

« Mais je les mets à votre disposition, monsieur, si vous voulez regarder ».

Alors, en quelques secondes, sans bruit, comme pour ne pas troubler le nouvel état de choses qui venait de se créer, toute la classe se glissa curieusement autour du maître qui penchait sur ce trésor sa tête demi-chauve, demi-frisée, et du jeune personnage blême qui donnait avec un air de triomphe tranquille les explications nécessaires. Cependant, silencieux à son banc, complètement délaissé, le grand Meaulnes avait ouvert son cahier de brouillons et, fronçant le sourcil, s'absorbait dans un problème difficile.

Le « quart d'heure » nous surprit dans ces occupations. La dictée n'était pas finie et le désordre régnait dans la classe. A vrai dire, depuis le matin la récréation durait.

A dix heures et demie, donc, lorsque la cour sombre et boueuse fut envahie par les élèves, on s'aperçut bien vite qu'un nouveau maître régnait sur les jeux.

De tous les plaisirs nouveaux que le bohémien, dès ce matin-là, introduisit chez nous, je ne me rappelle que le plus sanglant: c'était une espèce de tournoi où les chevaux étaient les grands élèves chargés des plus jeunes grimpés sur leurs épaules.

Partagés en deux groupes qui partaient des deux bouts de la cour, ils fondaient les uns sur les autres, cherchant à terrasser l'adversaire par la violence du choc, et les cavaliers, usant de cache-nez comme de lassos, ou de leurs bras tendus comme de lances, s'efforçaient de désarçonner leurs rivaux. Il y en eut dont on esquivait le choc et qui, perdant l'équilibre, allaient s'étaler dans la boue, le cavalier roulant sous sa monture. Il y eut des écoliers à moitié désarçonnés que le cheval rattrapait par les jambes et qui, de nouveau acharnés à la lutte, regrimpaient sur ses épaules. Monté sur le grand Delage qui avait des membres démesurés, le poil roux et les oreilles décollées, le mince cavalier à la tête bandée excitait les deux troupes rivales et dirigeait malignement sa monture en riant aux éclats.

Augustin, debout sur le seuil de la classe, regardait d'abord avec mauvaise humeur s'organiser ces jeux. Et j'étais auprès de lui, indécis.

« C'est un malin, dit-il entre ses dents, les mains dans les poches. Venir ici, dès ce matin, c'était le seul moyen de n'être pas soupçonné. Et M. Seurel s'y est laissé prendre! »

Il resta là un long moment, sa tête rase au vent, à maugréer contre ce comédien qui allait faire assommer tous ces gars dont il avait été peu de temps auparavant le capitaine. Et, enfant paisible que j'étais, je ne manquais pas de l'approuver.

Partout, dans tous les coins, en l'absence du maître, se poursuivait la lutte: les plus petits avaient fini par grimper les uns sur les autres; ils couraient et culbutaient avant même d'avoir reçu le choc de l'adversaire... Bientôt il ne resta plus debout, au milieu de la cour, qu'un groupe acharné et tourbillonnant d'où surgissait par moments le bandeau blanc du nouveau chef.

Alors le grand Meaulnes ne sut plus résister. Il baissa la tête, mit ses mains sur ses cuisses et me cria:

« Allons-y, François! »

Surpris par cette décision soudaine, je sautai pourtant sans hésiter sur ses épaules et en une seconde nous étions au fort de la mêlée, tandis que la plupart des combattants, éperdus, fuyaient en criant:

« Voilà Meaulnes! Voilà le grand Meaulnes! »

Au milieu de ceux qui restaient il se mit à tourner sur lui-même en me disant:

« Étends les bras: empoigne-les comme j'ai fait cette nuit ».

Et moi, grisé par la bataille, certain du triomphe, j'agrippais au passage les gamins qui se débattaient, oscillaient un instant sur les épaules des grands et tombaient dans la boue. En moins de rien il ne resta debout que le nouveau venu monté sur Delage; mais celui-ci, peu désireux d'engager la lutte avec Augustin, d'un violent coup de reins en arrière se redressa et fit descendre le cavalier blanc.

La main à l'épaule de sa monture, comme un capitaine tient le mors de son cheval, le jeune garçon debout par terre regarda le grand Meaulnes avec un peu de saisissement et une immense admiration:

« A la bonne heure! » dit-il.

Mais aussitôt la cloche sonna, dispersant les élèves qui s'étaient rassemblés autour de nous dans l'attente d'une scène curieuse. Et Meaulnes, dépité de n'avoir pu jeter à terre son ennemi, tourna le dos en disant, avec mauvaise humeur:

« Ce sera pour une autre fois! »

Jusqu'à midi la classe continua comme à l'approche des vacances, mêlée d'intermèdes amusants et de conversations dont l'écolier-comédien était le centre.

Il expliquait comment, immobilisés par le froid sur la place, ne songeant pas même à organiser des représentations nocturnes où personne ne viendrait, ils avaient décidé que lui-même irait au cours pour se distraire pendant la journée, tandis que son compagnon soignerait les oiseaux des Iles° et la chèvre savante.° Puis il racontait leurs voyages dans le pays environnant, alors que l'averse tombe sur le mauvais toit de zinc de la voiture et qu'il faut descendre aux côtes pour pousser à la roue. Les élèves du fond quittaient leur table pour venir écouter de plus près. Les moins romanesques profitaient de cette occasion pour se chauffer autour du poêle. Mais bientôt la curiosité les gagnait et ils se rapprochaient du groupe bavard en tendant l'oreille, laissant une main posée sur le couvercle du poêle pour y garder leur place.

« Et de quoi vivez-vous ? » demanda M. Seurel, qui suivait tout cela avec sa curiosité un peu puérile de maître d'école et qui posait une foule de questions.

Le garçon hésita un instant, comme si jamais il ne s'était inquiété de ce détail.

« Mais, répondit-il, de ce que nous avons gagné l'automne précédent, je pense. C'est Ganache qui règle les comptes ».

Personne ne lui demanda qui était Ganache. Mais moi je pensai au grand diable qui, traîtreusement, la veille au soir, avait attaqué Meaulnes par derrière et l'avait renversé...

CHAPITRE IV

OÙ IL EST QUESTION DU DOMAINE MYSTÉRIEUX

L'après-midi ramena les mêmes plaisirs et, tout le long du cours, le même désordre et la même fraude. Le bohémien avait apporté d'autres objets précieux, coquillages, jeux, chansons et jusqu'à un petit singe qui griffait sourdement l'intérieur de sa gibecière... A chaque instant il fallait que M. Seurel s'interrompît pour examiner ce que le malin garçon venait de tirer de son sac... Quatre heures arrivèrent et Meaulnes était le seul à avoir fini ses problèmes.

Ce fut sans hâte que tout le monde sortit. Il n'y avait plus, semblait-il, entre les heures de cours et de récréation, cette dure démarcation qui faisait la vie scolaire simple et réglée comme par la succession de la nuit et du jour. Nous en oubliâmes même de désigner comme d'ordinaire à M. Seurel, vers quatre heures moins dix, les deux élèves qui devaient rester pour balayer la classe. Or, nous n'y manquions jamais, car c'était une façon d'annoncer et de hâter la sortie du cours.

Le hasard voulut que ce fût ce jour-là le tour du grand Meaulnes; et dès le matin j'avais, en causant avec lui, averti le bohémien que les nouveaux étaient toujours désignés d'office pour faire le second balayeur, le jour de leur arrivée.

Meaulnes revint en classe dès qu'il eut été chercher le pain de son goûter. Quant au bohémien, il se fit longtemps attendre et arriva le dernier, en courant, comme la nuit commençait de tomber...

« Tu resteras dans la classe, m'avait dit mon compagnon, et pendant que je le tiendrai, tu lui reprendras le plan qu'il m'a volé ».

Je m'étais donc assis sur une petite table, auprès de la fenêtre, lisant à la dernière lueur du jour, et je les vis tous les deux déplacer en silence les bancs de l'école — le grand Meaulnes, taciturne et l'air dur, sa blouse noire boutonnée à trois boutons en arrière et sanglée à la ceinture; l'autre, délicat, nerveux, la tête bandée comme un blessé. Il était vêtu d'un mauvais paletot, avec des déchirures que je n'avais pas remarquées pendant le jour. Plein d'une ardeur presque sauvage, il soulevait et poussait les tables avec une précipitation folle, en souriant un peu. On eût dit qu'il jouait là quelque jeu extraordinaire dont nous ne connaissions pas le fin mot. °

Ils arrivèrent ainsi dans le coin le plus obscur de la salle, pour déplacer la dernière table.

En cet endroit, d'un tour de main, Meaulnes pouvait renverser son adversaire, sans que personne du dehors eût chance de les apercevoir ou de les entendre par les fenêtres. Je ne comprenais pas qu'il laissât échapper une pareille occasion. L'autre, revenu près de la porte, allait s'enfuir d'un instant à l'autre, prétextant que la besogne était terminée, et nous ne le reverrions plus. Le plan et tous les renseignements que Meaulnes avait mis si longtemps à retrouver, à concilier, à réunir, seraient perdus pour nous...

A chaque seconde j'attendais de mon camarade un signe, un mouvement, qui m'annonçât le début de la bataille, mais le grand garçon ne bronchait pas. Par instants, seulement, il regardait avec une fixité étrange et d'un air interrogatif le bandeau du bohémien, qui, dans la pénombre de la tombée de la nuit, paraissait largement taché de noir.

La dernière table fut déplacée sans que rien arrivât.

Mais au moment où, remontant tous les deux vers le haut de la classe, ils allaient donner sur le seuil un dernier coup de balai, Meaulnes, baissant la tête, et sans regarder notre ennemi, dit à mi-voix:

« Votre bandeau est rouge de sang et vos habits sont déchirés ».

L'autre le regarda un instant, non pas surpris de ce qu'il disait, mais profondément ému de le lui entendre dire.

« Ils ont voulu, répondit-il, m'arracher votre plan tout à l'heure, sur la place. Quand ils ont su que je voulais revenir ici balayer la classe, ils ont compris que j'allais faire la paix avec vous, ils se sont révoltés contre moi. Mais je l'ai tout de même sauvé », ajouta-t-il fièrement, en tendant à Meaulnes le précieux papier plié.

Meaulnes se tourna lentement vers moi:

« Tu entends? dit-il. Il vient de se battre et de se faire blesser pour nous, tandis que nous lui tendions un piège! »

Puis cessant d'employer ce « vous » insolite chez des écoliers de Sainte-Agathe:

« Tu es un vrai camarade », dit-il, et il lui tendit la main.

Le comédien la saisit et demeura sans parole une seconde, très troublé, la voix coupée... Mais bientôt avec une curiosité ardente il poursuivit:

« Ainsi vous me tendiez un piège! Que c'est amusant! Je l'avais deviné et je me disais: ils vont être bien étonnés, quand, m'ayant repris ce plan, ils s'apercevront que je l'ai complété...

— Complété?

— Oh! attendez! Pas entièrement... »

Quittant ce ton enjoué, il ajouta gravement et lentement, se rapprochant de nous:

« Meaulnes, il est temps que je vous le dise: moi aussi je suis allé là où vous avez été. J'assistais à cette fête extraordinaire. J'ai bien pensé, quand les garçons du Cours m'ont parlé de votre aventure mystérieuse, qu'il s'agissait du vieux Domaine perdu. Pour m'en assurer je vous ai volé votre carte... Mais je suis comme vous: j'ignore le nom de ce château; je ne saurais pas y retourner; je ne connais pas en entier le chemin qui d'ici vous y conduirait ».

Avec quel élan, avec quelle intense curiosité, avec quelle amitié nous nous pressâmes contre lui! Avidement Meaulnes lui posait des questions... Il nous semblait à tous deux qu'en insistant ardemment auprès de notre nouvel ami, nous lui ferions dire cela même qu'il prétendait ne pas savoir.

« Vous verrez, vous verrez, répondait le jeune garçon avec un peu d'ennui et d'embarras, je vous ai mis sur le plan quelques indications que vous n'aviez pas... C'est tout ce que je pouvais faire ».

Puis, nous voyant pleins d'admiration et d'enthousiasme:

« Oh! dit-il tristement et fièrement, je préfère vous avertir: je ne suis pas un garçon comme les autres. Il y a trois mois, j'ai voulu me tirer une balle dans la tête et c'est ce qui vous explique ce bandeau sur le front, comme un mobile de la Seine, en 1870... *

— Et ce soir, en vous battant, la plaie s'est rouverte », dit Meaulnes avec amitié.

Mais l'autre, sans y prendre garde, poursuivit d'un ton légèrement emphatique:

— Je voulais mourir. Et puisque je n'ai pas réussi, je ne continuerai à vivre que pour l'amusement, comme un enfant, comme un bohémien. J'ai tout abandonné. Je n'ai plus ni père, ni sœur, ni maison, ni amour... Plus rien, que des compagnons de jeux.

— Ces compagnons-là vous ont déjà trahi, dis-je.

— Oui, répondit-il avec animation. C'est la faute d'un certain Delouche. Il a deviné que j'allais faire cause commune avec vous. Il a démoralisé ma troupe qui était si bien en main. Vous avez vu cet abordage, hier au soir, comme c'était conduit, comme ça marchait! Depuis mon enfance, je n'avais rien organisé d'aussi réussi... »

Il resta songeur un instant, et il ajouta pour nous désabuser tout à fait sur son compte:

« Si je suis venu vers vous deux, ce soir, c'est que — je m'en suis aperçu ce matin — il y a plus de plaisir à prendre avec vous qu'avec la bande de tous les autres. C'est ce Delouche surtout qui me déplaît. Quelle idée de faire l'homme à dix-sept ans! Rien ne me dégoûte davantage... Pensez-vous que nous puissions le repincer?

— Certes, dit Meaulnes. Mais resterez-vous longtemps avec nous?

— Je ne sais. Je le voudrais beaucoup. Je suis terriblement seul. Je n'ai que Ganache... »

Toute sa fièvre, tout son enjouement étaient tombés soudain. Un instant, il plongea dans ce même désespoir où sans doute, un jour, l'idée de se tuer l'avait surpris.

« Soyez mes amis, dit-il soudain. Voyez: je connais votre secret et je l'ai défendu contre tous. Je puis vous remettre sur la trace que vous avez perdue... »

Et il ajouta presque solennellement:

« Soyez mes amis pour le jour où je serais encore à deux doigts de l'enfer comme une fois déjà... Jurez-moi que vous répondrez quand je vous appellerai — quand je vous appellerai ainsi... (et il poussa une sorte de cri étrange: Hou-ou!...) Vous, Meaulnes, jurez d'abord! »

Et nous jurâmes, car, enfants que nous étions, tout ce qui était plus solennel et plus sérieux que nature nous séduisait.

« En retour, dit-il, voici maintenant tout ce que je puis vous dire: je vous indiquerai la maison de Paris où la jeune fille du château avait l'habitude de passer les fêtes: Pâques et la Pentecôte, le mois de juin et quelquefois une partie de l'hiver ».

A ce moment une voix inconnue appela du grand portail, à plusieurs reprises, dans la nuit. Nous devinâmes que c'était Ganache, le bohémien, qui n'osait pas ou ne savait comment traverser la cour. D'une voix pressante, anxieuse, il appelait tantôt très haut, tantôt presque bas:

« Hou-ou! Hou-ou!

— Dites! Dites vite! » cria Meaulnes au jeune bohémien qui avait tressailli et qui rajustait ses habits pour partir.

Le jeune garçon nous donna rapidement une adresse à Paris, que nous répétâmes à mi-voix. Puis il courut, dans l'ombre, rejoindre son compagnon à la grille, nous laissant dans un état de trouble inexprimable.

CHAPITRE V

L'HOMME AUX ESPADRILLES

Cette nuit-là, vers trois heures du matin, la veuve Delouche, l'aubergiste, qui habitait dans le milieu du bourg, se leva pour allumer son feu. Dumas, son beau-frère, qui habitait chez elle, devait partir en route à quatre heures, et la triste bonne femme, dont la main droite était recroquevillée par une brûlure ancienne, se hâtait dans la cuisine obscure pour préparer le café. Il faisait froid. Elle mit sur sa camisole un vieux fichu, puis tenant d'une main sa bougie allumée, abritant la flamme de l'autre main — la mauvaise — avec son tablier levé, elle traversa la cour encombrée de bouteilles vides et de caisses à savon, ouvrit pour y prendre du petit bois la porte du bûcher qui servait de cabane aux poules... Mais à peine avait-elle poussé la porte que, d'un coup de casquette si violent qu'il fit ronfler l'air, un individu surgissant de l'obscurité profonde éteignit la chandelle, abattit du même coup la bonne femme et s'enfuit à toutes jambes, tandis que les poules et les coqs affolés menaient un tapage infernal.

L'homme emportait dans un sac — comme la veuve Delouche retrouvant son aplomb s'en aperçut un instant plus tard — une douzaine de ses poulets les plus beaux.

Aux cris de sa belle-sœur, Dumas était accouru. Il constata que le chenapan, pour entrer, avait dû ouvrir avec une fausse clef la porte de la petite cour et qu'il s'était enfui, sans la refermer, par le même chemin. Aussitôt, en homme habitué aux braconniers et aux chapardeurs,° il alluma le falot de sa voiture, et le prenant d'une main, son fusil chargé de l'autre, il s'efforça de suivre la trace du voleur, trace très imprécise — l'individu devait être chaussé d'espadrilles — qui le mena sur la route de La Gare puis se perdit devant la barrière d'un pré. Forcé d'arrêter là ses recherches, il releva la tête, s'arrêta... et entendit au loin, sur la même route, le bruit d'une voiture lancée au grand galop, qui s'enfuyait...

De son côté, Jasmin Delouche, le fils de la veuve, s'était levé et, jetant en hâte un capuchon sur ses épaules, il était sorti en chaussons pour inspecter le bourg. Tout dormait, tout était plongé dans l'obscurité et le silence profond qui précèdent les premières lueurs du jour. Arrivé aux Quatre-Routes, il entendit seulement — comme son oncle — très loin, sur la colline des Riaudes, le bruit d'une voiture dont le cheval devait galoper les quatre pieds levés. Garçon malin et fanfaron, il se dit alors, comme il nous le répéta par la suite avec l'insupportable grasseyement° des faubourgs de Montluçon:

« Ceux-là sont partis vers La Gare, mais il n'est pas dit que je n'en « chaufferai » pas d'autres,° de l'autre côté du bourg ».

Et il rebroussa chemin vers l'église, dans le même silence nocturne.

Sur la place, dans la roulotte des bohémiens, il y avait une lumière. Quelqu'un de malade sans doute. Il allait s'approcher, pour demander ce qui était arrivé, lorsqu'une ombre silencieuse, une ombre chaussée d'espadrilles, déboucha des Petits-Coins et accourut au galop, sans rien voir, vers le marchepied de la voiture...

Jasmin, qui avait reconnu l'allure de Ganache, s'avança soudain dans la lumière et demanda à mi-voix:

« Eh bien! Qu'y a-t-il? »

Hagard, échevelé, édenté, l'autre s'arrêta, le regarda, avec un rictus misérable causé par l'effroi et la suffocation, et répondit d'une haleine hachée:

« C'est le compagnon qui est malade... Il s'est battu hier soir et sa blessure s'est rouverte... Je viens d'aller chercher la sœur ».

En effet, comme Jasmin Delouche, fort intrigué, rentrait chez lui pour se recoucher, il rencontra, vers le milieu du bourg, une religieuse qui se hâtait.

Au matin, plusieurs habitants de Sainte-Agathe sortirent sur le seuil de leurs portes avec les mêmes yeux bouffis et meurtris par une nuit sans sommeil. Ce fut, chez tous, un cri d'indignation et, par le bourg, comme une traînée de poudre.

Chez Giraudat, on avait entendu, vers deux heures du matin, une carriole qui s'arrêtait et dans laquelle on chargeait en hâte des paquets qui tombaient mollement. Il n'y avait, dans la maison, que deux femmes et elles n'avaient pas osé bouger. Au jour, elles avaient compris, en ouvrant la basse-cour, que les paquets en question étaient les lapins et la volaille... Millie, durant la première récréation, trouva devant la porte de la buanderie plusieurs allumettes à demi brûlées. On en conclut qu'ils étaient mal renseignés sur notre demeure et n'avaient pu entrer... Chez Perreux, chez Boujardon et chez Clément, on crut d'abord qu'ils avaient volé aussi les cochons, mais on les retrouva dans la matinée, occupés à déterrer des salades, dans différents jardins. Tout le troupeau avait profité de l'occasion et de la porte ouverte pour faire une petite promenade nocturne... Presque partout on avait enlevé la volaille; mais on s'en était tenu là. Mme Pignot, la boulangère, qui ne faisait pas d'élevage, cria bien toute la journée qu'on lui avait volé son battoir et une livre d'indigo, mais le fait ne fut jamais prouvé, ni inscrit sur le procès-verbal...

Cet affolement, cette crainte, ce bavardage durèrent tout le matin. En classe, Jasmin raconta son aventure de la nuit:

« Ah! ils sont malins, disait-il. Mais si mon oncle en avait rencontré un, il l'a bien dit: Je le fusillais comme un lapin! »

Et il ajoutait en nous regardant:

« C'est heureux qu'il n'ait pas rencontré Ganache, il était capable de tirer dessus. C'est tous la même race, qu'il dit, * et Dessaigne le disait aussi ».

Personne cependant ne songeait à inquiéter nos nouveaux amis. C'est le lendemain soir seulement que Jasmin fit remarquer à son oncle que Ganache, comme leur voleur, était chaussé d'espadrilles. Ils furent d'accord pour trouver qu'il valait la peine de dire cela aux gendarmes. Ils décidèrent donc, en grand secret, d'aller dès leur premier loisir au chef-lieu de canton prévenir le brigadier de la gendarmerie.

Durant les jours qui suivirent, le jeune bohémien, malade de sa blessure légèrement rouverte, ne parut pas.

Sur la place de l'église, le soir, nous allions rôder, rien que pour voir sa lampe derrière le rideau rouge de la voiture. Pleins d'angoisse et de fièvre, nous restions là, sans oser approcher de l'humble bicoque, qui nous paraissait être le mystérieux passage et l'antichambre du Pays dont nous avions perdu le chemin.

CHAPITRE VI

UNE DISPUTE DANS LA COULISSE

Tant d'anxiétés et de troubles divers, durant ces jours passés, nous avaient empêchés de prendre garde que mars était venu et que le vent avait molli. Mais le troisième jour après cette aventure, en descendant, le matin, dans la cour, brusquement je compris que c'était le printemps. Une brise délicieuse comme une eau tiédie coulait par-dessus le mur; une pluie silencieuse avait mouillé la nuit les feuilles des pivoines; la terre remuée du jardin avait un goût puissant, et j'entendais, dans l'arbre voisin de la fenêtre, un oiseau qui essayait d'apprendre la musique…

Meaulnes, à la première récréation, parla d'essayer tout de suite l'itinéraire qu'avait précisé l'écolier-bohémien. A grand-peine je lui persuadai d'attendre que nous eussions revu notre ami, que le temps fût sérieusement au beau… que tous les pruniers de Sainte-Agathe fussent en fleur. Appuyés contre le mur bas de la petite ruelle, les mains aux poches et nu-tête, nous parlions et le vent tantôt nous faisait frissonner de froid, tantôt, par bouffées de tiédeur, réveillait en nous je ne sais quel vieil enthousiasme profond. Ah! frère, compagnon, voyageur, comme nous étions persuadés, tous deux, que le bonheur était proche, et qu'il allait suffire de se mettre en chemin pour l'atteindre!…

A midi et demi, pendant le déjeuner, nous entendîmes un roulement de tambour sur la place des Quatre-Routes. En un clin d'œil, nous étions sur le seuil de la petite grille, nos serviettes à la main… C'était Ganache qui annonçait pour le soir, à huit heures, « vu le beau temps », une grande représentation sur la place de l'église. A tout hasard, « pour se prémunir contre la pluie », une tente serait dressée. Suivait un long programme des attractions, que le vent emporta, mais où nous pûmes distinguer vaguement « pantomimes… chansons… fantaisies équestres… », le tout scandé par de nouveaux roulements de tambour.

Pendant le dîner du soir, la grosse caisse, pour annoncer la séance, tonna sous nos fenêtres et fit trembler les vitres. Bientôt après, passèrent, avec un bourdonnement de conversations, les gens des faubourgs, par petits groupes, qui s'en allaient vers la place de l'église. Et nous étions là, tous deux, forcés de rester à table, trépignant d'impatience!

Vers neuf heures, enfin, nous entendîmes des frottements de pieds et des rires étouffés à la petite grille: les institutrices venaient nous chercher. Dans l'obscurité complète nous partîmes en bande vers le lieu de la comédie. Nous apercevions de loin le mur de l'église illuminé comme par un grand feu. Deux quinquets allumés devant la porte de la baraque ondulaient au vent…

A l'intérieur, des gradins étaient aménagés comme dans un cirque. M. Seurel, les institutrices, Meaulnes et moi, nous nous installâmes sur les bancs les plus bas. Je revois ce lieu, qui devait être fort étroit, comme un cirque véritable, avec de grandes nappes d'ombre où s'étageaient Mme Pignot, la boulangère, et Fernande, l'épicière, les filles du bourg, les ouvriers maréchaux, * des dames, des gamins, des paysans, d'autres gens encore.

La représentation était avancée plus qu'à moitié. On voyait sur la piste une petite chèvre savante qui bien docilement mettait ses pieds sur quatre verres, puis sur deux, puis sur un seul. C'était Ganache qui la commandait doucement, à petits coups de baguette, en regardant vers nous d'un air inquiet, la bouche ouverte, les yeux morts.

Assis sur un tabouret, près de deux autres quinquets, à l'endroit où la piste communiquait avec la roulotte, nous reconnûmes, en fin maillot noir, front bandé, le meneur de jeu, notre ami.

A peine étions-nous assis que bondissait sur la piste un poney tout harnaché à qui le jeune personnage blessé fit faire plusieurs tours, et qui s'arrêtait toujours devant l'un de nous lorsqu'il fallait désigner la personne la plus aimable ou la plus brave de la société; mais toujours devant Mme Pignot lorsqu'il s'agissait de découvrir la plus menteuse, la plus avare ou « la plus amoureuse... » Et c'étaient autour d'elle des rires, des cris et des coin-coin,° comme dans un troupeau d'oies que pourchasse un épagneul!...

A l'entr'acte, le meneur de jeu vint s'entretenir un instant avec M. Seurel, qui n'eût pas été plus fier d'avoir parlé à Talma° ou à Léotard;° et nous, nous écoutions avec un intérêt passionné tout ce qu'il disait: de sa blessure — refermée; de ce spectacle — préparé durant les longues journées d'hiver; de leur départ — qui ne serait pas avant la fin du mois, car ils pensaient donner jusque-là des représentations variées et nouvelles.

Le spectacle devait se terminer par une grande pantomime.

Vers la fin de l'entr'acte, notre ami nous quitta, et, pour regagner l'entrée de la roulotte, fut obligé de traverser un groupe qui avait envahi la piste et au milieu duquel nous aperçûmes soudain Jasmin Delouche. Les femmes et les filles s'écartèrent. Ce costume noir, cet air blessé, étrange et brave, les avaient toutes séduites. Quant à Jasmin, qui paraissait revenir à cet instant d'un voyage, et qui s'entretenait à voix basse mais animée avec Mme Pignot, il était évident qu'une cordelière,° un col bas et des pantalons-éléphant° eussent fait plus sûrement sa conquête... Il se tenait les pouces au revers de son veston, dans une attitude à la fois très fate et très gênée. Au passage du bohémien, dans un mouvement de dépit, il dit à haute voix à Mme Pignot quelque chose que je n'entendis pas, mais certainement une injure, un mot provocant à l'adresse de notre ami. Ce devait être une menace grave et inattendue, car le jeune homme ne put s'empêcher de se retourner et de regarder l'autre, qui pour ne pas perdre contenance ricanait, poussait ses voisins du coude, comme pour les mettre de son côté... Tout ceci se passa d'ailleurs en quelques secondes. Je fus sans doute le seul de mon banc à m'en apercevoir.

Le meneur de jeu rejoignit son compagnon derrière le rideau qui masquait l'entrée de la roulotte. Chacun regagna sa place sur les gradins, croyant que la deuxième partie du spectacle allait aussitôt commencer, et un grand silence s'établit. Alors, derrière le rideau, tandis que s'apaisaient les dernières conversations à voix basse, un bruit de dispute monta. Nous n'entendions pas ce qui était dit, mais nous reconnûmes les deux voix, celle du grand gars et celle du jeune homme — la première qui expliquait, qui se justifiait; l'autre qui gourmandait, avec indignation et tristesse à la fois:

« Mais malheureux! disait celle-ci, pourquoi ne m'avoir pas dit... »

Et nous ne distinguions pas la suite, bien que tout le monde prêtât l'oreille. Puis tout se tut soudainement. L'altercation se poursuivit à voix basse; et les gamins des hauts gradins commencèrent à crier:

« Les lampions, le rideau! »
et à frapper du pied.

CHAPITRE VII

LE BOHÉMIEN ENLÈVE SON BANDEAU

Enfin glissa lentement, entre les rideaux, la face — sillonnée de rides, tout écarquillée tantôt par la gaieté tantôt par la détresse, et semée de pains à cacheter! — d'un long pierrot en trois pièces mal articulées, recroquevillé sur son ventre comme par une colique, marchant sur la pointe des pieds comme par excès de prudence et de crainte, les mains empêtrées dans des manches trop longues qui balayaient la piste.

Je ne saurais plus reconstituer aujourd'hui le sujet de sa pantomime. Je me rappelle seulement que dès son arrivée dans le cirque, après s'être vainement et désespérément retenu sur les pieds, il tomba. Il eut beau se relever; c'était plus fort que lui: il tombait. Il ne cessait pas de tomber. Il s'embarrassait dans quatre chaises à la fois. Il entraînait dans sa chute une table énorme qu'on avait apportée sur la piste. Il finit par aller s'étaler par delà la barrière du cirque jusque sur les pieds des spectateurs. Deux aides, racolés dans le public à grand-peine, le tiraient par les pieds et le remettaient debout après d'inconcevables efforts. Et chaque fois qu'il tombait, il poussait un petit cri, varié chaque fois, un petit cri insupportable, où la détresse et la satisfaction se mêlaient à doses égales. Au dénouement, grimpé sur un échafaudage de chaises, il fit une chute immense et très lente, et son ululement de triomphe strident et misérable durait aussi longtemps que sa chute, accompagné par les cris d'effroi des femmes.

Durant la seconde partie de sa pantomime, je revois, sans bien m'en rappeler la raison, « le pauvre pierrot qui tombe » sortant d'une de ses manches une petite poupée bourrée de son et mimant avec elle toute une scène tragi-comique. En fin de compte, il lui faisait sortir par la bouche tout le son qu'elle avait dans le ventre. Puis, avec de petits cris pitoyables, il la remplissait de bouillie et, au moment de la plus grande attention, tandis que tous les spectateurs, la lèvre pendante, avaient les yeux fixés sur la fille visqueuse et crevée du pauvre pierrot, il la saisit soudain par un bras et la lança à toute volée, à travers les spectateurs, sur la figure de Jasmin Delouche, dont elle ne fit que mouiller l'oreille, pour aller ensuite s'aplatir sur l'estomac de Mme Pignot, juste au-dessous du menton. La boulangère poussa un tel cri, elle se renversa si fort en arrière et toutes ses voisines l'imitèrent si bien que le banc se rompit, et la boulangère, Fernande, la triste veuve Delouche et vingt autres s'effondrèrent, les jambes en l'air, au milieu des rires, des cris et des applaudissements, tandis que le grand clown, abattu la face contre terre, se relevait pour saluer et dire:

« Nous avons, messieurs et mesdames, l'honneur de vous remercier! »

Mais à ce moment même et au milieu de l'immense brouhaha, le grand Meaulnes, silencieux depuis le début de la pantomime et qui semblait plus absorbé de minute en minute, se leva brusquement, me saisit par le bras, comme incapable de se contenir, et me cria:

« Regarde le bohémien! Regarde! Je l'ai enfin reconnu ».

Avant même d'avoir regardé, comme si depuis longtemps, inconsciemment, cette pensée couvait en moi et n'attendait que l'instant d'éclore, j'avais deviné! Debout auprès d'un quinquet, à l'entrée de la roulotte, le jeune personnage inconnu avait défait son bandeau et jeté sur ses épaules une pèlerine. On voyait, dans la lueur fumeuse, comme naguère à la lumière de la bougie, dans la chambre du Domaine, un très fin, très aquilin visage sans moustache. Pâle, les lèvres entr'ouvertes, il feuilletait hâtivement une sorte de petit album rouge qui devait être un atlas de poche. Sauf une cicatrice qui lui barrait la tempe et disparaissait sous la masse des cheveux, c'était, tel que me l'avait

décrit minutieusement le grand Meaulnes, le fiancé du Domaine inconnu.

Il était évident qu'il avait ainsi enlevé son bandage pour être reconnu
de nous. Mais à peine le grand Meaulnes avait-il fait ce mouvement et
poussé ce cri, que le jeune homme rentrait dans la roulotte, après nous
avoir jeté un coup d'œil d'entente et nous avoir souri, avec une vague
tristesse, comme il souriait d'ordinaire.

« Et l'autre! disait Meaulnes avec fièvre, comment ne l'ai-je pas
reconnu tout de suite! C'est le pierrot de la fête, là-bas... »

Et il descendit les gradins pour aller vers lui. Mais déjà Ganache
avait coupé toutes les communications avec la piste; un à un il éteignait
les quatre quinquets du cirque, et nous étions obligés de suivre la foule
qui s'écoulait très lentement, canalisée entre les bancs parallèles, dans
l'ombre où nous piétinions d'impatience.

Dès qu'il fut dehors enfin, le grand Meaulnes se précipita vers la
roulotte, escalada le marchepied, frappa à la porte, mais tout était clos
déjà. Déjà sans doute, dans la voiture à rideaux, comme dans celle du
poney, de la chèvre et des oiseaux savants, tout le monde était rentré et
commençait à dormir.

CHAPITRE VIII

LES GENDARMES!

Il nous fallut rejoindre la troupe de messieurs et de dames qui
revenaient vers le Cours Supérieur, par les rues obscures. Cette fois
nous comprenions tout. Cette grande silhouette blanche que Meaulnes
avait vue, le dernier soir de la fête, filer entre les arbres, c'était Ganache,
qui avait recueilli le fiancé désespéré et s'était enfui avec lui. L'autre
avait accepté cette existence sauvage, pleine de risques, de jeux et
d'aventures. Il lui avait semblé recommencer son enfance...

Frantz de Galais nous avait jusqu'ici caché son nom et il avait feint
d'ignorer le chemin du Domaine, par peur sans doute d'être forcé de
rentrer chez ses parents; mais pourquoi, ce soir-là, lui avait-il plu soudain de se faire connaître à nous et de nous laisser deviner la vérité tout
entière?...

Que de projets le grand Meaulnes ne fit-il pas, tandis que la troupe des spectateurs s'écoulait lentement à travers le bourg. Il décida que, dès le lendemain matin, qui était un jeudi, il irait trouver Frantz. Et, tous les deux, ils partiraient pour là-bas! Quel voyage sur la route mouillée! Frantz expliquerait tout; tout s'arrangerait, et la merveilleuse aventure allait reprendre là où elle s'était interrompue…

Quant à moi je marchais dans l'obscurité avec un gonflement de cœur indéfinissable. Tout se mêlait pour contribuer à ma joie, depuis le faible plaisir que donnait l'attente du jeudi jusqu'à la très grande découverte que nous venions de faire, jusqu'à la très grande chance qui nous était échue. Et je me souviens que, dans ma soudaine générosité de cœur, je m'approchai de la plus laide des filles du notaire à qui l'on m'imposait parfois le supplice d'offrir mon bras, et spontanément je lui donnai la main.

Amers souvenirs! Vains espoirs écrasés!

Le lendemain, dès huit heures, lorsque nous débouchâmes tous les deux sur la place de l'église, avec nos souliers bien cirés, nos plaques de ceinturons bien astiquées et nos casquettes neuves, Meaulnes, qui jusque-là se retenait de sourire en me regardant, poussa un cri et s'élança vers la place vide… Sur l'emplacement de la baraque et des voitures, il n'y avait plus qu'un pot cassé et des chiffons. Les bohémiens étaient partis…

Un petit vent qui nous parut glacé soufflait. Il me semblait qu'à chaque pas nous allions buter sur le sol caillouteux et dur de la place et que nous allions tomber. Meaulnes, affolé, fit deux fois le mouvement de s'élancer, d'abord sur la route du Vieux-Nançay, puis sur la route de Saint-Loup-des-Bois. Il mit sa main au-dessus de ses yeux, espérant un instant que nos gens venaient seulement de partir. Mais que faire? Dix traces de voitures s'embrouillaient sur la place, puis s'effaçaient sur la route dure. Il fallut rester là, inertes.

Et tandis que nous revenions, à travers le village où la matinée du jeudi commençait, quatre gendarmes à cheval, avertis par Delouche la veille au soir, débouchèrent au galop sur la place et s'éparpillèrent à travers les rues pour garder toutes les issues, comme des dragons qui font la reconnaissance d'un village… Mais il était trop tard. Ganache, le voleur de poulets, avait fui avec son compagnon. Les gendarmes ne retrouvèrent personne, ni lui, ni ceux-là qui chargeaient dans des voitures les chapons qu'il étranglait. Prévenu à temps par le mot imprudent de Jasmin, Frantz avait dû comprendre soudain de quel métier son compagnon et lui vivaient, quand la caisse de la roulotte était vide; plein de honte et de fureur, il avait arrêté aussitôt un itinéraire et décidé de prendre du champ avant l'arrivée des gendarmes. Mais, ne craignant plus désormais qu'on tentât de le ramener au domaine de son père, il avait voulu se montrer à nous sans bandage, avant de disparaître.

Un seul point resta toujours obscur: comment Ganache avait-il pu à la fois dévaliser les basses-cours et quérir la bonne sœur pour la fièvre de son ami? Mais n'était-ce pas là toute l'histoire du pauvre diable? Voleur et chemineau d'un côté, bonne créature de l'autre.

CHAPITRE IX

A LA RECHERCHE DU SENTIER PERDU

Comme nous rentrions, le soleil dissipait la légère brume du matin; les ménagères sur le seuil des maisons secouaient leurs tapis ou bavardaient; et, dans les champs et les bois, aux portes du bourg, commençait la plus radieuse matinée de printemps qui soit restée dans ma mémoire.

Tous les grands élèves du cours devaient arriver vers huit heures, ce jeudi-là, pour préparer, durant la matinée, les uns le Certificat d'Études Supérieures,° les autres le concours de l'École Normale.° Lorsque nous arrivâmes tous les deux, Meaulnes plein d'un regret et d'une agitation qui ne lui permettaient pas de rester immobile, moi très abattu, l'école était vide… Un rayon de frais soleil glissait sur la poussière d'un banc vermoulu, et sur le vernis écaillé d'un planisphère.

Comment rester là, devant un livre, à ruminer notre déception, tandis que tout nous appelait au-dehors: les poursuites des oiseaux dans les branches près des fenêtres, la fuite des autres élèves vers les prés et les bois, et surtout le fiévreux désir d'essayer au plus vite l'itinéraire incomplet vérifié par le bohémien — dernière ressource de notre sac presque vide, dernière clef du trousseau, après avoir essayé toutes les autres?… Cela était au-dessus de nos forces! Meaulnes marchait de long en large, allait auprès des fenêtres, regardait dans le jardin, puis revenait et regardait vers le bourg, comme s'il eût attendu quelqu'un qui ne viendrait certainement pas.

« J'ai l'idée, me dit-il enfin, j'ai l'idée que ce n'est peut-être pas aussi loin que nous l'imaginons...

» Frantz a supprimé sur mon plan toute une portion de la route que j'avais indiquée.

» Cela veut dire, peut-être, que la jument a fait, pendant mon sommeil, un long détour inutile... »

J'étais à moitié assis sur le coin d'une grande table, un pied par terre, l'autre ballant, l'air découragé et désœuvré, la tête basse.

« Pourtant, dis-je, au retour, dans la berline, ton voyage a duré toute la nuit.

— Nous étions partis à minuit, répondit-il vivement. On m'a déposé à quatre heures du matin, à environ six kilomètres à l'ouest de Sainte-Agathe, tandis que j'étais parti par la route de La Gare à l'est. Il faut donc compter ces six kilomètres en moins entre Sainte-Agathe et le pays perdu.

» Vraiment, il me semble qu'en sortant du bois des Communaux, on ne doit pas être à plus de deux lieues de ce que nous cherchons.

— Ce sont précisément ces deux lieues-là qui manquent sur ta carte.

— C'est vrai. Et la sortie du bois est bien à une lieue et demie d'ici, mais pour un bon marcheur, cela peut se faire en une matinée... »

A cet instant Mouchebœuf arriva. Il avait une tendance irritante à se faire passer pour bon élève, non pas en travaillant mieux que les autres, mais en se signalant dans des circonstances comme celle-ci.

« Je savais bien, dit-il triomphant, ne trouver que vous deux. Tous les autres sont partis pour le bois des Communaux. En tête: Jasmin Delouche qui connaît les nids ».

Et, voulant faire le bon apôtre, il commença à raconter tout ce qu'ils avaient dit pour narguer le Cours, M. Seurel et nous, en décidant cette expédition.

« S'ils sont au bois, je les verrai sans doute en passant, dit Meaulnes, car je m'en vais aussi. Je serai de retour vers midi et demi ».

Mouchebœuf resta ébahi.

« Ne viens-tu pas? » me demanda Augustin, s'arrêtant une seconde sur le seuil de la porte entr'ouverte — ce qui fit entrer dans la pièce grise, en une bouffée d'air tiédi par le soleil, un fouillis de cris, d'appels, de pépiements, le bruit d'un seau sur la margelle du puits et le claquement d'un fouet au loin.

« Non, dis-je, bien que la tentation fût forte, je ne puis pas, à cause de M. Seurel. Mais hâte-toi. Je t'attendrai avec impatience ».

Il fit un geste vague et partit, très vite, plein d'espoir.

Lorsque M. Seurel arriva, vers dix heures, il avait quitté sa veste d'alpaga noir, revêtu un paletot de pêcheur aux vastes poches boutonnées, un chapeau de paille et de courtes jambières vernies pour serrer le bas de son pantalon. Je crois bien qu'il ne fut guère surpris de ne trouver personne. Il ne voulut pas entendre Mouchebœuf qui lui répéta trois fois que les gars avaient dit:

« S'il a besoin de nous, qu'il vienne donc nous chercher! »

Et il commanda:

« Serrez vos affaires, prenez vos casquettes, et nous allons les dénicher à notre tour... Pourras-tu marcher jusque-là, François? »

J'affirmai que oui et nous partîmes.

Il fut entendu que Mouchebœuf conduirait M. Seurel et lui servirait d'appeau... C'est-à-dire que, connaissant les futaies où se trouvaient les dénicheurs, il devait de temps à autre crier à toute voix:

« Hop! Holà! Giraudat! Delouche! Où êtes-vous?... Y en a-t-il?... En avez-vous trouvé?... »

Quant à moi, je fus chargé, à mon vif plaisir, de suivre la lisière est du bois, pour le cas où les écoliers fugitifs chercheraient à s'échapper de ce côté.

Or, dans le plan rectifié par le bohémien et que nous avions maintes fois étudié avec Meaulnes, il semblait qu'un chemin à un trait, un *chemin de terre*, partît de cette lisière du bois pour aller dans la direction du Domaine. Si j'allais le découvrir ce matin!... Je commençai à me persuader que, avant midi, je me trouverais sur le chemin du manoir perdu...

La merveilleuse promenade!... Dès que nous eûmes passé le Glacis et contourné le Moulin, je quittai mes deux compagnons, M. Seurel dont on eût dit qu'il partait en guerre — je crois bien qu'il avait mis dans sa poche un vieux pistolet — et ce traître de Mouchebœuf.

Prenant un chemin de traverse, j'arrivai bientôt à la lisière du bois — seul à travers la campagne pour la première fois de ma vie comme une patrouille que son caporal a perdue.

Me voici, j'imagine, près de ce bonheur mystérieux que Meaulnes a entrevu un jour. Toute la matinée est à moi pour explorer la lisière du bois, l'endroit le plus frais et le plus caché du pays, tandis que mon grand frère aussi est parti à la découverte. C'est comme un ancien lit de ruisseau. Je passe sous les basses branches d'arbres dont je ne sais pas le nom mais qui doivent être des aulnes. J'ai sauté tout à l'heure un échalier* au bout de la sente, et je me suis trouvé dans cette grande voie d'herbe verte qui coule sous les feuilles, foulant par endroits les orties, écrasant les hautes valérianes.

Parfois mon pied se pose, durant quelques pas, sur un banc de sable fin. Et dans le silence, j'entends un oiseau — je m'imagine que c'est un rossignol, mais sans doute je me trompe, puisqu'ils ne chantent que le soir — un oiseau qui répète obstinément la même phrase: voix de la matinée, parole dite sous l'ombrage, invitation délicieuse au voyage entre les aulnes. Invisible, entêté, il semble m'accompagner sous la feuille.

Pour la première fois me voilà, moi aussi, sur le chemin de l'aventure. Ce ne sont plus des coquilles abandonnées par les eaux que je cherche, sous la direction de M. Seurel, ni des orchis que le maître d'école ne connaisse pas, ni même, comme cela nous arrivait souvent dans le champ du père Martin, cette fontaine profonde et tarie, couverte d'un grillage, enfouie sous tant d'herbes folles qu'il fallait chaque fois plus de temps pour la retrouver... Je cherche quelque chose de plus mystérieux encore. C'est le passage dont il est question dans les livres, l'ancien chemin obstrué, celui dont le prince harassé de fatigue n'a pu trouver l'entrée. Cela se découvre à l'heure la plus perdue de la matinée, quand on a depuis longtemps oublié qu'il va être onze heures, midi... Et soudain, en écartant, dans le feuillage profond, les branches, avec ce geste hésitant des mains à hauteur du visage inégalement écartées, on l'aperçoit comme une longue avenue sombre dont la sortie est un rond de lumière tout petit.

Mais tandis que j'espère et m'enivre ainsi, voici que brusquement je débouche dans une sorte de clairière, qui se trouve être tout simplement un pré. Je suis arrivé sans y penser à l'extrémité des Communaux, que j'avais toujours imaginée infiniment loin. Et voici à ma droite, entre des piles de bois, toute bourdonnante dans l'ombre, la maison du garde. Deux paires de bas sèchent sur l'appui de la fenêtre. Les années passées, lorsque nous arrivions à l'entrée du bois, nous disions toujours, en montrant un point de lumière tout au bout de l'immense allée noire: « C'est là-bas la maison du garde; la maison de Baladier ».

Mais jamais nous n'avions poussé jusque-là. Nous entendions dire quelquefois, comme s'il se fût agi d'une expédition extraordinaire: « Il a été jusqu'à la maison du garde! »

Cette fois, je suis allé jusqu'à la maison de Baladier, et je n'ai rien trouvé.

Je commençais à souffrir de ma jambe fatiguée et de la chaleur que je n'avais pas sentie jusque-là; je craignais de faire tout seul le chemin du retour, lorsque j'entendis près de moi l'appeau de M. Seurel, la voix de Mouchebœuf, puis d'autres voix qui m'appelaient...

Il y avait là une troupe de six grands gamins, où, seul, le traître Mouchebœuf avait l'air triomphant. C'était Giraudat, Auberger, Delage et d'autres... Grâce à l'appeau, on avait pris les uns grimpés dans un merisier isolé au milieu d'une clairière; les autres en train de dénicher des pics-verts. Giraudat, le nigaud aux yeux bouffis, à la blouse crasseuse, avait caché les petits dans son estomac, entre sa chemise et sa peau. Deux de leurs compagnons s'étaient enfuis à l'approche de M. Seurel: ce devait être Delouche et le petit Coffin. Ils avaient d'abord répondu par des plaisanteries à l'adresse de « Mouchevache! », que répétaient les échos des bois, et celui-ci, maladroitement, se croyant sûr de son affaire, avait répondu, vexé:

« Vous n'avez qu'à descendre, vous savez! M. Seurel est là... »

Alors tout s'était tu subitement; ç'avait été une fuite silencieuse à travers le bois. Et comme ils le connaissaient à fond, il ne fallait pas songer à les rejoindre. On ne savait pas non plus où le grand Meaulnes était passé. On n'avait pas entendu sa voix; et l'on dut renoncer à poursuivre les recherches.

Il était plus de midi lorsque nous reprîmes la route de Sainte-Agathe, lentement, la tête basse, fatigués, terreux. A la sortie du bois, lorsque nous eûmes frotté et secoué la boue de nos souliers sur la route sèche, le soleil commença de frapper dur. Déjà ce n'était plus ce matin de printemps si frais et si luisant. Les bruits de l'après-midi avaient commencé. De loin en loin un coq criait, cri désolé! dans les fermes désertes aux alentours de la route. A la descente du Glacis, nous nous arrêtâmes un instant pour causer avec des ouvriers des champs qui avaient repris leur travail après le déjeuner. Ils étaient accoudés à la barrière, et M. Seurel leur disait:

« De fameux galopins! Tenez, regardez Giraudat. Il a mis les oisillons dans sa chemise. Ils ont fait là-dedans ce qu'ils ont voulu. C'est du propre!... »

Il me semblait que c'était de ma débâcle aussi que les ouvriers riaient. Ils riaient en hochant la tête, mais ils ne donnaient pas tout à fait tort aux jeunes gars qu'ils connaissaient bien. Ils nous confièrent même, lorsque M. Seurel eut repris la tête de la colonne:

« Il y en a un autre qui est passé, un grand, vous savez bien... Il a dû rencontrer, en revenant, la voiture des Granges, et on l'a fait monter, il est descendu, plein de terre, tout déchiré, ici, à l'entrée du chemin des Granges! Nous lui avons dit que nous vous avions vus passer ce matin, mais que vous n'étiez pas de retour encore. Et il a continué tout doucement sa route vers Sainte-Agathe ».

En effet, assis sur une pile du pont des Glacis, nous attendait le grand Meaulnes, l'air brisé de fatigue. Aux questions de M. Seurel, il répondit que lui aussi était parti à la recherche des écoliers buissonniers. Et à celle que je lui posai tout bas, il dit seulement en hochant la tête avec découragement:

« Non! rien! rien qui ressemble à ça ».

Après déjeuner, dans la classe fermée, noire et vide, au milieu du pays radieux, il s'assit à l'une des grandes tables et, la tête dans les bras, il dormit longtemps, d'un sommeil triste et lourd. Vers le soir, après un long instant de réflexion, comme s'il venait de prendre une décision importante, il écrivit une lettre à sa mère. Et c'est tout ce que je me rappelle de cette morne fin d'un grand jour de défaite.

CHAPITRE X

LA LESSIVE

Nous avions escompté trop tôt la venue du printemps.

Le lundi soir, nous voulûmes faire nos devoirs aussitôt après quatre heures comme en plein été, et pour y voir plus clair nous sortîmes deux grandes tables dans la cour. Mais le temps s'assombrit tout de suite; une goutte de pluie tomba sur un cahier; nous rentrâmes en hâte. Et de la grande salle obscurcie, par les larges fenêtres, nous regardions silencieusement dans le ciel gris la déroute des nuages.

Alors Meaulnes, qui regardait comme nous, la main sur une poignée de croisée, ne put s'empêcher de dire, comme s'il eût été fâché de sentir monter en lui tant de regret:

« Ah! ils filaient autrement que cela les nuages, lorsque j'étais sur la route, dans la voiture de la Belle-Étoile.

— Sur quelle route? » demanda Jasmin.

Mais Meaulnes ne répondit pas.

« Moi, dis-je, pour faire diversion, j'aurais aimé voyager comme cela en voiture, par la pluie battante, abrité sous un grand parapluie.

— Et lire tout le long du chemin comme dans une maison, ajouta un autre.

— Il ne pleuvait pas et je n'avais pas envie de lire, répondit Meaulnes, je ne pensais qu'à regarder le pays ».

Mais lorsque Giraudat, à son tour, demanda de quel pays il s'agissait, Meaulnes de nouveau resta muet. Et Jasmin dit:

« Je sais... Toujours la fameuse aventure!... »

Il avait dit ces mots d'un ton conciliant et important, comme s'il eût été lui-même un peu dans le secret. Ce fut peine perdue; ses avances lui restèrent pour compte; et comme la nuit tombait, chacun s'en fut au galop, la blouse relevée sur la tête, sous la froide averse.

Jusqu'au jeudi suivant le temps resta à la pluie. Et ce jeudi-là fut plus triste encore que le précédent. Toute la campagne était baignée dans une sorte de brume glacée comme aux plus mauvais jours de l'hiver.

Millie, trompée par le beau soleil de l'autre semaine, avait fait faire la lessive, mais il ne fallait pas songer à mettre sécher le linge sur les haies du jardin, ni même sur des cordes dans le grenier, tant l'air était humide et froid.

En discutant avec M. Seurel, il eut l'idée d'étendre sa lessive dans les classes, puisque c'était jeudi, et de chauffer le poêle à blanc. Pour économiser les feux de la cuisine et de la salle à manger, on ferait cuire les repas sur le poêle et nous nous tiendrions toute la journée dans la grande salle du Cours.

Au premier instant, — j'étais si jeune encore! — je considérai cette nouveauté comme une fête.

Morne fête!... Toute la chaleur du poêle était prise par la lessive et il faisait grand froid. Dans la cour, tombait interminablement et mollement une petite pluie d'hiver. C'est là pourtant que dès neuf heures du matin, dévoré d'ennui, je retrouvai le grand Meaulnes. Par les barreaux du grand portail, où nous appuyions silencieusement nos têtes, nous regardâmes, au haut du bourg, sur les Quatre-Routes, le cortège d'un enterrement venu du fond de la campagne. Le cercueil, amené dans une charrette à bœufs, était déchargé et posé sur une dalle, au pied de la grande croix où le boucher avait aperçu naguère les sentinelles du bohémien! Où était-il maintenant, le jeune capitaine qui si bien menait l'abordage?... Le curé et les chantres vinrent comme c'était l'usage au-devant du cercueil posé là, et les tristes chants arrivaient jusqu'à nous. Ce serait là, nous le savions, le seul spectacle de la journée, qui s'écoulerait tout entière comme une eau jaunie dans un caniveau.

« Et maintenant, dit Meaulnes soudain, je vais préparer mon bagage. Apprends-le, Seurel: j'ai écrit à ma mère jeudi dernier, pour lui demander de finir mes études à Paris. C'est aujourd'hui que je pars ».

Il continuait à regarder vers le bourg, les mains appuyées aux barreaux, à la hauteur de sa tête. Inutile de demander si sa mère, qui était riche et lui passait toutes ses volontés, lui avait passé celle-là. Inutile aussi de demander pourquoi soudainement il désirait s'en aller à Paris!...

Mais il y avait en lui, certainement, le regret et la crainte de quitter ce cher pays de Sainte-Agathe d'où il était parti pour son aventure. Quant à moi, je sentais monter une désolation violente que je n'avais pas sentie d'abord.

« Pâques approche! dit-il pour m'expliquer, avec un soupir.

— Dès que tu l'auras trouvée là-bas, tu m'écriras, n'est-ce pas? demandai-je.

— C'est promis, bien sûr. N'es-tu pas mon compagnon et mon frère?... »

Et il me posa la main sur l'épaule.

Peu à peu je comprenais que c'était bien fini, puisqu'il voulait terminer ses études à Paris; jamais plus je n'aurais avec moi mon grand camarade.

Il n'y avait d'espoir, pour nous réunir, qu'en cette maison de Paris où devait se retrouver la trace de l'aventure perdue... Mais de voir Meaulnes lui-même si triste, quel pauvre espoir c'était là pour moi!

Mes parents furent avertis: M. Seurel se montra très étonné, mais se rendit bien vite aux raisons d'Augustin; Millie, femme d'intérieur, se désola surtout à la pensée que la mère de Meaulnes verrait notre maison dans un désordre inaccoutumé... La malle, hélas! fut bientôt faite. Nous cherchâmes sous l'escalier ses souliers des dimanches; dans l'armoire, un peu de linge; puis ses papiers et ses livres d'école — tout ce qu'un jeune homme de dix-huit ans possède au monde.

A midi, Mme Meaulnes arrivait avec sa voiture. Elle déjeuna au café Daniel en compagnie d'Augustin, et l'emmena sans donner presque aucune explication, dès que le cheval fut affené* et attelé. Sur le seuil, nous leur dîmes au revoir; et la voiture disparut au tournant des Quatre-Routes.

Millie frotta ses souliers devant la porte et rentra dans la froide salle à manger remettre en ordre ce qui avait été dérangé. Quant à moi, je me trouvai, pour la première fois depuis de longs mois, seul en face d'une longue soirée de jeudi — avec l'impression que, dans cette vieille voiture, mon adolescence venait de s'en aller pour toujours.

CHAPITRE XI

JE TRAHIS...

Que faire?

Le temps s'élevait un peu. On eût dit que le soleil allait se montrer.

Une porte claquait dans la grande maison. Puis le silence retombait. De temps à autre mon père traversait la cour, pour remplir un seau de charbon dont il bourrait le poêle. J'apercevais les linges blancs pendus aux cordes et je n'avais aucune envie de rentrer dans le triste endroit transformé en séchoir, pour m'y trouver en tête-à-tête avec l'examen de la fin de l'année, ce concours de l'École Normale qui devait être désormais ma seule préoccupation.

Chose étrange: à cet ennui qui me désolait se mêlait comme une sensation de liberté. Meaulnes parti, toute cette aventure terminée et manquée, il semblait du moins que j'étais libéré de cet étrange souci, de cette occupation mystérieuse qui ne me permettaient plus d'agir comme tout le monde. Meaulnes parti, je n'étais plus son compagnon d'aventures, le frère de ce chasseur de pistes; je redevenais un gamin du bourg pareil aux autres. Et cela était facile et je n'avais qu'à suivre pour cela mon inclination la plus naturelle.

Le cadet des Roy passa dans la rue boueuse, faisant tourner au bout d'une ficelle, puis lâchant en l'air trois marrons attachés qui retombèrent dans la cour. Mon désœuvrement était si grand que je pris plaisir à lui relancer deux ou trois fois ses marrons de l'autre côté du mur.

Soudain je le vis abandonner ce jeu puéril pour courir vers un tombereau qui venait par le chemin de la Vieille-Planche. Il eut vite fait de grimper par derrière sans même que la voiture s'arrêtât. Je reconnaissais le petit tombereau de Delouche et son cheval. Jasmin conduisait; le gros Boujardon était debout. Ils revenaient du pré.

« Viens avec nous, François! » cria Jasmin, qui devait savoir déjà que Meaulnes était parti.

Ma foi! sans avertir personne, j'escaladai la voiture cahotante et me tins comme les autres, debout, appuyé contre un des montants du tombereau. Il nous conduisit chez la veuve Delouche...

Nous sommes maintenant dans l'arrière-boutique, chez la bonne femme qui est en même temps épicière et aubergiste. Un rayon de soleil blanc glisse à travers la fenêtre basse sur les boîtes en fer-blanc et sur les tonneaux de vinaigre. Le gros Boujardon s'assoit sur l'appui de la fenêtre et, tourné vers nous, avec un gros rire d'homme pâteux, il mange des biscuits à la cuiller. A la portée de la main, sur un tonneau, la boîte est ouverte et entamée. Le petit Roy pousse des cris de plaisir. Une sorte d'intimité de mauvais aloi s'est établie entre nous. Jasmin et Boujardon seront maintenant mes camarades, je le vois. Le cours de ma vie a changé tout d'un coup. Il me semble que Meaulnes est parti depuis très longtemps et que son aventure est une vieille histoire triste, mais finie.

Le petit Roy a déniché sous une planche une bouteille de liqueur entamée. Delouche nous offre à chacun la goutte, mais il n'y a qu'un verre et nous buvons tous dans le même. On me sert le premier avec un peu de condescendance, comme si je n'étais pas habitué à ces mœurs de chasseurs et de paysans... Cela me gêne un peu. Et comme on vient à parler de Meaulnes, l'envie me prend, pour dissiper cette gêne et retrouver mon aplomb, de montrer que je connais son histoire et de la raconter un peu. En quoi cela pourrait-il lui nuire puisque tout est fini maintenant de ses aventures ici?...

.. ..

Est-ce que je raconte mal cette histoire? Elle ne produit pas l'effet que j'attendais.

Mes compagnons, en bons villageois que rien n'étonne, ne sont pas surpris pour si peu.

« C'était une noce, quoi! » dit Boujardon.

Delouche en a vu une, à Préveranges, qui était plus curieuse encore.

Le château? On trouverait certainement des gens du pays qui en ont entendu parler.

La jeune fille? Meaulnes se mariera avec elle quand il aura fait son année de service.

« Il aurait dû, ajoute l'un d'eux, nous en parler et nous montrer son plan au lieu de confier cela à un bohémien!... »

Empêtré dans mon insuccès, je veux profiter de l'occasion pour exciter leur curiosité: je me décide à expliquer qui était ce bohémien; d'où il venait; son étrange destinée... Boujardon et Delouche ne veulent rien entendre: « C'est celui-là qui a tout fait. C'est lui qui a rendu Meaulnes insociable, Meaulnes qui était un si brave camarade! C'est lui qui a organisé toutes ces sottises d'abordages et d'attaques nocturnes, après nous avoir tous embrigadés comme un bataillon scolaire... »

« Tu sais, dit Jasmin, en regardant Boujardon, et en secouant la tête à petits coups, j'ai rudement bien fait de le dénoncer aux gendarmes. En voilà un qui a fait du mal au pays et qui en aurait fait encore!... »

Me voici presque de leur avis. Tout aurait sans doute autrement tourné si nous n'avions pas considéré l'affaire d'une façon si mystérieuse et si tragique. C'est l'influence de ce Frantz qui a tout perdu...

Mais soudain, tandis que je suis absorbé dans ces réflexions, il se fait du bruit dans la boutique. Jasmin Delouche cache rapidement son flacon de goutte derrière un tonneau; le gros Boujardon dégringole du haut de sa fenêtre, met le pied sur une bouteille vide et poussiéreuse qui roule, et manque deux fois de s'étaler. Le petit Roy les pousse par derrière, pour sortir plus vite, à demi suffoqué de rire.

Sans bien comprendre ce qui se passe je m'enfuis avec eux, nous traversons la cour et nous grimpons par une échelle dans un grenier à foin. J'entends une voix de femme qui nous traite de propres-à-rien!...

« Je n'aurais pas cru qu'elle serait rentrée si tôt », dit Jasmin tout bas.

Je comprends, maintenant seulement, que nous étions là en fraude, à voler des gâteaux et de la liqueur. Je suis déçu comme ce naufragé qui croyait causer avec un homme et qui reconnut soudain que c'était un singe. Je ne songe plus qu'à quitter ce grenier, tant ces aventures-là me déplaisent. D'ailleurs la nuit tombe... On me fait passer par derrière, traverser deux jardins, contourner une mare; je me retrouve dans la rue mouillée, boueuse, où se reflète la lueur du café Daniel.

Je ne suis pas fier de ma soirée. Me voici aux Quatre-Routes. Malgré moi, tout d'un coup, je revois, au tournant, un visage dur et fraternel qui me sourit; un dernier signe de la main — et la voiture disparaît...

Un vent froid fait claquer ma blouse, pareil au vent de cet hiver qui était si tragique et si beau. Déjà tout me paraît moins facile. Dans la grande classe où l'on m'attend pour dîner, de brusques courants d'air traversent la maigre tiédeur que répand le poêle. Je grelotte, tandis qu'on me reproche mon après-midi de vagabondage. Je n'ai pas même, pour rentrer dans la régulière vie passée, la consolation de prendre place à table et de retrouver mon siège habituel. On n'a pas mis la table ce soir-là; chacun dîne sur ses genoux, où il peut, dans la salle de classe obscure. Je mange silencieusement la galette cuite sur le poêle, qui devait être la récompense de ce jeudi passé dans l'école, et qui a brûlé sur les cercles rougis.

Le soir, tout seul dans ma chambre, je me couche bien vite pour étouffer le remords que je sens monter du fond de ma tristesse. Mais par deux fois je me suis éveillé, au milieu de la nuit, croyant entendre, la première fois, le craquement du lit voisin, où Meaulnes avait coutume de se retourner brusquement d'une seule pièce, et l'autre fois, son pas léger de chasseur aux aguets, à travers les greniers du fond...

CHAPITRE XII

LES TROIS LETTRES DE MEAULNES

De toute ma vie je n'ai reçu que trois lettres de Meaulnes. Elles sont encore chez moi dans un tiroir de commode. Je retrouve chaque fois que je les relis la même tristesse que naguère.

La première m'arriva dès le surlendemain de son départ.

« Mon cher François,

» Aujourd'hui, dès mon arrivée à Paris, je suis allé devant la maison indiquée. Je n'ai rien vu. Il n'y avait personne. Il n'y aura jamais personne.

» La maison que disait Frantz est un petit hôtel à un étage. La chambre de Mlle de Galais doit être au premier. Les fenêtres du haut sont les plus cachées par les arbres. Mais en passant sur le trottoir on les voit très bien. Tous les rideaux sont fermés et il faudrait être fou pour espérer qu'un jour, entre ces rideaux tirés, le visage d'Yvonne de Galais puisse apparaître.

» C'est sur un boulevard… Il pleuvait un peu dans les arbres déjà verts. On entendait les cloches claires des tramways qui passaient indéfiniment.

» Pendant près de deux heures, je me suis promené de long en large sous les fenêtres. Il y a un marchand de vins chez qui je me suis arrêté pour boire, de façon à n'être pas pris pour un bandit qui veut faire un mauvais coup. Puis j'ai repris ce guet sans espoir.

» La nuit est venue. Les fenêtres se sont allumées un peu partout mais non pas dans cette maison. Il n'y a certainement personne. Et pourtant Pâques approche.

» Au moment où j'allais partir une jeune fille, ou une jeune femme — je ne sais — est venue s'asseoir sur un des bancs mouillés de pluie. Elle était vêtue de noir avec une petite collerette blanche. Lorsque je suis parti, elle était encore là, immobile malgré le froid du soir, à attendre je ne sais quoi, je ne sais qui. Tu vois que Paris est plein de fous comme moi.

AUGUSTIN »

Le temps passa. Vainement j'attendis un mot d'Augustin le lundi de Pâques et durant tous les jours qui suivirent — jours où il semble, tant ils sont calmes après la grande fièvre de Pâques, qu'il n'y ait plus qu'à attendre l'été. Juin ramena le temps des examens et une terrible chaleur dont la buée suffocante planait sur le pays sans qu'un souffle de vent la vînt dissiper. La nuit n'apportait aucune fraîcheur et par conséquent aucun répit à ce supplice. C'est durant cet insupportable mois de juin que je reçus la deuxième lettre du grand Meaulnes.

« Juin 189…

» Mon cher ami,

» Cette fois tout espoir est perdu. Je le sais depuis hier soir. La douleur, que je n'avais presque pas sentie tout de suite, monte depuis ce temps.

» Tous les soirs j'allais m'asseoir sur ce banc, guettant, réfléchissant, espérant malgré tout.

» Hier après dîner, la nuit était noire et étouffante. Des gens causaient sur le trottoir, sous les arbres. Au-dessus des noirs feuillages, verdis par les lumières, les appartements des seconds, des troisièmes étages étaient éclairés. Çà et là, une fenêtre que l'été avait ouverte toute grande… On voyait la lampe allumée sur la table, refoulant à peine autour d'elle la chaude obscurité de juin; on voyait presque jusqu'au fond de la pièce… Ah! si la fenêtre noire d'Yvonne de Galais s'était allumée aussi, j'aurais osé, je crois, monter l'escalier, frapper, entrer…

» La jeune fille de qui je t'ai parlé était là encore, attendant comme moi. Je pensai qu'elle devait connaître la maison et je l'interrogeai:

» — Je sais, a-t-elle dit, qu'autrefois, dans cette maison, une jeune fille et son frère venaient passer les vacances. Mais j'ai appris que le frère avait fui le château de ses parents sans qu'on puisse jamais le retrouver, et la jeune fille s'est mariée. C'est ce qui vous explique que l'appartement soit fermé ».

» Je suis parti. Au bout de dix pas mes pieds butaient sur le trottoir et je manquais tomber. La nuit — c'était la nuit dernière — lorsqu' enfin les enfants et les femmes se sont tus, dans les cours, pour me laisser dormir, j'ai commencé d'entendre rouler les fiacres dans la rue. Ils ne passaient que de loin en loin. Mais quand l'un était passé, malgré moi, j'attendais l'autre: le grelot, les pas du cheval qui claquaient sur l'asphalte… Et cela répétait: c'est la ville déserte, ton amour perdu, la nuit interminable, l'été, la fièvre…

» Seurel, mon ami, je suis dans une grande détresse.

AUGUSTIN »

Lettres de peu de confidence quoi qu'il paraisse! Meaulnes ne me disait ni pourquoi il était resté si longtemps silencieux, ni ce qu'il comptait faire maintenant. J'eus l'impression qu'il rompait avec moi, parce que son aventure était finie, comme il rompait avec son passé. J'eus beau lui écrire, en effet, je ne reçus plus de réponse. Un mot de félicitations seulement, lorsque j'obtins mon Brevet Simple. En septembre je sus par un camarade d'école qu'il était venu en vacances chez sa mère à La Ferté-d'Angillon. Mais nous dûmes, cette année-là, invités par mon oncle Florentin du Vieux-Nançay, passer chez lui les vacances. Et Meaulnes repartit pour Paris sans que j'eusse pu le voir.

A la rentrée, exactement vers la fin de novembre, tandis que je m'étais remis avec une morne ardeur à préparer le Brevet Supérieur, dans l'espoir d'être nommé instituteur l'année suivante, sans passer par l'École Normale de Bourges, je reçus la dernière des trois lettres que j'aie jamais reçues d'Augustin:

« Je passe encore sous cette fenêtre, écrivait-il. J'attends encore, sans le moindre espoir, par folie. A la fin de ces froids dimanches d'automne, au moment où il va faire nuit, je ne puis me décider à rentrer, à fermer les volets de ma chambre, sans être retourné là-bas, dans la rue gelée.

» Je suis comme cette folle de Sainte-Agathe qui sortait à chaque minute sur le pas de la porte et regardait, la main sur les yeux, du côté de La Gare, pour voir si son fils qui était mort ne venait pas.

» Assis sur le banc, grelottant, misérable, je me plais à imaginer que quelqu'un va me prendre doucement par le bras... Je me retournerais. Ce serait elle. « Je me suis un peu attardée », dirait-elle simplement. Et toute peine et toute démence s'évanouissent. Nous entrons dans notre maison. Ses fourrures sont toutes glacées, sa voilette mouillée; elle apporte avec elle le goût de brume du dehors; et tandis qu'elle s'approche du feu, je vois ses cheveux blonds givrés, son beau profil au dessin si doux penché vers la flamme...

» Hélas! la vitre reste blanchie par le rideau qui est derrière. Et la jeune fille du Domaine perdu l'ouvrirait-elle, que je n'ai maintenant plus rien à lui dire.

» Notre aventure est finie. L'hiver de cette année est mort comme la tombe. Peut-être quand nous mourrons, peut-être la mort seule nous donnera la clef et la suite et la fin de cette aventure manquée.

» Seurel, je te demandais l'autre jour de penser à moi. Maintenant, au contraire, il vaut mieux m'oublier. Il vaudrait mieux tout oublier.

.. ..

A. M. »

Et ce fut un nouvel hiver, aussi mort que le précédent avait été vivant d'une mystérieuse vie: la place de l'église sans bohémiens; la cour d'école que les gamins désertaient à quatre heures... la salle de classe où j'étudiais seul et sans goût... En février, pour la première fois de l'hiver, la neige tomba, ensevelissant définitivement notre roman d'aventures de l'an passé, brouillant toute piste, effaçant les dernières traces. Et je m'efforçai, comme Meaulnes me l'avait demandé dans sa lettre, de tout oublier.

TROISIÈME PARTIE

CHAPITRE PREMIER

LA BAIGNADE

Fumer la cigarette, se mettre de l'eau sucrée sur les cheveux pour qu'ils frisent, embrasser les filles du Cours Complémentaire dans les chemins et crier « A la cornette! »° derrière la haie pour narguer la religieuse qui passe, c'était la joie de tous les mauvais drôles du pays. A vingt ans, d'ailleurs, les mauvais drôles de cette espèce peuvent très bien s'amender et deviennent parfois des jeunes gens fort sensibles. Le cas est plus grave lorsque le drôle en question a la figure déjà vieillotte et fanée, lorsqu'il s'occupe des histoires louches des femmes du pays, lorsqu'il dit de Gilberte Poquelin mille bêtises pour faire rire les autres. Mais enfin le cas n'est pas encore désespéré...

C'était le cas de Jasmin Delouche. Il continuait, je ne sais pourquoi, mais certainement sans aucun désir de passer les examens, à suivre le Cours Supérieur que tout le monde aurait voulu lui voir abandonner. Entre-temps, il apprenait avec son oncle Dumas le métier de plâtrier. Et bientôt ce Jasmin Delouche, avec Boujardon et un autre garçon très doux, le fils de l'adjoint qui s'appelait Denis, furent les seuls grands élèves que j'aimasse à fréquenter, parce qu'ils étaient « du temps de Meaulnes ».

Il y avait d'ailleurs, chez Delouche, un désir très sincère d'être mon ami. Pour tout dire, lui qui avait été l'ennemi du grand Meaulnes, il eût voulu devenir le grand Meaulnes de l'école: tout au moins regrettait-il peut-être de n'avoir pas été son lieutenant. Moins lourd que Boujardon, il avait senti, je pense, tout ce que Meaulnes avait apporté, dans notre vie, d'extraordinaire. Et souvent je l'entendais répéter:

« Il le disait bien, le grand Meaulnes... » ou encore: « Ah! disait le grand Meaulnes... »

Outre que Jasmin était plus homme que nous, le vieux petit gars disposait de trésors d'amusements qui consacraient sur nous sa supériorité: un chien de race mêlée, aux longs poils blancs, qui répondait au nom agaçant de Bécali et rapportait les pierres qu'on lançait au loin, sans avoir d'aptitude bien nette pour aucun autre sport; une vieille bicyclette achetée d'occasion et sur quoi Jasmin nous faisait quelquefois monter, le soir après le cours, mais avec laquelle il préférait exercer les filles du pays; enfin et surtout un âne blanc et aveugle qui pouvait s'atteler à tous les véhicules.

C'était l'âne de Dumas, mais il le prêtait à Jasmin quand nous allions nous baigner au Cher, en été. Sa mère, à cette occasion, donnait une bouteille de limonade que nous mettions sous le siège, parmi les caleçons de bains desséchés. Et nous partions, huit ou dix grands élèves du Cours, accompagnés de M. Seurel, les uns à pied, les autres grimpés dans la voiture à âne, qu'on laissait à la ferme de Grand'Fons, au moment où le chemin du Cher devenait trop raviné.

J'ai lieu de me rappeler jusqu'en ses moindres détails une promenade de ce genre, où l'âne de Jasmin conduisit au Cher nos caleçons, nos bagages, la limonade et M. Seurel, tandis que nous suivions à pied par derrière. On était au mois d'août. Nous venions de passer les examens. Délivrés de ce souci, il nous semblait que tout l'été, tout le bonheur nous appartenaient, et nous marchions sur la route en chantant, sans savoir quoi ni pourquoi, au début d'un bel après-midi de jeudi.

Il n'y eut, à l'aller, qu'une ombre à ce tableau innocent. Nous aperçûmes, marchant devant nous, Gilberte Poquelin. Elle avait la taille bien prise, une jupe demi-longue, des souliers hauts, l'air doux et effronté d'une gamine qui devient jeune fille. Elle quitta la route et prit un chemin détourné, pour aller chercher du lait sans doute. Le petit Coffin proposa aussitôt à Jasmin de la suivre.

« Ce ne serait pas la première fois que j'irais l'embrasser... », dit l'autre.

Et il se mit à raconter sur elle et ses amies plusieurs histoires grivoises, tandis que toute la troupe, par fanfaronnade, s'engageait dans le chemin, laissant M. Seurel continuer en avant, sur la route, dans la voiture à âne. Une fois là, pourtant, la bande commença à s'égrener. Delouche lui-même paraissait peu soucieux de s'attaquer devant nous à la gamine qui filait, et il ne l'approcha pas à plus de cinquante mètres. Il y eut quelques cris de coqs et de poules, des petits coups de sifflet galants, puis nous rebroussâmes chemin, un peu mal à l'aise, abandonnant la partie. Sur la route, en plein soleil, il fallut courir. Nous ne chantions plus.

Nous nous déshabillâmes et rhabillâmes dans les saulaies arides qui bordent le Cher. Les saules nous abritaient des regards, mais non pas du soleil. Les pieds dans le sable et la vase desséchée, nous ne pensions qu'à la bouteille de limonade de la veuve Delouche, qui fraîchissait dans la fontaine de Grand'Fons, une fontaine creusée dans la rive même du Cher. Il y avait toujours, dans le fond, des herbes glauques et deux ou trois bêtes pareilles à des cloportes; mais l'eau était si claire, si transparente, que les pêcheurs n'hésitaient pas à s'agenouiller, les deux mains sur chaque bord, pour y boire.

Hélas! ce fut ce jour-là comme les autres fois... Lorsque, tous habillés, nous nous mettions en rond, les jambes croisées en tailleur, pour nous partager, dans deux gros verres sans pied, la limonade rafraîchie, il ne revenait guère à chacun, lorsqu'on avait prié M. Seurel de prendre sa part, qu'un peu de mousse qui piquait le gosier et ne faisait qu'irriter la soif. Alors, à tour de rôle, nous allions à la fontaine que nous avions d'abord méprisée, et nous approchions lentement le visage de la surface de l'eau pure. Mais tous n'étaient pas habitués à ces mœurs d'hommes des champs. Beaucoup, comme moi, n'arrivaient pas à se désaltérer: les uns, parce qu'ils n'aimaient pas l'eau, d'autres, parce qu'ils avaient le gosier serré par la peur d'avaler un cloporte, d'autres, trompés par la grande transparence de l'eau immobile et n'en sachant pas calculer exactement la surface, s'y baignaient la moitié du visage en même temps que la bouche et aspiraient âcrement par le nez une eau qui leur semblait brûlante, d'autres enfin pour toutes ces raisons à la fois... N'importe! il nous semblait, sur ces bords arides du Cher, que toute la fraîcheur terrestre était enclose en ce lieu. Et maintenant encore, au seul mot de fontaine, prononcé n'importe où, c'est à celle-là, pendant longtemps, que je pense.

Le retour se fit à la brune, avec insouciance d'abord, comme l'aller. Le chemin de Grand'Fons, qui remontait vers la route, était un ruisseau l'hiver et, l'été, un ravin impraticable, coupé de trous et de grosses racines, qui montait dans l'ombre entre de grandes haies d'arbres. Une partie des baigneurs s'y engagea par jeu. Mais nous suivîmes, avec M. Seurel, Jasmin et plusieurs camarades, un sentier doux et sablonneux, parallèle à celui-là, qui longeait la terre voisine. Nous entendions causer et rire les autres, près de nous, au-dessous de nous, invisibles

dans l'ombre, tandis que Delouche racontait ses histoires d'homme...
Au faîte des arbres de la grande haie grésillaient les insectes du soir qu'on
voyait, sur le clair du ciel, remuer tout autour de la dentelle des feuill-
lages. Parfois il en dégringolait un, brusquement, dont le bourdonnement grinçait tout à coup. — Beau soir d'été calme!... Retour, sans
espoir mais sans désir, d'une pauvre partie de campagne... Ce fut
encore Jasmin, sans le vouloir, qui vint troubler cette quiétude...

Au moment où nous arrivions au sommet de la côte, à l'endroit où
il reste deux grosses vieilles pierres qu'on dit être les vestiges d'un
château fort, il en vint à parler des domaines qu'il avait visités et
spécialement d'un domaine à demi abandonné aux environs du Vieux-
Nançay: le domaine des Sablonnières. Avec cet accent de l'Allier qui
arrondit vaniteusement certains mots et abrège avec préciosité les
autres, il racontait avoir vu quelques années auparavant, dans la
chapelle en ruine de cette vieille propriété, une pierre tombale sur laquelle étaient gravés ces mots:

> *Ci-gît le chevalier Galois*
> *Fidèle à son Dieu, à son Roi, à sa Belle*

«Ah! bah! tiens!» disait M. Seurel, avec un léger haussement d'épaules, un peu gêné du ton que prenait la conversation, mais désireux
cependant de nous laisser parler comme des hommes.

Alors Jasmin continua de décrire ce château, comme s'il y avait passé
sa vie.

Plusieurs fois, en revenant du Vieux-Nançay, Dumas et lui avaient
été intrigués par la vieille tourelle grise qu'on apercevait au-dessus des
sapins. Il y avait là, au milieu des bois, tout un dédale de bâtiments
ruinés que l'on pouvait visiter en l'absence des maîtres. Un jour, un
garde de l'endroit, qu'ils avaient fait monter dans leur voiture, les
avait conduits dans le domaine étrange. Mais depuis lors on avait fait
tout abattre; il ne restait plus guère, disait-on, que la ferme et une
petite maison de plaisance. Les habitants étaient toujours les mêmes,
un vieil officier retraité, demi-ruiné, et sa fille.

Il parlait... Il parlait... J'écoutais attentivement, sentant sans m'en
rendre compte qu'il s'agissait là d'une chose bien connue de moi, lorsque
soudain, tout simplement, comme se font les choses extraordinaires,
Jasmin se tourna vers moi et, me touchant le bras, frappé d'une idée
qui ne lui était jamais venue:

« Tiens, mais, j'y pense, dit-il, c'est là que Meaulnes — tu sais, le grand Meaulnes? — avait dû aller.

» Mais oui, ajouta-t-il, car je ne répondais pas, et je me rappelle que le garde parlait du fils de la maison, un excentrique, qui avait des idées extraordinaires... »

Je ne l'écoutais plus, persuadé dès le début qu'il avait deviné juste et que devant moi, loin de Meaulnes, loin de tout espoir, venait de s'ouvrir, net et facile comme une route familière, le chemin du Domaine sans nom.

CHAPITRE II

CHEZ FLORENTIN

Autant j'avais été un enfant malheureux et rêveur et fermé, autant je devins résolu et, comme on dit chez nous, « décidé », lorsque je sentis que dépendait de moi l'issue de cette grave aventure.

Ce fut, je crois bien, à dater de ce soir-là que mon genou cessa définitivement de me faire mal.

Au Vieux-Nançay, qui était la commune du domaine des Sablonnières, habitait toute la famille de M. Seurel et en particulier mon oncle Florentin, un commerçant chez qui nous passions quelquefois la fin de septembre. Libéré de tout examen, je ne voulus pas attendre et j'obtins d'aller immédiatement voir mon oncle. Mais je décidai de ne rien faire savoir à Meaulnes aussi longtemps que je ne serais pas certain de pouvoir lui annoncer quelque bonne nouvelle. A quoi bon en effet l'arracher à son désespoir pour l'y replonger ensuite plus profondément peut-être?

Le Vieux-Nançay fut pendant très longtemps le lieu du monde que je préférais, le pays des fins de vacances, où nous n'allions que bien rarement, lorsqu'il se trouvait une voiture à louer pour nous y conduire. Il y avait eu, jadis, quelque brouille avec la branche de la famille qui habitait là-bas, et c'est pourquoi sans doute Millie se faisait tant prier chaque fois pour monter en voiture. Mais moi, je me souciais bien de ces fâcheries!... Et sitôt arrivé, je me perdais et m'ébattais parmi les oncles, les cousines et les cousins, dans une existence faite de mille occupations amusantes et de plaisirs qui me ravissaient.

Nous descendions chez l'oncle Florentin et la tante Julie, qui avaient un garçon de mon âge, le cousin Firmin, et huit filles, dont les aînées, Marie-Louise, Charlotte, pouvaient avoir dix-sept et quinze ans. Ils tenaient un très grand magasin à l'une des entrées de ce bourg de Sologne, devant l'église — un magasin universel, auquel s'approvisionnaient tous les châtelains-chasseurs de la région, isolés dans la contrée perdue, à trente kilomètres de toute gare.

Ce magasin, avec ses comptoirs d'épicerie et de rouennerie, donnait par de nombreuses fenêtres sur la route et, par la porte vitrée, sur la grande place de l'église. Mais, chose étrange, quoiqu'assez ordinaire dans ce pays pauvre, la terre battue dans toute la boutique tenait lieu de plancher.

Par derrière, c'étaient six chambres, chacune remplie d'une seule et même marchandise: la chambre aux chapeaux, la chambre au jardinage, la chambre aux lampes... que sais-je? Il me semblait, lorsque j'étais enfant et que je traversais ce dédale d'objets de bazar, que je n'en épuiserais jamais du regard toutes les merveilles. Et, à cette époque encore, je trouvais qu'il n'y avait de vraies vacances que passées en ce lieu.

La famille vivait dans une grande cuisine dont la porte s'ouvrait sur le magasin — cuisine où brillaient aux fins de septembre de grandes flambées de cheminée, où les chasseurs et les braconniers qui vendaient du gibier à Florentin venaient de grand matin se faire servir à boire, tandis que les petites filles, déjà levées, couraient, criaient, se passaient les unes aux autres du « sent-y-bon »* sur leurs cheveux lissés. Aux murs, de vieilles photographies, de vieux *groupes scolaires* jaunis montraient mon père — on mettait longtemps à le reconnaître en uniforme — au milieu de ses camarades d'École Normale...

C'est là que se passaient nos matinées; et aussi dans la cour où Florentin faisait pousser des dahlias et élevait des pintades; où l'on torréfiait le café, assis sur des boîtes à savon; où nous déballions des caisses remplies d'objets divers précieusement enveloppés et dont nous ne savions pas toujours le nom...

Toute la journée, le magasin était envahi par des paysans ou par les cochers des châteaux voisins. A la porte vitrée s'arrêtaient et s'égouttaient, dans le brouillard de septembre, des charrettes, venues du fond de la campagne. Et de la cuisine nous écoutions ce que disaient les paysannes, curieux de toutes leurs histoires...

Mais le soir, après huit heures, lorsqu'avec des lanternes on portait le foin aux chevaux dont la peau fumait dans l'écurie — tout le magasin nous appartenait!

Marie-Louise, qui était l'aînée de mes cousines mais une des plus petites, achevait de plier et de ranger les piles de drap dans la boutique; elle nous encourageait à venir la distraire. Alors, Firmin et moi avec toutes les filles, nous faisions irruption dans la grande boutique, sous les lampes d'auberge, tournant les moulins à café, faisant des tours de force sur les comptoirs; et parfois Firmin allait chercher dans les greniers, car la terre battue invitait à la danse, quelque vieux trombone plein de vert-de-gris...

Je rougis encore à l'idée que, les années précédentes, Mlle de Galais eût pu venir à cette heure et nous surprendre au milieu de ces enfantillages... Mais ce fut un peu avant la tombée de la nuit, un soir de ce mois d'août, tandis que je causais tranquillement avec Marie-Louise et Firmin, que je la vis pour la première fois...

Dès le soir de mon arrivée au Vieux-Nançay, j'avais interrogé mon oncle Firmin sur le Domaine des Sablonnières.

« Ce n'est plus un Domaine, avait-il dit. On a tout vendu, et les acquéreurs, des chasseurs, ont fait abattre les vieux bâtiments pour agrandir leurs terrains de chasse; la cour d'honneur * n'est plus maintenant qu'une lande de bruyères et d'ajoncs. Les anciens possesseurs n'ont gardé qu'une petite maison d'un étage et la ferme. Tu auras bien l'occasion de voir ici mademoiselle de Galais; c'est elle-même qui vient faire ses provisions, tantôt en selle, tantôt en voiture, mais toujours avec le même cheval, le vieux Bélisaire... C'est un drôle d'équipage! »

J'étais si troublé que je ne savais plus quelle question poser pour en apprendre davantage.

« Ils étaient riches, pourtant?

— Oui. Monsieur de Galais donnait des fêtes pour amuser son fils, un garçon étrange, plein d'idées extraordinaires. Pour le distraire, il imaginait ce qu'il pouvait. On faisait venir des Parisiennes... des gars de Paris et d'ailleurs...

» Toutes les Sablonnières étaient en ruine, madame de Galais près de sa fin, qu'ils cherchaient encore à l'amuser et lui passaient toutes ses fantaisies. C'est l'hiver dernier — non, l'autre hiver, qu'ils ont fait leur plus grande fête costumée. Ils avaient invité moitié gens de Paris et moitié gens de campagne. Ils avaient acheté ou loué des quantités d'habits merveilleux, des jeux, des chevaux, des bateaux. Toujours pour amuser Frantz de Galais. On disait qu'il allait se marier et qu'on fêtait là ses fiançailles. Mais il était bien trop jeune. Et tout a cassé d'un coup; il s'est sauvé; on ne l'a jamais revu... La châtelaine morte, mademoiselle de Galais est restée soudain toute seule avec son père, le vieux capitaine de vaisseau.

— N'est-elle pas mariée? demandai-je enfin.

— Non, dit-il, je n'ai entendu parler de rien. Serais-tu un prétendant? »

Tout déconcerté, je lui avouai aussi brièvement, aussi discrètement que possible, que mon meilleur ami, Augustin Meaulnes, peut-être, en serait un.

« Ah! fit Florentin, en souriant, s'il ne tient pas à la fortune, c'est un joli parti... Faudra-t-il que j'en parle à monsieur de Galais? Il vient encore quelquefois jusqu'ici chercher du petit plomb pour la chasse. Je lui fais toujours goûter ma vieille eau-de-vie de marc ». •

Mais je le priai bien vite de n'en rien faire, d'attendre. Et moi-même je ne me hâtai pas de prévenir Meaulnes. Tant d'heureuses chances accumulées m'inquiétaient un peu. Et cette inquiétude me commandait de ne rien annoncer à Meaulnes que je n'eusse au moins vu la jeune fille.

Je n'attendis pas longtemps. Le lendemain, un peu avant le dîner, la nuit commençait à tomber; une brume fraîche, plutôt de septembre que d'août, descendait avec la nuit. Firmin et moi, pressentant le magasin vide d'acheteurs un instant, nous étions venus voir Marie-Louise et Charlotte. Je leur avais confié le secret qui m'amenait au Vieux-Nançay à cette date prématurée. Accoudés sur le comptoir ou assis les deux mains à plat sur le bois ciré, nous nous racontions mutuellement ce que nous savions de la mystérieuse jeune fille — et cela se réduisait à fort peu de chose — lorsqu'un bruit de roues nous fit tourner la tête.

« La voici, c'est elle », dirent-ils à voix basse.

Quelques secondes après, devant la porte vitrée, s'arrêtait l'étrange équipage. Une vieille voiture de ferme, aux panneaux arrondis, avec de petites galeries moulées, comme nous n'en avions jamais vu dans cette contrée; un vieux cheval blanc qui semblait toujours vouloir brouter quelque herbe sur la route, tant il baissait la tête pour marcher; et sur le siège — je le dis dans la simplicité de mon cœur, mais sachant bien ce que je dis — la jeune fille la plus belle qu'il y ait peut-être jamais eu au monde.

Jamais je ne vis tant de grâce s'unir à tant de gravité. Son costume lui faisait la taille si mince qu'elle semblait fragile. Un grand manteau marron, qu'elle enleva en entrant, était jeté sur ses épaules. C'était la plus grave des jeunes filles, la plus frêle des femmes. Une lourde chevelure blonde pesait sur son front et sur son visage, délicatement dessiné, finement modelé. Sur son teint très pur, l'été avait posé deux taches de rousseur... Je ne remarquai qu'un défaut à tant de beauté : aux moments de tristesse, de découragement ou seulement de réflexion profonde, ce visage si pur se marbrait légèrement de rouge, comme il arrive chez certains malades gravement atteints sans qu'on le sache. Alors toute l'admiration de celui qui la regardait faisait place à une sorte de pitié d'autant plus déchirante qu'elle surprenait davantage.

Voilà du moins ce que je découvrais, tandis qu'elle descendait lentement de voiture et qu'enfin Marie-Louise, me présentant avec aisance à la jeune fille, m'engageait à lui parler.

On lui avança une chaise cirée et elle s'assit, adossée au comptoir, tandis que nous restions debout. Elle paraissait bien connaître et aimer le magasin. Ma tante Julie, aussitôt prévenue, arriva, et, le temps qu'elle parla, sagement, les mains croisées sur son ventre, hochant doucement sa tête de paysanne-commerçante coiffée d'un bonnet blanc, retarda le moment — qui me faisait trembler un peu — où la conversation s'engagerait avec moi...

Ce fut très simple.

« Ainsi, dit Mlle de Galais, vous serez bientôt instituteur ? »

Ma tante allumait au-dessus de nos têtes la lampe de porcelaine qui éclairait faiblement le magasin. Je voyais le doux visage enfantin de la jeune fille, ses yeux bleus si ingénus, et j'étais d'autant plus surpris de sa voix si nette, si sérieuse. Lorsqu'elle cessait de parler, ses yeux se fixaient ailleurs, ne bougeaient plus en attendant la réponse, et elle tenait sa lèvre un peu mordue.

« J'enseignerais, moi aussi, dit-elle, si M. de Galais voulait ! J'enseignerais les petits garçons, comme votre mère... »

Et elle sourit, montrant ainsi que mes cousins lui avaient parlé de moi.

« C'est, continua-t-elle, que les villageois sont toujours avec moi polis, doux et serviables. Et je les aime beaucoup. Mais aussi quel mérite ai-je à les aimer ?...

» Tandis qu'avec l'institutrice, ils sont, n'est-ce pas? chicaniers et avares. Il y a sans cesse des histoires de porte-plume perdus, de cahiers trop chers ou d'enfants qui n'apprennent pas... Eh bien, je me débattrais avec eux et ils m'aimeraient tout de même. Ce serait beaucoup plus difficile... »

Et, sans sourire, elle reprit sa pose songeuse et enfantine, son regard bleu, immobile.

Nous étions gênés tous les trois par cette aisance à parler des choses délicates, de ce qui est secret, subtil, et dont on ne parle bien que dans les livres. Il y eut un instant de silence; et lentement une discussion s'engagea...

Mais avec une sorte de regret et d'animosité contre je ne sais quoi de mystérieux dans sa vie, la jeune demoiselle poursuivit:

« Et puis j'apprendrais aux garçons à être sages, d'une sagesse que je sais. Je ne leur donnerais pas le désir de courir le monde, comme vous le ferez sans doute, monsieur Seurel, quand vous serez sous-maître. Je leur enseignerais à trouver le bonheur qui est tout près d'eux et qui n'en a pas l'air... »

Marie-Louise et Firmin étaient interdits comme moi. Nous restions sans mot dire. Elle sentit notre gêne et s'arrêta, se mordit la lèvre, baissa la tête et puis elle sourit comme si elle se moquait de nous:

« Ainsi, dit-elle, il y a peut-être quelque grand jeune homme fou qui me cherche au bout du monde, pendant que je suis ici, dans le magasin de madame Florentin, sous cette lampe, et que mon vieux cheval m'attend à la porte. Si ce jeune homme me voyait, il ne voudrait pas y croire, sans doute?... »

De la voir sourire, l'audace me prit et je sentis qu'il était temps de dire, en riant aussi:

« Et peut-être que ce grand jeune homme fou, je le connais, moi? »

Elle me regarda vivement.

A ce moment le timbre de la porte sonna, deux bonnes femmes entrèrent avec des paniers:

« Venez dans la « salle à manger », vous serez en paix », nous dit ma tante en poussant la porte de la cuisine.

Et comme Mlle de Galais refusait et voulait partir aussitôt, ma tante ajouta:

« Monsieur de Galais est ici et cause avec Florentin, auprès du feu ».

Il y avait toujours, même au mois d'août, dans la grande cuisine, un éternel fagot de sapins qui flambait et craquait. Là aussi une lampe de porcelaine était allumée et un vieillard au doux visage, creusé et rasé, presque toujours silencieux comme un homme accablé par l'âge et les souvenirs, était assis auprès de Florentin devant deux verres de marc.

Florentin salua:

« François! cria-t-il de sa forte voix de marchand forain, comme s'il y avait eu entre nous une rivière ou plusieurs hectares de terrain, je viens d'organiser un après-midi de plaisir au bord du Cher pour jeudi prochain. Les uns chasseront, les autres pêcheront, les autres danseront, les autres se baigneront!... Mademoiselle, vous viendrez à cheval; c'est entendu avec monsieur de Galais. J'ai tout arrangé...

» Et, François! ajouta-t-il comme s'il y eût seulement pensé, tu pourras amener ton ami, monsieur Meaulnes... C'est bien Meaulnes qu'il s'appelle? »

Mlle de Galais s'était levée, soudain devenue très pâle. Et, à ce moment précis, je me rappelai que Meaulnes, autrefois, dans le Domaine singulier, près de l'étang, lui avait dit son nom...

Lorsqu'elle me tendit la main, pour partir, il y avait entre nous, plus clairement que si nous avions dit beaucoup de paroles, une entente secrète que la mort seule devait briser et une amitié plus pathétique qu'un grand amour.

... A quatre heures, le lendemain matin, Firmin frappait à la porte de la petite chambre que j'habitais dans la cour aux pintades. Il faisait nuit encore et j'eus grand-peine à retrouver mes affaires sur la table encombrée de chandeliers de cuivre et de statuettes de bons saints toutes neuves, choisies au magasin pour meubler mon logis la veille de mon arrivée. Dans la cour, j'entendais Firmin gonfler ma bicyclette, et ma tante dans la cuisine souffler le feu. Le soleil se levait à peine lorsque je partis. Mais ma journée devait être longue: j'allais d'abord déjeuner à Sainte-Agathe pour expliquer mon absence prolongée et, poursuivant ma course, je devais arriver avant le soir à La Ferté-d'Angillon, chez mon ami Augustin Meaulnes.

CHAPITRE III

UNE APPARITION

Je n'avais jamais fait de longue course à bicyclette. Celle-ci était la première. Mais, depuis longtemps, malgré mon mauvais genou, en cachette, Jasmin m'avait appris à monter. Si déjà pour un jeune homme ordinaire la bicyclette est un instrument bien amusant, que ne devait-elle pas sembler à un pauvre garçon comme moi, qui naguère encore traînais misérablement la jambe, trempé de sueur, dès le quatrième kilomètre!... Du haut des côtes, descendre et s'enfoncer dans le creux des paysages; découvrir comme à coups d'ailes les lointains de la route qui s'écartent et fleurissent à votre approche, traverser un village dans l'espace d'un instant et l'emporter tout entier d'un coup d'œil... En rêve seulement j'avais connu jusque-là course aussi charmante, aussi légère. Les côtes mêmes me trouvaient plein d'entrain. Car c'était, il faut le dire, le chemin du pays de Meaulnes que je buvais ainsi...

« Un peu avant l'entrée du bourg, me disait Meaulnes, lorsque jadis il décrivait son village, on voit une grande roue à palettes que le vent fait tourner... » Il ne savait pas à quoi elle servait, ou peut-être feignait-il de n'en rien savoir pour piquer ma curiosité davantage.

C'est seulement au déclin de cette journée de fin d'août que j'aperçus, tournant au vent dans une immense prairie, la grande roue qui devait monter l'eau pour une métairie voisine. Derrière les peupliers du pré se découvraient déjà les premiers faubourgs. A mesure que je suivais le grand détour que faisait la route pour contourner le ruisseau, le paysage s'épanouissait et s'ouvrait... Arrivé sur le pont, je découvris enfin la grand-rue du village.

Des vaches paissaient, cachées dans les roseaux de la prairie et j'entendais leurs cloches, tandis que, descendu de bicyclette, les deux mains sur mon guidon, je regardais le pays où j'allais porter une si grave nouvelle. Les maisons, où l'on entrait en passant sur un petit pont de bois, étaient toutes alignées au bord d'un fossé qui descendait la rue, comme autant de barques, voiles carguées, amarrées dans le calme du soir. C'était l'heure où dans chaque cuisine on allume un feu.

Alors la crainte et je ne sais quel obscur regret de venir troubler tant de paix commencèrent à m'enlever tout courage. A point pour aggraver ma soudaine faiblesse, je me rappelai que la tante Moinel habitait là, sur une petite place de La Ferté-d'Angillon.

C'était une de mes grand-tantes. Tous ses enfants étaient morts et j'avais bien connu Ernest, le dernier de tous, un grand garçon qui allait être instituteur. Mon grand-oncle Moinel, le vieux greffier, l'avait suivi de près. Et ma tante était restée toute seule dans sa bizarre petite maison où les tapis étaient faits d'échantillons cousus, les tables couvertes de coqs, de poules et de chats en papier — mais où les murs étaient tapissés de vieux diplômes, de portraits de défunts, de médaillons en boucles de cheveux morts.

Avec tant de regrets et de deuil, elle était la bizarrerie et la bonne humeur mêmes. Lorsque j'eus découvert la petite place où se tenait sa maison, je l'appelai bien fort par la porte entr'ouverte, et je l'entendis tout au bout des trois pièces en enfilade pousser un petit cri suraigu:

« Eh là! Mon Dieu! »

Elle renversa son café dans le feu — à cette heure-là comment pouvait-elle faire du café? — et elle apparut... Très cambrée en arrière, elle portait une sorte de chapeau-capote-capeline° sur le faîte de la tête, tout en haut de son front immense et cabossé où il y avait de la femme mongole et de la Hottentote; et elle riait à petits coups, montrant le reste de ses dents très fines.

Mais tandis que je l'embrassais, elle me prit maladroitement, hâtivement, une main que j'avais derrière le dos. Avec un mystère parfaitement inutile puisque nous étions tous les deux seuls, elle me glissa une petite pièce que je n'osai pas regarder et qui devait être de un franc... Puis comme je faisais mine de demander des explications ou de la remercier, elle me donna une bourrade en criant:

« Va donc! Ah! je sais bien ce que c'est! »

Elle avait toujours été pauvre, toujours empruntant, toujours dépensant.

« J'ai toujours été bête et toujours malheureuse », disait-elle sans amertume mais de sa voix de fausset.

Persuadée que les sous me préoccupaient comme elle, la brave femme n'attendait pas que j'eusse soufflé pour me cacher dans la main ses très minces économies de la journée. Et par la suite c'est toujours ainsi qu'elle m'accueillit.

Le dîner fut aussi étrange — à la fois triste et bizarre — que l'avait été la réception. Toujours une bougie à portée de la main, tantôt elle l'enlevait, me laissant dans l'ombre, et tantôt la posait sur la petite table couverte de plats et de vases ébréchés ou fendus.

« Celui-là, disait-elle, les Prussiens lui ont cassé les anses, en soixante-dix, parce qu'ils ne pouvaient pas l'emporter ».

Je me rappelai seulement alors, en revoyant ce grand vase à la tragique histoire, que nous avions dîné et couché là jadis. Mon père m'emmenait dans l'Yonne, chez un spécialiste qui devait guérir mon genou. Il fallait prendre un grand express qui passait avant le jour... Je me souvins du triste dîner de jadis, de toutes les histoires du vieux greffier accoudé devant sa bouteille de boisson rose.

Et je me souvenais aussi de mes terreurs... Après le dîner, assise devant le feu, ma grand-tante avait pris mon père à part pour lui raconter une histoire de revenants: « Je me retourne... Ah! mon pauvre Louis, qu'est-ce que je vois, une petite femme grise... » Elle passait pour avoir la tête farcie de ces sornettes terrifiantes.

Et voici que ce soir-là, le dîner fini, lorsque, fatigué par la bicyclette, je fus couché dans la grande chambre avec une chemise de nuit à carreaux de l'oncle Moinel, elle vint s'asseoir à mon chevet et commença de sa voix la plus mystérieuse et la plus pointue:

« Mon pauvre François, il faut que je te raconte à toi ce que je n'ai jamais dit à personne... »

Je pensai:

« Mon affaire est bonne, me voilà terrorisé pour toute la nuit, comme il y a dix ans!... »

Et j'écoutai. Elle hochait la tête, regardant droit devant soi comme si elle se fût raconté l'histoire à elle-même:

« Je revenais d'une fête avec Moinel. C'était le premier mariage où nous allions tous les deux, depuis la mort de notre pauvre Ernest; et j'y avais rencontré ma sœur Adèle que je n'avais pas vue depuis quatre ans! Un vieil ami de Moinel, très riche, l'avait invité à la noce de son fils, au domaine des Sablonnières. Nous avions loué une voiture. Cela nous avait coûté bien cher. Nous revenions sur la route vers sept heures du matin, en plein hiver. Le soleil se levait. Il n'y avait absolument personne. Qu'est-ce que je vois tout d'un coup devant nous, sur la route? Un petit homme, un petit jeune homme arrêté, beau comme le jour, qui ne bougeait pas, qui nous regardait venir. A mesure que nous approchions, nous distinguions sa jolie figure, si blanche, si jolie que cela faisait peur!...

» Je prends le bras de Moinel; je tremblais comme la feuille; je croyais que c'était le Bon Dieu!... Je lui dis:

» — Regarde! C'est une apparition!

» Il me répond tout bas, furieux:

» — Je l'ai bien vu! Tais-toi donc, vieille bavarde... »

» Il ne savait que faire; lorsque le cheval s'est arrêté... De près, cela avait une figure pâle, le front en sueur, un béret sale et un pantalon long. Nous entendîmes sa voix douce, qui disait:

» — Je ne suis pas un homme, je suis une jeune fille. Je me suis sauvée et je n'en puis plus. Voulez-vous bien me prendre dans votre voiture, monsieur et madame? »

» Aussitôt nous l'avons fait monter. A peine assise, elle a perdu connaissance. Et devines-tu à qui nous avions affaire? C'était la fiancée du jeune homme des Sablonnières, Frantz de Galais, chez qui nous étions invités aux noces!

— Mais il n'y a pas eu de noces, dis-je, puisque la fiancée s'est sauvée!

— Eh bien, non, fit-elle toute penaude en me regardant. Il n'y a pas eu de noces. Puisque cette pauvre folle s'était mis dans la tête mille folies qu'elle nous a expliquées. C'était une des filles d'un pauvre tisserand. Elle était persuadée que tant de bonheur était impossible; que le jeune homme était trop jeune pour elle; que toutes les merveilles qu'il lui décrivait étaient imaginaires, et lorsqu'enfin Frantz est venu la chercher, Valentine a pris peur. Il se promenait avec elle et sa sœur dans le jardin de l'Archevêché à Bourges, malgré le froid et le grand vent. Le jeune homme, par délicatesse certainement et parce qu'il aimait la cadette, était plein d'attentions pour l'aînée. Alors ma folle s'est imaginé je ne sais quoi; elle a dit qu'elle allait chercher un fichu à la maison; et là, pour être sûre de n'être pas suivie, elle a revêtu des habits d'homme et s'est enfuie à pied sur la route de Paris.

» Son fiancé a reçu d'elle une lettre où elle lui déclarait qu'elle allait rejoindre un jeune homme qu'elle aimait. Et ce n'était pas vrai...

» — Je suis plus heureuse de mon sacrifice, me disait-elle, que si j'étais sa femme ». Oui, mon imbécile, mais en attendant, il n'avait pas du tout l'idée d'épouser sa sœur; il s'est tiré une balle de pistolet; on a vu le sang dans le bois; mais on n'a jamais retrouvé son corps.

— Et qu'avez-vous fait de cette malheureuse fille?

— Nous lui avons fait boire une goutte, d'abord. Puis nous lui avons

donné à manger et elle a dormi auprès du feu quand nous avons été de
retour. Elle est restée chez nous une bonne partie de l'hiver. Tout le
jour, tant qu'il faisait clair, elle taillait, cousait des robes, arrangeait des
chapeaux et nettoyait la maison avec rage. C'est elle qui a recollé
toute la tapisserie que tu vois là. Et depuis son passage les hirondelles
nichent dehors. Mais, le soir, à la tombée de la nuit, son ouvrage fini,
elle trouvait toujours un prétexte pour aller dans la cour, dans le jardin,
ou sur le devant de la porte, même quand il gelait à pierre fendre. Et on
la découvrait là, debout, pleurant de tout son cœur.

» — Eh bien, qu'avez-vous encore? Voyons?

» — Rien, madame Moinel! »

» Et elle rentrait.

» Les voisins disaient:

» — Vous avez trouvé une bien jolie petite bonne, madame Moinel ».

» Malgré nos supplications, elle a voulu continuer son chemin sur
Paris, au mois de mars; je lui ai donné des robes qu'elle a retaillées,
Moinel lui a pris son billet à la gare et donné un peu d'argent.

» Elle ne nous a pas oubliés; elle est couturière à Paris auprès de
Notre-Dame; elle nous écrit encore pour nous demander si nous ne
savons rien des Sablonnières. Une bonne fois, pour la délivrer de cette
idée, je lui ai répondu que le domaine était vendu, abattu, le jeune
homme disparu pour toujours et la jeune fille mariée. Tout cela doit
être vrai, je pense. Depuis ce temps ma Valentine écrit bien moins souvent... »

Ce n'était pas une histoire de revenants que racontait la tante
Moinel de sa petite voix stridente si bien faite pour les raconter. J'étais
cependant au comble du malaise. C'est que nous avions juré à Frantz le
bohémien de le servir comme des frères et voici que l'occasion m'en
était donnée...

Or, était-ce le moment de gâter la joie que j'allais porter à Meaulnes
le lendemain matin, et de lui dire ce que je venais d'apprendre? A quoi
bon le lancer dans une entreprise mille fois impossible? Nous avions
en effet l'adresse de la jeune fille; mais où chercher le bohémien qui
courait le monde?... Laissons les fous avec les fous, pensai-je. Delouche
et Boujardon n'avaient pas tort. Que de mal nous a fait ce Frantz
romanesque! Et je résolus de ne rien dire tant que je n'aurais pas vu
mariés Augustin Meaulnes et Mlle de Galais.

Cette résolution prise, il me restait encore l'impression pénible d'un mauvais présage — impression absurde que je chassai bien vite.

La chandelle était presque au bout; un moustique vibrait; mais la tante Moinel, la tête penchée sous sa capote de velours qu'elle ne quittait que pour dormir, les coudes appuyés sur ses genoux, recommençait son histoire... Par moments, elle relevait brusquement la tête et me regardait pour connaître mes impressions, ou peut-être pour voir si je ne m'endormais pas. A la fin, sournoisement, la tête sur l'oreiller, je fermai les yeux, faisant semblant de m'assoupir.

« Allons! tu dors... », fit-elle d'un ton plus sourd et un peu déçu.

J'eus pitié d'elle et je protestai:

« Mais non, ma tante, je vous assure...

— Mais si! dit-elle. Je comprends bien d'ailleurs que tout cela ne t'intéresse guère. Je te parle là de gens que tu n'as pas connus... »

Et lâchement, cette fois, je ne répondis pas.

CHAPITRE IV

LA GRANDE NOUVELLE

Il faisait, le lendemain matin, quand j'arrivai dans la grand-rue, un si beau temps de vacances, un si grand calme, et sur tout le bourg passaient des bruits si paisibles, si familiers, que j'avais retrouvé toute la joyeuse assurance d'un porteur de bonne nouvelle...

Augustin et sa mère habitaient l'ancienne maison d'école. A la mort de son père, retraité depuis longtemps, et qu'un héritage avait enrichi, Meaulnes avait voulu qu'on achetât l'école où le vieil instituteur avait enseigné pendant vingt années, où lui-même avait appris à lire. Non pas qu'elle fût d'aspect fort aimable: c'était une grosse maison carrée comme une mairie qu'elle avait été; les fenêtres du rez-de-chaussée qui donnaient sur la rue étaient si hautes que personne n'y regardait jamais; et la cour de derrière, où il n'y avait pas un arbre et dont un haut préau barrait la vue sur la campagne, était bien la plus sèche et la plus désolée cour d'école abandonnée que j'aie jamais vue...

Dans le couloir compliqué où s'ouvraient quatre portes, je trouvai la mère de Meaulnes rapportant du jardin un gros paquet de linge, qu'elle avait dû mettre sécher dès la première heure de cette longue matinée de vacances. Ses cheveux gris étaient à demi défaits; des mèches lui battaient la figure; son visage régulier sous sa coiffure ancienne était bouffi et fatigué, comme par une nuit de veille; et elle baissait tristement la tête d'un air songeur.

Mais, m'apercevant soudain, elle me reconnut et sourit:

« Vous arrivez à temps, dit-elle. Voyez, je rentre le linge que j'ai fait sécher pour le départ d'Augustin. J'ai passé la nuit à régler ses comptes et à préparer ses affaires. Le train part à cinq heures, mais nous arriverons à tout apprêter... »

On eût dit, tant elle montrait d'assurance, qu'elle-même avait pris cette décision. Or, sans doute ignorait-elle même où Meaulnes devait aller.

« Montez, dit-elle, vous le trouverez dans la mairie en train d'écrire ».

En hâte je grimpai l'escalier, ouvris la porte de droite où l'on avait laissé l'écriteau *Mairie*, et me trouvai dans une grande salle à quatre fenêtres, deux sur le bourg, deux sur la campagne, ornée aux murs des portraits jaunis des présidents Grévy[*] et Carnot.[*] Sur une longue estrade qui tenait tout le fond de la salle, il y avait encore, devant une table à tapis vert, les chaises des conseillers municipaux. Au centre, assis sur un vieux fauteuil qui était celui du maire, Meaulnes écrivait, trempant sa plume au fond d'un encrier de faïence démodé, en forme de cœur. Dans ce lieu qui semblait fait pour quelque rentier de village, Meaulnes se retirait, quand il ne battait pas la contrée, durant les longues vacances...

Il se leva, dès qu'il m'eut reconnu, mais non pas avec la précipitation que j'avais imaginée:

« Seurel! » dit-il seulement, d'un air de profond étonnement.

C'était le même grand gars au visage osseux, à la tête rasée. Une moustache inculte commençait à lui traîner sur les lèvres. Toujours ce même regard loyal... Mais sur l'ardeur des années passées on croyait voir comme un voile de brume, que par instants sa grande passion de jadis dissipait...

Il paraissait très troublé de me voir. D'un bond j'étais monté sur l'estrade. Mais, chose étrange à dire, il ne songea pas même à me tendre la main. Il s'était tourné vers moi, les mains derrière le dos, appuyé contre la table, renversé en arrière, et l'air profondément gêné. Déjà, me regardant sans me voir, il était absorbé par ce qu'il allait me dire. Comme autrefois et comme toujours, homme lent à commencer de parler, ainsi que sont les solitaires, les chasseurs et les hommes d'aventures, il avait pris une décision sans se soucier des mots qu'il faudrait pour l'expliquer. Et maintenant que j'étais devant lui, il commençait seulement à ruminer péniblement les paroles nécessaires.

Cependant, je lui racontais avec gaieté comment j'étais venu, où j'avais passé la nuit et que j'avais été bien surpris de voir Mme Meaulnes préparer le départ de son fils...

« Ah! elle t'a dit?... demanda-t-il.

— Oui. Ce n'est pas, je pense, pour un long voyage?

— Si, un très long voyage ».

Un instant décontenancé, sentant que j'allais tout à l'heure, d'un mot, réduire à néant cette décision que je ne comprenais pas, je n'osais plus rien dire et ne savais par où commencer ma mission.

Mais lui-même parla enfin, comme quelqu'un qui veut se justifier.

« Seurel! dit-il, tu sais ce qu'était pour moi mon étrange aventure de Sainte-Agathe. C'était ma raison de vivre et d'avoir de l'espoir. Cet espoir-là perdu, que pouvais-je devenir?... Comment vivre à la façon de tout le monde!

» Eh bien j'ai essayé de vivre là-bas, à Paris, quand j'ai vu que tout était fini et qu'il ne valait plus même la peine de chercher le Domaine perdu... Mais un homme qui a fait une fois un bond dans le paradis, comment pourrait-il s'accommoder ensuite de la vie de tout le monde? Ce qui est le bonheur des autres m'a paru dérision. Et lorsque, sincèrement, délibérément, j'ai décidé un jour de faire comme les autres, ce jour-là j'ai amassé du remords pour longtemps... »

Assis sur une chaise de l'estrade, la tête basse, l'écoutant sans le regarder, je ne savais que penser de ces explications obscures:

« Enfin, dis-je, Meaulnes, explique-toi mieux! Pourquoi ce long voyage? As-tu quelque faute à réparer? Une promesse à tenir?

— Eh bien, oui, répondit-il. Tu te souviens de cette promesse que j'avais faite à Frantz?...

— Ah! fis-je, soulagé, il ne s'agit que de cela?...

— De cela. Et peut-être aussi d'une faute à réparer. Les deux en même temps... »

Suivit un moment de silence pendant lequel je décidai de commencer à parler et préparai mes mots...

« Il n'y a qu'une explication à laquelle je croie, dit-il encore. Certes, j'aurais voulu revoir une fois mademoiselle de Galais, seulement la revoir… Mais, j'en suis persuadé maintenant, lorsque j'avais découvert le Domaine sans nom, j'étais à une hauteur, à un degré de perfection et de pureté que je n'atteindrai jamais plus. Dans la mort seulement, comme je te l'écrivais un jour, je retrouverai peut-être la beauté de ce temps-là… »

Il changea de ton pour reprendre avec une animation étrange, en se rapprochant de moi :

« Mais, écoute, Seurel ! Cette intrigue nouvelle et ce grand voyage, cette faute que j'ai commise et qu'il faut réparer, c'est, en un sens, mon ancienne aventure qui se poursuit… »

Un temps, pendant lequel péniblement il essaya de ressaisir ses souvenirs. J'avais manqué l'occasion précédente. Je ne voulais pour rien au monde laisser passer celle-ci ; et, cette fois, je parlai — trop vite, car je regrettai amèrement, plus tard, de n'avoir pas attendu ses aveux.

Je prononçai donc ma phrase, qui était préparée pour l'instant d'avant, mais qui n'allait plus maintenant. Je dis, sans un geste, à peine en soulevant un peu la tête :

« Et si je venais t'annoncer que tout espoir n'est pas perdu ?… »

Il me regarda, puis, détournant brusquement les yeux, rougit comme je n'ai jamais vu quelqu'un rougir : une montée de sang qui devait lui cogner à grands coups dans les tempes…

« Que veux-tu dire ? » demanda-t-il enfin, à peine distinctement.

Alors, tout d'un trait, je racontai ce que je savais, ce que j'avais fait, et comment, la face des choses ayant tourné, il semblait presque que ce fût Yvonne de Galais qui m'envoyait vers lui.

Il était maintenant affreusement pâle.

Durant tout ce récit, qu'il écoutait en silence, la tête un peu rentrée, dans l'attitude de quelqu'un qu'on a surpris et qui ne sait comment se défendre, se cacher ou s'enfuir, il ne m'interrompit, je me rappelle, qu'une seule fois. Je lui racontais, en passant, que toutes les Sablonnières avaient été démolies et que le Domaine d'autrefois n'existait plus :

« Ah ! dit-il, tu vois… (comme s'il eût guetté une occasion de justifier sa conduite et le désespoir où il avait sombré) tu vois : il n'y a plus rien… »

Pour terminer, persuadé qu'enfin l'assurance de tant de facilité emporterait le reste de sa peine, je lui racontai qu'une partie de campagne était organisée par mon oncle Florentin, que Mlle de Galais devait y

venir à cheval et que lui-même était invité... Mais il paraissait complètement désemparé et continuait à ne rien répondre.

« Il faut tout de suite décommander ton voyage, dis-je avec impatience. Allons avertir ta mère... »

Et comme nous descendions tous les deux:

« Cette partie de campagne?... me demanda-t-il avec hésitation.
Alors, vraiment, il faut que j'y aille?...

— Mais, voyons, répliquai-je, cela ne se demande pas ».

Il avait l'air de quelqu'un qu'on pousse par les épaules.

En bas, Augustin avertit Mme Meaulnes que je déjeunerais avec eux,
dînerais, coucherais là et que, le lendemain, lui-même louerait une
bicyclette et me suivrait au Vieux-Nançay.

« Ah! très bien », fit-elle, en hochant la tête, comme si ces nouvelles
eussent confirmé toutes ses prévisions.

Je m'assis dans la petite salle à manger, sous les calendriers illustrés, les poignards ornementés et les outres soudanaises qu'un frère de
M. Meaulnes, ancien soldat d'infanterie de marine, * avait rapportés de
ses lointains voyages.

Augustin me laissa là un instant, avant le repas, et, dans la chambre
voisine, où sa mère avait préparé ses bagages, je l'entendis qui lui
disait, en baissant un peu la voix, de ne pas défaire sa malle, — car son
voyage pouvait être seulement retardé...

CHAPITRE V

LA PARTIE DE PLAISIR

J'eus peine à suivre Augustin sur la route du Vieux-Nançay. Il
allait comme un coureur de bicyclette. Il ne descendait pas aux côtes. A
son inexplicable hésitation de la veille avaient succédé une fièvre, une
nervosité, un désir d'arriver au plus vite, qui ne laissaient pas de m'effrayer un peu. Chez mon oncle il montra la même impatience, il parut
incapable de s'intéresser à rien jusqu'au moment où nous fûmes tous
installés en voiture, vers dix heures, le lendemain matin, et prêts à partir
pour les bords de la rivière.

On était à la fin du mois d'août, au déclin de l'été. Déjà les fourreaux
vides des châtaigniers jaunis commençaient à joncher les routes

blanches. Le trajet n'était pas long; la ferme des Aubiers, près du Cher où nous allions, ne se trouvait guère qu'à deux kilomètres au delà des Sablonnières. De loin en loin, nous rencontrions d'autres invités en voiture, et même des jeunes gens à cheval, que Florentin avait conviés audacieusement au nom de M. de Galais... On s'était efforcé comme jadis de mêler riches et pauvres, châtelains et paysans. C'est ainsi que nous vîmes arriver à bicyclette Jasmin Delouche, qui, grâce au garde Baladier, avait fait naguère la connaissance de mon oncle.

« Et voilà, dit Meaulnes en l'apercevant, celui qui tenait la clef de tout, pendant que nous cherchions jusqu'à Paris. C'est à désespérer! »

Chaque fois qu'il le regardait sa rancune en était augmentée. L'autre, qui s'imaginait au contraire avoir droit à toute notre reconnaissance, escorta notre voiture de très près, jusqu'au bout. On voyait qu'il avait fait, misérablement, sans grand résultat, des frais de toilette, et les pans de sa jaquette élimée battaient le garde-crotte de son vélocipède...

Malgré la contrainte qu'il s'imposait pour être aimable, sa figure vieillotte ne parvenait pas à plaire. Il m'inspirait plutôt à moi une vague pitié. Mais de qui n'aurais-je pas eu pitié durant cette journée-là?...

Je ne me rappelle jamais cette partie de plaisir sans un obscur regret, comme une sorte d'étouffement. Je m'étais fait de ce jour tant de joie à l'avance! Tout paraissait si parfaitement concerté pour que nous soyons heureux. Et nous l'avons été si peu!...

Que les bords du Cher étaient beaux, pourtant! Sur la rive où l'on s'arrêta, le coteau venait finir en pente douce et la terre se divisait en petits prés verts, en saulaies séparées par des clôtures, comme autant de jardins minuscules. De l'autre côté de la rivière les bords étaient formés de collines grises, abruptes, rocheuses; et sur les plus lointaines on découvrait, parmi les sapins, de petits châteaux romantiques avec une tourelle. Au loin, par instants, on entendait aboyer la meute du château de Préveranges.

Nous étions arrivés en ce lieu par un dédale de petits chemins, tantôt hérissés de cailloux blancs, tantôt remplis de sable — chemins qu'aux abords de la rivière les sources vives transformaient en ruisseaux. Au passage, les branches des groseilliers sauvages nous agrippaient par la manche. Et tantôt nous étions plongés dans la fraîche obscurité des fonds de ravins, tantôt au contraire, les haies interrompues, nous baignions dans la claire lumière de toute la vallée. Au loin sur l'autre rive, quand nous approchâmes, un homme accroché aux rocs, d'un geste lent, tendait des cordes à poissons. Qu'il faisait beau, mon Dieu!

Nous nous installâmes sur une pelouse, dans le retrait que formait un taillis de bouleaux. C'était une grande pelouse rase, où il semblait qu'il y eût place pour des jeux sans fin.

Les voitures furent dételées; les chevaux conduits à la ferme des Aubiers. On commença à déballer les provisions dans le bois, et à dresser sur la prairie de petites tables pliantes que mon oncle avait apportées.

Il fallut, à ce moment, des gens de bonne volonté, pour aller à l'entrée du grand chemin voisin guetter les derniers arrivants et leur indiquer où nous étions. Je m'offris aussitôt; Meaulnes me suivit, et nous allâmes nous poster près du pont suspendu, au carrefour de plusieurs sentiers et du chemin qui venait des Sablonnières.

Marchant de long en large, parlant du passé, tâchant tant bien que mal de nous distraire, nous attendions. Il arriva encore une voiture du Vieux-Nançay, des paysans inconnus avec une grande fille enrubannée. Puis plus rien. Si, trois enfants dans une voiture à âne, les enfants de l'ancien jardinier des Sablonnières.

« Il me semble que je les reconnais, dit Meaulnes. Ce sont eux, je crois bien, qui m'ont pris par la main, jadis, le premier soir de la fête, et m'ont conduit au dîner... »

Mais à ce moment, l'âne ne voulant plus marcher, les enfants descendirent pour le piquer, le tirer, cogner sur lui tant qu'ils purent; alors Meaulnes, déçu, prétendit s'être trompé...

Je leur demandai s'ils avaient rencontré sur la route M. et Mlle de Galais. L'un d'eux répondit qu'il ne savait pas; l'autre : « Je pense que oui, monsieur ». Et nous ne fûmes pas plus avancés. Ils descendirent enfin vers la pelouse, les uns tirant l'ânon par la bride, les autres poussant derrière la voiture. Nous reprîmes notre attente. Meaulnes regardait fixement le détour du chemin des Sablonnières, guettant avec une sorte d'effroi la venue de la jeune fille qu'il avait tant cherchée jadis. Un énervement bizarre et presque comique, qu'il passait sur Jasmin, s'était emparé de lui. Du petit talus où nous étions grimpés pour voir au loin le chemin, nous apercevions sur la pelouse, en contrebas, un groupe d'invités où Delouche essayait de faire bonne figure :

« Regarde-le pérorer, cet imbécile », me disait Meaulnes.

Et je lui répondais :

« Mais laisse-le. Il fait ce qu'il peut, le pauvre garçon ».

Augustin ne désarmait pas. Là-bas, un lièvre ou un écureuil avait dû
déboucher d'un fourré. Jasmin, pour assurer sa contenance, fit mine de
le poursuivre :

« Allons, bon ! Il court, maintenant... », fit Meaulnes, comme si
vraiment cette audace-là dépassait toutes les autres !

Et cette fois je ne pus m'empêcher de rire. Meaulnes aussi ; mais ce ne
fut qu'un éclair.

Après un nouveau quart d'heure :

« Si elle ne venait pas ?... » dit-il.

Je répondis :

« Mais puisqu'elle a promis. Sois donc patient ! »

Il recommença de guetter. Mais, à la fin, incapable de supporter plus
longtemps cette attente intolérable :

« Écoute-moi, dit-il. Je redescends avec les autres. Je ne sais ce qu'il
y a maintenant contre moi : mais si je reste là, je sens qu'elle ne viendra
jamais — qu'il est impossible qu'au bout de ce chemin, tout à l'heure,
elle apparaisse ».

Et il s'en alla vers la pelouse, me laissant tout seul. Je fis quelque
cent mètres sur la petite route, pour passer le temps. Et au premier
détour j'aperçus Yvonne de Galais, montée en amazone sur son vieux
cheval blanc, si fringant ce matin-là qu'elle était obligée de tirer sur les
rênes pour l'empêcher de trotter. A la tête du cheval, péniblement, en
silence, marchait M. de Galais. Sans doute ils avaient dû se relayer sur
la route, chacun à tour de rôle se servant de la vieille monture.

Quand la jeune fille me vit tout seul, elle sourit, sauta prestement à
terre, et confiant les rênes à son père se dirigea vers moi qui accourais :

« Je suis bien heureuse, dit-elle, de vous trouver seul. Car je ne veux
montrer à personne qu'à vous le vieux Bélisaire, ni le mettre avec les
autres chevaux. Il est trop laid et trop vieux d'abord ; puis je crains
toujours qu'il ne soit blessé par un autre. Or, je n'ose monter que lui,
et, quand il sera mort, je n'irai plus à cheval ».

Chez Mlle de Galais, comme chez Meaulnes, je sentais sous cette
animation charmante, sous cette grâce en apparence si paisible, de
l'impatience et presque de l'anxiété. Elle parlait plus vite qu'à l'ordinaire.
Malgré ses joues et ses pommettes roses, il y avait autour de ses yeux, à
son front, par endroits, une pâleur violente où se lisait tout son trouble.

Nous convînmes d'attacher Bélisaire à un arbre dans un petit bois, proche de la route. Le vieux M. de Galais, sans mot dire comme toujours, sortit le licol des fontes • et attacha la bête — un peu bas à ce qu'il me sembla. De la ferme je promis d'envoyer tout à l'heure du foin, de l'avoine, de la paille…

Et Mlle de Galais arriva sur la pelouse comme jadis, je l'imagine, elle descendit vers la berge du lac, lorsque Meaulnes l'aperçut pour la première fois.

Donnant le bras à son père, écartant de sa main gauche le pan du grand manteau léger qui l'enveloppait, elle s'avançait vers les invités, de son air à la fois si sérieux et si enfantin. Je marchais auprès d'elle. Tous les invités éparpillés ou jouant au loin s'étaient dressés et rassemblés pour l'accueillir; il y eut un bref instant de silence pendant lequel chacun la regarda s'approcher.

Meaulnes s'était mêlé au groupe des jeunes hommes et rien ne pouvait le distinguer de ses compagnons, sinon sa haute taille: encore y avait-il là des jeunes gens presque aussi grands que lui. Il ne fit rien qui pût le désigner à l'attention, pas un geste ni un pas en avant. Je le voyais, vêtu de gris, immobile, regardant fixement, comme tous les autres, la si belle jeune fille qui venait. A la fin, pourtant, d'un mouvement inconscient et gêné, il avait passé sa main sur sa tête nue, comme pour cacher, au milieu de ses compagnons aux cheveux bien peignés, sa rude tête rasée de paysan.

Puis le groupe entoura Mlle de Galais. On lui présenta les jeunes filles et les jeunes gens qu'elle ne connaissait pas… Le tour allait venir de mon compagnon; et je me sentais aussi anxieux qu'il pouvait l'être. Je me disposais à faire moi-même cette présentation.

Mais avant que j'eusse pu rien dire, la jeune fille s'avançait vers lui avec une décision et une gravité surprenantes:

« Je reconnais Augustin Meaulnes », dit-elle.

Et elle lui tendit la main.

CHAPITRE VI

LA PARTIE DE PLAISIR (fin)

De nouveaux venus s'approchèrent presque aussitôt pour saluer Yvonne de Galais, et les deux jeunes gens se trouvèrent séparés. Un malheureux hasard voulut qu'ils ne fussent point réunis pour le déjeuner à la même petite table. Mais Meaulnes semblait avoir repris confiance et courage. A plusieurs reprises, comme je me trouvais isolé entre Delouche et M. de Galais, je vis de loin mon compagnon qui me faisait, de la main, un signe d'amitié.

C'est vers la fin de la soirée seulement, lorsque les jeux, la baignade, les conversations, les promenades en bateau dans l'étang voisin se furent un peu partout organisés, que Meaulnes, de nouveau, se trouva en présence de la jeune fille. Nous étions à causer avec Delouche, assis sur des chaises de jardin que nous avions apportées, lorsque, quittant délibérément un groupe de jeunes gens où elle paraissait s'ennuyer, Mlle de Galais s'approcha de nous. Elle nous demanda, je me rappelle, pourquoi nous ne canotions pas sur le lac des Aubiers, comme les autres.

« Nous avons fait quelques tours cet après-midi, répondis-je. Mais cela est bien monotone et nous avons été vite fatigués.

— Eh bien, pourquoi n'iriez-vous pas sur la rivière? dit-elle.

— Le courant est trop fort, nous risquerions d'être emportés.

— Il nous faudrait, dit Meaulnes, un canot à pétrole ou un bateau à vapeur comme celui d'autrefois.

— Nous ne l'avons plus, dit-elle presque à voix basse, nous l'avons vendu ».

Et il se fit un silence gêné.

Jasmin en profita pour annoncer qu'il allait rejoindre M. de Galais.

« Je saurai bien, dit-il, où le retrouver ».

Bizarrerie du hasard! Ces deux êtres si parfaitement dissemblables s'étaient plu et depuis le matin ne se quittaient guère. M. de Galais m'avait pris à part un instant, au début de la soirée, pour me dire que j'avais là un ami plein de tact, de déférence et de qualités. Peut-être même avait-il été jusqu'à lui confier le secret de l'existence de Bélisaire et le lieu de sa cachette.

Je pensai moi aussi à m'éloigner, mais je sentais les deux jeunes gens si gênés, si anxieux l'un en face de l'autre, que je jugeai prudent de ne pas le faire...

Tant de discrétion de la part de Jasmin, tant de précaution de la mienne servirent à peu de chose. Ils parlèrent. Mais invariablement, avec un entêtement dont il ne se rendait certainement pas compte, Meaulnes en revenait à toutes les merveilles de jadis. Et chaque fois la jeune fille au supplice devait lui répéter que tout était disparu: la vieille demeure si étrange et si compliquée, abattue; le grand étang, asséché, comblé; et dispersés, les enfants aux charmants costumes...

« Ah! » faisait simplement Meaulnes avec désespoir et comme si chacune de ces disparitions lui eût donné raison contre la jeune fille ou contre moi...

Nous marchions côte à côte... Vainement j'essayais de faire diversion à la tristesse qui nous gagnait tous les trois. D'une question abrupte, Meaulnes, de nouveau, cédait à son idée fixe. Il demandait des renseignements sur tout ce qu'il avait vu autrefois: les petites filles, le conducteur de la vieille berline, les poneys de la course. « ... Les poneys sont vendus aussi? Il n'y a plus de chevaux au Domaine?... »

Elle répondit qu'il n'y en avait plus. Elle ne parla pas de Bélisaire.

Alors il évoqua les objets de sa chambre: les candélabres, la grande glace, le vieux luth brisé... Il s'enquérait de tout cela, avec une passion insolite, comme s'il eût voulu se persuader que rien ne subsistait de sa belle aventure, que la jeune fille ne lui rapporterait pas une épave, capable de prouver qu'ils n'avaient pas rêvé tous les deux, comme le plongeur rapporte du fond de l'eau un caillou et des algues.

Mlle de Galais et moi, nous ne pûmes nous empêcher de sourire tristement: elle se décida à lui expliquer:

« Vous ne reverrez pas le beau château que nous avions arrangé, monsieur de Galais et moi, pour le pauvre Frantz.

» Nous passions notre vie à faire ce qu'il demandait. C'était un être si étrange, si charmant! Mais tout a disparu avec lui le soir de ses fiançailles manquées.

» Déjà monsieur de Galais était ruiné sans que nous le sachions. Frantz avait fait des dettes et ses anciens camarades — apprenant sa disparition — ont aussitôt réclamé auprès de nous. Nous sommes devenus pauvres; madame de Galais est morte et nous avons perdu tous nos amis en quelques jours.

» Que Frantz revienne, s'il n'est pas mort. Qu'il retrouve ses amis et sa fiancée; que la noce interrompue se fasse et peut-être tout redeviendra-t-il comme c'était autrefois. Mais le passé peut-il renaître?

— Qui sait! » dit Meaulnes pensif. Et il ne demanda plus rien.

Sur l'herbe courte et légèrement jaunie déjà, nous marchions tous les trois sans bruit: Augustin avait à sa droite près de lui la jeune fille qu'il avait crue perdue pour toujours. Lorsqu'il posait une de ces dures questions, elle tournait vers lui lentement, pour lui répondre, son charmant visage inquiet; et une fois, en lui parlant, elle avait posé doucement sa main sur son bras, d'un geste plein de confiance et de faiblesse. Pourquoi le grand Meaulnes était-il là comme un étranger, comme quelqu'un qui n'a pas trouvé ce qu'il cherchait et que rien d'autre ne peut intéresser? Ce bonheur-là, trois ans plus tôt, il n'eût pu le supporter sans effroi, sans folie, peut-être. D'où venait donc ce vide, cet éloignement, cette impuissance à être heureux, qu'il y avait en lui, à cette heure?

Nous approchions du petit bois où le matin M. de Galais avait attaché Bélisaire; le soleil vers son déclin allongeait nos ombres sur l'herbe; à l'autre bout de la pelouse, nous entendions, assourdis par l'éloignement, comme un bourdonnement heureux, les voix des joueurs et des fillettes, et nous restions silencieux dans ce calme admirable, lorsque nous entendîmes chanter de l'autre côté du bois, dans la direction des Aubiers, la ferme du bord de l'eau. C'était la voix jeune et lointaine de quelqu'un qui mène ses bêtes à l'abreuvoir, un air rythmé comme un air de danse, mais que l'homme étirait et alanguissait comme une vieille ballade triste:

> *Mes souliers sont rouges...*
> *Adieu, mes amours...*
> *Mes souliers sont rouges...*
> *Adieu, sans retour!...*

Meaulnes avait levé la tête et écoutait. Ce n'était rien qu'un de ces airs que chantaient les paysans attardés, au Domaine sans nom, le dernier soir de la fête, quand déjà tout s'était écroulé... Rien qu'un souvenir — le plus misérable — de ces beaux jours qui ne reviendraient plus.

« Mais vous l'entendez? dit Meaulnes à mi-voix. Oh! je vais aller voir qui c'est ». Et, tout de suite, il s'engagea dans le petit bois. Presque aussitôt la voix se tut; on entendit encore une seconde l'homme siffler ses bêtes en s'éloignant; puis plus rien...

Je regardai la jeune fille. Pensive et accablée, elle avait les yeux fixés sur le taillis où Meaulnes venait de disparaître. Que de fois, plus tard, elle devait regarder ainsi, pensivement, le passage par où s'en irait à jamais le grand Meaulnes!

Elle se retourna vers moi:

« Il n'est pas heureux », dit-elle douloureusement.

Elle ajouta:

« Et peut-être que je ne puis rien faire pour lui?... »

J'hésitais à répondre, craignant que Meaulnes, qui devait d'un saut avoir gagné la ferme et qui maintenant revenait par le bois, ne surprît notre conversation. Mais j'allais l'encourager cependant; lui dire de ne pas craindre de brusquer le grand gars; qu'un secret sans doute le désespérait et que jamais de lui-même il ne se confierait à elle ni à personne — lorsque soudain, de l'autre côté du bois, partit un cri; puis nous entendîmes un piétinement comme d'un cheval qui pétarade et le bruit d'une dispute à voix entrecoupées... Je compris tout de suite qu'il était arrivé un accident au vieux Bélisaire et je courus vers l'endroit d'où venait tout le tapage. Mlle de Galais me suivit de loin. Du fond de la pelouse on avait dû remarquer notre mouvement, car j'entendis, au moment où j'entrai dans le taillis, les cris des gens qui accouraient.

Le vieux Bélisaire, attaché trop bas, s'était pris une patte de devant dans sa longe; il n'avait pas bougé jusqu'au moment où M. de Galais et Delouche, au cours de leur promenade, s'étaient approchés de lui; effrayé, excité par l'avoine insolite qu'on lui avait donnée, il s'était débattu furieusement; les deux hommes avaient essayé de le délivrer, mais si maladroitement qu'ils avaient réussi à l'empêtrer davantage, tout en risquant d'essuyer de dangereux coups de sabots. C'est à ce moment que par hasard Meaulnes, revenant des Aubiers, était tombé sur le groupe. Furieux de tant de gaucherie, il avait bousculé les deux hommes au risque de les envoyer rouler dans le buisson. Avec précaution mais en un tour de main il avait délivré Bélisaire. Trop tard, car le mal était déjà fait; le cheval devait avoir un nerf foulé, quelque chose de brisé peut-être, car il se tenait piteusement la tête basse, sa selle à demi dessanglée sur le dos, une patte repliée sous son ventre et toute tremblante. Meaulnes, penché, le tâtait et l'examinait sans rien dire.

Lorsqu'il releva la tête, presque tout le monde était là rassemblé, mais il ne vit personne. Il était fâché rouge.

« Je me demande, cria-t-il, qui a bien pu l'attacher de la sorte! Et lui laisser sa selle sur le dos toute la journée? Et qui a eu l'audace de seller ce vieux cheval, bon tout au plus pour une carriole ».

Delouche voulut dire quelque chose — tout prendre sur lui.

« Tais-toi donc! C'est ta faute encore. Je t'ai vu tirer bêtement sur sa longe pour le dégager ».

Et se baissant de nouveau, il se remit à frotter le jarret du cheval avec le plat de la main.

M. de Galais, qui n'avait rien dit encore, eut le tort de vouloir sortir de sa réserve. Il bégaya:

« Les officiers de marine ont l'habitude... Mon cheval...

— Ah! il est à vous? » dit Meaulnes un peu calmé, très rouge, en tournant la tête de côté vers le vieillard.

Je crus qu'il allait changer de ton, faire des excuses. Il souffla un instant. Et je vis alors qu'il prenait un plaisir amer et désespéré à aggraver la situation, à tout briser à jamais, en disant avec insolence:

« Eh bien! je ne vous fais pas mon compliment ».

Quelqu'un suggéra:

« Peut-être que de l'eau fraîche... En le baignant dans le gué...

— Il faut, dit Meaulnes sans répondre, emmener tout de suite ce vieux cheval, pendant qu'il peut encore marcher, — et il n'y a pas de temps à perdre! — le mettre à l'écurie et ne jamais plus l'en sortir ».

Plusieurs jeunes gens s'offrirent aussitôt. Mais Mlle de Galais les remercia vivement. Le visage en feu, prête à fondre en larmes, elle dit au revoir à tout le monde, et même à Meaulnes décontenancé, qui n'osa pas la regarder. Elle prit la bête par les rênes, comme on donne à quelqu'un la main, plutôt pour s'approcher d'elle davantage que pour la conduire... Le vent de cette fin d'été était si tiède sur le chemin des Sablonnières qu'on se serait cru au mois de mai, et les feuilles des haies tremblaient à la brise du sud... Nous la vîmes partir ainsi, son bras à demi sorti du manteau, tenant dans sa main étroite la grosse rêne de cuir. Son père marchait péniblement à côté d'elle...

Triste fin de soirée! Peu à peu, chacun ramassa ses paquets, ses couverts; on plia les chaises, on démonta les tables; une à une, les voitures chargées de bagages et de gens partirent, avec des chapeaux levés et des mouchoirs agités. Les derniers nous restâmes sur le terrain avec mon oncle Florentin, qui ruminait comme nous, sans rien dire, ses regrets et sa grosse déception.

Nous aussi, nous partîmes, emportés vivement, dans notre voiture bien suspendue, par notre beau cheval alezan. La roue grinça au tournant dans le sable et bientôt, Meaulnes et moi, qui étions assis sur le siège de derrière, nous vîmes disparaître sur la petite route l'entrée du chemin de traverse que le vieux Bélisaire et ses maîtres avaient pris...

Mais alors mon compagnon — l'être que je sache au monde le plus

incapable de pleurer — tourna soudain vers moi son visage bouleversé par une irrésistible montée de larmes.

« Arrêtez, voulez-vous ? dit-il en mettant la main sur l'épaule de
Florentin. Ne vous occupez pas de moi. Je reviendrai tout seul, à pied ».

Et d'un bond, la main au garde-boue de la voiture, il sauta à terre. A
notre stupéfaction, rebroussant chemin, il se prit à courir, et courut
jusqu'au petit chemin que nous venions de passer, le chemin des Sablonnières. Il dut arriver au Domaine par cette allée de sapins qu'il avait
suivie jadis, où il avait entendu, vagabond caché dans les basses
branches, la conversation mystérieuse des beaux enfants inconnus...

Et c'est ce soir-là, avec des sanglots, qu'il demanda en mariage Mlle
de Galais.

CHAPITRE VII

LE JOUR DES NOCES

C'est un jeudi, au commencement de février, un beau jeudi soir
glacé, où le grand vent souffle. Il est trois heures et demie, quatre
heures... Sur les haies, auprès des bourgs, les lessives sont étendues
depuis midi et sèchent à la bourrasque. Dans chaque maison, le feu de
la salle à manger fait luire tout un reposoir de joujoux vernis. Fatigué
de jouer, l'enfant s'est assis auprès de sa mère et il lui fait raconter la
journée de son mariage...

Pour celui qui ne veut pas être heureux, il n'a qu'à monter dans son
grenier et il entendra, jusqu'au soir, siffler et gémir les naufrages ; il n'a
qu'à s'en aller dehors, sur la route, et le vent lui rabattra son foulard sur
la bouche comme un chaud baiser soudain qui le fera pleurer. Mais pour
celui qui aime le bonheur, il y a, au bord d'un chemin boueux, la
maison des Sablonnières, où mon ami Meaulnes est rentré avec
Yvonne de Galais, qui est sa femme depuis midi.

Les fiançailles ont duré cinq mois. Elles ont été paisibles, aussi
paisibles que la première entrevue avait été mouvementée. Meaulnes
est venu très souvent aux Sablonnières, à bicyclette ou en voiture. Plus
de deux fois par semaine, cousant ou lisant près de la grande fenêtre
qui donne sur la lande et les sapins, Mlle de Galais a vu tout d'un coup
sa haute silhouette rapide passer derrière le rideau, car il vient toujours

par l'allée détournée qu'il a prise autrefois. Mais c'est la seule allusion—
tacite — qu'il fasse au passé. Le bonheur semble avoir endormi son
étrange tourment.

De petits événements ont fait date pendant ces cinq calmes mois. On
m'a nommé instituteur au hameau de Saint-Benoist-des-Champs.
Saint-Benoist n'est pas un village. Ce sont des fermes disséminées à
travers la campagne, et la maison d'école est complètement isolée sur
une côte au bord de la route. Je mène une vie bien solitaire; mais, en
passant par les champs, il ne faut que trois quarts d'heure de marche
pour gagner les Sablonnières.

Delouche est maintenant chez son oncle, qui est entrepreneur de
maçonnerie au Vieux-Nançay. Ce sera bientôt lui le patron. Il vient
souvent me voir. Meaulnes, sur la prière de Mlle de Galais, est maintenant très aimable avec lui.

Et ceci explique comment nous sommes là tous deux à rôder, vers
quatre heures de l'après-midi, alors que les gens de la noce sont déjà
tous repartis.

Le mariage s'est fait à midi, avec le plus de silence possible, dans
l'ancienne chapelle des Sablonnières qu'on n'a pas abattue et que les
sapins cachent à moitié sur le versant de la côte prochaine. Après un
déjeuner rapide, la mère de Meaulnes, M. Seurel et Millie, Florentin et
les autres sont remontés en voiture. Il n'est resté que Jasmin et moi...

Nous errons à la lisière des bois qui sont derrière la maison des
Sablonnières, au bord du grand terrain en friche, emplacement ancien
du Domaine aujourd'hui abattu. Sans vouloir l'avouer et sans savoir
pourquoi, nous sommes remplis d'inquiétude. En vain nous essayons
de distraire nos pensées et de tromper notre angoisse en nous montrant, au cours de notre promenade errante, les bauges des lièvres et les
petits sillons de sable où les lapins ont gratté fraîchement... un collet
tendu... la trace d'un braconnier... Mais sans cesse nous revenons à ce
bord du taillis, d'où l'on découvre la maison silencieuse et fermée...

Au bas de la grande croisée qui donne sur les sapins, il y a un balcon
de bois, envahi par les herbes folles que couche le vent. Une lueur
comme d'un feu allumé se reflète sur les carreaux de la fenêtre. De temps
à autre, une ombre passe. Tout autour, dans les champs environnants,
dans le potager, dans la seule ferme qui reste des anciennes dépendances,
silence et solitude. Les métayers sont partis au bourg pour fêter le
bonheur de leurs maîtres.

De temps à autre, le vent chargé d'une buée qui est presque de la pluie nous mouille la figure et nous apporte la parole perdue d'un piano. Là-bas, dans la maison fermée, quelqu'un joue. Je m'arrête un instant pour écouter en silence. C'est d'abord comme une voix tremblante qui, de très loin, ose à peine chanter sa joie... C'est comme le rire d'une petite fille qui, dans sa chambre, a été chercher tous ses jouets et les répand devant son ami... Je pense aussi à la joie craintive encore d'une femme qui a été mettre une belle robe et qui vient la montrer et ne sait pas si elle plaira... Cet air que je ne connais pas, c'est aussi une prière, une supplication au bonheur de ne pas être trop cruel, un salut et comme un agenouillement devant le bonheur...

Je pense: « Ils sont heureux enfin. Meaulnes est là-bas près d'elle... »

Et savoir cela, en être sûr, suffit au contentement parfait du brave enfant que je suis.

A ce moment, tout absorbé, le visage mouillé par le vent de la plaine comme par l'embrun de la mer, je sens qu'on me touche l'épaule :

« Écoute ! » dit Jasmin tout bas.

Je le regarde. Il me fait signe de ne pas bouger ; et, lui-même, la tête inclinée, le sourcil froncé, il écoute...

CHAPITRE VIII

L'APPEL DE FRANTZ

« Hou-ou ! »

Cette fois, j'ai entendu. C'est un signal, un appel sur deux notes, haute et basse, que j'ai déjà entendu jadis... Ah ! je me souviens : c'est le cri du grand comédien lorsqu'il hélait son jeune compagnon à la grille de l'école. C'est l'appel à quoi Frantz nous avait fait jurer de nous rendre, n'importe où et n'importe quand. Mais que demande-t-il ici, aujourd'hui, celui-là ?

« Cela vient de la grande sapinière à gauche, dis-je à mi-voix. C'est un braconnier sans doute ».

Jasmin secoue la tête :

« Tu sais bien que non », dit-il.

Puis, plus bas :

« Ils sont dans le pays, tous les deux, depuis ce matin. J'ai surpris

Ganache à onze heures en train de guetter dans un champ auprès de la chapelle. Il a détalé en m'apercevant. Ils sont venus de loin, peut-être à bicyclette, car il était couvert de boue jusqu'au milieu du dos...

— Mais que cherchent-ils?

— Je n'en sais rien. Mais à coup sûr il faut que nous les chassions. Il ne faut pas les laisser rôder aux alentours. Ou bien toutes les folies vont recommencer... »

Je suis de cet avis, sans l'avouer.

« Le mieux, dis-je, serait de les joindre, de voir ce qu'ils veulent et de leur faire entendre raison... »

Lentement, silencieusement, nous nous glissons donc en nous baissant à travers le taillis jusqu'à la grande sapinière, d'où part, à intervalles réguliers, ce cri prolongé qui n'est pas en soi plus triste qu'autre chose, mais qui nous semble à tous les deux de sinistre augure.

Il est difficile, dans cette partie du bois de sapins, où le regard s'enfonce entre les troncs régulièrement plantés, de surprendre quelqu'un et de s'avancer sans être vu. Nous n'essayons même pas. Je me poste à l'angle du bois. Jasmin va se placer à l'angle opposé, de façon à commander comme moi, de l'extérieur, deux des côtés du rectangle et à ne pas laisser fuir l'un des bohémiens sans le héler. Ces dispositions prises, je commence à jouer mon rôle d'éclaireur pacifique et j'appelle:

« Frantz!...

» ... Frantz! Ne craignez rien. C'est moi, Seurel; je voudrais vous parler... »

Un instant de silence; je vais me décider à crier encore, lorsque, au cœur même de la sapinière, où mon regard n'atteint pas tout à fait, une voix commande:

« Restez où vous êtes: il va venir vous trouver ».

Peu à peu, entre les grands sapins que l'éloignement fait paraître serrés, je distingue la silhouette du jeune homme qui s'approche. Il paraît couvert de boue et mal vêtu; des épingles de bicyclette serrent le bas de son pantalon, une vieille casquette à ancre est plaquée sur ses cheveux trop longs; je vois maintenant sa figure amaigrie... Il semble avoir pleuré.

S'approchant de moi, résolument:

« Que voulez-vous? demande-t-il d'un air très insolent.

— Et vous-même, Frantz, que faites-vous ici? Pourquoi venez-vous troubler ceux qui sont heureux? Qu'avez-vous à demander? Dites-le ».

Ainsi interrogé directement, il rougit un peu, balbutie, répond seulement:

« Je suis malheureux, moi, je suis malheureux ».

Puis, la tête dans le bras, appuyé à un tronc d'arbre, il se prend à sangloter amèrement. Nous avons fait quelques pas dans la sapinière. L'endroit est parfaitement silencieux. Pas même la voix du vent que les grands sapins de la lisière arrêtent. Entre les troncs réguliers se répète et s'éteint le bruit des sanglots étouffés du jeune homme. J'attends que cette crise s'apaise et je dis, en lui mettant la main sur l'épaule:

« Frantz, vous viendrez avec moi. Je vous mènerai auprès d'eux. Ils vous accueilleront comme un enfant perdu qu'on a retrouvé et tout sera fini ».

Mais il ne voulait rien entendre. D'une voix assourdie par les larmes, malheureux, entêté, colère, il reprenait:

« Ainsi Meaulnes ne s'occupe plus de moi? Pourquoi ne répond-il pas quand je l'appelle? Pourquoi ne tient-il pas sa promesse?

— Voyons, Frantz, répondis-je, le temps des fantasmagories et des enfantillages est passé. Ne troublez pas avec des folies le bonheur de ceux que vous aimez; de votre sœur et d'Augustin Meaulnes.

— Mais lui seul peut me sauver, vous le savez bien. Lui seul est capable de retrouver la trace que je cherche. Voilà bientôt trois ans que Ganache et moi nous battons toute la France sans résultat. Je n'avais plus confiance qu'en votre ami. Et voici qu'il ne répond plus. Il a re-trouvé son amour, lui. Pourquoi, maintenant, ne pense-t-il pas à moi? Il faut qu'il se mette en route. Yvonne le laissera bien partir... Elle ne m'a jamais rien refusé ».

Il me montrait un visage où, dans la poussière et la boue, les larmes avaient tracé des sillons sales, un visage de vieux gamin épuisé et battu. Ses yeux étaient cernés de taches de rousseur; son menton, mal rasé; ses cheveux trop longs traînaient sur son col sale. Les mains dans les poches, il grelottait. Ce n'était plus ce royal enfant en guenilles des années passées. De cœur, sans doute, il était plus enfant que jamais: impérieux, fantasque et tout de suite désespéré. Mais cet enfantillage était pénible à supporter chez ce garçon déjà légèrement vieilli... Naguère, il y avait en lui tant d'orgueilleuse jeunesse que toute folie au

monde lui paraissait permise. A présent, on était d'abord tenté de le
plaindre pour n'avoir pas réussi sa vie; puis de lui reprocher ce rôle
absurde de jeune héros romantique où je le voyais s'entêter... Et enfin
je pensais malgré moi que notre beau Frantz aux belles amours avait
dû se mettre à voler pour vivre, tout comme son compagnon Ganache...
Tant d'orgueil avait abouti à cela!

« Si je vous promets, dis-je enfin, après avoir réfléchi, que dans quelques jours Meaulnes se mettra en campagne pour vous, rien que pour
vous?...

— Il réussira, n'est-ce pas? Vous en êtes sûr? me demanda-t-il en
claquant des dents.

— Je le pense. Tout devient possible avec lui!

— Et comment le saurai-je? Qui me le dira?

— Vous reviendrez ici dans un an exactement, à cette même heure:
vous trouverez la jeune fille que vous aimez ».

Et, en disant ceci, je pensais non pas troubler les nouveaux époux,
mais m'enquérir auprès de la tante Moinel et faire diligence moi-même
pour trouver la jeune fille.

Le bohémien me regardait dans les yeux avec une volonté de confiance vraiment admirable. Quinze ans, il avait encore et tout de même
quinze ans! — l'âge que nous avions à Sainte-Agathe, le soir du balayage
des classes, quand nous fîmes tous les trois ce terrible serment enfantin.

Le désespoir le reprit lorsqu'il fut obligé de dire:

« Eh bien, nous allons partir ».

Il regarda, certainement avec un grand serrement de cœur, tous ces
bois d'alentour qu'il allait de nouveau quitter.

« Nous serons dans trois jours, dit-il, sur les routes d'Allemagne.
Nous avons laissé nos voitures au loin. Et depuis trente heures, nous
marchions sans arrêt. Nous pensions arriver à temps pour emmener
Meaulnes avant le mariage et chercher avec lui ma fiancée, comme il a
cherché le Domaine des Sablonnières ».

Puis, repris par sa terrible puérilité:

« Appelez votre Delouche, dit-il en s'en allant, parce que si je le
rencontrais ce serait affreux ».

Peu à peu, entre les sapins, je vis disparaître sa silhouette grise.
J'appelai Jasmin et nous allâmes reprendre notre faction. Mais presque
aussitôt, nous aperçûmes, là-bas, Augustin qui fermait les volets de
la maison et nous fûmes frappés par l'étrangeté de son allure.

CHAPITRE IX

LES GENS HEUREUX

Plus tard, j'ai su par le menu détail tout ce qui s'était passé là-bas...

Dans le salon des Sablonnières, dès le début de l'après-midi, Meaulnes et sa femme, que j'appelle encore Mlle de Galais, sont restés complètement seuls. Tous les invités partis, le vieux M. de Galais a ouvert la porte, laissant une seconde le grand vent pénétrer dans la maison et gémir; puis il s'est dirigé vers le Vieux-Nançay et ne reviendra qu'à l'heure du dîner, pour fermer tout à clef et donner des ordres à la métairie. Aucun bruit du dehors n'arrive plus maintenant jusqu'aux jeunes gens. Il y a tout juste une branche de rosier sans feuilles qui cogne la vitre, du côté de la lande. Comme deux passagers dans un bateau à la dérive, ils sont, dans le grand vent d'hiver, deux amants enfermés avec le bonheur.

« Le feu menace de s'éteindre », dit Mlle de Galais, et elle voulut prendre une bûche dans le coffre.

Mais Meaulnes se précipita et plaça lui-même le bois dans le feu.

Puis il prit la main tendue de la jeune fille et ils restèrent là, debout, l'un devant l'autre, étouffés comme par une grande nouvelle qui ne pouvait pas se dire.

Le vent roulait avec le bruit d'une rivière débordée. De temps à autre une goutte d'eau, diagonalement, comme sur la portière d'un train, rayait la vitre.

Alors la jeune fille s'échappa. Elle ouvrit la porte du couloir et disparut avec un sourire mystérieux. Un instant, dans la demi-obscurité, Augustin resta seul... Le tic tac d'une petite pendule faisait penser à la salle à manger de Sainte-Agathe... Il songea sans doute: « C'est donc ici la maison tant cherchée; le couloir jadis plein de chuchotements et de passages étranges... »

C'est à ce moment qu'il dut entendre — Mlle de Galais me dit plus tard l'avoir entendu aussi — le premier cri de Frantz, tout près de la maison.

La jeune femme, alors, eut beau lui montrer les choses merveilleuses dont elle était chargée: ses jouets de petite fille, toutes ses photographies d'enfant: elle en cantinière,* elle et Frantz sur les genoux de leur mère, qui était si jolie... puis tout ce qui restait de ses sages petites robes de jadis: « Jusqu'à celle-ci que je portais, voyez, vers le temps où vous alliez bientôt me connaître, où vous arriviez, je crois, au cours de Sainte-Agathe... », Meaulnes ne voyait plus rien et n'entendait plus rien.

Un instant pourtant il parut ressaisi par la pensée de son extraordinaire, inimaginable bonheur:

« Vous êtes là — dit-il sourdement, comme si le dire seulement donnait le vertige — vous passez auprès de la table et votre main s'y pose un instant... »

Et encore:

« Ma mère, lorsqu'elle était jeune femme, penchait ainsi légèrement son buste sur sa taille pour me parler... Et quand elle se mettait au piano... »

Alors Mlle de Galais proposa de jouer avant que la nuit ne vînt. Mais il faisait sombre dans ce coin du salon et l'on fut obligé d'allumer une bougie. L'abat-jour rose, sur le visage de la jeune fille, augmentait ce rouge dont elle était marquée aux pommettes et qui était le signe d'une grande anxiété.

Là-bas, à la lisière du bois, je commençai d'entendre cette chanson tremblante que nous apportait le vent, coupée bientôt par le second cri des deux fous, qui s'étaient rapprochés de nous dans les sapins.

Longtemps Meaulnes écouta la jeune fille en regardant silencieusement par une fenêtre. Plusieurs fois il se tourna vers le doux visage plein de faiblesse et d'angoisse. Puis il s'approcha d'Yvonne et, très légèrement, il mit sa main sur son épaule. Elle sentit doucement peser auprès de son cou cette caresse à laquelle il aurait fallu savoir répondre.

« Le jour tombe, dit-il enfin. Je vais fermer les volets. Mais ne cessez pas de jouer... »

Que se passa-t-il alors dans ce cœur obscur et sauvage? Je me le suis souvent demandé et je ne l'ai su que lorsqu'il fut trop tard. Remords ignorés? Regrets inexplicables? Peur de voir s'évanouir bientôt entre ses mains ce bonheur inouï qu'il tenait si serré? Et alors tentation terrible de jeter irrémédiablement à terre, tout de suite, cette merveille qu'il avait conquise?

Il sortit lentement, silencieusement, après avoir regardé sa jeune femme une fois encore. Nous le vîmes, de la lisière du bois, fermer d'abord avec hésitation un volet, puis regarder vaguement vers nous, en fermer un autre, et soudain s'enfuir à toutes jambes dans notre direction. Il arriva près de nous avant que nous eussions pu songer à nous dissimuler davantage. Il nous aperçut, comme il allait franchir une petite haie récemment plantée et qui formait la limite d'un pré. Il fit un écart. Je me rappelle son allure hagarde, son air de bête traquée... Il fit mine de revenir sur ses pas pour franchir la haie du côté du petit ruisseau.

Je l'appelai:

« Meaulnes!... Augustin!... »

Mais il ne tournait pas même la tête. Alors, persuadé que cela seulement pourrait le retenir:

« Frantz est là, criai-je. Arrête! »

Il s'arrêta enfin. Haletant et sans me laisser le temps de préparer ce que je pourrais dire:

« Il est là! dit-il. Que réclame-t-il?

— Il est malheureux, répondis-je. Il venait te demander de l'aide, pour retrouver ce qu'il a perdu.

— Ah! fit-il, baissant la tête. Je m'en doutais bien. J'avais beau essayer d'endormir cette pensée-là... Mais où est-il? Raconte vite ».

Je dis que Frantz venait de partir et que certainement on ne le rejoindrait plus maintenant. Ce fut pour Meaulnes une grande déception. Il hésita, fit deux ou trois pas, s'arrêta. Il paraissait au comble de l'indécision et du chagrin. Je lui racontai ce que j'avais promis en son nom au jeune homme. Je dis que je lui avais donné rendez-vous dans un an à la même place.

Augustin, si calme en général, était maintenant dans un état de nervosité et d'impatience extraordinaires:

« Ah! pourquoi avoir fait cela! dit-il. Mais oui, sans doute, je puis le sauver. Mais il faut que ce soit tout de suite. Il faut que je le voie, que je lui parle, qu'il me pardonne et que je répare tout... Autrement je ne peux plus me présenter là-bas... »

Et il se tourna vers la maison des Sablonnières.

« Ainsi, dis-je, pour une promesse enfantine que tu lui as faite, tu es en train de détruire ton bonheur.

— Ah! si ce n'était que cette promesse », fit-il.

Et ainsi je connus qu'autre chose liait les deux jeunes hommes, mais sans pouvoir deviner quoi.

« En tout cas, dis-je, il n'est plus temps de courir. Ils sont maintenant en route pour l'Allemagne ».

Il allait répondre, lorsqu'une figure échevelée, hagarde, se dressa entre nous. C'était Mlle de Galais. Elle avait dû courir, car elle avait le visage baigné de sueur. Elle avait dû tomber et se blesser, car elle avait le front écorché au-dessus de l'œil droit et du sang figé dans les cheveux.

Il m'est arrivé, dans les quartiers pauvres de Paris, de voir soudain, descendu dans la rue, séparé par des agents intervenus dans la bataille, un ménage qu'on croyait heureux, uni, honnête. Le scandale a éclaté tout d'un coup, n'importe quand, à l'instant de se mettre à table, le dimanche avant de sortir, au moment de souhaiter la fête du petit garçon… et maintenant tout est oublié, saccagé. L'homme et la femme, au milieu du tumulte, ne sont plus que deux démons pitoyables et les enfants en larmes se jettent contre eux, les embrassent étroitement, les supplient de se taire et de ne plus se battre.

Mlle de Galais, quand elle arriva près de Meaulnes, me fit penser à un de ces enfants-là, à un de ces pauvres enfants affolés. Je crois que tous ses amis, tout un village, tout un monde l'eût regardée, qu'elle fût accourue tout de même, qu'elle fût tombée de la même façon, échevelée, pleurante, salie.

Mais quand elle eut compris que Meaulnes était bien là, que cette fois, du moins, il ne l'abandonnerait pas, alors elle passa son bras sous le sien, puis elle ne put s'empêcher de rire au milieu de ses larmes comme un petit enfant. Ils ne dirent rien ni l'un ni l'autre. Mais, comme elle avait tiré son mouchoir, Meaulnes le lui prit doucement des mains: avec précaution et application, il essuya le sang qui tachait la chevelure de la jeune fille.

« Il faut rentrer, maintenant », dit-il.

Et je les laissai retourner tous les deux, dans le beau grand vent du soir d'hiver qui leur fouettait le visage, — lui, l'aidant de la main aux passages difficiles; elle, souriant et se hâtant — vers leur demeure pour un instant abandonnée.

CHAPITRE X

LA « MAISON DE FRANTZ »

Mal rassuré, en proie à une sourde inquiétude, que l'heureux dénouement du tumulte de la veille n'avait pas suffi à dissiper, il me fallut rester enfermé dans l'école pendant toute la journée du lendemain. Sitôt après l'heure d'« étude » qui suit la classe du soir, je pris le chemin des Sablonnières. La nuit tombait quand j'arrivai dans l'allée de sapins qui menait à la maison. Tous les volets étaient déjà clos. Je craignis d'être importun, en me présentant à cette heure tardive, le lendemain d'un mariage. Je restai fort tard à rôder sur la lisière du jardin et dans les terres avoisinantes, espérant toujours voir sortir quelqu'un de la maison fermée... Mais mon espoir fut déçu. Dans la métairie voisine elle-même, rien ne bougeait. Et je dus rentrer chez moi, hanté par les imaginations les plus sombres.

Le lendemain samedi, mêmes incertitudes. Le soir, je pris en hâte ma pèlerine, mon bâton, un morceau de pain, pour manger en route, et j'arrivai, quand la nuit tombait déjà, pour trouver tout fermé aux Sablonnières, comme la veille... Un peu de lumière au premier étage; mais aucun bruit; pas un mouvement... Pourtant, de la cour de la métairie je vis cette fois la porte de la ferme ouverte, le feu allumé dans la grande cuisine et j'entendis le bruit habituel des voix et des pas à l'heure de la soupe. Ceci me rassura sans me renseigner. Je ne pouvais rien dire ni rien demander à ces gens. Et je retournai guetter encore, attendre en vain, pensant toujours voir la porte s'ouvrir et surgir enfin la haute silhouette d'Augustin.

C'est le dimanche seulement, dans l'après-midi, que je résolus de sonner à la porte des Sablonnières. Tandis que je grimpais les coteaux dénudés, j'entendais sonner au loin les vêpres du dimanche d'hiver. Je me sentais solitaire et désolé. Je ne sais quel pressentiment triste m'envahissait. Et je ne fus qu'à demi surpris lorsque, à mon coup de sonnette, je vis M. de Galais tout seul paraître et me parler à voix basse: Yvonne de Galais était alitée, avec une fièvre violente; Meaulnes avait dû partir dès vendredi matin pour un long voyage; on ne savait quand il reviendrait...

Et comme le vieillard, très embarrassé, très triste, ne m'offrait pas d'entrer, je pris aussitôt congé de lui. La porte refermée, je restai un instant sur le perron, le cœur serré, dans un désarroi absolu, à regarder sans savoir pourquoi une branche de glycine desséchée que le vent balançait tristement dans un rayon de soleil.

Ainsi ce remords secret que Meaulnes portait depuis son séjour à Paris avait fini par être le plus fort. Il avait fallu que mon grand compagnon échappât à la fin à son bonheur tenace...

Chaque jeudi et chaque dimanche, je vins demander des nouvelles d'Yvonne de Galais, jusqu'au soir où, convalescente enfin, elle me fit prier d'entrer. Je la trouvai, assise auprès du feu, dans le salon dont la grande fenêtre basse donnait sur la terre et les bois. Elle n'était point pâle comme je l'avais imaginé, mais tout enfiévrée, au contraire, avec de vives taches rouges sous les yeux, et dans un état d'agitation extrême. Bien qu'elle parût très faible encore, elle s'était habillée comme pour sortir. Elle parlait peu, mais elle disait chaque phrase avec une animation extraordinaire, comme si elle eût voulu se persuader à elle-même que le bonheur n'était pas évanoui encore... Je n'ai pas gardé le souvenir de ce que nous avons dit. Je me rappelle seulement que j'en vins à demander avec hésitation quand Meaulnes serait de retour.

« Je ne sais pas quand il reviendra », répondit-elle vivement.

Il y avait une supplication dans ses yeux, et je me gardai d'en demander davantage.

Souvent, je revins la voir. Souvent je causai avec elle auprès du feu, dans ce salon bas où la nuit venait plus vite que partout ailleurs. Jamais elle ne parlait d'elle-même ni de sa peine cachée. Mais elle ne se lassait pas de me faire conter par le détail notre existence d'écoliers de Sainte-Agathe.

Elle écoutait gravement, tendrement, avec un intérêt quasi maternel, le récit de nos misères de grands enfants. Elle ne paraissait jamais surprise, pas même de nos enfantillages les plus audacieux, les plus dangereux. Cette tendresse attentive qu'elle tenait de M. de Galais, les aventures déplorables de son frère ne l'avaient point lassée. Le seul regret que lui inspirât le passé, c'était, je pense, de n'avoir point encore été pour son frère une confidente assez intime, puisque, au moment de sa grande débâcle, il n'avait rien osé lui dire non plus qu'à personne et s'était jugé perdu sans recours. Et c'était là, quand j'y songe, une lourde tâche qu'avait assumée la jeune femme — tâche périlleuse, de seconder un esprit follement chimérique comme son frère; tâche écrasante, quand il s'agissait de lier partie avec ce cœur aventureux qu'était mon ami le grand Meaulnes.

De cette foi qu'elle gardait dans les rêves enfantins de son frère, de ce soin qu'elle apportait à lui conserver au moins des bribes de ce rêve dans lequel il avait vécu jusqu'à vingt ans, elle me donna un jour la preuve la plus touchante et je dirai presque la plus mystérieuse.

Ce fut par une soirée d'avril désolée comme une fin d'automne. Depuis près d'un mois nous vivions dans un doux printemps prématuré, et la jeune femme avait repris en compagnie de M. de Galais les longues promenades qu'elle aimait. Mais ce jour-là, le vieillard se trouvant fatigué et moi-même libre, elle me demanda de l'accompagner malgré le temps menaçant. A plus d'une demi-lieue des Sablonnières, en longeant l'étang, l'orage, la pluie, la grêle nous surprirent. Sous le hangar où nous nous étions abrités contre l'averse interminable, le vent nous glaçait, debout l'un près de l'autre, pensifs, devant le paysage noirci. Je la revois, dans sa douce robe sévère, toute pâlie, toute tourmentée.

« Il faut rentrer, disait-elle. Nous sommes partis depuis si longtemps. Qu'a-t-il pu se passer? »

Mais, à mon étonnement, lorsqu'il nous fut possible enfin de quitter notre abri, la jeune femme, au lieu de revenir vers les Sablonnières, continua son chemin et me demanda de la suivre. Nous arrivâmes, après avoir longtemps marché, devant une maison que je ne connaissais pas, isolée au bord d'un chemin défoncé qui devait aller vers Préveranges. C'était une petite maison bourgeoise, couverte en ardoise, et que rien ne distinguait du type usuel dans ce pays, sinon son éloignement et son isolement.

A voir Yvonne de Galais, on eût dit que cette maison nous appartenait et que nous l'avions abandonnée durant un long voyage. Elle ouvrit, en se penchant, une petite grille, et se hâta d'inspecter avec inquiétude le lieu solitaire. Une grande cour herbeuse, où des enfants avaient dû venir jouer pendant les longues et lentes soirées de la fin de l'hiver, était ravinée par l'orage. Un cerceau trempait dans une flaque d'eau. Dans les jardinets où les enfants avaient semé des fleurs et des pois, la grande pluie n'avait laissé que des traînées de gravier blanc. Et enfin nous découvrîmes, blottie contre le seuil d'une des portes mouillées, toute une couvée de poussins transpercée par l'averse. Presque tous étaient morts sous les ailes raidies et les plumes fripées de la mère.

A ce spectacle pitoyable, la jeune femme eut un cri étouffé. Elle se pencha et, sans souci de l'eau ni de la boue, triant les poussins vivants d'entre les morts, elle les mit dans un pan de son manteau. Puis nous entrâmes dans la maison dont elle avait la clef. Quatre portes ouvraient sur un étroit couloir où le vent s'engouffra en sifflant. Yvonne de Galais ouvrit la première à notre droite et me fit pénétrer dans une chambre sombre, où je distinguai, après un moment d'hésitation, une grande glace et un petit lit recouvert, à la mode campagnarde, d'un édredon de soie rouge. Quant à elle, après avoir cherché un instant dans le reste de l'appartement, elle revint, portant la couvée malade dans une corbeille garnie de duvet, qu'elle glissa précieusement sous l'édredon. Et, tandis qu'un rayon de soleil languissant, le premier et le dernier de la journée, faisait plus pâles nos visages et plus obscure la tombée de la nuit, nous étions là, debout, glacés et tourmentés, dans la maison étrange!

D'instant en instant, elle allait regarder dans le nid fiévreux, enlever un nouveau poussin mort pour l'empêcher de faire mourir les autres. Et chaque fois il nous semblait que quelque chose comme un grand vent par les carreaux cassés du grenier, comme un chagrin mystérieux d'enfants inconnus, se lamentait silencieusement.

« C'était ici, me dit enfin ma compagne, la maison de Frantz quand il était petit. Il avait voulu une maison pour lui tout seul, loin de tout le monde, dans laquelle il pût aller jouer, s'amuser et vivre quand cela lui plairait. Mon père avait trouvé cette fantaisie si extraordinaire, si drôle, qu'il n'avait pas refusé. Et quand cela lui plaisait, un jeudi, un dimanche, n'importe quand, Frantz partait habiter dans sa maison comme un homme. Les enfants des fermes d'alentour venaient jouer avec lui, l'aider à faire son ménage, travailler dans le jardin. C'était un jeu merveilleux! Et le soir venu, il n'avait pas peur de coucher tout seul. Quant à nous, nous l'admirions tellement que nous ne pensions pas même à être inquiets.

» Maintenant et depuis longtemps, poursuivit-elle avec un soupir, la maison est vide. Monsieur de Galais, frappé par l'âge et le chagrin, n'a jamais rien fait pour retrouver ni rappeler mon frère. Et que pourrait-il tenter?

» Moi je passe ici bien souvent. Les petits paysans des environs viennent jouer dans la cour comme autrefois. Et je me plais à imaginer que ce sont les anciens amis de Frantz; que lui-même est encore un enfant et qu'il va revenir bientôt avec la fiancée qu'il s'était choisie.

» Ces enfants-là me connaissent bien. Je joue avec eux. Cette couvée de petits poulets était à nous... »

Tout ce grand chagrin dont elle n'avait jamais rien dit, ce grand regret d'avoir perdu son frère si fou, si charmant et si admiré, il avait fallu cette averse et cette débâcle enfantine pour qu'elle me les confiât. Et je l'écoutais sans rien répondre, le cœur tout gonflé de sanglots…

Les portes et la grille refermées, les poussins remis dans la cabane en planches qu'il y avait derrière la maison, elle reprit tristement mon bras et je la reconduisis.

Des semaines, des mois passèrent. Époque passée! Bonheur perdu! De celle qui avait été la fée, la princesse et l'amour mystérieux de toute notre adolescence, c'est à moi qu'il était échu de prendre le bras et de dire ce qu'il fallait pour adoucir son chagrin, tandis que mon compagnon avait fui. De cette époque, de ces conversations, le soir, après la classe que je faisais sur la côte de Saint-Benoist-des-Champs, de ces promenades où la seule chose dont il eût fallu parler était la seule sur laquelle nous étions décidés à nous taire, que pourrais-je dire à présent? Je n'ai pas gardé d'autre souvenir que celui, à demi effacé déjà, d'un beau visage amaigri, de deux yeux dont les paupières s'abaissent lentement tandis qu'ils me regardent, comme pour déjà ne plus voir qu'un monde intérieur.

Et je suis demeuré son compagnon fidèle — compagnon d'une attente dont nous ne parlions pas — durant tout un printemps et tout un été comme il n'y en aura jamais plus. Plusieurs fois, nous retournâmes, l'après-midi, à la maison de Frantz. Elle ouvrait les portes pour donner de l'air, pour que rien ne fût moisi quand le jeune ménage reviendrait. Elle s'occupait de la volaille à demi sauvage qui gîtait dans la basse-cour. Et le jeudi ou le dimanche, nous encouragions les jeux des petits campagnards d'alentour, dont les cris et les rires, dans le site solitaire, faisaient paraître plus déserte et plus vide encore la petite maison abandonnée.

CHAPITRE XI

CONVERSATION SOUS LA PLUIE

Le mois d'août, époque des vacances, m'éloigna des Sablonnières et de la jeune femme. Je dus aller passer à Sainte-Agathe mes deux mois de congé. Je revis la grande cour sèche, le préau, la classe vide… Tout parlait du grand Meaulnes. Tout était rempli des souvenirs de notre adolescence déjà finie. Pendant ces longues journées jaunies, je m'enfermais comme jadis, avant la venue de Meaulnes, dans le cabinet des archives, dans les classes désertes. Je lisais, j'écrivais, je me souvenais... Mon père était à la pêche au loin. Millie dans le salon cousait ou jouait du piano comme jadis... Et dans le silence absolu de la classe, où les couronnes de papier vert déchirées, les enveloppes des livres de prix, les tableaux épongés, tout disait que l'année était finie, les récompenses distribuées, tout attendait l'automne, la rentrée d'octobre et le nouvel effort — je pensais de même que notre jeunesse était finie et le bonheur manqué; moi aussi j'attendais la rentrée aux Sablonnières et le retour d'Augustin qui peut-être ne reviendrait jamais...

Il y avait cependant une nouvelle heureuse que j'annonçai à Millie, lorsqu'elle se décida à m'interroger sur la nouvelle mariée. Je redoutais ses questions, sa façon à la fois très innocente et très maligne de vous plonger soudain dans l'embarras en mettant le doigt sur votre pensée la plus secrète. Je coupai court à tout en annonçant que la jeune femme de mon ami Meaulnes serait mère au mois d'octobre.

A part moi, je me rappelai le jour où Yvonne de Galais m'avait fait comprendre cette grande nouvelle. Il y avait eu un silence; de ma part, un léger embarras de jeune homme. Et j'avais dit tout de suite, inconsidérément, pour le dissiper — songeant trop tard à tout le drame que je remuais ainsi:

« Vous devez être bien heureuse? »

Mais elle, sans arrière-pensée, sans regret, ni remords, ni rancune, elle avait répondu avec un beau sourire de bonheur:

« Oui, bien heureuse ».

Durant cette dernière semaine des vacances, qui est en général la plus belle et la plus romantique, semaine de grandes pluies, semaine où l'on commence à allumer les feux, et que je passais d'ordinaire à chasser dans les sapins noirs et mouillés du Vieux-Nançay, je fis mes préparatifs pour rentrer directement à Saint-Benoist-des-Champs. Firmin, ma tante Julie et mes cousines du Vieux-Nançay m'eussent posé trop de questions auxquelles je ne voulais pas répondre. Je renonçai pour cette fois à mener durant huit jours la vie enivrante de chasseur campagnard et je regagnai ma maison d'école quatre jours avant la rentrée des classes.

J'arrivai avant la nuit dans la cour déjà tapissée de feuilles jaunies. Le voiturier parti, je déballai tristement dans la salle à manger sonore et « renfermée » le paquet de provisions que m'avait fait maman… Après un léger repas du bout des dents, ° impatient, anxieux, je mis ma pèlerine et partis pour une fiévreuse promenade qui me mena tout droit aux abords des Sablonnières.

Je ne voulus pas m'y introduire en intrus dès le premier soir de mon arrivée. Cependant, plus hardi qu'en février, après avoir tourné tout autour du Domaine où brillait seule la fenêtre de la jeune femme, je franchis, derrière la maison, la clôture du jardin et m'assis sur un banc, contre la haie, dans l'ombre commençante, heureux simplement d'être là, tout près de ce qui me passionnait et m'inquiétait le plus au monde.

La nuit venait. Une pluie fine commençait à tomber. La tête basse, je regardais, sans y songer, mes souliers se mouiller peu à peu et luire d'eau. L'ombre m'entourait lentement et la fraîcheur me gagnait sans troubler ma rêverie. Tendrement, tristement, je rêvais aux chemins boueux de Sainte-Agathe, par ce même soir de septembre; j'imaginais la place pleine de brume, le garçon boucher qui siffle en allant à la pompe, le café illuminé, la joyeuse voiturée avec sa carapace de parapluies ouverts qui arrivait avant la fin des vacances, chez l'oncle Florentin… Et je me disais tristement: « Qu'importe tout ce bonheur, puisque Meaulnes, mon compagnon, ne peut pas y être, ni sa jeune femme… »

C'est alors que, levant la tête, je la vis à deux pas de moi. Ses souliers, dans le sable, faisaient un bruit léger que j'avais confondu avec celui des gouttes d'eau de la haie. Elle avait sur la tête et les épaules un grand fichu de laine noire, et la pluie fine poudrait sur son front ses cheveux. Sans doute, de sa chambre, m'avait-elle aperçu par la fenêtre qui donnait sur le jardin. Et elle venait vers moi. Ainsi ma mère, autrefois, s'inquiétait et me cherchait pour me dire: « Il faut rentrer », mais ayant pris goût à cette promenade sous la pluie et dans la nuit, elle disait seulement avec douceur: « Tu vas prendre froid! » et restait en ma compagnie à causer longuement…

Yvonne de Galais me tendit une main brûlante, et, renonçant à me faire entrer aux Sablonnières, elle s'assit sur le banc moussu et vert-de-grisé, du côté le moins mouillé, tandis que debout, appuyé du genou à ce même banc, je me penchais vers elle pour l'entendre.

Elle me gronda d'abord amicalement pour avoir ainsi écourté mes vacances:

« Il fallait bien, répondis-je, que je vinsse au plus tôt pour vous tenir compagnie.

— Il est vrai, dit-elle presque tout bas avec un soupir, je suis seule encore. Augustin n'est pas revenu... »

Prenant ce soupir pour un regret, un reproche étouffé, je commençais à dire lentement:

« Tant de folies dans une si noble tête! Peut-être le goût des aventures plus fort que tout... »

Mais la jeune femme m'interrompit. Et ce fut en ce lieu, ce soir-là, que pour la première et la dernière fois, elle me parla de Meaulnes.

« Ne parlez pas ainsi, dit-elle doucement, François Seurel, mon ami. Il n'y a que nous — il n'y a que moi de coupable. Songez à ce que nous avons fait...

» Nous lui avons dit: « Voici le bonheur, voici ce que tu as cherché pendant toute ta jeunesse, voici la jeune fille qui était à la fin de tous tes rêves! »

» Comment celui que nous poussions ainsi par les épaules n'aurait-il pas été saisi d'hésitation, puis de crainte, puis d'épouvante, et n'aurait-il pas cédé à la tentation de s'enfuir!

— Yvonne, dis-je tout bas, vous saviez bien que vous étiez ce bonheur-là, cette jeune fille-là.

— Ah! soupira-t-elle. Comment ai-je pu un instant avoir cette pensée orgueilleuse. C'est cette pensée-là qui est cause de tout.

» Je vous disais: « Peut-être que je ne puis rien faire pour lui ». Et au fond de moi, je pensais: « Puisqu'il m'a tant cherchée et puisque je l'aime il faudra bien que je fasse son bonheur ». Mais quand je l'ai vu près de moi, avec toute sa fièvre, son inquiétude, son remords mystérieux, j'ai compris que je n'étais qu'une pauvre femme comme les autres...

» — Je ne suis pas digne de vous », répétait-il, quand ce fut le petit jour et la fin de la nuit de nos noces.

» Et j'essayais de le consoler, de le rassurer. Rien ne calmait son angoisse. Alors j'ai dit: « S'il faut que vous partiez, si je suis venue vers vous au moment où rien ne pouvait vous rendre heureux, s'il faut que vous m'abandonniez un temps pour ensuite revenir apaisé près de moi, c'est moi qui vous demande de partir... »

Dans l'ombre je vis qu'elle avait levé les yeux sur moi. C'était comme une confession qu'elle m'avait faite, et elle attendait, anxieusement, que je l'approuve ou la condamne. Mais que pouvais-je dire?

Certes, au fond de moi, je revoyais le grand Meaulnes de jadis, gauche et sauvage, qui se faisait toujours punir plutôt que de s'excuser ou de demander une permission qu'on lui eût certainement accordée. Sans doute aurait-il fallu qu'Yvonne de Galais lui fît violence, et lui prenant la tête entre ses mains, lui dît: « Qu'importe ce que vous avez fait; je vous aime; tous les hommes ne sont-ils pas des pécheurs? » Sans doute avait-elle eu grand tort, par générosité, par esprit de sacrifice, de le rejeter ainsi sur la route des aventures... Mais comment aurais-je pu désapprouver tant de bonté, tant d'amour!...

Il y eut un long moment de silence, pendant lequel, troublés jusques* au fond du cœur, nous entendions la pluie froide dégoutter dans les haies et sous les branches des arbres.

« Il est donc parti au matin, poursuivit-elle. Plus rien ne nous séparait désormais. Et il m'a embrassée, simplement, comme un mari qui laisse sa jeune femme, avant un long voyage... »

Elle se levait. Je pris dans la mienne sa main fiévreuse, puis son bras, et nous remontâmes l'allée dans l'obscurité profonde.

« Pourtant il ne vous a jamais écrit? demandai-je.

— Jamais », répondit-elle.

Et alors, la pensée nous venant à tous deux de la vie aventureuse qu'il menait à cette heure sur les routes de France ou d'Allemagne, nous commençâmes à parler de lui comme nous ne l'avions jamais fait. Détails oubliés, impressions anciennes nous revenaient en mémoire, tandis que lentement nous regagnions la maison, faisant à chaque pas de longues stations pour mieux échanger nos souvenirs... Longtemps — jusqu'aux barrières du jardin — dans l'ombre, j'entendis la précieuse voix basse de la jeune femme; et moi, repris par mon vieil enthousiasme, je lui parlais sans me lasser, avec une amitié profonde, de celui qui nous avait abandonnés...

CHAPITRE XII

LE FARDEAU

La classe devait commencer le lundi. Le samedi soir, vers cinq heures, une femme du Domaine entra dans la cour de l'école où j'étais occupé à scier du bois pour l'hiver. Elle venait m'annoncer qu'une petite fille était née aux Sablonnières. L'accouchement avait été difficile. A neuf heures du soir il avait fallu demander la sage-femme de Préveranges. A minuit, on avait attelé de nouveau pour aller chercher le médecin de Vierzon. Il avait dû appliquer les fers. La petite fille avait la tête blessée et criait beaucoup mais elle paraissait bien en vie. Yvonne de Galais était maintenant très affaissée, mais elle avait souffert et résisté avec une vaillance extraordinaire.

Je laissai là mon travail, courus revêtir un autre paletot, et content, en somme, de ces nouvelles, je suivis la bonne femme jusqu'aux Sablonnières. Avec précaution, de crainte que l'une des deux blessées ne fût endormie, je montai par l'étroit escalier de bois qui menait au premier étage. Et là, M. de Galais, le visage fatigué mais heureux, me fit entrer dans la chambre où l'on avait provisoirement installé le berceau entouré de rideaux.

Je n'étais jamais entré dans une maison où fût né le jour même un petit enfant. Que cela me paraissait bizarre et mystérieux et bon! Il faisait un soir si beau — un véritable soir d'été — que M. de Galais n'avait pas craint d'ouvrir la fenêtre qui donnait sur la cour. Accoudé près de moi sur l'appui de la croisée, il me racontait, avec épuisement et bonheur, le drame de la nuit; et moi qui l'écoutais, je sentais obscurément que quelqu'un d'étranger était maintenant avec nous dans la chambre...

Sous les rideaux, cela se mit à crier, un petit cri aigre et prolongé... Alors M. de Galais me dit à demi-voix:

« C'est cette blessure à la tête qui la fait crier ».

Machinalement — on sentait qu'il faisait cela depuis le matin et que déjà il en avait pris l'habitude — il se mit à bercer le petit paquet de rideaux.

« Elle a ri déjà, dit-il, et elle prend le doigt. Mais vous ne l'avez pas vue? »

Il ouvrit les rideaux et je vis une rouge petite figure bouffie, un petit crâne allongé et déformé par les fers:

« Ce n'est rien, dit M. de Galais, le médecin a dit que tout cela s'arrangerait de soi-même... Donnez-lui votre doigt, elle va le serrer ».

Je découvrais là comme un monde ignoré. Je me sentais le cœur gonflé d'une joie étrange que je ne connaissais pas auparavant...

M. de Galais entr'ouvrit avec précaution la porte de la chambre de la jeune femme. Elle ne dormait pas.

« Vous pouvez entrer », dit-il.

Elle était étendue, le visage enfiévré, au milieu de ses cheveux blonds épars. Elle me tendit la main en souriant d'un air las. Je lui fis compliment de sa fille. D'une voix un peu rauque, et avec une rudesse inaccoutumée — la rudesse de quelqu'un qui revient du combat:

« Oui, mais on me l'a abîmée », dit-elle en souriant.

Il fallut bientôt partir pour ne pas la fatiguer.

Le lendemain dimanche, dans l'après-midi, je me rendis avec une hâte presque joyeuse aux Sablonnières. A la porte, un écriteau fixé avec des épingles arrêta le geste que je faisais déjà:

Prière de ne pas sonner

Je ne devinai pas de quoi il s'agissait. Je frappai assez fort. J'entendis dans l'intérieur des pas étouffés qui accouraient. Quelqu'un que je ne connaissais pas — et qui était le médecin de Vierzon — m'ouvrit:

« Eh bien, qu'y a-t-il? fis-je vivement.

— Chut! chut! — me répondit-il tout bas, l'air fâché. La petite fille a failli mourir cette nuit. Et la mère est très mal ».

Complètement déconcerté je le suivis sur la pointe des pieds jusqu'au premier étage. La petite fille endormie dans son berceau était toute pâle, toute blanche, comme un petit enfant mort. Le médecin pensait la sauver. Quant à la mère, il n'affirmait rien... Il me donna de longues explications comme au seul ami de la famille. Il parla de congestion pulmonaire, d'embolie.° Il hésitait, il n'était pas sûr... M. de Galais entra, affreusement vieilli en deux jours, hagard et tremblant.

Il m'emmena dans la chambre sans trop savoir ce qu'il faisait:

« Il faut, me dit-il, tout bas, qu'elle ne soit pas effrayée; il faut, a ordonné le médecin, lui persuader que cela va bien ».

Tout le sang à la figure, Yvonne de Galais était étendue, la tête renversée comme la veille. Les joues et le front rouge sombre, les yeux par instants révulsés, comme quelqu'un qui étouffe, elle se défendait contre la mort avec un courage et une douceur indicibles.

Elle ne pouvait parler, mais elle me tendit sa main en feu, avec tant d'amitié que je faillis éclater en sanglots.

« Eh bien, eh bien, dit M. de Galais très fort, avec un enjouement affreux, qui semblait de folie, vous voyez que pour une malade elle n'a pas trop mauvaise mine! »

Et je ne savais que répondre, mais je gardais dans la mienne la main horriblement chaude de la jeune femme mourante...

Elle voulut faire un effort pour me dire quelque chose, me demander je ne sais quoi; elle tourna les yeux vers moi, puis vers la fenêtre, comme pour me faire signe d'aller dehors chercher quelqu'un... Mais alors une affreuse crise d'étouffement la saisit; ses beaux yeux bleus qui, un instant, m'avaient appelé si tragiquement, se révulsèrent; ses joues et son front noircirent, et elle se débattit doucement, cherchant à contenir jusqu'à la fin son épouvante et son désespoir. On se précipita — le médecin et les femmes — avec un ballon d'oxygène, des serviettes, des flacons; tandis que le vieillard penché sur elle criait — criait comme si déjà elle eût été loin de lui, de sa voix rude et tremblante:

« N'aie pas peur, Yvonne. Ce ne sera rien. Tu n'as pas besoin d'avoir peur! »

Puis la crise s'apaisa. Elle put souffler un peu, mais elle continua à suffoquer à demi, les yeux blancs, la tête renversée, luttant toujours, mais incapable, fût-ce un instant, pour me regarder et me parler, de sortir du gouffre où elle était déjà plongée.

... Et comme je n'étais utile à rien, je dus me décider à partir. Sans doute, j'aurais pu rester un instant encore; et à cette pensée je me sens étreint par un affreux regret. Mais quoi? J'espérais encore. Je me persuadais que tout n'était pas si proche.

En arrivant à la lisière des sapins, derrière la maison, songeant au regard de la jeune femme tourné vers la fenêtre, j'examinai avec l'attention d'une sentinelle ou d'un chasseur d'hommes la profondeur de ce bois par où Augustin était venu jadis et par où il avait fui l'hiver précédent. Hélas! Rien ne bougea. Pas une ombre suspecte; pas une branche qui remue. Mais, à la longue, là-bas, vers l'allée qui venait de Préveranges, j'entendis le son très fin d'une clochette; bientôt parut au détour du sentier un enfant avec une calotte rouge et une blouse d'écolier que suivait un prêtre... Et je partis, dévorant mes larmes.

Le lendemain était le jour de la rentrée des classes. A sept heures, il y avait déjà deux ou trois gamins dans la cour. J'hésitai longuement à descendre, à me montrer. Et lorsque je parus enfin, tournant la clef de la classe moisie, qui était fermée depuis deux mois, ce que je redoutais le plus au monde arriva: je vis le plus grand des écoliers se détacher du groupe qui jouait sous le préau et s'approcher de moi. Il venait me dire que « la jeune dame des Sablonnières était morte hier à la tombée de la nuit ».

Tout se mêle pour moi, tout se confond dans cette douleur. Il me semble maintenant que jamais plus je n'aurai le courage de recommencer la classe. Rien que traverser la cour aride de l'école c'est une fatigue qui va me briser les genoux. Tout est pénible, tout est amer puisqu'elle est morte. Le monde est vide, les vacances sont finies. Finies, les longues courses perdues en voiture; finie, la fête mystérieuse… Tout redevient la peine que c'était.

J'ai dit aux enfants qu'il n'y aurait pas de classe ce matin. Ils s'en vont, par petits groupes, porter cette nouvelle aux autres à travers la campagne. Quant à moi, je prends mon chapeau noir, une jaquette bordée que j'ai, et je m'en vais misérablement vers les Sablonnières…

… Me voici devant la maison que nous avions tant cherchée il y a trois ans! C'est dans cette maison qu'Yvonne de Galais, la femme d'Augustin Meaulnes, est morte hier soir. Un étranger la prendrait pour une chapelle, tant il s'est fait de silence depuis hier dans ce lieu désolé.

Voilà donc ce que nous réservait ce beau matin de rentrée, ce perfide soleil d'automne qui glisse sous les branches. Comment lutterais-je contre cette affreuse révolte, cette suffocante montée de larmes! Nous avions retrouvé la belle jeune fille. Nous l'avions conquise. Elle était la femme de mon compagnon et moi je l'aimais de cette amitié profonde et secrète qui ne se dit jamais. Je la regardais et j'étais content, comme un petit enfant. J'aurais un jour peut-être épousé une autre jeune fille, et c'est à elle la première que j'aurais confié la grande nouvelle secrète…

Près de la sonnette, au coin de la porte, on a laissé l'écriteau d'hier. On a déjà apporté le cercueil dans le vestibule, en bas. Dans la chambre du premier, c'est la nourrice de l'enfant qui m'accueille, qui me raconte la fin et qui entr'ouvre doucement la porte… La voici. Plus de fièvre ni de combats. Plus de rougeur, ni d'attente… Rien que le silence, et, entouré d'ouate, un dur visage insensible et blanc, un front mort d'où sortent les cheveux drus et durs.

M. de Galais, accroupi dans un coin, nous tournant le dos, est en chaussettes, sans souliers, et il fouille avec une terrible obstination dans des tiroirs en désordre, arrachés d'une armoire. Il en sort de temps à autre, avec une crise de sanglots qui lui secoue les épaules comme une crise de rire, une photographie ancienne, déjà jaunie, de sa fille.

L'enterrement est pour midi. Le médecin craint la décomposition rapide, qui suit parfois les embolies. C'est pourquoi le visage, comme tout le corps d'ailleurs, est entouré d'ouate imbibée de phénol.

L'habillage terminé — on lui a mis son admirable robe de velours bleu sombre, semée par endroits de petites étoiles d'argent, mais il a fallu aplatir et friper les belles manches à gigot * maintenant démodées — au moment de faire monter le cercueil, on s'est aperçu qu'il ne pourrait pas tourner dans le couloir trop étroit. Il faudrait avec une corde le hisser du dehors par la fenêtre et de la même façon le faire descendre ensuite... Mais M. de Galais, toujours penché sur de vieilles choses parmi lesquelles il cherche on ne sait quels souvenirs perdus, intervient alors avec une véhémence terrible.

« Plutôt, dit-il d'une voix coupée par les larmes et la colère, plutôt que de laisser faire une chose aussi affreuse, c'est moi qui la prendrai et la descendrai dans mes bras... »

Et il ferait ainsi, au risque de tomber en faiblesse, à mi-chemin, et de s'écrouler avec elle !

Mais alors je m'avance, je prends le seul parti possible: avec l'aide du médecin et d'une femme, passant un bras sous le dos de la morte étendue, l'autre sous ses jambes, je la charge contre ma poitrine. Assise sur mon bras gauche, les épaules appuyées contre mon bras droit, sa tête retombante retournée sous mon menton, elle pèse terriblement sur mon cœur. Je descends lentement, marche par marche, le long escalier raide, tandis qu'en bas on apprête tout.

J'ai bientôt les deux bras cassés par la fatigue. A chaque marche, avec ce poids sur la poitrine, je suis un peu plus essoufflé. Agrippé au corps inerte et pesant, je baisse la tête sur la tête de celle que j'emporte, je respire fortement et ses cheveux blonds aspirés m'entrent dans la bouche — des cheveux morts qui ont un goût de terre. Ce goût de terre et de mort, ce poids sur le cœur, c'est tout ce qui reste pour moi de la grande aventure, et de vous, Yvonne de Galais, jeune femme tant cherchée — tant aimée...

CHAPITRE XIII

LE CAHIER DE DEVOIRS MENSUELS

Dans la maison pleine de tristes souvenirs, où des femmes, tout le jour, berçaient et consolaient un tout petit enfant malade, le vieux M. de Galais ne tarda pas à s'aliter. Aux premiers grands froids de l'hiver il s'éteignit paisiblement et je ne pus me tenir de verser des larmes au chevet de ce vieil homme charmant, dont la pensée indulgente et la fantaisie alliée à celle de son fils avaient été la cause de toute notre aventure. Il mourut, fort heureusement, dans une incompréhension complète de tout ce qui s'était passé et, d'ailleurs, dans un silence presque absolu. Comme il n'avait plus depuis longtemps ni parents ni amis dans cette région de la France, il m'institua par testament son légataire universel jusqu'au retour de Meaulnes, à qui je devais rendre compte de tout, s'il revenait jamais... Et c'est aux Sablonnières désormais que j'habitai. Je n'allais plus à Saint-Benoist que pour y faire la classe, partant le matin de bonne heure, déjeunant à midi d'un repas préparé au Domaine, que je faisais chauffer sur le poêle, et rentrant le soir aussitôt après l'étude. Ainsi je pus garder près de moi l'enfant que les servantes de la ferme soignaient. Surtout j'augmentais mes chances de rencontrer Augustin, s'il rentrait un jour aux Sablonnières.

Je ne désespérais pas, d'ailleurs, de découvrir à la longue dans les meubles, dans les tiroirs de la maison, quelque papier, quelque indice qui me permît de connaître l'emploi de son temps, durant le long silence des années précédentes — et peut-être ainsi de saisir les raisons de sa fuite ou tout au moins de retrouver sa trace... J'avais déjà vainement inspecté je ne sais combien de placards et d'armoires, ouvert, dans les cabinets de débarras, une quantité d'anciens cartons de toutes formes, qui se trouvaient tantôt remplis de liasses de vieilles lettres et de photographies jaunies de la famille de Galais, tantôt bondés de fleurs artificielles, de plumes, d'aigrettes et d'oiseaux démodés. Il s'échappait de ces boîtes je ne sais quelle odeur fanée, quel parfum éteint, qui, soudain, réveillaient en moi pour tout un jour les souvenirs, les regrets, et arrêtaient mes recherches...

Un jour de congé, enfin, j'avisai au grenier une vieille petite malle longue et basse, couverte de poils de porc à demi rongés, et que je reconnus pour être la malle d'écolier d'Augustin. Je me reprochai de n'avoir point commencé par là mes recherches. J'en fis sauter facilement la serrure rouillée. La malle était pleine jusqu'au bord des cahiers et des livres de Sainte-Agathe. Arithmétiques, littératures, cahiers de problèmes, que sais-je?… Avec attendrissement plutôt que par curiosité, je me mis à fouiller dans tout cela, relisant les dictées que je savais encore par cœur, tant de fois nous les avions recopiées! « L'Aqueduc » de Rousseau, « Une aventure en Calabre » de P.-L. Courier, « Lettre de George Sand à son fils »…

Il y avait aussi un « Cahier de Devoirs Mensuels ». J'en fus surpris, car ces cahiers restaient au Cours et les élèves ne les emportaient jamais au dehors. C'était un cahier vert tout jauni sur les bords. Le nom de l'élève, *Augustin Meaulnes*, était écrit sur la couverture en ronde magnifique. Je l'ouvris. A la date des devoirs, avril 189…, je reconnus que Meaulnes l'avait commencé peu de jours avant de quitter Sainte-Agathe. Les premières pages étaient tenues avec le soin religieux qui était de règle lorsqu'on travaillait sur ce cahier de compositions. Mais il n'y avait pas plus de trois pages écrites, le reste était blanc et voilà pourquoi Meaulnes l'avait emporté.

Tout en réfléchissant, agenouillé par terre, à ces coutumes, à ces règles puériles qui avaient tenu tant de place dans notre adolescence, je faisais tourner sous mon pouce le bord des pages du cahier inachevé. Et c'est ainsi que je découvris de l'écriture sur d'autres feuillets. Après quatre pages laissées en blanc on avait recommencé à écrire.

C'était encore l'écriture de Meaulnes, mais rapide, mal formée, à peine lisible; de petits paragraphes de largeurs inégales, séparés par des lignes blanches. Parfois ce n'était qu'une phrase inachevée. Quelquefois une date. Dès la première ligne, je jugeai qu'il pouvait y avoir là des renseignements sur la vie passée de Meaulnes à Paris, des indices sur la piste que je cherchais, et je descendis dans la salle à manger pour parcourir à loisir, à la lumière du jour, l'étrange document. Il faisait un jour d'hiver clair et agité. Tantôt le soleil vif dessinait les croix des carreaux sur les rideaux blancs de la fenêtre, tantôt un vent brusque jetait aux vitres une averse glacée. Et c'est devant cette fenêtre, auprès du feu, que je lus ces lignes qui m'expliquèrent tant de choses et dont voici la copie très exacte…

CHAPITRE XIV

LE SECRET

Je suis passé une fois encore sous la fenêtre. La vitre est toujours poussiéreuse et blanchie par le double rideau qui est derrière. Yvonne de Galais l'ouvrirait-elle que je n'aurais rien à lui dire puisqu'elle est mariée... Que faire, maintenant? Comment vivre?...

Samedi 13 février. — J'ai rencontré, sur le quai, cette jeune fille qui m'avait renseigné au mois de juin, qui attendait comme moi devant la maison fermée... Je lui ai parlé. Tandis qu'elle marchait, je regardais de côté les légers défauts de son visage: une petite ride au coin des lèvres, un peu d'affaissement aux joues, et de la poudre accumulée aux ailes du nez. Elle s'est retournée tout d'un coup et me regardant bien en face, peut-être parce qu'elle est plus belle de face que de profil, elle m'a dit d'une voix brève:

« Vous m'amusez beaucoup. Vous me rappelez un jeune homme qui me faisait la cour, autrefois, à Bourges. Il était même mon fiancé... »

Cependant, à la nuit pleine, sur le trottoir désert et mouillé qui reflète la lueur d'un bec de gaz, elle s'est approchée de moi tout d'un coup, pour me demander de l'emmener ce soir au théâtre avec sa sœur. Je remarque pour la première fois qu'elle est habillée de deuil, avec un chapeau de dame trop vieux pour sa jeune figure, un haut parapluie fin pareil à une canne. Et comme je suis tout près d'elle, quand je fais un geste mes ongles griffent le crêpe de son corsage... Je fais des difficultés pour accorder ce qu'elle demande. Fâchée, elle veut partir tout de suite. Et c'est moi, maintenant, qui la retiens et la prie. Alors un ouvrier qui passe dans l'obscurité plaisante à mi-voix:

« N'y va pas, ma petite, il te ferait mal! »

Et nous sommes restés, tous les deux, interdits.

Au théâtre. — Les deux jeunes filles, mon amie qui s'appelle Valentine Blondeau et sa sœur, sont arrivées avec de pauvres écharpes. Valentine est placée devant moi. A chaque instant elle se retourne, inquiète, comme se demandant ce que je lui veux. Et moi, je me sens, près d'elle, presque heureux; je lui réponds chaque fois par un sourire.

Tout autour de nous, il y avait des femmes trop décolletées. Et nous plaisantions. Elle souriait d'abord, puis elle a dit: « Il ne faut pas que je rie. Moi aussi je suis trop décolletée ». Et elle s'est enveloppée dans son écharpe. En effet, sous le carré de dentelle noire, on voyait que, dans sa hâte à changer de toilette, elle avait refoulé le haut de sa simple chemise montante.

Il y a en elle je ne sais quoi de pauvre et de puéril; il y a dans son regard je ne sais quel air souffrant et hasardeux qui m'attire. Près d'elle, le seul être au monde qui ait pu me renseigner sur les gens du Domaine, je ne cesse de penser à mon étrange aventure de jadis... J'ai voulu l'interroger de nouveau sur le petit hôtel du boulevard. Mais, à son tour, elle m'a posé des questions si gênantes que je n'ai su rien répondre. Je sens que désormais nous serons, tous les deux, muets sur ce sujet. Et pourtant je sais aussi que je la reverrai. A quoi bon? Et pourquoi?... Suis-je condamné maintenant à suivre à la trace tout être qui portera en soi le plus vague, le plus lointain relent de mon aventure manquée?...

A minuit, seul, dans la rue déserte, je me demande ce que me veut cette nouvelle et bizarre histoire? Je marche le long des maisons pareilles à des boîtes en carton alignées, dans lesquelles tout un peuple dort. Et je me souviens tout à coup d'une décision que j'avais prise l'autre mois: j'avais résolu d'aller là-bas en pleine nuit, vers une heure du matin, de contourner l'hôtel, d'ouvrir la porte du jardin, d'entrer comme un voleur et de chercher un indice quelconque qui me permît de retrouver le Domaine perdu, pour la revoir, seulement la revoir... Mais je suis fatigué. J'ai faim. Moi aussi je me suis hâté de changer de costume, avant le théâtre, et je n'ai pas dîné... Agité, inquiet pourtant, je reste longtemps assis sur le bord de mon lit, avant de me coucher, en proie à un vague remords. Pourquoi?

Je note encore ceci: Elles n'ont pas voulu ni que je les reconduise, ni me dire où elles demeuraient. Mais je les ai suivies aussi longtemps que j'ai pu. Je sais qu'elles habitent une petite rue qui tourne aux environs de Notre-Dame. Mais à quel numéro?... J'ai deviné qu'elles étaient couturières ou modistes.

En se cachant de sa sœur, Valentine m'a donné rendez-vous pour jeudi, à quatre heures, devant le même théâtre où nous sommes allés.

« Si je n'étais pas là jeudi, a-t-elle dit, revenez vendredi à la même heure, puis samedi, et ainsi de suite, tous les jours ».

Jeudi 18 février. — Je suis parti pour l'attendre dans le grand vent qui charrie de la pluie. On se disait à chaque instant: il va finir par pleuvoir...

Je marche dans la demi-obscurité des rues, un poids sur le cœur. Il tombe une goutte d'eau. Je crains qu'il ne pleuve: une averse peut l'empêcher de venir. Mais le vent se reprend à souffler et la pluie ne tombe pas cette fois encore. Là-haut, dans le gris après-midi du ciel — tantôt gris et tantôt éclatant — un grand nuage a dû céder au vent. Et je suis ici terré dans une attente misérable...

Devant le théâtre. — Au bout d'un quart d'heure je suis certain qu'elle ne viendra pas. Du quai où je suis, je surveille au loin, sur le pont par lequel elle aurait dû venir, le défilé des gens qui passent. J'accompagne du regard toutes les jeunes femmes en deuil que je vois venir et je me sens presque de la reconnaissance pour celles qui, le plus longtemps, le plus près de moi, lui ont ressemblé et m'ont fait espérer...

Une heure d'attente. — Je suis las. A la tombée de la nuit, un gardien de la paix traîne au poste voisin un voyou qui lui jette d'une voix étouffée toutes les injures, toutes les ordures qu'il sait. L'agent est furieux, pâle, muet... Dès le couloir il commence à cogner, puis il referme sur eux la porte pour battre le misérable tout à l'aise... Il me vient cette pensée affreuse que j'ai renoncé au paradis et que je suis en train de piétiner aux portes de l'enfer.

De guerre lasse, je quitte l'endroit et je gagne cette rue étroite et basse, entre la Seine et Notre-Dame, où je connais à peu près la place de leur maison. Tout seul, je vais et viens. De temps à autre une bonne ou une ménagère sort sous la petite pluie pour faire avant la nuit ses emplettes... Il n'y a rien, ici, pour moi, et je m'en vais... Je repasse, dans la pluie claire qui retarde la nuit, sur la place où nous devions nous attendre. Il y a plus de monde que tout à l'heure — une foule noire...

Suppositions — Désespoir — Fatigue. Je me raccroche à cette pensée: demain. Demain, à la même heure, en ce même endroit, je reviendrai l'attendre. Et j'ai grand-hâte que demain soit arrivé. Avec ennui j'imagine la soirée d'aujourd'hui, puis la matinée du lendemain que je vais passer dans le désœuvrement... Mais déjà cette journée n'est-elle pas presque finie?... Rentré chez moi, près du feu, j'entends crier les journaux du soir. Sans doute, de sa maison perdue quelque part dans la ville, auprès de Notre-Dame, elle les entend aussi.

Elle... je veux dire: Valentine.

Cette soirée que j'avais voulu escamoter me pèse étrangement. Tandis que l'heure avance, que ce jour-là va bientôt finir et que déjà je le voudrais fini, il y a des hommes qui lui ont confié tout leur espoir, tout leur amour et leurs dernières forces. Il y a des hommes mourants, d'autres qui attendent une échéance, et qui voudraient que ce ne soit jamais demain. Il y en a d'autres pour qui demain pointera comme un remords. D'autres qui sont fatigués, et cette nuit ne sera jamais assez longue pour leur donner tout le repos qu'il faudrait. Et moi, moi qui ai perdu ma journée, de quel droit est-ce que j'ose appeler demain?

Vendredi soir. — J'avais pensé écrire à la suite: « Je ne l'ai pas revue ». Et tout aurait été fini.

Mais en arrivant ce soir, à quatre heures, au coin du théâtre: la voici. Fine et grave, vêtue de noir, mais avec de la poudre au visage et une collerette qui lui donne l'air d'un pierrot coupable. Un air à la fois douloureux et malicieux.

C'est pour me dire qu'elle veut me quitter tout de suite, qu'elle ne viendra plus.

.. ..

Et pourtant, à la tombée de la nuit, nous voici encore tous les deux, marchant lentement l'un près de l'autre, sur le gravier des Tuileries. Elle me raconte son histoire mais d'une façon si enveloppée que je comprends mal. Elle dit: « mon amant » en parlant de ce fiancé qu'elle n'a pas épousé. Elle le fait exprès, je pense, pour me choquer et pour que je ne m'attache point à elle.

Il y a des phrases d'elle que je transcris de mauvaise grâce:

« N'ayez aucune confiance en moi, dit-elle, je n'ai jamais fait que des folies.

» J'ai couru des chemins, toute seule.

» J'ai désespéré mon fiancé. Je l'ai abandonné parce qu'il m'admirait trop; il ne me voyait qu'en imagination et non point telle que j'étais. Or, je suis pleine de défauts. Nous aurions été très malheureux ».

À chaque instant, je la surprends en train de se faire plus mauvaise qu'elle n'est. Je pense qu'elle veut se prouver à elle-même qu'elle a eu raison jadis de faire la sottise dont elle parle, qu'elle n'a rien à regretter et n'était pas digne du bonheur qui s'offrait à elle.

Une autre fois:

« Ce qui me plaît en vous, m'a-t-elle dit en me regardant longuement, ce qui me plaît en vous, je ne puis savoir pourquoi, ce sont mes souvenirs... »

Une autre fois:

« Je l'aime encore, disait-elle, plus que vous ne pensez ».

Et puis soudain, brusquement, brutalement, tristement:

« Enfin, qu'est-ce que vous voulez? Est-ce que vous m'aimez, vous aussi? Vous aussi, vous allez me demander ma main?... »

J'ai balbutié. Je ne sais pas ce que j'ai répondu. Peut-être ai-je dit: « Oui ».

Cette espèce de journal s'interrompait là. Commençaient alors des brouillons de lettres illisibles, informes, raturés. Précaires fiançailles!... La jeune fille, sur la prière de Meaulnes, avait abandonné son métier. Lui s'était occupé des préparatifs du mariage. Mais sans cesse repris par le désir de chercher encore, de partir encore sur la trace de son amour perdu, il avait dû, sans doute, plusieurs fois disparaître; et, dans ces lettres, avec un embarras tragique, il cherchait à se justifier devant Valentine.

CHAPITRE XV

LE SECRET (suite)

Puis le journal reprenait.

Il avait noté des souvenirs sur un séjour qu'ils avaient fait tous les deux à la campagne, je ne sais où. Mais, chose étrange, à partir de cet instant, peut-être par un sentiment de pudeur secrète, le journal était rédigé de façon si hachée, si informe, griffonné si hâtivement aussi, que j'ai dû reprendre moi-même et reconstituer toute cette partie de son histoire.

14 juin. — Lorsqu'il s'éveilla de grand matin dans la chambre de l'auberge, le soleil avait allumé les dessins rouges du rideau noir. Des ouvriers agricoles, dans la salle du bas, parlaient fort en prenant le café du matin : ils s'indignaient, en phrases rudes et paisibles, contre un de leurs patrons. Depuis longtemps sans doute Meaulnes entendait, dans son sommeil, ce calme bruit. Car il n'y prit point garde d'abord. Ce rideau semé de grappes rougies par le soleil, ces voix matinales montant dans la chambre silencieuse, tout cela se confondait dans l'impression unique d'un réveil à la campagne, au début de délicieuses grandes vacances.

Il se leva, frappa doucement à la porte voisine, sans obtenir de réponse, et l'entr'ouvrit sans bruit. Il aperçut alors Valentine et comprit d'où lui venait tant de paisible bonheur. Elle dormait, absolument immobile et silencieuse, sans qu'on l'entendît respirer, comme un oiseau doit dormir. Longtemps il regarda ce visage d'enfant aux yeux fermés, ce visage si quiet qu'on eût souhaité ne l'éveiller et ne le troubler jamais.

Elle ne fit pas d'autre mouvement pour montrer qu'elle ne dormait plus que d'ouvrir les yeux et de regarder.

Dès qu'elle fut habillée, Meaulnes revint près de la jeune fille.

« Nous sommes en retard », dit-elle.

Et ce fut aussitôt comme une ménagère dans sa demeure.

Elle mit de l'ordre dans les chambres, brossa les habits que Meaulnes avait portés la veille et quand elle en vint au pantalon se désola. Le bas des jambes était couvert d'une boue épaisse. Elle hésita, puis, soigneusement, avec précaution, avant de le brosser, elle commença par râper la première épaisseur de terre avec un couteau.

« C'est ainsi, dit Meaulnes, que faisaient les gamins de Sainte-Agathe quand ils s'étaient flanqués dans la boue.

— Moi, c'est ma mère qui m'a enseigné cela », dit Valentine.

… Et telle était bien la compagne que devait souhaiter, avant son aventure mystérieuse, le chasseur et le paysan qu'était le grand Meaulnes.

15 juin. — A ce dîner, à la ferme, où grâce à leurs amis qui les avaient présentés comme mari et femme, ils furent conviés, à leur grand ennui, elle se montra timide comme une nouvelle mariée.

On avait allumé les bougies de deux candélabres, à chaque bout de la table couverte de toile blanche, comme à une paisible noce de campagne. Les visages, dès qu'ils se penchaient, sous cette faible clarté, baignaient dans l'ombre.

Il y avait à la droite de Patrice (le fils du fermier) Valentine puis Meaulnes, qui demeura taciturne jusqu'au bout, bien qu'on s'adressât presque toujours à lui. Depuis qu'il avait résolu, dans ce village perdu, afin d'éviter les commentaires, de faire passer Valentine pour sa femme, un même regret, un même remords le désolaient. Et tandis que Patrice, à la façon d'un gentilhomme campagnard, dirigeait le dîner:

« C'est moi, pensait Meaulnes, qui devrais, ce soir, dans une salle basse comme celle-ci, une belle salle que je connais bien, présider le repas de mes noces ».

Près de lui, Valentine refusait timidement tout ce qu'on lui offrait. On eût dit une jeune paysanne. A chaque tentative nouvelle, elle regardait son ami et semblait vouloir se réfugier contre lui. Depuis longtemps, Patrice insistait vainement pour qu'elle vidât son verre, lorsqu'enfin Meaulnes se pencha vers elle et lui dit doucement:

« Il faut boire, ma petite Valentine ».

Alors, docilement, elle but. Et Patrice félicita en souriant le jeune homme d'avoir une femme aussi obéissante.

Mais tous les deux, Valentine et Meaulnes, restaient silencieux et pensifs. Ils étaient fatigués, d'abord; leurs pieds trempés par la boue de la promenade étaient glacés sur les carreaux lavés de la cuisine. Et puis, de temps à autre, le jeune homme était obligé de dire:

« Ma femme, Valentine, ma femme… »

Et chaque fois, en prononçant sourdement ce mot, devant ces paysans inconnus, dans cette salle obscure, il avait l'impression de commettre une faute.

17 juin. — L'après-midi de ce dernier jour commença mal.

Patrice et sa femme les accompagnèrent à la promenade. Peu à peu, sur la pente inégale couverte de bruyères, les deux couples se trouvèrent séparés. Meaulnes et Valentine s'assirent entre les genévriers, dans un petit taillis.

Le vent portait des gouttes de pluie et le temps était bas. La soirée avait un goût amer, semblait-il, le goût d'un tel ennui que l'amour même ne le pouvait distraire.

Longtemps ils restèrent là, dans leur cachette, abrités sous les branches, parlant peu. Puis le temps se leva. Il fit beau. Ils crurent que, maintenant, tout irait bien.

Et ils commencèrent à parler d'amour, Valentine parlait, parlait...

« Voici, disait-elle, ce que me promettait mon fiancé, comme un enfant qu'il était : tout de suite nous aurions eu une maison, comme une chaumière perdue dans la campagne. Elle était toute prête, disait-il. Nous y serions arrivés comme au retour d'un grand voyage, le soir de notre mariage, vers cette heure-ci qui est proche de la nuit. Et par les chemins, dans la cour, cachés dans les bosquets, des enfants inconnus nous auraient fait fête, criant : « Vive la mariée ! » »... Quelles folies ! n'est-ce pas ? »

Meaulnes, interdit, soucieux, l'écoutait. Il retrouvait, dans tout cela, comme l'écho d'une voix déjà entendue. Et il y avait aussi, dans le ton de la jeune fille, lorsqu'elle contait cette histoire, un vague regret.

Mais elle eut peur de l'avoir blessé. Elle se retourna vers lui, avec élan, avec douceur.

« A vous, dit-elle, je veux donner tout ce que j'ai : quelque chose qui ait été pour moi plus précieux que tout..., et vous le brûlerez ! »

Alors, en le regardant fixement, d'un air anxieux, elle sortit de sa poche un petit paquet de lettres qu'elle lui tendit, les lettres de son fiancé.

Ah ! tout de suite, il reconnut la fine écriture. Comment n'y avait-il jamais pensé plus tôt ! C'était l'écriture de Frantz le bohémien, qu'il avait vue jadis sur le billet désespéré laissé dans la chambre du Domaine...

Ils marchaient maintenant sur une petite route étroite entre les pâquerettes et les foins éclairés obliquement par le soleil de cinq heures. Si grande était sa stupeur que Meaulnes ne comprenait pas encore quelle déroute pour lui tout cela signifiait. Il lisait parce qu'elle lui avait demandé de lire. Des phrases enfantines, sentimentales, pathétiques... Celle-ci, dans la dernière lettre :

« ... Ah ! vous avez perdu le petit cœur, impardonnable petite Valentine. Que va-t-il nous arriver ? Enfin je ne suis pas superstitieux... »

Meaulnes lisait, à demi aveuglé de regret et de colère, le visage immobile, mais tout pâle, avec des frémissements sous les yeux. Valentine, inquiète de le voir ainsi, regarda où il en était, et ce qui le fâchait ainsi.

« C'est, expliqua-t-elle très vite, un bijou qu'il m'avait donné en me faisant jurer de le garder toujours. C'étaient là de ses idées folles ».

Mais elle ne fit qu'exaspérer Meaulnes.

« Folles! dit-il en mettant les lettres dans sa poche. Pourquoi répéter ce mot? Pourquoi n'avoir jamais voulu croire en lui? Je l'ai connu, c'était le garçon le plus merveilleux du monde!

— Vous l'avez connu, dit-elle au comble de l'émoi, vous avez connu Frantz de Galais?

— C'était mon ami le meilleur, c'était mon frère d'aventures, et voilà que je lui ai pris sa fiancée!

» Ah! poursuivit-il avec fureur, quel mal vous nous avez fait, vous qui n'avez voulu croire à rien. Vous êtes cause de tout. C'est vous qui avez tout perdu! tout perdu! »

Elle voulut lui parler, lui prendre la main, mais il la repoussa brutalement.

« Allez-vous-en. Laissez-moi.

— Eh bien, s'il en est ainsi, dit-elle, le visage en feu, bégayant et pleurant à demi, je partirai en effet. Je rentrerai à Bourges, chez nous, avec ma sœur. Et si vous ne revenez pas me chercher, vous savez, n'est-ce pas? que mon père est trop pauvre pour me garder; eh bien je repartirai pour Paris, je battrai les chemins comme je l'ai déjà fait une fois, je deviendrai certainement une fille perdue, moi qui n'ai plus de métier... »

Et elle s'en alla chercher ses paquets pour prendre le train, tandis que Meaulnes, sans même la regarder partir, continuait à marcher au hasard.

Le journal s'interrompait de nouveau.

Suivaient encore des brouillons de lettres, lettres d'un homme indécis, égaré. Rentré à La Ferté-d'Angillon, Meaulnes écrivait à Valentine en apparence pour lui affirmer sa résolution de ne jamais la revoir et lui en donner des raisons précises, mais en réalité, peut-être, pour qu'elle lui répondît. Dans une de ces lettres, il lui demandait ce que, dans son désarroi, il n'avait pas même songé d'abord à lui demander: savait-elle où se trouvait le Domaine tant cherché? Dans une autre, il la suppliait de se réconcilier avec Frantz de Galais. Lui-même se chargeait de le retrouver... Toutes les lettres dont je voyais les brouillons n'avaient pas dû être envoyées. Mais il avait dû écrire deux ou trois fois, sans jamais obtenir de réponse. Ç'avait été pour lui une période de combats affreux et misérables, dans un isolement absolu. L'espoir de revoir jamais Yvonne de Galais s'étant complètement évanoui, il avait dû peu à peu sentir sa grande résolution faiblir. Et d'après les pages qui vont suivre — les dernières de son journal — j'imagine qu'il dut, un beau matin du début des vacances, louer une bicyclette pour aller à Bourges, visiter la cathédrale.

Il était parti à la première heure, par la belle route droite entre les bois, inventant en chemin mille prétextes à se présenter dignement, sans demander une réconciliation, devant celle qu'il avait chassée.

Les quatre dernières pages, que j'ai pu reconstituer, racontaient ce voyage et cette dernière faute...

CHAPITRE XVI

LE SECRET (fin)

25 août. — De l'autre côté de Bourges, à l'extrémité des nouveaux faubourgs, il découvrit, après avoir longtemps cherché, la maison de Valentine Blondeau. Une femme — la mère de Valentine — sur le pas de la porte, semblait l'attendre. C'était une bonne figure de ménagère, lourde, fripée, mais belle encore. Elle le regardait venir avec curiosité, et lorsqu'il lui demanda: « si Mlles Blondeau étaient ici », elle lui expliqua doucement, avec bienveillance, qu'elles étaient rentrées à Paris depuis le 15 août.

« Elles m'ont défendu de dire où elles allaient, ajouta-t-elle, mais en écrivant à leur ancienne adresse on fera suivre leurs lettres ».

En revenant sur ses pas, sa bicyclette à la main, à travers le jardinet, il pensait:

« Elle est partie... Tout est fini comme je l'ai voulu... C'est moi qui l'ai forcée à cela. « Je deviendrai certainement une fille perdue », disait-elle. Et c'est moi qui l'ai jetée là! C'est moi qui ai perdu la fiancée de Frantz! »

Et tout bas il se répétait avec folie: « Tant mieux! Tant mieux! » avec la certitude que c'était bien « tant pis » au contraire et que, sous les yeux de cette femme, avant d'arriver à la grille, il allait buter des deux pieds et tomber sur les genoux.

Il ne pensa pas à déjeuner et s'arrêta dans un café où il écrivit longuement à Valentine, rien que pour crier, pour se délivrer du cri désespéré
qui l'étouffait. Sa lettre répétait indéfiniment: « Vous avez pu! Vous
avez pu!... Vous avez pu vous résigner à cela! Vous avez pu vous
perdre ainsi! »

Près de lui des officiers buvaient. L'un d'eux racontait bruyamment
une histoire de femme qu'on entendait par bribes: « ... Je lui ai dit...
Vous devez bien me connaître... Je fais la partie avec votre mari tous
les soirs! » Les autres riaient et, détournant la tête, crachaient derrière
les banquettes. Hâve et poussiéreux, Meaulnes les regardait comme un
mendiant. Il les imagina tenant Valentine sur leurs genoux.

Longtemps, à bicyclette, il erra autour de la cathédrale, se disant
obscurément: « En somme, c'est pour la cathédrale que j'étais venu ».
Au bout de toutes les rues, sur la place déserte, on la voyait monter
énorme et indifférente. Ces rues étaient étroites et souillées comme les
ruelles qui entourent les églises de village. Il y avait çà et là l'enseigne
d'une maison louche, une lanterne rouge... Meaulnes sentait sa
douleur perdue, dans ce quartier malpropre, vicieux, réfugié, comme
aux anciens âges, sous les arcs-boutants de la cathédrale. Il lui venait
une crainte de paysan, une répulsion pour cette église de la ville, où tous
les vices sont sculptés dans des cachettes, qui est bâtie entre les mauvais
lieux et qui n'a pas de remède pour les plus pures douleurs d'amour.

Deux filles vinrent à passer, se tenant par la taille et le regardant
effrontément. Par dégoût ou par jeu, pour se venger de son amour ou
pour l'abîmer, Meaulnes les suivit lentement à bicyclette et l'une d'elles,
une misérable fille dont les rares cheveux blonds étaient tirés en
arrière par un faux chignon, lui donna rendez-vous pour six heures au
jardin de l'Archevêché, le jardin où Frantz, dans une de ses lettres,
donnait rendez-vous à la pauvre Valentine.

Il ne dit pas non, sachant qu'à cette heure il aurait depuis longtemps
quitté la ville. Et de sa fenêtre basse, dans la rue en pente, elle resta
longtemps à lui faire des signes vagues.

Il avait hâte de reprendre son chemin.

Avant de partir, il ne put résister au morne désir de passer une dernière fois devant la maison de Valentine. Il regarda de tous ses yeux et
put faire provision de tristesse. C'était une des dernières maisons du

faubourg et la rue devenait une route à partir de cet endroit… En face, une sorte de terrain vague formait comme une petite place. Il n'y avait personne aux fenêtres, ni dans la cour, nulle part. Seule, le long d'un mur, traînant deux gamins en guenilles, une sale fille poudrée passa.

C'est là que l'enfance de Valentine s'était écoulée, là qu'elle avait commencé à regarder le monde de ses yeux confiants et sages. Elle avait travaillé, cousu, derrière ces fenêtres. Et Frantz était passé pour la voir, lui sourire, dans cette rue de faubourg. Mais maintenant il n'y avait plus rien, rien… La triste soirée durait et Meaulnes savait seulement que quelque part, perdue, durant ce même après-midi, Valentine regardait passer dans son souvenir cette place morne où jamais elle ne viendrait plus.

Le long voyage qu'il lui restait à faire pour rentrer devait être son dernier recours contre sa peine, sa dernière distraction forcée avant de s'y enfoncer tout entier.

Il partit. Aux environs de la route, dans la vallée, de délicieuses maisons fermières, entre les arbres, au bord de l'eau, montraient leurs pignons pointus garnis de treillis verts. Sans doute, là-bas, sur les pelouses, des jeunes filles attentives parlaient de l'amour. On imaginait, là-bas, des âmes, de belles âmes…

Mais, pour Meaulnes, à ce moment, il n'existait plus qu'un seul amour, cet amour mal satisfait qu'on venait de souffleter si cruellement, et la jeune fille entre toutes qu'il eût dû protéger, sauvegarder, était justement celle-là qu'il venait d'envoyer à sa perte.

Quelques lignes hâtives du journal m'apprenaient encore qu'il avait formé le projet de retrouver Valentine coûte que coûte avant qu'il fût trop tard. Une date, dans un coin de page, me faisait croire que c'était là ce long voyage pour lequel Mme Meaulnes faisait des préparatifs, lorsque j'étais venu à La Ferté-d'Angillon pour tout déranger. Dans la mairie abandonnée, Meaulnes notait ses souvenirs et ses projets par un beau matin de la fin du mois d'août — lorsque j'avais poussé la porte et lui avais apporté la grande nouvelle qu'il n'attendait plus. Il avait été repris, immobilisé, par son ancienne aventure, sans oser rien faire ni rien avouer. Alors avaient commencé le remords, le regret et la peine, tantôt étouffés, tantôt triomphants, jusqu'au jour des noces où le cri du bohémien dans les sapins lui avait théâtralement rappelé son premier serment de jeune homme.

Sur ce même cahier de devoirs mensuels, il avait encore griffonné quelques mots en hâte, à l'aube, avant de quitter, avec sa permission, — mais pour toujours — Yvonne de Galais, son épouse depuis la veille :

« Je pars. Il faudra bien que je retrouve la piste des deux bohémiens qui sont venus hier dans la sapinière et qui sont partis vers l'est à bicyclette. Je ne reviendrai près d'Yvonne que si je puis ramener avec moi et installer dans la « maison de Frantz » Frantz et Valentine mariés.

» Ce manuscrit, que j'avais commencé comme un journal secret et qui est devenu ma confession, sera, si je ne reviens pas, la propriété de mon ami François Seurel ».

Il avait dû glisser le cahier en hâte sous les autres, refermer à clef son ancienne petite malle d'étudiant, et disparaître.

ÉPILOGUE

Le temps passa. Je perdais l'espoir de revoir jamais mon compagnon, et de mornes jours s'écoulaient dans l'école paysanne, de tristes jours dans la maison déserte. Frantz ne vint pas au rendez-vous que je lui avais fixé, et d'ailleurs ma tante Moinel ne savait plus depuis longtemps où habitait Valentine.

La seule joie des Sablonnières, ce fut bientôt la petite fille qu'on avait pu sauver. A la fin de septembre, elle s'annonçait même comme une solide et jolie petite fille. Elle allait avoir un an. Cramponnée aux barreaux des chaises, elle les poussait toute seule, s'essayant à marcher sans prendre garde aux chutes, et faisait un tintamarre qui réveillait longuement les échos sourds de la demeure abandonnée. Lorsque je la tenais dans mes bras, elle ne souffrait jamais que je lui donne un baiser. Elle avait une façon sauvage et charmante en même temps de frétiller et de me repousser la figure avec sa petite main ouverte, en riant aux éclats. De toute sa gaieté, de toute sa violence enfantine, on eût dit qu'elle allait chasser le chagrin qui pesait sur la maison depuis sa naissance. Je me disais parfois : « Sans doute, malgré cette sauvagerie, sera-t-elle un peu mon enfant ». Mais une fois encore la Providence en décida autrement.

Un dimanche matin de la fin de septembre, je m'étais levé de fort bonne heure, avant même la paysanne qui avait la garde de la petite fille. Je devais aller pêcher au Cher avec deux hommes de Saint-Benoist et Jasmin Delouche. Souvent ainsi les villageois d'alentour s'entendaient avec moi pour de grandes parties de braconnage: pêches à la main, la nuit, pêches aux éperviers prohibés...* Tout le temps de l'été, nous partions les jours de congé, dès l'aube, et nous ne rentrions qu'à midi. C'était le gagne-pain de presque tous ces hommes. Quant à moi, c'était mon seul passe-temps, les seules aventures qui me rappelassent les équipées de jadis. Et j'avais fini par prendre goût à ces randonnées, à ces longues pêches le long de la rivière ou dans les roseaux de l'étang.

Ce matin-là, j'étais donc debout, à cinq heures et demie, devant la maison, sous un petit hangar adossé au mur qui séparait le jardin anglais* des Sablonnières du jardin potager de la ferme. J'étais occupé à démêler mes filets que j'avais jetés en tas, le jeudi d'avant.

Il ne faisait pas jour tout à fait; c'était le crépuscule d'un beau matin de septembre; et le hangar où je démêlais à la hâte mes engins se trouvait à demi plongé dans la nuit.

J'étais là silencieux et affairé lorsque soudain j'entendis la grille s'ouvrir, un pas crier sur le gravier.

« Oh! oh! me dis-je, voici mes gens plus tôt que je n'aurais cru. Et moi qui ne suis pas prêt!... »

Mais l'homme qui entrait dans la cour m'était inconnu. C'était, autant que je pus distinguer, un grand gaillard barbu habillé comme un chasseur ou un braconnier. Au lieu de venir me trouver là où les autres savaient que j'étais toujours, à l'heure de nos rendez-vous, il gagna directement la porte d'entrée.

« Bon! pensai-je; c'est quelqu'un de leurs amis qu'ils auront convié sans me le dire et ils l'auront envoyé en éclaireur ».

L'homme fit jouer doucement, sans bruit, le loquet de la porte. Mais je l'avais refermée, aussitôt sorti. Il fit de même à l'entrée de la cuisine. Puis, hésitant un instant, il tourna vers moi, éclairée par le demi-jour, sa figure inquiète. Et c'est alors seulement que je reconnus le grand Meaulnes.

Un long moment je restai là, effrayé, désespéré, repris soudain par toute la douleur qu'avait réveillée son retour. Il avait disparu derrière la maison, en avait fait le tour, et il revenait, hésitant.

Alors je m'avançai vers lui, et sans rien dire, je l'embrassai en sanglotant. Tout de suite, il comprit:

« Ah! dit-il d'une voix brève, elle est morte, n'est-ce pas? »

Et il resta là, debout, sourd, immobile et terrible. Je le pris par le bras et doucement je l'entraînai vers la maison. Il faisait jour maintenant. Tout de suite, pour que le plus dur fût accompli, je lui fis monter l'escalier qui menait vers la chambre de la morte. Sitôt entré, il tomba à deux genoux devant le lit et, longtemps, resta la tête enfouie dans ses deux bras.

Il se releva enfin, les yeux égarés, titubant, ne sachant où il était. Et, toujours le guidant par le bras, j'ouvris la porte qui faisait communiquer cette chambre avec celle de la petite fille. Elle s'était éveillée toute seule — pendant que sa nourrice était en bas — et, délibérément, s'était assise dans son berceau. On voyait tout juste sa tête étonnée, tournée vers nous.

« Voici ta fille », dis-je.

Il eut un sursaut et me regarda.

Puis il la saisit et l'enleva dans ses bras. Il ne put pas bien la voir d'abord, parce qu'il pleurait. Alors, pour détourner un peu ce grand attendrissement et ce flot de larmes, tout en la tenant très serrée contre lui, assise sur son bras droit, il tourna vers moi sa tête baissée et me dit:

« Je les ai ramenés, les deux autres... Tu iras les voir dans leur maison ».

Et en effet, au début de la matinée, lorsque je m'en allai, tout pensif et presque heureux vers la maison de Frantz qu'Yvonne de Galais m'avait jadis montrée déserte, j'aperçus de loin une manière de jeune ménagère en collerette, qui balayait le pas de sa porte, objet de curiosité et d'enthousiasme pour plusieurs petits vachers endimanchés qui s'en allaient à la messe...

Cependant la petite fille commençait à s'ennuyer d'être serrée ainsi, et comme Augustin, la tête penchée de côté pour cacher et arrêter ses larmes continuait à ne pas la regarder, elle lui flanqua une grande tape de sa petite main sur sa bouche barbue et mouillée.

Cette fois le père leva bien haut sa fille, la fit sauter au bout de ses bras et la regarda avec une espèce de rire. Satisfaite, elle battit des mains…

Je m'étais légèrement reculé pour mieux les voir. Un peu déçu et pourtant émerveillé, je comprenais que la petite fille avait enfin trouvé là le compagnon qu'elle attendait obscurément. La seule joie que m'eût laissée le grand Meaulnes, je sentais bien qu'il était revenu pour me la prendre. Et déjà je l'imaginais, la nuit, enveloppant sa fille dans un manteau, et partant avec elle pour de nouvelles aventures.

COMMENTS ON
LE GRAND MEAULNES

(i) Cela commence comme un conte de Charles Nodier ou de Gérard de Nerval; malheureusement cela finit comme une ripopée de Ducray-Duminil ou du vicomte d'Arlincourt. M. Alain-Fournier a manqué de souffle, il a faibli en cours de route et s'est perdu à la fin dans un obscur imbroglio de roman-feuilleton. Mais une bonne moitié du volume est tout à fait jolie.

PAUL SOUDAY, in *Le Temps*, November 26th, 1913.

(ii) Il y a, dans l'ouvrage de Fournier, une fantaisie qui me touche peu: elle est d'une invraisemblance d'autant plus choquante que ce conte bleu, qui devrait se passer dans un pays de rêve, hors du temps, prétend s'insérer dans la vie réelle et contemporaine. Gérard de Nerval, je le sais, a écrit en ce genre des pages exquises: l'exemple est périlleux. On trouvera d'ailleurs dans le volume de bien jolis détails: et ceux-là surtout sont charmants où l'auteur, se réveillant de ses songes, consent à regarder avec une ironie clairvoyante les gens de son village ou, avec une âme émue de la beauté des choses, les aspects de la campagne.

GUSTAVE LANSON, in *Le Matin*, December 24th, 1913.

(iii) Aujourd'hui, ce livre *unique* est reconnu comme digne de prendre place dans la littérature universelle, à la façon de *Robinson Crusoé* et de *l'Ile au Trésor*.

ANDRÉ BILLY: *La littérature française contemporaine*,
Colin, Paris, 1928, p. 106.

(iv) Couronnement à la fois et solution du symbolisme, *le Grand Meaulnes* est au roman ce que *les Fleurs du Mal* sont à la poésie: non plus un recueil d'anecdotes, mais une construction suprême et complète, *unique*.

MARCEL RUFF: *Hommage à Alain-Fournier*, N.R.F., Paris, 1930, p. 113.

(v) ...l'intérêt se dilue; (*le Grand Meaulnes*) s'étale sur un trop grand nombre de pages et un trop long espace de temps; de dessin quelque peu incertain et dont le plus exquis s'épuise dans les cent premières pages. Le reste du livre court après cette première émotion virginale, cherche en vain à s'en ressaisir... Je sais bien que c'est le sujet même du livre; mais c'en est aussi le défaut, de sorte qu'il n'était peut-être pas possible de le « réussir » davantage.

Une irressaisissable fraîcheur...

GIDE: entry for January 2nd, 1933, in *Journal 1889-1939*,
Gallimard, Pléiade edition, 1948, p. 1150.

(vi) La place d'un Alain-Fournier, dans l'évolution littéraire de ces trente dernières années, est tout aussi importante que celle d'un Marcel Proust et plus importante, incontestablement, que celle de Gide.

FERNAND DESONAY: *Revue Catholique des Idées et des Faits*,
January 21st, 1938, p. 15.

(vii) Pour recueillir de Meaulnes ce précieux enrichissement, il faut se livrer à son action pleinement, candidement... pour pénétrer son œuvre, il faut la lire avec cette crédulité totale qu'apportent les enfants quand ils lisent les récits, même les plus étranges.

JOSEPH PAVÈS: "Le charme de Meaulnes" in *Études*,
February 5th, 1938.

(viii) Quel beau livre réaliste est ce conte féerique!

RENÉ LALOU, in *Vendredi*, June 17th, 1938.

(ix) *Le Grand Meaulnes* a curieusement vieilli. Il porte trop de vraie jeunesse pour se faner rapidement; mais il s'efface, il s'éloigne, il se disperse. De plus en plus ses deux éléments fondamentaux: son réalisme et son symbolisme épris de mythes, divergent et se nuisent. Inexpérience, sens du fragment et du poème en prose plus que de l'ensemble, dangereuse méthode de travail qui le jette du chapitre initial à la fin, puis au milieu. Fournier, balancé sans doute dans sa propre vie entre ces deux éléments, n'a pas su les unir dans son œuvre. Pour tout dire, on ne croit pas au *Grand Meaulnes*.

A peine entrés dans cette atmosphère qu'il établit avec un art si frais et spontané... nous nous heurtons à une construction factice, ambitieuse et puérile... On tentait d'abord de se dire, pour justifier l'invraisemblance d'une scène, d'un décor ou d'un personnage: « c'est ainsi qu'ils apparaissent à ces enfants ». Mais les coups de théâtre et les péripéties mélodramatiques s'accumulent, dans un pays de songe, avec une laborieuse fantaisie. Et ce n'est plus le pur songe de Fournier, mais un bric-à-brac de thèmes en vogue et déjà rongés de littérature.

MARCEL ARLAND in *La Nouvelle Revue Française*,

November 1st, 1938, p. 820.

(x) *Le Grand Meaulnes* reste aujourd'hui et restera peut-être longtemps encore le chef-d'œuvre de l'art que comporte le roman d'aventure conçu à la française, c'est-à-dire le roman romanesque d'aventures ou le roman de l'aventure romanesque. Mais comme il est difficile à l'aventure et au romanesque de se rejoindre sans que celui-ci empâte et rabaisse celle-là! *Le Grand Meaulnes* a peut-être cent pages de trop, celles où le romanesque prolonge l'aventure quand l'aventure a donné tout son effet: le romanesque est jeté sur les marcs de l'aventure pour en faire une seconde cuvée. Et la dernière phrase qui nous montre Meaulnes engagé dans le romanesque pour sa vie entière diminue par un choc en retour l'intérêt de la première et pure aventure d'enfant, qui devrait demeurer l'unique.

ALBERT THIBAUDET: "Le roman d'aventure" in *Réflexions sur le roman*, Gallimard, 1938, pp. 77–78.

(xi) Une sorte de roman classique — et le seul roman vraiment classique des hommes de sa génération.

EDMOND JALOUX, in *Les Nouvelles Littéraires*, January 14th, 1939.

(xii) La signification profonde du *Grand Meaulnes* est... sans doute finalement la pureté. S'il est une catégorie de la littérature où l'on puisse le ranger, c'est probablement dans la littérature de chevalerie, dont il ressuscite, à une époque chargée de matérialisme, le splendide idéalisme. *Le Grand Meaulnes*, c'est dans la féerie des aventures, le mystère resurgi en plein XXᵉ siècle, des chevaliers, c'est leur même idéal. C'est un des plus beaux romans d'amour qui aient été écrits non parce que l'amour de Meaulnes et d'Yvonne de Galais est un amour inaccompli, un amour romantique triste, mais parce qu'il est un exemple parfait de l'amour courtois... c'est aux aventures de notre littérature chevaleresque qu'il nous fait irrésistiblement songer: aux exploits mystiques des chevaliers de la Table Ronde en quête du Graal, qui n'existait peut-être pas, mais qui avait le réel et extraordinaire pouvoir de muer les hommes en héros, de les délivrer de toute cette part de la nature humaine qui est basse ou bestiale et de faire d'eux ces êtres semi-naturels que conçoivent les poètes ou l'imagination des peuples.

RENÉ VINCENT: "*Le Grand Meaulnes*, roman de chevalerie" in *Combat*, February 1939, No. 32.

(xiii) Je ne suis pas près d'oublier ma stupeur, et aussi ma perplexité qui allait grandissante à mesure que se nouait, page après page, le drame loufoque qui sert d'intrigue au *Grand Meaulnes*. Je m'attendais à de prétentieuses élucubrations, à une sorte de « prise de col » à prétexte « poétique », mais pas à cette mystification. C'était donc pour cela qu'on avait fait un tel raffût, qu'on avait mobilisé les aristarques, qu'on fulminait des anathèmes, pour cette combinaison hétéroclite de néo-romantisme ingénu et de romantisme paysan, pour cet insoutenable mélo dont les personnages sont d'une invraisemblance criarde, où pas une situation n'est plausible, où pas un sentiment n'est vraisemblable.

P.-A. COUSTEAU, in *Je suis partout*, August 13th, 1943.

(xiv) *Le Grand Meaulnes*, roman de la souffrance, de l'illusion évanouie, est aussi le roman de l'échec de l'homme et du bonheur humain. Un aventurier, Meaulnes? Que non. Un homme comblé par la poésie? Oui et non. Un Don Quichotte? Peut-être. Un homme fuyant de toute son ardeur un « monde sans âme » et tout tendu vers Dieu? Oui, et surtout cela...

ALBERT LÉONARD, *Alain-Fournier et le Grand Meaulnes*,
Desclée de Brouwer, Paris, 1944, p. 227.

(xv) Dieu, à peine nommé dans ce livre, est en réalité présent à chaque page derrière l'insatisfaction douloureuse qui le réclame.

AIMÉ BECKER: *Itinéraire spirituel d'Alain-Fournier*,
Corrêa, Paris, 1946, p. 146.

(xvi) ...*Le Grand Meaulnes* has a grand start and then rather flounders to an unfortunate ending—really only matter for a short story, yet instinct with a sense of heart-break. All who are wistfully inclined should be loyal to *Le Grand Meaulnes*, at least for fifty pages, which may be transmitted down literary anthologies.

DENIS SAURAT: *Modern French Literature, 1870–1940*,
Dent, 1946, p. 105.

(xvii) Were I asked what was the most impressive novel published in France during my own lifetime I should answer, "Alain-Fournier's *Le Grand Meaulnes*". It is not that I regard Fournier as a more important writer than Claudel, Gide, Proust, Apollinaire, Péguy or Mauriac; it is rather that this single novel gave me a shock of delighted surprise, more sudden and concentrated than the prolonged pleasure that I have derived from the works of Fournier's great contemporaries.

My surprise was due to the fact that the theme and tone of *Le Grand Meaulnes* are alien to my temperament. I have a distaste for the whimsical in literature, and am nauseated by stories about the never-never-land or about little boys who, manly though they be, refuse to grow up or to adjust themselves with reason to the responsibilities and enjoyments of adult life. The longing to recapture the security, the innocence and the expectations of childhood may be as reputable as it is customary: but it is not a longing that should hamper the activity, or cloud the broodings, of a man of twenty-eight. I thus, on first reading *Le Grand Meaulnes*, approached this famous book in a mood of resistance. To my astonishment, I was conquered and indeed overwhelmed, by the genius with which Fournier handled his dream. Certainly I should place this novel among those which every literate person should have read.

HAROLD NICOLSON in *The Observer*, April 19th, 1953.
(Reproduced by kind permission of *The Observer*)

(xviii) Pourquoi *Le Grand Meaulnes* ne serait-il pas le roman de chevalerie dont chaque siècle littéraire fournit un spécimen, à sa mode? Chaque époque a le Graal qu'elle mérite et il importe peu qu'autour de la Table ronde Alain-Fournier fasse asseoir deux ou trois prosaïques chevaliers.

JACQUES VIER: "Alain-Fournier et *Le Grand Meaulnes*" in *Littérature à l'emporte-pièce*, Éditions du Cèdre, Paris, 1958, p. 162.

(xix) There is nothing, I believe, in the whole of romantic fiction to exceed the first hundred pages. So long as the mystery holds, so long as the coiled surprises and wavering colours of a dream deliver none of their reality, *Le Grand Meaulnes* is almost flawless. Later, when the visionary air of these pages is dissipated in explanation, and the haunted events which set the tale in motion are resolved into romance on a different plane, some disappointment is inevitable. After all, Alain-Fournier was a very young man when he wrote his novel. An exquisite setting of the scene was fully within his range; the working-out of the action was not.

ALAN PRYCE-JONES: Introduction to *The Lost Domain*,
Oxford University Press, 1959, pp. xi—xii.
(Reproduced by kind permission of the Oxford University Press)

(xx) *Le Grand Meaulnes*, qui commence comme un roman initiatique, tourne au roman d'aventures; et ce roman d'aventures est un roman de l'échec. Le thème de l'échec prend en effet une telle place que l'on finit par se demander si telle n'était pas l'idée directrice.

Ainsi, ou bien Alain-Fournier a fait semblant d'écrire un roman initiatique pour faire apparaître comme dérisoire, puérile la quête spirituelle, — ou bien Alain-Fournier a voulu écrire un roman initiatique, mais il n'a pas pu soutenir le train, et après la première partie, il est tombé dans la facilité.

Dans le premier cas, nous devons le considérer comme un esprit radicalement sceptique. Dans le second, nous devons le considérer comme un écrivain qui manque de souffle...

Au lieu de penser que le roman initiatique se dégrade en roman romanesque parce qu'Alain-Fournier n'a pas su éliminer les séquelles du romantisme, il faut dire qu'Alain-Fournier n'a pas été capable d'écrire un roman initiatique parce qu'il n'était pas un vrai romantique. Pour écrire un roman initiatique, il faut être romantique, c'est-à-dire croire à la royauté de l'Imagination, croire à l'éminente dignité de l'Ame.

Léon Cellier: '*Le Grand Meaulnes*' ou *l'initiation manquée*,
Archives des lettres modernes, 1963, p. 39 and p. 42.

(xxi) Ceux qui ont jugé ce roman en tant qu'œuvre littéraire lui ont trouvé des défauts littéraires; ceux qui lui ont demandé une « moralité » à la mesure humaine l'ont dédaigneusement traité de « conte bleu »; ceux qui n'y ont cherché que le fugitif plaisir d'une lecture agréable l'ont déclaré triste.

Mais ceux qui l'ont reçu comme le don silencieux d'une âme à une âme, comme une fleur que l'on regarde, puis que l'on respire, et sa beauté vous a tout dit sur elle, puis son parfum ce qui ne peut se dire... ceux-là qui l'ont abordé non point armés de leur « sens critique », mais comme l'enfant confiant qui d'avance offre son cœur à l'histoire qu'on lui va conter, ceux-là ont vu le reflet de la beauté leur éclairer le chemin vers Elle; ils ont respiré le message indicible, et tout leur être s'en est doucement imprégné. Arrivés au bout du livre ils avaient laissé l'ombre derrière eux, et la Vérité leur devenait visible, qui est la même chose que la lumière, que le bonheur, que l'Amour...

Isabelle Rivière: *Vie et Passion d'Alain-Fournier*,
Jaspard, Polus & Cie, Monaco, 1963, p. 457.

NOTES

Words and phrases given in exact translation in *Harrap's Shorter French and English Dictionary* are not normally listed here. The numbers refer to the pages of the text. *F:* = familiar speech.

3. *Cours supérieur* de Sainte-Agathe: an unusual feature of this village-school is that in addition to the instruction provided for juniors in *la petite classe* and seniors of roughly secondary modern level in *le Cours moyen*, pupils can apparently be trained in *le Cours supérieur* for a teacher's training-certificate. It is remarkable that Madame Meaulnes, who is described as "fort riche", should insist on sending her son to a tiny village school, and it is somewhat surprising that Seurel should later elect to acquire his teaching qualifications by studying privately at home rather than proceeding to the training college at Bourges (see pp. 98–99). Jasmin Delouche is still attending *le Cours supérieur* at the age of twenty.

à chaque « déplacement »: 'after each new posting'.

4. **la mauvaise saison:** 'the winter months'. Cp. *la belle saison*, 'the summer months'.

5. **les faisceaux formés:** firemen carried arms in France at this period and these were stacked together, in approved military fashion, in the form of a pyramid, with the base of each butt on the ground.

ils écoutaient Boujardon, le brigadier, s'embrouiller dans la théorie: 'they listened to Boujardon, the corporal, getting more and more bogged down in fire-fighting theory . . .'

7. **adjoints:** 'assistant teachers'; cf. *adjoint au maire*, 'deputy mayor'.

8. **une coxalgie:** 'coxalgia', a hip-affliction (from the Greek *algos*, 'pain', and Latin *coxa*, 'hip-bone').

avec force taloches: 'with many a clout round the head'. *Force* is an invariable adjective; cf. also *boire force bière*, 'to down great quantities of beer'. *Taloche* is familiar while *gifle*, which effectively designates the same action, is not.

9. **cabinet des archives:** in each French village, the office of the Mayor's secretary is normally housed within the village school, and registers of births and deaths and all the official forms for conducting the civic life of the community are stored in *le cabinet des archives*.

11. **burnous:** a long, hooded cloak like that normally worn by Arabs.
au triple galop: *F:* 'flat out', 'hell for leather'. Cf. *au petit galop*, 'at a canter', and *au grand galop*, 'at full gallop'.

12. **histoire de souffler un peu:** *F:* 'so that he could take a breather' or 'just to take a breather'.

13. **C'est-il que:** a common familiar variant of *est-ce que*.
vous n'êtes pas revenus: ironic, 'you'll be gone for quite a while, then'.

16. *corbeilles d'argent:* 'shepherd's-purse', a border plant, the leaves of which are whitish on the underside.

18. **métayer:** a farmer who pays rent not in money but in kind. The term is often employed familiarly to designate simply 'farmer'.

22. **piquette:** low quality wine made by pouring water over grapes which have already been pressed. The term derives from *piquer*, 'to sting' or 'to bite' and describes the effect of such wine on the palate.

25. **au cantonnement d'alerte:** 'on outpost duty', 'ready for any emergency'.

31. **tet:** countryman's term for 'pig-sty'.

32. **à la Saint-Martin:** Saint Martin's Day, November 11th. Saint Martin is the patron saint for many French villages, so this is a fairly common day for celebrations.

33. **sente:** a somewhat archaic synonym of *sentier*.

36. **l'Assomption:** August 15th, one of the major Feast Days in the Catholic Church celebrating the Virgin Mary's ascension to Heaven.

37. **bourbonnaises:** elegant old-fashioned coaches often ornately decorated with mouldings or railings around the roof-rim.
berlines: 'berlins'—i.e., old-fashioned coaches with windowed doors, similar to those still sometimes used on State occasions.

40. **ces petits messieurs et ces petites demoiselles:** a somewhat familiar formula often employed in the catering or retail trade. Cf. *Que prendront ces messieurs?* 'What can I fetch you, gentlemen?'
Arlequin. Pierrot: famous stock characters from Italian comedy. Harlequin is traditionally dressed in multicoloured costume, Pierrot all in white, with wide sleeves and bell-bottomed trousers.

44. **prise de bec:** 'squabble'.

51. **je suis étudiant:** Since Meaulnes is at this time still a pupil at the village school of Sainte-Agathe he should, in fact, have described himself as *un écolier*.

55. **D'où donc que tu reviens?**: familiar form of *d'où reviens-tu?*

58. **guimbarde**: popular expression designating a ramshackle vehicle.

60. **jeudis**: normally a holiday in the French school week, hence the boys' dismay that the Thursday weather should regularly be so bad.

Paul-Louis Courier: 1772–1825, pamphleteer and scholar best known for a number of articles and open letters protesting against various acts of oppression by the clergy and local government officials. Though no longer enjoying their former academic vogue, his pamphlets may still be ranked with the most outstanding examples of polemical writing in French.

61. **Nous étions en pleine veillée**: 'We had well and truly settled in for the evening'. *Une veillée* is an evening spent in company, either with the members of one's own family circle or with neighbours. It was a practice adopted particularly by country people during the winter months.

62. **sarabande**: literally, a slow and stately dance. Used figuratively, it has come to designate the opposite—i.e., jerky, excited movements.

63. **Je vas**: archaic, and now familiar form of first person singular of the verb *aller*.

estafettes: 'couriers', 'dispatch-riders'.

64. **journaliers**: 'labourers employed by the day'.

71. **oiseaux des Iles**: 'tropical birds'.

chèvre savante: 'performing goat'.

72. **dont nous ne connaissons pas le fin mot**: 'the point of which we couldn't grasp'.

74. **un mobile de la Seine, en 1870**: *La Garde Mobile* (National Guard) was a body of militia first formed in 1848 at the time of the Revolution. It was brought back into service in 1868 because of the threat of the Prussian invasion and disbanded again in 1871.

76. **chapardeurs**: *P*: 'scroungers', 'petty thieves'.

grasseyement: speaking with a heavily rolled r.

il n'est pas dit que je n'en « chaufferai » pas d'autres: 'I wouldn't be surprised if I didn't flush out some others'.

78. **qu'il dit**: familiar form of *dit-il*.

79. **ouvriers maréchaux**: 'workmen from the blacksmith's shop'.

80. **coin-coin**: an onomatopoeic rendering of the sound made by ducks, 'quack-quack'; the usual word applied to farmyard geese is *cacarder*, 'to cackle', 'to gabble'.

Talma: François-Joseph Talma (1763–1826), a leading tragic actor whose fame was at its height in France during the first quarter of the nineteenth century.

Léotard: Jules Léotard (1830–1870), famous French trapeze artist who visited the United States in 1868. The term *léotard* has

ever since designated the short close-fitting sleeveless garment
worn by acrobats and trapeze artists.

cordelière: a thin cord of silk or wool which, at one time, was worn
as the fashionable alternative to a neck-tie.

pantalons-éléphant: 'bell-bottomed trousers'.

85. **le Certificat d'Études Supérieures**: 'Higher Leaving-Certificate'.

   le concours de l'École Normale: Entrance examination to the
   local teacher training college, not to be confused with *le concours
   de l'École Normale Supérieure*, the fiercely competitive entrance
   examination held each year for places at the famous *grande école*
   in the rue d'Ulm in Paris.

86. **bois des Communaux**: a wood which belongs to the local *commune*.

   faire le bon apôtre: 'to put on an exaggerated display of honesty
   or good behaviour'. Cf. *un bon apôtre, F:* 'a sanctimonious knave'.

88. **échalier**: 'wooden fence' or, as here, 'stile'.

91. **ses avances lui restèrent pour compte**: 'his advances met with
   no response'. Goods which remain unsold in a shop are described
   as *laissés pour compte*.

93. **affené**: archaic term, still in use in country regions, meaning 'to
   feed with hay' (from *foin*).

98. **Brevet Simple**: the examination taken after the *certificat d'études*.
   The *certificat d'études* was the terminal examination for the majority of pupils attending village schools; rather fewer followed this in
   the *Cours complémentaire* leading to the two stages of the *brevet*.
   The French examination system has several times been radically
   amended since the 1890's in which *Le Grand Meaulnes* is set.

100. **A la cornette!**: 'Old Big Hat!' The boys' jeering cry refers to the
   large winged coif regularly worn by most nuns.

105. **du « sent-y-bon »**: perfumed toilet-water.

106. **la cour d'honneur**: the courtyard in front of the front entrance of
   a château.

107. **eau-de-vie de marc**: white brandy distilled from marc.

112. **une sorte de chapeau-capote-capeline**: 'a sort of cap-cum-
   bonnet-cum-hood'.

113. **Mon affaire est bonne**: 'Just my luck!'

117. **Grévy**: Jules Grévy (1807–1891) was President of the Republic
   from 1879 till 1887.

   Carnot: Sadi Carnot (1837–1894) was President of the Republic
   from 1887 till 1894. He was assassinated by an anarchist at Lyon.

120. **ancien soldat d'infanterie de marine**: 'a former marine'.

124. **sortit le licol des fontes**: 'took the halter from one of the saddle-
   pockets'.

136. **cantinière**: synonym of *vivandière*, a female attendant who used
   to travel with a regiment, selling spirits and other comforts to the
   troops.

146. **Après un léger repas du bout des dents:** 'After a light meal which I merely picked at'.

148. **jusques:** if the dictates of their verse-form so demand, French poets occasionally employ this alternative spelling of *jusque* to avoid elision with a following vowel. There is no etymological justification for this form of spelling, but in mediaeval French a number of adverbs acquired a final 's' by analogy with *moins* (Latin *minus*) and *pis* (Latin *peius*); cf. *avecques, guères, mêmes, presques.*

150. **embolie:** 'embolism', a clot of blood obstructing an artery.

153. **manches à gigot:** 'leg-of-mutton sleeves', so called because the upper arm was wide and flounced out, while the lower arm was tightly constricted.

166. **Je fais la partie avec:** 'I play cards with . . .'

169. **pêches aux éperviers prohibés:** 'fishing with nets of a mesh narrower than the regulations will permit'.

le jardin anglais: 'the flower garden'.

APPENDIX

EXTRACTS FROM
ALAIN-FOURNIER'S WORK IN PROGRESS

(i) Poem written at lycée de Lakanal, 1903–4:
(See pp. xlviii and lxxxiv of Introduction)

> A l'heure où vos doigts musiciens
> Avec de calmes airs anciens
> M'apaisent,
> Au crépuscule des soirées
> Quand nos deux âmes rassurées
> Se taisent,
> Je songe à celles qui seront,
> Frêles et brunes au salon
> — A l'heure grise…
> Avant les lampes allumées —
> Petites robes, soies froissées
> Nos filles…

First published in *Vie et Passion d'Alain-Fournier*, p. 329

(ii) Poem written in London, July 1905:
(See pp. xviii, note 1, xxvii and xlvi–xlvii of Introduction)

A TRAVERS LES ÉTÉS…

> (A une jeune fille
> A une maison
> A Francis Jammes)

Attendue
A travers les étés qui s'ennuient dans les cours
en silence
et qui pleurent d'ennui,
Sous le soleil ancien de mes après-midi

Lourds de silence
solitaires et rêveurs d'amour

d'amour sous des glycines, à l'ombre, dans la cour
de quelque maison calme et perdue sous les
    branches,
A travers mes lointains, mes enfantins étés,
ceux qui rêvaient d'amour
et qui pleuraient d'enfance,

Vous êtes venue,
une après-midi chaude dans les avenues,
sous une ombrelle blanche,
avec un air étonné, sérieux,
un peu
penché comme mon enfance,
Vous êtes venue sous une ombrelle blanche.

Avec toute la surprise
inespérée d'être venue et d'être blonde,
de vous être soudain
mise
sur mon chemin,
et soudain, d'apporter la fraîcheur de vos mains
avec, dans vos cheveux, tous les étés du Monde.

•   •   •

Vous êtes venue:
Tout mon rêve au soleil
N'aurait jamais osé vous espérer si belle,
Et pourtant, tout de suite, je vous ai reconnue.

Tout de suite, près de vous, fière et très demoiselle,
et une vieille dame gaie à votre bras,
il m'a semblé que vous me conduisiez à pas
lents, un peu, n'est-ce pas, un peu sous votre
    ombrelle,
à la maison d'été, à mon rêve d'enfant,

à quelque maison calme, avec des nids aux toits,
et l'ombre des glycines, dans la cour, sur le pas
de la porte — quelque maison à deux tourelles

avec, peut-être, un nom comme les livres de prix
qu'on lisait en juillet, quand on était petit.
Dites, vous m'emmeniez passer l'après-midi
Oh! qui sait où!... à « La Maison des Tourterelles ».

• •

Vous entriez, là-bas,
dans tout le piaillement des moineaux sur le toit,
dans l'ombre de la grille qui se ferme, — Cela
fait s'effeuiller, du mur et des rosiers grimpants
les pétales légers, embaumés et brûlants,
couleur de neige et couleur d'or, couleur de feu,
sur les fleurs des parterres et sur le vert des bancs
et dans l'allée comme un chemin de Fête-Dieu.

Je vais entrer, nous allons suivre, tous les deux
avec la vieille dame, l'allée où, doucement,
votre robe, ce soir, en la reconduisant,
balaiera des parfums couleur de vos cheveux.

Puis recevoir, tous deux,
dans l'ombre du salon,
des visites où nous dirons
de jolis riens cérémonieux.

Ou bien lire avec vous, auprès du pigeonnier,
sur un banc de jardin, et toute la soirée,
aux roucoulements longs des colombes peureuses
et cachées qui s'effarent de la page tournée,
lire, avec vous, à l'ombre, sous le marronnier,
un roman d'autrefois, ou « Clara d'Ellébeuse ».

Et rester là, jusqu'au dîner, jusqu'à la nuit,
à l'heure où l'on entend tirer de l'eau au puits
et jouer les enfants rieurs dans les sentes fraîches.

• •

C'est Là... qu'auprès de vous, oh ma lointaine,
je m'en allais,
et vous n'alliez,
avec mon rêve sur vos pas,
qu'à mon rêve, là-bas,

à ce château dont vous étiez, douce et hautaine,
la châtelaine.

C'est Là — que nous allions, tous les deux, n'est-ce
    pas,
ce dimanche, à Paris, dans l'avenue lointaine,
qui s'était faite alors, pour plaire à notre rêve,
plus silencieuse, et plus lointaine, et solitaire…
Puis, sur les quais déserts des berges de la Seine…
Et puis après, plus près de vous, sur le bateau,
qui faisait un bruit calme de machine et d'eau…

                              First published in *Miracles*, pp. 99–102

(iii) *Dialogue aux approches de Noël*, late 1908:

   (See pp. lviii–lx of Introduction)

— Il ne fait pas encore nuit; mais la longue soirée d'hiver s'achève.
L'homme de journées va monter au grenier et jeter du bois pour la veillée…
Maintenant que nous avons fini le pain de nos quatre-heures, accroupis derrière le grand pare-étincelles, et que nous ne pouvons plus lire, malgré les
rideaux levés, dans le salon d'enfants obscurci, grande petite fille, ma grande
petite fille, avec votre toque de velours et votre joue chauffée, contre ma
joue, il est temps de quitter votre château et de rentrer chez nous, puisque
nous sommes mariés.

— Rappelons-nous encore le château, le temps où je vous envoyais
chercher, après l'école, pour voir mes poupées de Noël, et la lanterne magique
dans le corridor noir qui menait du salon. Alain (Henri) je vous voyais, d'une
fenêtre, arriver par la porte basse du jardin, en mettant votre pain dans votre
poche, et en tirant sous la ceinture, votre blouse remontée.

— C'est à mon tour, maintenant, Grande, de vous emmener. Sous le
porche et dans la grande allée au fin sable gelé, vous allez sentir au visage
l'air glacial de la nuit d'hiver qui approche, et son souffle dans vos cheveux.
Dans la rue du bourg, aux fenêtres des épiciers, il y a ces petits reposoirs de
Noël, ces étages de pauvres jouets sur un drap blanc, qui nous arrêtaient,
autrefois, les pieds dans la boue. Venez, la première lampe, celle de l'auberge,
va s'allumer, toute la rue mouillée va luire, et cette lueur fait ^venir_ la nuit.
                                                              arriver
C'est maintenant, vous savez bien, que les dernières voitures quittent le
bourg…

— Je me rappelle quand la lampe de la salle-à-manger n'était pas encore allumée, et qu'on frottait les carreaux ternis pour les voir passer — et celle du jeune ménage, la dernière, avec sa lanterne allumée...

— Grande, Grande, venez.   Les enfants qui sont restés nous attendre, sous la petite pluie, à la grille de notre cour, se disent qu'il est déjà grand temps de rentrer.

— Je mets ma main sur votre front, Alain, pour calmer votre fièvre. Nous sommes, vous savez bien, sur ce banc glacé de l'avenue. Le pays où vous voulez me conduire n'existe pas. Hélas, notre voiture à nous ne partira pas; nous n'irons pas vers la douce veillée. Et les enfants, là-bas, dans la maison perdue, vont passer tout seuls leur veillée d'hiver. Soir plus terrible que ce soir de notre enfance, où des bohémiens sont venus, vers onze heures, mendier et crier des insultes sous nos fenêtres. Brûlants de terreur, nous savions qu'à des lieues à la ronde notre maison était la seule éveillée... A présent ce n'est plus même cette famille humaine isolée dans la grande nuit d'hiver: car nous voici dispersés; je vous quitte tout à l'heure par ce chemin perdu où vous ne me suivrez pas; tandis que les petits là-bas, je ne sais où écoutent toujours les petites âmes si nous n'allons pas faire tourner dans ses gonds la grille de la cour, et se meurent d'effroi dans le grand logis sans lampes et sans feu.

(Written in pencil underneath: *voici dispersée encore la misérable famille humaine. Vous avez tenté une fois encore et en vain de partir pour ce pays qui est le vôtre et qui n'existe pas.*)

From the archives of Madame Isabelle Rivière

(iv) Plan of *Le Jour des noces*:

(See pp. lvi–lxx of Introduction)

Le Jour des noces

I^e P. (*sic*)

1er Chap.	Le Cours Supérieur. La maison de Seurel. La cour, les chevaux. Épineuil avec l'arrivée de Meaulnes. Je décris le pays de Meaulnes et une arrivée d'autrefois.
2e Chap.	Les souvenirs de Meaulnes. Saulzais. (Nançay) Meaulnes parle. Il raconte son amour.
	Conversation avec Seurel. Étrangeté de Meaulne. (*sic*).
	Le premier soir où il parle — puis son évasion.
3e Chap.	— l'évasion de Meaulne. Il retrouve le pays d'Anne.
4e Chap.	— Ste. Agathe. Retour de Meaulnes.

From the archives of Madame Isabelle Rivière

(v) The week-end at Orgeville, Autumn 1910:

(See pp. lxx–lxxii of Introduction and pp. 161–164 of the text)

The earlier account of this week-end visit, like the whole of the Meaulnes-Valentine (Annette) relationship, was much more outspoken than—indeed, quite different in kind from—the final version.

(*a*) The opening paragraph of each version, from "lorsqu'il s'éveilla" to "délicieuses grandes vacances" is identical in each version. The earlier version then continues:

Alors qu'en se tournant il aperçut sa compagne et comprit d'où lui venait tant de paisible bonheur. Elle dormait, absolument immobile et silencieuse, sans qu'on l'entendît respirer, comme un oiseau doit dormir. Il regarda tout contre son épaule, ce visage d'enfant aux yeux fermés, ce visage si (quiet) tranquille qu'il paraissait goûter un repos plus profond que celui de toute fatigue physique, de toute fatigue humaine, comme si vraiment elle s'était endormie pour toujours (après avoir gagné son pardon) avec la certitude que le pardon de son crime lui était accordé.

Et Meaulnes se dit: « Comment, maintenant, oserai-je lui refuser ce pardon, lui reprocher quelque chose et troubler tant de confiance? »

Elle ne fit pas d'autre mouvement pour montrer qu'elle ne dormait plus que d'ouvrir les yeux et de regarder.

Elle se leva en disant: « Nous sommes en retard. »

Et ce fut aussitôt comme une ménagère dans sa demeure.

Meaulnes la regardait faire avec un plaisir étrange. Il se plaisait à penser que leur bonheur était un bonheur d'enfant et leur ménage un ménage de gamins de Ste. Agathe. Il se sentait en ménage comme lorsque les enfants tracent par terre, dans la petite cour, sous les bouquets du mur, trois petits compartiments: la chambre, la salle à manger et la cuisine et s'imaginent, durant une indéfinie soirée, la chambre à coucher, que vraiment tout est arrivé, et que le soir ils couchent là, dans le petit carré où il y a d'écrit: le lit.

Ou plutôt cela lui rappelait un rêve délicieux et désolant qu'il faisait à La Chapelle Aimée autrefois, et maintenant encore:

Chaque nuit il se trouvait transporté au cours, durant une étude où se faisait un désordre et un bruit incessants... Près de lui, sans que personne y prît garde, une jeune fille était assise et relisait, par-dessus son épaule, son devoir, à mesure qu'il écrivait. Et cela semblait tout naturel parce que cette enfant était Anne-Marie sa femme.

Mais c'étaient d'angoissantes délices contre lesquelles il se révoltait jusqu'à se réveiller, à force qu'elles étaient impossibles.

Bonheur impossible aussi, à ne pas goûter sans inquiétude, cette Annette qui doucement rangeait le ménage et brossait comme ceux de son mari les habits de ce garçon cruel, sauvage et « invivable ».

Tout alla bien pourtant jusqu'au lendemain...

(b) In the author's notes, there is a rather longer account of the events of June 15th, headed *Le dîner aux bougies*. In the earlier version, Patrice is allowed a bigger rôle: he is very rumbustious and at one stage works himself up into a furious rage first against a neighbouring peasant, then against his hosts. He rushes out into the fields but returns ten minutes later, chastened and remorseful. The episode concludes:

Annette se sentait bien déçue. Tout orgueil était tombé. Un instant elle s'était crue la femme de Meaulnes, invitée au château du village. Et maintenant elle ne s'étonnait plus. — Il n'était pas surprenant que cette pauvre tête perdue eût accepté comme un vrai ménage leur ménage coupable et perdu.

Elle sentait confusément aussi que Meaulnes ce soir était très loin d'elle; à cette heure qu'il était plein de désirs, de remords et de regrets auxquels elle ne pouvait rien.

Vers minuit elle se trouva soudain tirée de son premier sommeil et toute épouvantée dans l'auberge endormie. Elle s'imagina d'abord que c'était un sanglot de Meaulnes qui l'avait éveillée et longtemps, avec angoisse, elle écouta dormir son compagnon.

From the archives of Madame Isabelle Rivière

(c) Alain-Fournier's first version of the events of June 17th was published in *Miracles*, pp. 211–217, with the title *La Dispute et la Nuit dans la Cellule*.

The original manuscript of this episode is enclosed in a white folder, on the front outer cover of which are the words:

Mis au net

Épigraphe : « Si un homme s'approche d'elle, lorsqu'elle sera dans cet état qui vient chaque mois, il sera impur pendant sept jours, et tous les lits sur lesquels il dormira seront souillés. »

(Lévitique XV–24)

L'après-midi commença mal. Sur une pente couverte de bruyères, elle voulut par jeu, tant elle se sentait enivrée de bonheur, se laisser dérouler en poussant de petits cris; mais le vent s'engouffra dans sa robe et lui découvrit les jambes. Meaulnes l'avertit rudement. Elle tourna deux ou trois fois encore, en essayant vainement d'aplatir à deux mains l'étoffe ballonnée; puis elle se redressa, toute pâle, sa gaieté finie, et elle descendit la pente en disant:

« Je sais bien, je sais bien que je ne peux plus faire l'enfant... »

On entendait à quelque distance, derrière les genévriers, une dispute basse, assourdie, entre leurs amis, le mari et la femme. La soirée avait un goût amer, le goût d'un tel ennui que l'amour même ne le pouvait distraire... Les deux voix s'éloignèrent, âpres, désespérées, chargées de reproches. Meaulnes et Annette restèrent seuls.

A mi-côte, ils avaient découvert une sorte de cachette entre des branches basses et des genévriers. Étendu sur l'herbe, Meaulnes regardait pensivement Annette assise qui s'inclinait vers lui pour lui parler. C'était un jour semblable à bien des jours pluvieux, où seul à travers la campagne, il avait imaginé près de lui son amour abrité sous les branches. Aujourd'hui comme alors, le vent portait des gouttes de pluie et le temps était bas. Aujourd'hui comme alors, couché sur l'herbe humide, il se sentait mal satisfait et désolé; et il regardait sans joie ce pauvre visage de femme que le reflet vert de la lumière basse éclairait durement.

Annette, elle, parlait de son amour: « Je voudrais, disait-elle, vous donner quelque chose; quelque chose qui soit plus que tout, plus lourd que tout, plus important que tout. Ce serait mieux que mon corps. Ce serait tout mon amour. Je cherche... » Et à la fin, en le regardant fixement, d'un air anxieux et coupable, elle sortit de la poche de sa jupe un paquet de lettres tachées de sang qu'elle lui tendit.

Ils marchaient maintenant sur une route étroite, entre les pâquerettes et les foins qu'éclairait obliquement le soleil de cinq heures. Meaulnes lisait sans rien dire. Pour la première fois, il regardait de près le passé d'Annette auquel il s'était efforcé jusqu'ici de ne jamais songer. Il y avait sur ces feuilles jaunies l'histoire de tout un amour misérable et charnel; depuis les premiers billets de rendez-vous jusqu'à la longue lettre ensanglantée, qu'on avait trouvée sur cet homme, quand il s'était tué, au retour de Saïgon.

Meaulnes feuilletait... Le grand enfant chaste qu'il était resté malgré tout n'avait pas imaginé cette impureté. C'était, à cette page, un détail précis comme un soufflet; à cette autre une caresse qui lui salissait son amour... Une révolte l'aveuglait. Il avait ce visage immobile, affreusement calme, avec de petits frémissements sous les yeux, — cette expression de douleur intense et de colère, qu'on lui avait vue à la Colombière, un soir où un fermier qu'il aimait beaucoup l'avait attendu pour l'insulter.

Annette, atterrée, voulut s'excuser, expliquer, et ne fit qu'exaspérer sa douleur. Il lui jeta le paquet de lettres, sans répondre, et, coupant à travers champs, se dirigea vers le village en haut de la côte. Elle voulut l'accompagner, lui prendre la main, mais il la repoussa brutalement.

« Allez-vous-en. Laissez-moi ».

Là-bas, dans la vallée, au tournant de la route, trois paysans qui rentraient au village regardaient ce couple soudain séparé, cette femme qui suivait craintivement, de loin, un jeune homme fâché qui ne se retournait pas.

En montant à travers un grand pré fauché, il regarda en arrière, au moment même où Annette se cachait derrière un tas de foin. Sans doute elle s'était dit : « Il me croira perdue et il sera bien forcé de me chercher ». Elle dut attendre là, le cœur battant, une longue minute; puis il lui fallut sortir de sa cachette et renoncer à son pauvre jeu, puisque François se donnait l'air de n'y avoir pas pris garde.

Cependant il se sentait pour celle qu'il punissait ainsi une pitié affreuse. C'était là son plus dangereux défaut: le mal qu'il faisait à ceux qu'il aimait lui inspirait tant de douloureux remords et de pitié qu'il lui semblait se châtier lui-même, en les faisant souffrir. Sa propre cruauté devenait ainsi comme une pénitence qu'il s'infligeait. Bien des fois, il avait poursuivi sa mère ou son ami le plus aimé de reproches si sanglants, si déchirants qu'il était lui-même prêt à éclater en sanglots. C'est alors qu'il souffrait. C'est alors qu'il était bien puni. Et c'est alors qu'il était impitoyable...

Annette marchait, à présent, dans un contre-bas, parallèlement à lui. D'un geste mol et méprisant, il se mit à lui lancer, tout en avançant, de la terre durcie qu'elle prit pour des cailloux. Il semblait la choisir pour cible simplement parce qu'elle se trouvait là comme une chose qu'on a jetée, dont personne ne veut plus. Puis il parut se piquer au jeu. On eût dit, à la fin, qu'il cherchait à l'atteindre par dégoût, pour se venger du dégoût qu'elle lui inspirait...

Annette, cependant, ne s'arrêtait pas de grimper péniblement la colline. Elle, si peureuse, elle ne cherchait pas à éviter les coups. Mais, par instants, elle tournait un peu sa figure toute pâle et regardait de côté celui qui lui lançait des pierres.

Elle s'engagea enfin dans un sentier qui conduisait chez Sylvestre, tandis que Meaulnes traversait un pré où des petites filles cueillaient des fleurs. Elles s'arrêtèrent un instant et levèrent la tête pour lui dire, tout affairées:

« C'est pour votre dame, Monsieur... »

Une fois rentré, il écouta longtemps leur amie qui causait paisiblement dans une salle voisine. Il songeait: « Nous allons partir. Je veux partir demain matin, ce soir.» Puis il se fit dans la salle à côté un brusque silence, et Mme. Sylvestre, effrayée, vint lui dire qu'Annette était évanouie.

Il la trouva assise auprès d'une fenêtre, la tête tombée, toute blanche.

Quand on l'eut déshabillée et couchée dans le petit lit de fer, elle se prit à dire en grelottant: « Je suis un petit chien. Je suis un petit chien; un pauvre petit chien malade.» Et Meaulnes fut le seul à comprendre pourquoi elle disait cela.

Il lui expliqua tout bas qu'il ne lui avait pas jeté des pierres. Elle ne répondit pas. Et vainement il tenta de la réchauffer en la couvrant d'oreillers. Elle restait glacée, immobile. Et seul, le vieux Sylvestre, en lui frottant les mains, parvint à lui donner un peu de chaleur, parce qu'il était, ce soir-là, son seul ami.

A la tombée de la nuit, on vint dire à Meaulnes qui dînait rapidement qu'Annette avait peur et le réclamait. Très tard, assis auprès d'elle, il lui tint compagnie en silence. Puis il se coucha.

Pour la première fois ils passaient la nuit dans cette grande cellule. Ils se trouvaient enfoncés dans le lit étroit de la religieuse, tous les deux, le garçon et la fille, le mari et la femme. Malgré leurs griefs, leurs corps, comme ceux de deux amants, étaient, dans l'obscurité, serrés l'un contre l'autre. Et le drame recommença, plus secret, plus pénible que la dispute de l'après-midi. Ils ne se parlaient pas. Annette, sur le point de s'endormir, disait de temps à autre, d'une voix basse et brève: « François! » et cela ressemblait à la fois à un appel bien tendre et à un cri de frayeur involontaire. Meaulnes, pour la calmer, lui serrait le bras, sans répondre.

Une odeur, aigre d'abord, puis fade et écœurante, montait du corps immobile d'Annette et s'épaississait entre les rideaux — odeur de sang corrompu, de femme malade... Meaulnes, éveillé, ne savait plus maintenant si son dégoût était pour cette misère, cette misère physique qui soulevait le cœur, ou pour les amours coupables de sa compagne.

« Je vais me lever », dit-il soudain, en se dressant sur un coude.

Annette comprit. D'un ton de lassitude infinie, elle dit:

« C'est moi qui me lèverai. Voyez, vous ne pouvez pas souffrir une femme auprès de vous. Vous ne pouvez pas endurer une femme… »

Il hésita un instant, puis il la retint;

« Ah! misère, misère, dit-il d'une voix sourde. Tu sais bien que je t'aime; que je t'aime, femme! que je t'aime, pauvre femme!… »

Et il serrait contre lui avec fureur l'enfant malade et effrayée.

First published in *Miracles*, pp. 211–217.

(vi) Letter to Yvonne:

(See pp. xxxi, xxxiii and lxxxviii–lxxxix of Introduction)

Paris, 2, rue Cassini

(septembre 1912)

Il y a plus de sept ans que je vous ai perdue. Il y a plus de sept ans que vous m'avez quitté, sur le Pont des Invalides, un dimanche matin de Pentecôte. Vous aviez dit: « Nous sommes deux enfants, nous avons fait une folie… » Et je n'avais su que répondre. Je m'étais appuyé, plein de désespoir et d'obéissance, à un pilastre du pont. Je vous regardais vous en aller pour toujours. Le quai traversé, avant de disparaître dans la foule, vous vous êtes arrêtée et tournée vers moi, longuement. Était-ce pour me dire adieu, ou bien pour me faire comprendre qu'il ne fallait pas vous suivre, ou peut-être aviez-vous une chose encore à me dire? Je me le suis demandé souvent. Et je ne le saurai sans doute jamais.

Je n'ai pas compris tout de suite que vous étiez perdue pour moi.

Depuis ce temps je n'ai pas cessé de vous chercher. Je sais depuis cinq ans que vous êtes mariée. Depuis six mois, je sais où vous habitez. Tout ceci, que je vous dis brièvement, froidement, combien cela représente-t-il de nuits de fièvre, de journées mornes, d'espoirs, de désespoirs, d'attentes, de beaux jours passés et perdus. Je ne suis jamais resté une semaine sans passer Boulevard Saint-Germain sous les mêmes fenêtres où, plusieurs fois, pendant ces jours si brefs de l'été 1905, vous vous étiez montrée. Entre autres jours, un samedi soir de grande averse éclatante: habillée de noir, un livre à la main, vous avez soulevé le rideau et vous avez souri de me retrouver là… Mais depuis ce temps jamais plus le rideau ne s'est soulevé.

Je n'ai jamais manqué non plus d'aller au Salon de la Nationale à chaque anniversaire de notre rencontre. C'était, vous souvenez-vous, le premier juin 1905, jour de l'Ascension, entre quatre et cinq heures? Chaque fois je redescends le grand escalier de pierre, où je vous ai regardée pour la première fois, le Cours-la-Reine… — Et je refais désespérément cette promenade en bateau que je me rappelle si merveilleuse.

Je n'ai rien oublié. J'ai retenu précieusement, minute par minute, le peu de temps que je vous aurai vue dans ma vie; mot par mot, le peu de mots que vous m'avez dits. Et chaque détail: votre ombrelle blanche dans l'avenue et votre grand manteau marron, et jusqu'au petit accroc que vous aviez fait à votre jupe, en montant dans le tramway, le dimanche matin de la Pentecôte.

Je n'ai rien de vous que ces souvenirs. Les plus humbles comme les plus beaux, je les ai tous gardés. Je me rappelle par exemple ce trottoir, Boulevard Saint-Germain, sur lequel des enfants avaient écrit à la craie. Vous vous êtes retournée pour lire et vous m'avez regardé. Mais entre tous les autres je revois, avec une netteté terrible, cet instant du même jeudi soir où, sur le débarcadère du bateau parisien, j'avais eu si près du mien le beau visage, maintenant perdu, de la jeune fille. Ce visage si pur, je l'avais regardé de tous mes yeux, jusqu'à ce qu'ils fussent près de s'emplir de larmes.

Et de notre longue conversation, de notre unique conversation du dimanche matin de la Pentecôte, pensez-vous que j'aie pu oublier un seul mot? Ah! pourquoi disiez-vous toujours: « A quoi bon? », de cet air si doux et si désespéré.

Je n'avais qu'un moyen, vous ne m'aviez accordé qu'un moyen de vous rejoindre et de communiquer avec vous, c'était d'obtenir la gloire littéraire. Or, depuis votre départ, je n'ai publié que quelques pages; les avez-vous reçues? Elles ont eu du succès. L'avez-vous su?

Un long roman que j'achève — et qui tourne tout autour de vous, de vous que j'ai si peu connue — paraîtra cet hiver. Mais aujourd'hui c'est les mains vides, comme autrefois, que je reviens vers vous.

Il semble que la destinée n'ait voulu me refuser qu'une chose au monde, la seule à laquelle j'aie jamais tenu — et qui était le moyen de vous rejoindre.

…Que vous dirai-je encore dans cette lettre qui peut-être ne vous atteindra jamais?

Les plus beaux jours de ma vie sont ceux où j'ai pensé le plus ardemment à vous, si ardemment, si purement, qu'alors j'espérais presque vous rencontrer tout d'un coup par miracle.

Je me rappelle surtout un après-midi d'été splendide, dans la campagne de France, où je descendais entre deux champs de blé, vers une ferme inconnue, par un chemin creux. Je vous imaginais si bien venant vers moi soudain, vêtue de clair, avec votre ombrelle blanche comme jadis, qu'un long instant j'ai pensé vous voir apparaître à la barrière d'un champ.

Je me rappelle aussi un après-midi de jeudi d'Ascension, où je n'avais pu rejoindre Paris comme à chacun de nos anniversaires. J'étais aux grandes manœuvres, couché sur la paille d'un grenier abandonné, dans l'immense plaine de Champagne. Et le grand vent brûlant d'été ne cessait de souffler et de chanter, me parlant de mes souvenirs, de ma désolation, de mon amour perdu…

Maintenant que je vous ai retrouvée, je viens vers vous avec le même grand respect, la même pureté que jadis. Ne me repoussez pas durement, comme autrefois au premier abord devant l'église Saint-Germain-des-Prés. Rappelez-vous qu'ensuite vous aviez reconnu qui j'étais. Vous m'aviez laissé vous parler. Car il s'agit de bien autre chose que d'amour. Autre chose de plus pur et de plus mystérieux encore que l'amour. Et en effet, je vous le dis avec déchirement: peu m'importe, à présent, que vous soyez mariée. Cette douleur-là est enterrée aujourd'hui. Mais ce à quoi je ne me résignerai pas, c'est à ne pas vous retrouver, c'est à ne jamais plus vous voir, à passer ma vie sans savoir où vous êtes. Compter sur la mort seulement pour de nouveau, je ne sais où, vous rencontrer! Je vous supplie de me délivrer de cet enfer: « Ne me damnez pas par la privation de votre visage ».

Je vous supplie de faire attention à cette chose affreuse que je vous dis de tout mon cœur: C'est que je n'ai pas envie de vivre loin de vous.

Je vous demande donc simplement ceci et rien autre chose.

J'ai vingt-six ans, nous ne sommes plus des enfants, je sais, ce que je demande. Rien autre chose que ceci: ne plus être séparé de vous complètement.

Vous me commanderez de faire ce que vous voudrez; de me marier; de m'en aller au loin. Je vous obéirai. Mais si je suis loin de vous, je pourrai vous écrire. Si je suis près de vous, je pourrai vous voir. Vous pouvez bien me donner cela, vous qui m'avez tout pris.

Plusieurs de mes anciens amis sont officiers de marine et sans doute les connaissez-vous. Je les retrouverai facilement. Ils me présenteront chez vous. Je ne vous demande là rien de caché. Rien qui ne soit parfaitement innocent. Mais ceci seulement: que du moins vous ne m'abandonniez plus comme jadis, tout seul sur un pont de Paris, sans l'espoir de jamais vous retrouver.

Je vous conjure de ne pas me jeter dans l'enfer sans avoir pensé longuement à ce que vous allez décider.

First published in *Vie et Passion d'Alain-Fournier*, pp. 186–189.